BEGRÜNDUNG DER MENSCHENRECHTE

ARSP

ARCHIV FÜR RECHTS- UND SOZIALPHILOSOPHIE

ARCHIVES DE PHILOSOPHIE DU DROIT ET DE PHILOSOPHIE SOCIALE

ARCHIVES FOR PHILOSOPHY OF LAW AND SOCIAL PHILOSOPHY

BEIHEFT Nr. 26

FRANZ STEINER VERLAG WIESBADEN GMBH
STUTTGART 1986

BEGRÜNDUNG DER MENSCHENRECHTE

BEITRÄGE ZUM SYMPOSIUM DER SCHWEIZER SEKTION
DER INTERNATIONALEN VEREINIGUNG
FÜR RECHTS- UND SOZIALPHILOSOPHIE (IVR)
VOM 22. 4. 1983 IN GENF

HERAUSGEGEBEN VON

PETER PAUL MÜLLER-SCHMID

FRANZ STEINER VERLAG WIESBADEN GMBH
STUTTGART 1986

CIP-Kurztitelaufnahme der Deutschen Bibliothek
Begründung der Menschenrechte : Beitr. zum Symposium d. Schweizer Sekt. d. Internat. Vereinigung für Rechts- u. Sozialphilosophie (IVR) vom 22.4.1983 in Genf / hrsg. von Peter Paul Müller-Schmid. – Stuttgart : Steiner-Verlag-Wiesbaden-GmbH, 1986.
(Archiv für Rechts- und Sozialphilosophie : Beiheft ; Nr. 26)
ISBN 3-515-04506-6
NE: Müller-Schmid, Peter Paul [Hrsg.]; International Association for the Philosophy of Law and Social Philosophy / Schweizer Sektion; Archiv für Rechts- und Sozialphilosophie / Beiheft

INHALTSVERZEICHNIS

VORWORT

Aus zwei Gründen bildet die am Genfer Symposium diskutierte Frage nach der Begründung der Menschenrechte eine der Zentralfragen heutiger Politik und Gesellschaftsordnung: einerseits gehört der Rekurs auf die Menschenrechte zum Konstituens einer die freiheitlich-pluralistische Gesellschaft allgemeinverbindlich orientierenden Rechtsordnung; andererseits wird die Realität des demokratischen Verfassungsstaates vor allem immer dann problematisch, wenn die Wertgrundlagen der Menschenrechte als solcher durch den Pluralismus der Meinungen in Zweifel gezogen sind; in dieser Situation erhält die Frage nach der Begründung universeller Menschenrechte eine grundsätzliche praktische Bedeutung. In den Beiträgen dieses Bandes werden von weltanschaulich unterschiedlichen Perspektiven her die allgemeine Grundsatzproblematik wie auch spezielle Probleme der Menschenrechte in rechts- und sozialphilosophischer, erkenntnistheoretischer und historischer Sicht abgehandelt.

Die allgemeine Grundlagendiskussion eröffnet A. Dufour (Genf) mit seinem in die weitverzweigte rechtsgeschichtliche Diskussion einführenden Beitrag. Müller-Schmid (Fribourg) diskutiert die politischen und normativen Bedingungen des für die moderne Menschenrechtsphilosophie relevanten Paradigmawechsels vom traditionellen universalistischen Naturrechtsverständnis zum „subjektivitätsphilosophisch“ orientierten modernen Rechtsdenken. E. Zalten (Basel) bespricht die Begründungsfrage der Menschenrechte aus der Sicht einer den Relativismus überwindenden Ontologie sozialer Normen. Mit einer auf die rechtsphilosophische und rechtspolitische Grundlagendiskussion insgesamt verweisenden Grundsatzfrage der Menschenrechte befasst sich D. Rhonheimer (Zürich), der die prinzipielle Bedeutung des Rechtsschutzes jeden menschlichen Lebens im System der Menschenrechte und des durch diese begründeten Rechtsstaats analysiert. In dem Beitrag von N. Elrod (Zürich), in dem die Themenbereiche von kapitalistischer Entwicklung und nationalem Selbstbestimmungsrecht am Beispiel der amerikanischen Geschichte diskutiert werden, geht es um die Bedeutung einer Dialektik von Sonder- und Allgemeininteressen für die Entwicklung von sich erst allmählich durchsetzenden universellen Menschenrechten. Ein weiteres, sowohl rechtsphilosophisch als auch gesellschaftspolitisch wichtiges Grundsatzproblem bespricht H. Kleger (Zürich) in seinem „Gerechtigkeit zwischen Generationen“ betitelten Beitrag, der die Zuordnung der jeweiligen Rechte, Forderungen und Pflichten aus den entsprechenden Konzeptionen der Gerechtigkeit folgert.

In den Aufsätzen des Bandes wird somit versucht, die Begründungsfrage der Menschenrechte von unterschiedlich akzentuierten Problemen her zu diskutieren. Es kann sich hierbei jedoch nicht etwa um den Anspruch handeln, eine konvergente Systematik der Begründungsfrage der Menschenrechte überhaupt zu geben. Es handelt sich nicht um ein Handbuch der Rechtsphilosophie; der Zweck ist einzig, einen Diskussionsbeitrag zu rechtsphilosophisch und rechtspolitisch grundlegenden Problemen zu bieten.

Peter Paul Müller-Schmid

LA PROBLÉMATIQUE DU FONDEMENT DES DROITS DE L'HOMME DANS UNE PERSPECTIVE HISTORIQUE

PAR ALFRED DUFOUR, GENÈVE

Parmi les questions disputées de l'histoire doctrinale des Droits de l'Homme, il en est trois qui méritent de retenir l'attention, tant en raison de leur enjeu sur le triple plan historique, juridique et philosophique qu'en raison de leur place même dans la littérature scientifique de notre siècle comme dans les grandes discussions doctrinales des siècles antérieurs.

La première de ces questions disputées, tient à la *source doctrinale* des Droits de l'homme (A); la deuxième à la problématique de l'*assise* et de la *nature* de ces Droits (B); la troisième enfin à la *conception de la société* qui les sous-tend (C).

A. La première de ces questions disputées, qui a trait à la source doctrinale des Droits de l'Homme, relève en définitive d'une problématique spécifiquement historique ou historico-juridique. Elle fait l'essentiel du débat inauguré voici près d'un siècle par le publiciste allemand Georg Jellinek (1851–1911) avec son étude de 1895 *«Die Erklärung der Menschen- und Bürgerrechte»* et alimenté par la réplique de son collègue politologue français Emile Boutmy, datée de 1902 et intitulée: *«La Déclaration des Droits de l'Homme et du Citoyen et Monsieur Jellinek»*.[1]

Telle qu'elle prend forme de manière exemplaire au tournant du siècle dans ce débat, opposant Jellinek et Boutmy, – débat relancé en France avec Adhémar Esmein et Emile Doumergue[2], dans la ligne de Boutmy et renouvelé plus tard en Allemagne avec Otto Vossler et Gerhard Ritter[3] –, la question apparaît certes limitée à la problématique des sources intellectuelles de la Déclaration française des Droits de l'Homme et du Citoyen de 1789. Et de fait tel paraît bien être l'enjeu immédiat du débat qui oppose Boutmy à Jellinek et à travers eux la doctrine française à la doctrine allemande. D'un côté, pour la doctrine dominante des publicistes et des politologues français du début du siècle, les origines intellectuelles de la Déclaration des Droits de l'Homme de 1789 se situent, sinon dans le «Contrat social» de Rousseau, en tout cas dans la Philosophie française des Lumières. De l'autre côté, pour Jellinek et toute une partie de la doctrine allemande, c'est dans les Déclarations des Droits américaines de 1776, voire dans la tradition philosophique anglosaxonne, si ce n'est dans la tradition juridique germanique, qu'il faut situer la source de la Déclaration française de 1789.

1 L'étude de G. Jellinek, rééditée par trois fois – en 1904, 1919 et 1927 – et la réplique d'E. Boutmy, parue dans les Annales de Sciences politiques, t. XVII, Paris 1902, p. 415–443, ont été republiées par R. Schnur, Zur Geschichte der Erklärung der Menschenrechte, Darmstadt 1964, p. 1–77 et p. 78–112, avec la réponse de G. Jellinek, p. 113–128, publiée à l'origine dans la Revue du Droit public, t. XVIII, Paris 1902, p. 385–400.

2 Cf. A. Esmein, Eléments de Droit constitutionnel français et comparé, Paris (1895), [8]1927, t. 1, p. 591 ss. notamment p. 594–595, n. 61 et E. Doumergue, Les origines historiques de la Déclaration des Droits de l'Homme et du Citoyen, Revue du Droit public, t. XXI, Paris 1904, p. 673–733.

3 Cf. O. Vossler, Studien zur Erklärung der Menschenrechte, Historische Zeitschrift, Bd. 142, 1930, p. 516–546, et G. Ritter, Ursprung und Wesen der Menschenrechte, in: Lebendige Vergangenheit, Beiträge zur historisch-politischen Selbstbesinnung, Munich 1958, p. 3–33, republiés in: R. Schnur, op. cit. (n. 1), p. 166–201 et p. 202–237.

L'enjeu réel de ce débat bien connu dépasse cependant largement la question de l'originalité proprement dite de la Déclaration française de 1789, présentée comme le fruit caractéristique du génie national français, ainsi que le voulait Boutmy, ou le produit du génie anglo-saxon ou germanique, ainsi que l'entendait Jellinek. C'est qu'il en va, en définitive, de ce qui fait la spécificité des Déclarations des Droits qui se font jour en Europe comme en Amérique à la fin du XVIIIème siècle, à savoir la formulation solennelle d'une doctrine systématique des Droits de l'individu à l'égard de l'Etat.

La problématique des sources doctrinales des Droits de l'Homme ainsi conçue comportera dès lors deux aspects trop souvent confondus et qu'il importe de bien distinguer, soit a) un aspect *formel* et b) un aspect *matériel.*

C'est un ordre de problèmes en effet que celui des sources de la formulation systématique des Droits de l'Homme et c'est un autre ordre de problèmes que celui des sources matérielles des différents Droits de l'Homme formulés systématiquement à la fin du XVIIIème siècle. L'enjeu et les éléments de la problématique des sources doctrinales de la théorie des Droits de l'Homme mis au jour, passons aux principales thèses en présence.

a) Sur le plan *formel* tout d'abord, en ce qui concerne la problématique des sources de la formulation systématique des Droits de l'Homme, deux thèses principales se dégagent aussi bien de la littérature scientifique que des grands débats doctrinaux qui ont présidé à l'élaboration des premières Déclarations de Droits.

Il s'agit, d'une part, de la thèse de l'*origine philosophique* des formulations systématiques des Droits de l'Homme, qui fait dériver ces formulations de la tournure *synthétique* et *systématique* prise au XVIIIème siècle par la philosophie du *Droit naturel moderne*, avec l'œuvre de vulgarisation opérée en France par Rousseau et les Encyclopédistes[4], comme l'œuvre d'harmonisation entre la Common Law et le Droit naturel réalisée en Angleterre par Blackstone[5], sans oublier l'œuvre de systématisation juridique monumentale entreprise en Allemagne, en Droit positif comme en Droit naturel, par Wolff et les Wolffiens[6].

Et il s'agit d'autre part de la thèse de l'*origine politique* des formulations systématiques de Droits fondamentaux, qui fait remonter ces formulations à une *volonté de protestation collective* – au sens étymologique le plus fort du terme – face aux menaces de l'arbitraire ou aux risques du despotisme. C'est là ce qu'attestent aussi

4 Cf. dans ce sens A. Esmein, op. cit. (n. 2), loc. cit., qui reconnaît toutefois le rôle important joué par Locke aux côtés de Montesquieu. Sur l'œuvre de vulgarisation des thèses de l'Ecole allemande du Droit naturel moderne opérée en France par Rousseau et les Encyclopédistes, notamment Diderot, cf. de manière générale R. Derathé, Jean-Jacques Rousseau et la science politique de son temps, Paris (1950), ²1970, et de façon plus systématique par rapport à Pufendorf, A. Dufour, Pufendorfs Ausstrahlung im anglo-amerikanischen Kulturraum, in: Festsymposion für Samuel Pufendorf, Lund 1985.

5 Cf. W. Blackstone (1723–1780), Commentaries on the Laws of England, (1765–1769), London ¹⁰1781.

6 Cf. Chr. Wolff (1679–1754), Jus Naturae methodo scientifica pertractatum, 8 vol., Halle 1740–1748 et De jurisprudentia civili in formam demonstrativam redigenda, in Horae subsecivae Marburgenses, Francfort-Leipzig 1729–1730; parmi les Wolffiens, le plus représentatif de la systématisation du Droit positif est sans doute D. Nettelbladt (1719–1791), auteur d'un Systema elementare universae jurisprudentiae naturalis, Halle 1749. Sur Wolff et les Wolffiens, cf. A. Dufour, Le mariage dans l'Ecole allemande du Droit naturel moderne au XVIIIème siècle, Paris 1972, p. 168–197, en particulier p. 193–195, ainsi que les nombreux travaux de M. Thomann, de sa thèse de Strasbourg, Christian Wolff et son temps (dactylogr. 1964), à ses Préfaces aux rééditions du Jus Naturae et des Institutiones Juris Naturae et Gentium (Olms, Hildesheim–New York 1968–1972 et 1962).

bien l'œuvre de James Otis à Boston ou de Samuel Adams – les premiers protagonistes, dès 1772, des Déclarations des Droits américaines[7] – que les prises de position en France de Barnave et de Target lors des débats de l'Assemblée Nationale et Constituante sur le principe d'une Déclaration des Droits, présentant une telle Déclaration comme «un catéchisme national» et comme la meilleure «des barrières opposées au despotisme»[8].

Interprétations d'ordre *philosophique* ou d'ordre *politique*, ces thèses relatives aux sources des formulations systématiques des Droits de l'Homme à la fin du XVIIIème siècle laissent entière la problématique des sources *matérielles* de ces formulations, à laquelle on identifie couramment la question classique dite des sources doctrinales ou idéologiques des Déclarations des Droits de l'Homme.

b) Sur ce plan *matériel* alors, le vaste débat doctrinal instauré depuis un siècle autour des positions défendues par Jellinek et par Boutmy, comme les discussions suscitées un siècle auparavant en Angleterre et en Allemagne ou en France par le principe même des Droits de l'Homme chez un Burke, un Rehberg, un Sieyès ou un Joseph de Maistre, laissent apparaître trois types de thèses fondamentalement différentes.

aa. Les premières assignent aux Droits de l'Homme des origines avant tout *philosophiques* – à l'époque emphatiquement célébrées ou péjorativement qualifiées de «métaphysiques»[9] – origines qu'il faudrait chercher dans la *pensée politique et sociale du siècle des Lumières*, singulièrement chez les grands vulgarisateurs de la politique et de la philosophie jusnaturaliste anglaise de Locke et allemande de Pufendorf: Montesquieu, Voltaire et Rousseau[10].

bb. Deuxième type de thèses relatives aux sources matérielles des Déclarations des Droits de l'Homme: ce sont celles qui attribuent aux Droits de l'Homme des origines essentiellement *religieuses*[11]. Pour les tenants de ce type de thèse, les sources matérielles des théories des Droits de l'Homme *se trouvent dans la pensée protestante réformée anglo-saxonne*, telle qu'elle se développe au cœur du Nouveau-Monde dans la dissidence congrégationnaliste d'un Roger Williams et elles résident singulièrement dans le postulat de la Séparation de l'Eglise et de l'Etat et dans l'affirmation radicale de la liberté religieuse de l'individu face à l'autorité politique, tels que les réalisent, dès 1643, R. Williams à Providence et, dès 1663, la Charte royale des colonies de Rhode-Island[12]. «Ce que l'on a tenu jusqu'à présent pour une œuvre de la Révolution – souligne à cet égard un Jellinek – est en vérité un

7 Cf. J. Otis (1725–1783), The Rights of the British Colonies asserted and proved, Boston 1764, réédité in: The University of Missouri Studies, vol. 4, 1929, Nr. 3, p. 45–91, et S. Adams (1722–1803), The Writings, New York, 4 vol. (1904–1908), rééd. 1968, passim, et Political Writings, ed. S. A. Peek, Jr., Indianapolis–New York (1954), [10]1976, p. 3–79. Voir à ce propos, O. Vossler, op. cit. (n. 3), loc. cit.

8 Cf. Séance du ler août 1789, propos cités par A. Esmein, op. cit. (n. 2), p. 593.

9 Cf. les propos de Lally-Tollendal à la séance du 18 août 1789 de l'Assemblée Nationale et Constituante, cités par A. Esmein, op. cit., p. 592, n. 53, de même que les critiques acerbes d'A. W. Rehberg (1757–1836), dans ses Untersuchungen über die französische Revolution, Hannover–Osnabrück 1793, I/II, p. 92.

10 Cf. A. Esmein, op. cit. (n. 2 et 4), et E. Doumergue, op. cit. (n. 2).

11 Telles sont les thèses défendues notamment par G. Jellinek, op. cit. (n. 1), et H. Welzel, Ein Kapitel aus der Geschichte der amerikanischen Menschenrechte, in: Rechtsprobleme in Staat und Kirche, Festschrift für Rudolf Smend, Göttingue 1952, p. 387–411, rééd. in: R. Schnur, op. cit. (n. 1), p. 238–266.

12 Cf. G. Jellinek, op. cit. p. 43–51, rééd. R. Schnur, op. cit. p. 39–47, et E. Reibstein, Volkssouveränität und Freiheitsrechte – Texte und Studien zur politischen Theorie des 14.–18. Jahrhunderts, hrsg. v. C. Schott, Fribourg/Br.–Munich, vol. 1, p. 372 ss.

fruit de la Réformation et de ses combats. . . L'idée de consigner législativement des droits inaliénables, innés et sacrés de l'individu n'est pas d'origine politique, mais d'origine religieuse»[13].

cc. Troisième type enfin de thèses relatives aux sources matérielles des Déclarations des Droits modernes, ce sont celles qui ne reconnaissent qu'une origine *purement contingente,* de *nature historique*, aux premières formulations théoriques des Droits de l'Homme, lesquelles ne représenteraient alors que l'expression doctrinale des *Droits historiques* des colons anglais d'Amérique en un *moment privilégié* de l'histoire de leurs relations avec la métropole. «C'est donc une circonstance extérieure, c'est la séparation de la mère-patrie et de son Droit – relève à ce sujet Otto Vossler, l'un des tenants de cette thèse – qui est finalement à l'origine de la formulation législative explicite des Droits de l'Homme»[14].

Si la diversité des thèses relatives aux origines *formelles* des Déclarations des Droits de l'Homme qui interprètent ces formulations systématiques, soit comme un *aboutissement philosophique* des synthèses et des systèmes du Droit naturel moderne du XVIIIème siècle, soit comme un *acte de volonté politique* inaugurateur d'un «novus ordo saeculorum», apparaît sans incidence sur la nature juridique, la portée historique et l'assise philosophique des Droits de l'Homme, il n'en va pas de même de la différenciation des thèses se rapportant à leurs sources *matérielles.*

Il n'est pas indifférent, en effet, à la nature juridique ou à l'assise des Droits de l'Homme, pour ne rien dire de leur portée, que ces Droits procèdent d'une philosophie donnée – d'une «métaphysique politique» selon la terminologie du XVIIIème siècle –, d'une pensée religieuse ou d'une tradition juridique nationale, voire d'une conjoncture historique privilégiée. Résultant de la nature de l'homme comme l'entend la philosophie rationaliste des Lumières, de sa condition de créature de Dieu comme la conçoit la Révélation chrétienne ou des traditions juridiques d'un peuple donné, comme le veulent les théoriciens des Lois fondamentales anglaises ou ceux de l'Ecole historique allemande, la notion même de Droits de l'Homme prend un tout autre sens.

B. L'examen de la problématique des sources doctrinales nous conduit ainsi à l'étude d'une autre problématique, d'une seconde question qui ne manque pas de s'imposer à l'historien des Droits de l'Homme: c'est la problématique philosophico-juridique de la *nature* et de *l'assise* de ces Droits.

Car depuis les premières élaborations théoriques des Droits naturels des individus par les Fondateurs de l'Ecole du Droit naturel moderne jusqu'aux premières formulations systématiques des Droits de l'Homme dans les différentes colonies anglaises d'Amérique comme en France et des primes analyses critiques de la Déclaration des Droits de l'Homme de 1789 chez les précurseurs anglais et allemands de l'Ecole du Droit historique[15] aux prises de position et aux Manifestes de leurs disciples libéraux lors du débat sur les Droits fondamentaux à l'Assemblée Nationale de Francfort en 1848[16], deux doctrines caractéristiques se dégagent – tantôt pour s'affronter, tantôt pour se combiner – au sujet de la nature et de l'assise des Droits de l'Homme.

13 Cf. Jellinek, op. cit., p. 57–58, rééd. R. Schnur, op. cit., p. 53–54.

14 Cf. O. Vossler, op. cit. (n. 3), p. 539, rééd. R. Schnur, op. cit. p. 192.

15 Cf. E. Burke (1729–1797), Reflections on the Revolution in France, Londres 1790, tr. fr. 2ème éd. Paris–Londres, s.d., de même qu'A. W. Rehberg, op. cit. (n. 9).

16 Cf. notamment les interventions début novembre 1848 de G. Beseler (1809–1885) telles que les rapportent J. G. Droysen, Aktenstücke und Aufzeichnungen zur Geschichte der Frankfurter Nationalversammlung, hrsg. v. R. Hübner, Berlin–Leipzig, 1924, notamment p. 189–225, celle de J. Grimm (1785–1863), Über Grundrechte, in: Kleinere Schriften, Bd.

Selon l'une de ces doctrines, illustrée et popularisée par l'Ecole du Droit naturel moderne – de Pufendorf et de Locke à Barbeyrac et à Wolff – et vulgarisée par les Déclarations de Droits américaines et françaises, les Droits de l'Homme – qualifiés de Droits naturels – se présentent quant à leur *nature*, de manière quasi métaphysique comme des attributs des individus isolés, inhérents à leur nature même d'êtres humains, indépendamment donc, d'une part, de leur condition sociale ou politique et, d'autre part, des données de la Révélation à leur égard. C'est un des principes moteurs de la pensée de Pufendorf à cet égard que la recherche d'un système de normes qui s'impose à tous les hommes «qua homines, non qua Christiani»[17].

En conséquence, quant à leur *assise*, selon cette doctrine, les Droits de l'Homme sont le bien de tout homme dans l'abstraction de toutes ses déterminations historiques et sociales. Leur portée est donc *universelle*, comme celle de toute affirmation d'ordre métaphysique et elles intéressent dès lors l'*humanité tout entière pour la totalité des temps*. C'est ce que dit bien un des Jacobins français à l'Assemblée constituante à l'avant-veille de la formulation de la Déclaration des Droits de l'Homme et du Citoyen, rejoignant ainsi Pufendorf: «Vous avez voulu enfin une déclaration convenable à tous les hommes, à toutes les nations. Voilà l'engagement que vous avez pris à la face de l'Europe: il ne faut pas craindre ici de dire des vérités de tous les temps et de tous les pays»[18].

On s'en doute, c'est précisément cette conception métaphysique de la nature et de l'assise des Droits de l'Homme sur laquelle va se cristalliser la critique de la Déclaration française des Droits de l'Homme. On le constate dans les œuvres des courants les plus divers de la pensée juridique et politique post-révolutionnaire des «Réflexions sur la Révolution de France» de 1790, d'Edmund Burke[19], aux «Sophismes anarchiques» de Jeremy Bentham[20] pour la pensée anglaise, et des «Recherches sur la Révolution française» de 1793, d'August Wilhelm Rehberg[21], jusqu'à «La question juive» de 1843 de Karl Marx[22] pour la pensée allemande.

Bornons-nous à rappeler ici les propos de Burke et ceux de Marx. Pour Burke: «Ces droits métaphysiques, introduits dans la vie commune, sont semblables à des rayons de lumière qui percent dans un milieu dense, et qui par les Loix de la nature sont réfléchis dans leur même direction. En vérité, dans cette masse énorme et compliquée des passions et des intérêts humains, les droits de l'homme sont réfractés et réfléchis dans un si grand nombre de directions croisées et différentes, qu'il est

8, Berlin–Gütersloh 1890, p. 438 ss. et le Manifeste de Th. Mommsen (1817–1903), Die Grundrechte des deutschen Volks mit Belehrungen und Erläuterungen (Leipzig 1849), rééd. Francfort/Main 1969. Sur le débat relatif aux Droits fondamentaux à l'Assemblée Nationale de Francfort, voir en particulier H. A. Strauss, Staat, Bürger, Mensch – Die Debatten der deutschen Nationalversammlung 1848–1849 über die Grundrechte, Diss. phil. Berne 1946, Aarau 1946.

17 Cf. Pufendorf (1632–1694), Specimen controversiarum circa jus naturale, Upsala 1678, rééd. in Eris Scandica, Francfort/Main (1686) 1706, cap. IV, § 12.

18 Cf. Les déclarations de Duport à l'Assemblée Nationale et Constituante, le 18 août 1789, citées par A. Esmein, op. cit. (n. 2), p. 594.

19 Cf. E. Burke, Réflexions sur la Révolution de France, 2ème éd. tr. fr. Londres, s.d.

20 Cf. J. Bentham (1748–1832), Sophismes anarchiques, in Tactique des Assemblées Législatives, t. II, éd. E. Dumont, Paris ^{2}1822, p. 255–369; ed. angl. Anarchical Fallacies being an Examination of the Declarations of Rights of the French Revolution, in The Works of Jeremy Bentham, ed. J. Bowring, (1838–1843), reprint vol. 2. New York 1962, p. 489–534.

21 Cf. A. W. Rehberg, Untersuchungen über die Französische Revolution, Hannover–Osnabrück 1793.

22 Cf. K. Marx, Zur Judenfrage (1843), in: Frühschriften, hrsg. S. Landshut, Stuttgart 1953, p. 171–207; tr. fr. J. M. Palmier, Paris 1968.

absurde d'en parler encore comme s'il leur restait quelque ressemblance avec leur simplicité primitive. La nature de l'homme est embrouillée, les objets de la société sont aussi complexes qu'il soit possible de l'être». Aussi l'illustre penseur anglais conclut-il: «Tous les droits prétendus de ces Théoristes sont extrêmes, et autant ils sont vrais métaphysiquement, autant ils sont faux moralement et politiquement. Les droits des hommes sont dans une sorte de milieu qu'il est impossible de définir, mais qu'il n'est pas impossible d'apercevoir»[23].

Quant à Marx, on connaît la virulence de sa critique des Droits de l'Homme. Après avoir dénoncé dans la liberté individuelle «la *liberté . . . d'une monade* repliée sur elle-même» et dans le droit de propriété en tant que «droit de jouir de sa fortune et d'en disposer à son gré, sans se soucier des autres hommes. . . *le droit de l'égoïsme*»[24], l'auteur du «Capital» démystifie en ces termes la métaphysique des Droits de l'Homme dans «La Question juive» (1843):

> «Aucun des prétendus droits de l'homme ne dépasse donc l'homme égoïste, l'homme en tant que membre de la société bourgeoise, c'est-à-dire un individu séparé de la communauté, replié sur lui-même, uniquement préoccupé de son intérêt personnel et obéissant à son abritraire privé.»
> «L'homme», conclut-il paradoxalement, «est loin d'y être considéré comme un être générique; tout au contraire, la vie générique elle-même, la société, apparaît comme un cadre extérieur à l'individu, comme une limitation de son indépendance originelle».[25]

Provenant d'horizons tout à fait différents, ces deux critiques radicales de la conception métaphysique de la *nature* et de l'*assise* des Droits de l'Homme nous paraissent procéder en fait d'une même doctrine, qui conçoit de tout autre manière les Droits de l'Homme.

Selon cette autre doctrine en effet, longuement mûrie en Angleterre par les théoriciens de la Common Law, d'Edward Coke à William Blackstone, et illustrée de manière exemplaire en Allemagne par l'Ecole du Droit historique, de Rehberg et de J. Grimm à A. L. Reyscher et à Th. Mommsen, voire jusqu'à Karl Marx, les Droits de l'Homme se présentent, quant à leur nature, de manière essentiellement historique, comme des privilèges particuliers des membres d'une collectivité déterminée, peuple ou classe sociale.

En conséquence, quant à leur *assise*, selon cette autre doctrine, les Droits de l'Homme apparaissent avant tout comme le bien des membres d'une *collectivité nationale* ou *économique*, organiquement constituée au cours des siècles. Leur portée est donc limitée, particulariste, et elle ne saurait être étendue à d'autres peuples, à d'autres collectivités.

> «The absolute rights of every Englishman», – relève de manière caractéristique Blackstone dans ses «Commentaries» de 1769 – «. . . as they are founded on nature and reason, so they are coeval with our form of government. . .». «. . . In most other countries of the world being now more or less debased and destroyed, they at present may be said to remain, in a peculiar and emphatic manner, the rights of the people of England»[26].

C'est dans la même ligne et le même esprit que 80 ans plus tard, au lendemain de l'adoption des «Grundrechte des deutschen Volkes» par le Parlement de Francfort, en décembre 1848, Th. Mommsen commentera ce catalogue de Droits fondamentaux dans son opuscule *«Die Grundrechte des deutschen Volkes»:*

23 Cf. E. Burke, op. cit. (n. 19), p. 124.
24 Cf. K. Marx, op. cit. ed. cit. p' 192–193; tr. fr. cit., p. 37–38.
25 Cf. Op. cit. ed. cit. p. 194; tr. fr. cit., p. 39.
26 Cf. W. Blackstone, op. cit. (n. 5) t. 1, p. 127–129.
Voir à ce sujet E. Reibstein, Op. cit. (n. 12), Bd. 2, p. 233 ss., notamment p. 237.

«Dieses sind die Grundrechte nicht der Sachsen oder der Hessen, nicht der Schwaben oder der Preussen, sondern des deutschen Volkes, welches jetzt zum erstenmal vereinigt wird in eine rechtliche und staatliche Gemeinschaft»[27].

C'est enfin la même conception historique communautaire des Droits de l'Homme qui est au cœur de la critique marxienne des Droits de l'Homme comme Droits des membres de la société bourgeoise.

Mais trêve de citations: concluons. En ce qui concerne la *nature* et *l'assise* de ces Droits, les deux doctrines principales qui dominent l'évolution de la pensée politique et juridique moderne et qui conçoivent, la première, ces Droits comme des attributs naturels, innés, inaliénables et imprescriptibles de tous les individus de l'espèce humaine, la seconde, ces mêmes Droits comme des privilèges historiques particuliers, propres aux membres organiquement intégrés d'une même communauté de destin, ces deux doctrines nous paraissent pouvoir se ramener aux deux grandes philosophies du Droit qui inspirent la pensée juridique occidentale moderne, c'est-à-dire la philosophie juridique de l'Ecole du Droit naturel moderne et celle de l'Ecole du Droit historique.

C. Il nous reste alors à aborder un dernier ordre de questions, une ultime problématique qui sous-tend les deux conceptions que nous venons de voir de la nature et de l'assise des Droits de l'Homme. Il s'agit de la problématique proprement philosophique de la *conception de la réalité sociale* ou *politique*, singulièrement des rapports de l'individu et de la société politique, qui est au cœur de la conception de la nature des Droits de l'Homme et de leur typologie conceptuelle, car la conception de ces Droits comme *attributs naturels* de tout individu de l'espèce humaine ou comme *propriétés historiques* des membres d'une communauté de destin renvoie à certains modèles, à certaines façons de penser la réalité sociale ou politique.

Or, à cet égard, il nous paraît que la pensée politique comme la philosophie sociale moderne sont dominées par deux modèles principaux: le *modèle mécaniciste* et le *modèle organiciste*, qui constituent sans doute le tribut payé par les sciences humaines à la prédominance croissante exercée dans la culture occidentale depuis Galilée et Harvey par les sciences de la nature – des sciences physiques et mathématiques aux sciences de la vie.

La *machine* – l'*organisme:* que ce soient bien là en définitive les deux catégories fondamentales dans lesquelles sont pensées la réalité politique et sociale dans l'histoire intellectuelle européenne depuis la fin du XVIème siècle, c'est ce que montrent à l'envi les textes d'auteurs aussi différents d'une part que Hobbes et, d'autre part, qu'Adam Müller, Savigny et Eichhorn.

Prenons d'abord Hobbes. «C'est à partir des éléments dont chaque chose est composée qu'on en acquiert la meilleure connaissance», note ainsi Hobbes en 1643 dans la Préface de son «De Cive» pour souligner: «De même en effet que dans une horloge ou quelque autre machine un peu plus compliquée on ne peut savoir quelle est la fonction de chacune de ses parties et de chacun de ses rouages sans qu'elle soit démontée et que la matière, la forme et le mouvement de ses parties ne soient examinés à part, ainsi dans l'étude de l'ordre juridique étatique et dans celle des devoirs des citoyens, il est nécessaire, non certes de dissoudre l'Etat, mais bien de le considérer comme démonté, c'est-à-dire de bien comprendre quelle est la nature humaine, en raison de quels éléments elle est *apte* ou *inapte* à l'ordre politique et comment les hommes qui veulent s'associer doivent s'arranger entre eux».[28]

27 Cf. Th. Mommsen, op. cit. (n. 16), rééd. cit. p. 7.

28 Cf. Th. Hobbes (1588–1679), De Cive (Elementorum philosophiae sectio tertia) (Paris

Tout à l'inverse, c'est d'un modèle fondamentalement différent que part un Adam Müller dans ses «Elemente der Staatskunst» de 1808: «L'Etat n'est pas une simple manufacture», écrit-il ainsi significativement pour suligner: «Il est la conjonction intime de tous les besoins physiques et intellectuels, de toutes les richesses, de toute la vie intérieure et extérieure de la nation, tout cela constituant un tout énergique, vivant en constante transformation.»[29] Et il conclut: «L'Etat est la totalité des affaires humaines, leur conjonction en un tout vivant. . . Retranchos de ce Tout définitivement, ne fût-ce qu'une partie infime de l'être humain, considérons séparément l'homme et le citoyen, cela suffit pour que nous ne puissions plus sentir l'Etat comme un organisme, comme un phénomène vivant.»[30]

Les mêmes catégories se retrouvent exprimées de manière encore plus nette chez Savigny et chez Eichhorn. Chez Savigny d'abord, en 1815, dans l'article programmatique qui introduit le premier volume de la Revue de l'Ecole du Droit historique, la *«Zeitschrift für geschichtliche Rechtswissenschaft»*: «Selon la doctrine de l'Ecole historique, explique Savigny, il n'est aucune existence humaine qui soit pleinement singulière et parfaitement isolée. Bien plus, ce que l'on peut considérer comme particulier est, considéré d'un autre point de vue, partie intégrante d'une totalité qui le dépasse. C'est ainsi que chaque homme individuel doit être nécessairement conçu en même temps comme membre d'une famille, d'un peuple, d'un Etat.»[31] Et son collègue Eichhorn n'est pas moins explicite dans le quatrième volume de sa *«Deutsche Staats- und Rechtsgeschichte»* de 1823. Après s'en être pris à ceux qui méconnaissent que «chaque Etat représente une situation sociale donnée, qui ne peut être conçue sans un droit historiquement déterminé ayant un caractère organique»[32], il dénonce bien comme la caractéristique commune des nouvelles théories politiques en matière d'administration qu'elles conçoivent «que l'Etat doive être organisé comme une *machine* qui soit mue par un pouvoir souverain (*dass der Staat wie eine Maschine eingerichtet sein müsse, die durch eine höchste Gewalt bewegt werde*).»[33]

Mécanistes ou *organicistes*, les catégories dans lesquelles la réalité politique et sociale apparaît pensée de Hobbes à Savigny et Eichhorn n'ont pas qu'un intérêt méthodologique d'ordre purement spéculatif. Elles conditionnent en fait la conception même des rapports de l'individu et du pouvoir, dans une perspective d'association ou d'intégration qui va déterminer la typologie des Droits de l'Homme, droits naturels des individus ou droits historiques des membres d'une communauté de destin.

Mais il y a plus, ces deux modèles – mécaniciste et organiciste – vont commander deux des figures-clefs de l'histoire de la pensée politique et sociale occidentale depuis le XVIème siècle: le *contrat* et l'*institution,* dont dépendra la teneur même des Droits de l'Homme.

1642), in: Opera latina, ed. Molesworth, Londres 1839–1845, rééd. Aalen, t. 2, p. 133 ss., tr. fr. S. Sorbière (Amsterdam 1649), rééd. Paris 1982, p. 71.

29 Cf. A Müller (1779–1829), Die Elemente der Staatskunst (Berlin 1809), 1. Buch: Von der Idee des Staates und von dem Begriffe des Staates, ed. J. Baxa, Vienne–Leipzig 1922, t. 1, p. 37; voir tr. fr. (extraits) in J. Droz, Le romantisme politique en Allemagne, Paris 1963, p. 86–87.

30 Cf. Op. cit., éd. cit., p. 48; tr. fr. op. cit., loc. cit.

31 Cf. F. C. v. Savigny (1779–1861), Über den Zweck dieser Zeitschrift, in: Zeitschrift für geschichtliche Rechtswissenschaft, Berlin, Bd. I, 1815, p. 3.

32 Cf. K. F' Eichhorn (1781–1854), Deutsche Staats- und Rechtsgeschichte, Bd. 4, Göttingen, 1824, p. 639.

33 Cf. Op. cit., loc. cit.

Le moment est venu de conclure. Conçus quant à leur *nature* et à leur *assise* comme des *attributs naturels*, innés, inaliénables et imprescriptibles de tous les individus de l'espèce humaine, ou comme des *privilèges historiques*, propres et particuliers aux membres intégrés à une communauté de destin déterminée, et procédant d'une conception donnée – mécaniciste ou organiciste – de la réalité *sociale* et *politique*, les Droits de l'Homme renvoient, pour qui en suit attentivement l'évolution doctrinale, à des contenus d'une étendue bien différente – fonction des théories relatives à l'origine, nature ou contrat, et à la finalité, limitée ou expansive, de la société politique. La fascination qu'ils ont exercée dès lors et qu'ils exercent encore périodiquement sur les théoriciens politiques comme sur des peuples entiers fait songer aux propos de Tocqueville: «Il y a des temps où les hommes sont si différents les uns des autres que l'idée même d'une même loi applicable à tous est pour eux comme incompréhensible. Il y en a d'autres où il suffit de leur montrer de loin et confusément l'image d'une telle loi pour qu'ils la reconnaissent aussitôt et courent vers elle».[34]

34 Cf. A. de Tocqueville, L'Ancien Régime et la Révolution, L. I, ch. III, in fine, in Œuvres complètes, éd. Tocqueville, 7ème éd. Paris 1866, t. IV, p. 20.

DIE MENSCHENRECHTSPHILOSOPHIE ALS PARADIGMAWECHSEL VOM ORDODENKEN ZUR SUBJEKTIVITÄTSPHILOSOPHIE DER MODERNE. ZUR FRAGE DER POLITISCHEN UND NORMATIVEN BEDINGUNGEN

VON PETER PAUL MÜLLER-SCHMID, FRIBOURG

Die Menschenrechtsthematik ist spätestens seit der „Erklärung der Menschenrechte" 1948 durch die UNO zu einem weltweiten, internationalen Anliegen der Menschheit geworden. Differenzen scheinen sich einzig zu ergeben aus der Art und Weise ihrer Verwirklichung durch die Einzelstaaten, deren Souveränität bzgl. der Konkretisierung der Menschenrechte vielfach, doch nicht vollkommen eingeschränkt wird.

Die Thematik der Menschenrechte auf diese Weise zu diskutieren, hiesse freilich, nur die eine Seite der Medaille zu sehen, nämlich sie auf ein *politisches* Problem zu reduzieren. Denn sosehr die politische und die gesellschaftlich-kulturelle, letztlich staatliche Abhängigkeit für die Konkretisierung der meisten Menschenrechte gelten mag, so ist dennoch zu berücksichtigen, dass die Menschenrechtsdebatte darüber hianus auf grundsätzlich der politischen bzw. staatlichen Macht entzogene fundamentale Menschenrechte verweist[1]. Aus diesem Sachverhalt folgt als normenlogische Notwendigkeit das Problem der „*Begründung*" der Menschenrechte als dem Einzelstaat, ja sogar einem möglichen „Weltstaat" vorgegebenen Rechten des Menschen. Die Begründungsfrage, die etwa nicht nur den Ost-West-Gegensatz, sondern auch die im Westen selbst zu konstatierenden Gegensätzlichkeiten in der Menschenrechtsinterpretation impliziert, weist auf das die empirische Fragestellung transzendierende Problem der prinzipiellen Zuordnung von Recht und Ethik[2]. Innerhalb dieser Begründungsproblematik wird es dann eine der wesentlichen Fragen ausmachen, ob die Begründung der Menschenrechte in einer im klassischen Sinne verstandenen Metaphysik, d.h. in einer ontologisch-metaphysischen Teleologie zu sehen ist – wie dies das ontologisch orientierte Naturrechtsdenken nachzuweisen sucht –, oder ob diese Begründung in einer, wie auch immer interpretierten, „Autonomie" des Menschen zu suchen ist – sei diese nun zu verstehen im Sinne des vertragstheoretischen Denkens Rousseaus, im transzendentalphilosophischen Sinne Kants, im dialektischen Sinne Hegels oder der emanzipatorischen Sozialphilosophie des Marxismus. Die Begründungsrage ist wesentlich, da aus unterschiedlichen Begründungen der Menschenrechte unterschiedliche Vorstellungen für ihre Verwirklichung resultieren, der Gegensatz in der Menschenrechtsfrage somit nicht nur politischen, sondern eben auch philosophischen bzw. weltanschaulichen Charakters ist.

1 Vgl. dazu W. Kägi, Die Menschenrechte und ihre Verwirklichung, Aarau 1969.

2 In dieser philosophisch-systematischen Fragestellung sehen wir ab von der Frage, inwieweit *historisch* der religiöse Glaube bzw. der daraus resultierende Grundsatz der religiösen Freiheit, d.h. der Grundsatz der Unabhängigkeit der Religion gegenüber dem Staat, den Ausgangspunkt der Menschenrechte bildet, wie dies bekanntlich G. Jellinek in seiner berühmten Arbeit „Die Erklärung der Menschen- und Bürgerrechte", insbesondere unter Rückgriff auf die amerikanische Verfassungsgeschichte und in Entgegensetzung zur rousseauistisch-kontinentaleuropäischen Entwicklung, annahm (diese zu den Klassikern der Geschichtsschreibung zur Entwicklung der Menschenrechte zählende Arbeit ist wieder veröffentlicht in dem von R. Schnur herausgegebenen Band „Zur Geschichte der Erklärung der Menschenrechte", Darmstadt 1964, 1–77).

Die Geschichte des Menschenrechtsdenkens, soweit dieses einer weitgehend rechtsstaatlich-individualistischen Orientierung folgt, bezeichnet eine im wesentlichen der Moderne zugehörige Entwicklung[3]. In gewissem Sinne könnte man sie charakterisieren als Paradigmawechsel vom ganzheitlich orientierten traditionellen naturrechtlichen Ordodenken zum im Sinne der allgemeinen und gleichen Freiheit aller interpretierten, an den Einzelfreiheiten orientierten Rechtsstaatsdenken[4]. Diese Entwicklung, die philosophiegeschichtlich im wesentlichen mit den modernen Staatsvertragstheorien beginnt, findet ihren – für die Philosophie durchaus relevanten – *politischen* Erklärungsgrund in der allmählichen Infragestellung traditionell vorgegebener Herrschaftsordnungen, die ihrerseits zum Prozess der Bildung einer autonomen, d.h. gegenüber dem Staat verselbständigten „politischen Ordnung“ führt. Wir sprechen heute oft mit grösster Selbstverständlichkeit von „politischer Ordnung“ und von den „politischen Wissenschaften“, die sich mit dieser Ordnung befassen, ohne uns wirklich Rechenschaft zu geben über die Voraussetzungen und die normative Bedeutung dieses Sachverhalts. In einer weltanschaulich weitgehend einheitlichen, die gegebene staatliche Autorität mehr oder weniger fraglos anerkennenden Gesellschaft wird „Politik“ nicht zum Problem, da die Verwirklichung des Gemeinwohls garantiert erscheint. Erst mit dem grundsätzlichen Zweifel an der Möglichkeit der gegebenen Autorität, das Gemeinwohl allgemeinverbindlich zu definieren und durchzusetzen, d.h. eine gerechte, auch der wohlverstandenen Freiheit gerecht werdende Ordnung zu definieren und durchzusetzen – historisch ersichtlich seit der Zeit der Konfessionskriege und des im 17. und 18. Jahrhundert sich herausbildenden staatlichen Absolutismus mit seinem die Freiheit negierenden Souveränitätsanspruch –, erweist es sich als immer mehr die demokratische Epoche kennzeichnende Notwendigkeit, einen gegenüber dem Staat weitgehend autonomen gesellschaftlichen Bereich zu institutionalisieren, um die Bestimmung des staatlichen Gemeinwohls vor allem dem Pluralismus der gesellschaftlichen Mächte zu überantworten[5]. Voraussetzung für die Möglichkeit eines solchen Pluralismus ist die Anerkennung der Priorität des einzelnen, die der „Rechtsstaat“ zu garantieren hat[6]. Mit dem modernen, bereits im 18. Jahrhundert als Idee entwickelten Rechtsstaat vollzieht sich somit ein Paradigmawechsel vom ganzheitlichen Ordodenken hin zur Freiheit des einzelnen, die als Mitbestimmungsanspruch gegenüber

3 Vgl. dazu M. Kriele, Zur Geschichte der Grund- und Menschenrechte, in: Öffentliches Recht und Politik, Festschrift für H. Scupin, Berlin 1973, 187 ff.

4 Zur philosophiegeschichtlichen Bedeutung des traditionellen naturrechtlichen Ordodenkens vgl. E. Heintel, Zum grundsätzlich „naturrechtlichen“ Ansatz des Ordo-Gedankens, in: ders. (Hrsg.), Philosophische Elemente der Tradition des politischen Denkens, Wien–München 1979, 34–44. Allerdings problematisch hinsichtlich der Interpretation der Tradition der Naturrechtsphilosophie, insbesondere des auf Thomas von Aquin rekurrierenden Naturrechtsdenkens, ist in Heintels Interpretationsversuch die Entgegensetzung des auf das Gewissen bezogenen subjektiv Guten einerseits, des auf das Ordodenken bezogenen objektiv Guten andererseits (Heintel selber sieht die begründungsphilosophische Aufgabe der Ethik, so könnte man seine Ansicht unter Beachtung auch seiner anderen Veröffentlichungen zur praktischen Philosophie interpretieren, sozusagen in einer – grundsätzlich am modernen Autonomiebegriff orientierten – systematisierenden Zusammenfassung von Subjektivität und Objektivität in der Ethik).

5 Zum systematisch-politikwissenschaftlichen Aspekt dieses Problems vgl. C. J. Friedrich, Politik als Prozess der Gemeinschaftsbildung. Eine empirische Theorie, Köln 1970.

6 Vgl. J. Messner, Die Idee der Menschenwürde im Rechtsstaat der pluralistischen Gesellschaft, in: Menschenwürde und freiheitliche Rechtsordnung, Festschrift für Willi Geiger zum 65. Geburtstag, Tübingen 1974, 221–241.

der bisherigen staatlichen Ordnung zum Menschenrecht deklariert wird[7]. In dieser Entwicklung setzt sich der dem demokratisch Denkenden selbstverständliche Grundsatz einer Organisationsform der politischen Gemeinschaft durch, der es dieser ermöglicht, „in einem Prozess der kritischen Auseinandersetzung mit dem Bestehenden und der Besinnung auf das Wünschbare, das Gerechte immer neu und angemessener zu bestimmen"[8]. Unabhängig von einer solchen sozialethischen Reflexion, die die formalen, pragmatischen Bedingungen eines freiheitlich-politischen Prozesses mit einbezieht, wird aber der genannte Paradigmawechsel *normativ* oft auch dadurch erklärt, dass – im Gegensatz zum gemeinwohlbestimmten Ordodenken – im modernen Denken die individuelle Freiheit als solche den Rang des ethischen Bestimmungsgrundes des Staates erhalte oder aber, rechtspositivistisch formuliert, dass die gegenüber vorgegebenen sozialethischen Normen unabhängige Verfassung des Staates in den Rang der Rechtsbegründung gesetzt werde.

Man ist sicherlich kein Gegner der Modernität, wenn man gegen eine solche Interpretation auf die die Rechtsgeltung begründende Funktion vorgegebener, in der Gesellschaft sich artikulierender Normen verweist[9]. Gewiss besagt der genannte Paradigmawechsel politisch (d.h. als Aspekt des gesellschaftlich-staatlichen Willensbildungsprozesses) die Zurückweisung eines vor allem durch den Staat definierten Freiheitsbegriffs durch einen in wesentliche Bereichen nur formal bestimmten Begriff der Freiheit[10]. Der Paradigmawechsel kann *normativ* aber nicht bedeuten, die ethische Bestimmung des Staats nicht mehr im Apriori einer vorgegebenen universalen Normenordnung, traditionellerweise als „Gemeinwohl" bezeichnet, sondern in der individuellen Freiheit zu sehen[11]. Die in letzterer Formulierung implizierte Ent-

7 Zur rechtsgeschichtlichen Charakterisierung der dem modernen Denken entgegengesetzten naturrechtlich-ganzheitlichen Auffassung des Staates vgl. U. Häfelin, Die Rechtspersönlichkeit des Staates, I: Dogmengeschichtliche Darstellung, Tübingen 1959, 11–23. – Zur Entwicklung der politischen Philosophie (insbesondere des 19. Jahrhunderts) in zustimmender oder ablehnender Auseinandersetzung mit der Idee einer vorgegebenen politischen Ordnung vgl. H. Barth, Die Idee der Ordnung. Beiträge zu einer politischen Philosophie, Erlenbach/Zürich 1958.

8 H. Barth, Die Idee der Ordnung, 238.

9 Vgl. dazu die interessante verfassungstheoretische Arbeit von H. Hofmann, Legitimität und Rechtsgeltung. Verfassungstheoretische Bemerkungen zu einem Problem der Staatslehre und der Rechtsphilosophie, Berlin 1977.

10 In dieser Hinsicht wird vom „Kritischen Rationalismus" eine Erkenntnis formuliert, die bei aller sonstigen berechtigten Kritik an dieser Theorie auch eine das Prinzip der individuellen Freiheit berücksichtigende moderne realistische politische Ethik (wenngleich nicht, wie im „Kritischen Rationalismus", als ein einzig pragmatisch interpretiertes Prinzip) anzuerkennen hat.

11 Dies würde nichts anderes bedeuten als die Anerkennung einer nur formalen, jeder politisch-ethischen Ordnungsvorstellung entgegengesetzten pragmatischen Ordnung, wie dies etwa vom „Kritischen Rationalismus" systematisiert worden ist.
Aufgrund seines einzig methodologisch begründeten Ordnungskriteriums, welches von den unterschiedlichen „begründungsphilosophischen", d.h. auch weltanschaulichen Aspekten des gesellschaftlichen Ordnungsdenkens weitgehend abstrahiert, werden übrigens vom „Kritischen Rationalismus" in grundsätzlich ähnlicher Weise sowohl Naturrechtsphilosophie als auch Marxismus (von anderen Sozialphilosophien einmal abgesehen) als einen universalistischen Anspruch vertretende „Begründungsphilosophien" des Sozialen kritisiert. – Was die Kritik des „Kritischen Rationalismus" an der Vorstellung naturrechtlich begründeter universaler Normenordnungen betrifft, wird es für die Beurteilung dieser Kritik wie überhaupt für die Charakterisierung der naturrechtlichen Ordnungsvorstellungen insbesondere von Bedeutung sein, ob der in der Naturrechtsdebatte, aber auch innerhalb des Naturrechtsdenkens selber oft nicht entsprechend zur Geltung gebrachte, für die Systematik naturrechtlichen Denkens aber wesentliche Unterschied von in der grossen Mehrheit analogen (und entsprechend

gegensetzung von Gemeinwohl und Freiheit verkennt gerade die normative Berechtigung dieses Paradigmawechsels überhaupt, nämlich die Annahme einer durch eine pluralistisch-freiheitlich organisierte Gesellschaft zeitgemässeren und damit effizienteren Verwirklichung der vorgegebenen universalen Normenordnung[12]. Diese Auffassung verkennt überdies das Wesen der Freiheit selbst. Auch die im Sinne der Menschenrechte postulierte Freiheit ist nicht schon als *tatsächliche* individuelle Freiheit ethisch gerechtfertigt, sondern erst als eine im Sinne der Verwirklichung der menschlichen Wesensnatur begriffene Freiheit, nämlich als eine der Gewissensordnung des Menschen entsprechende Freiheit. Als solche ist Freiheit auf die Vernunft des Menschen verwiesen, die das Gewissen erkenntnishaft partizipieren lässt an der – nicht zum empirischen, sondern zum intelligiblen Bereich gehörenden – absoluten und universalen normativen Ordnung. Die in der Moderne in den Vordergrund tretende Formalität der Freiheit kann also nur interpretiert werden als ein politischer Bedingungsgrund, damit die allen gleiche, normativ die menschliche Handlung wesentlich bestimmende, daher rechtsethisch relevante Orientierung am Gewissen auch in der weltanschaulich pluralistischen Gesellschaft möglich bleibt[13]. Insofern könnte man hinsichtlich der Anerkennung des für das menschliche Handeln normative Relevanz besitzenden Gewissens sozusagen von einem sowohl dem Ordodenken als auch dem modernen Denken gemeinsamen Grund-Menschenrecht sprechen – verwirklicht freilich in jeweils unterschiedlichen Ordnungsentwürfen von Staat und Gesellschaft, folgt doch aus diesem Grund-Menschenrecht nicht eine einzig gültige staatliche bzw. politische Ordnungsform. Die Richtigkeit dieser Argumentation vorausgesetzt, müsste man dann freilich begründungsphilosophisch weiterfragen, ob mit der Instanz des Gewissens bereits der absolute Erklärungsgrund von Recht und Ethik gefunden ist; begründungsphilosophisch verweist der Gewissensbegriff auf vorgegebene Normen entsprechend der – wie auch immer erklärten – Bestimmung des Gewissens als Partizipation an der ihm vorgegebenen objektiven Ordnung der Normen[14].

Spätestens hier zeigt sich die Ambivalenz der Interpretation des Paradigmawechsels als Gegensatz der Anerkennung einer „vorgegebenen" Ordnung einerseits, einer individuell bestimmten Ordnung andererseits. Ambivalent an dieser Interpretation ist insbesondere der Begriff des „Vorgegebenen". „Vorgegeben" kann im Sinne der *tatsächlichen* Gesellschaftsordnung wie auch im Sinne der ethisch *absoluten* Nor-

auch erfahrungsabhängig variabel formulierbaren) Naturrechtsprinzipien einerseits, von – nur selten als solche formulierbaren, freilich um so wichtigeren – univoken Naturrechtsprinzipien andererseits, Berücksichtigung findet (zur Bedeutung der Analogie für das Naturrechtsdenken vgl. A. F. Utz, Sozialethik. II: Rechtsphilosophie, Heidelberg 1963, 13 ff.; 84–87; 233 ff.).

12 Zu diesem Problem s. die systematisch-sozialethische Argumentation in dem Aufsatzband von A. F. Utz, Ethik und Politik, Stuttgart 1970, 127 ff.

13 Zur Systematik der Rechtsrelevanz des Gewissens im modernen rechtsstaatlichen Denken vgl. E. Mock, Gewissen und Gewissensfreiheit. Zur Theorie der Normativität im demokratischen Verfassungsstaat, Berlin 1983.

14 Daher ist das vorher in unserem Text erwähnte „Grund-Menschenrecht" nicht so zu interpretieren, als seien die Menschenrechte prinzipiell nichts anderes als subjektive Setzungen des Gewissens. Bei aller Verbindlichkeit des Gewissens gründet ein in realer Weise an Allgemeingültigkeit orientiertes Recht in seinem objektiven Verpflichtungscharakter in der das Gewissen sachlich bestimmenden Norm der Gerechtigkeit, somit in einer vorgegebenen absoluten Ordnung, deren Normativität aus den Seinsstrukturen selber folgt. Dies ist wohl am deutlichsten erkennbar in der Diskussion um die Abtreibungsfrage: es geht um das nicht vom Gewissen, auch nicht vom Staat gesetzte, sondern von diesen als Vorgegebenheit anzuerkennende Recht des Ungeborenen.

men verstanden werden. Aus dem Gesagten folgt, dass das ethisch Absolute als dem Empirischen gegenüber prinzipiell vorgegebene Wirklichkeit auch für die moderne Menschenrechtsphilosophie normenbegründende Bedeutung besitzt. Auch die moderne Subjektivitätsphilosophie, soweit sie als Begründungsphilosophie auftritt, ist an der Norm eines Absoluten orientiert[15].

Einzig unter dem Aspekt der tatsächlichen Gesellschaftsordnung, nicht dem der absoluten Normenordnung könnte also im Kontext des Übergangs vom Ordodenken zur modernen Staats- und Gesellschaftsauffassung in normativ gültiger Weise von einer Zurückweisung der vorgegebenen Ordnungen gesprochen werden. Die „rechtsstaatliche" Umformulierung des traditionellen naturrechtlichen Ordodenkens ist übrigens für die klassische ontologische Naturrechtsauffassung, soweit sie auch soziologisch und daher auch empirisch orientiert ist, nicht apriori unmöglich, wenngleich von Thomas von Aquin selber natürlich nicht als Ordnungssystem formuliert[16]. Wichtig ist in diesem Zusammenhang insbesondere zu betonen, dass das von Thomas von Aquin systematisierte, ontologisch begründete Naturrecht nicht identisch ist mit Essentialismus. Eine essentialistische Auffassung des Naturrechts wurde vor allem vertreten von dem späteren rationalistischen Naturrecht[17] aufgrund der Annahme, die Definition naturrechtlicher Normen einzig deduktivistisch aus Vernunftgründen vornehmen zu können. Demgegenüber verweist insbesondere Thomas von Aquin[18] zwar auf die Vorgegebenheit und aufgrund der Abstraktionslehre auch Erkennbarkeit der menschlichen Wesensnatur als Norm der praktischen

15 Vgl. H. Ryffel, Recht und Ethik heute, in: Recht und Gesellschaft, Festschrift für Helmut Schelsky, Berlin 1978, 507–525. H. Ryffel betont die Bedeutung des normativ Absoluten für jede Ethik und Gesellschaftsordnung. Gegenüber Rechts- und Sozialphilosophien universalistisch-vorgegebener Ordnungsnormen vertritt er jedoch eine sowohl systematisch als auch philosophiegeschichtlich zu verstehende Neuinterpretation im Sinne moderner normativer Freiheitsphilosophien. – Für die Naturrechtsphilosophie resultieren hinsichtlich dieser Argumentation vor allem zwei Grundfragen: einerseits die Frage nach der prinzipiellen Möglichkeit und gesellschaftlichen Relevanz eines ontologisch begründeten Naturrechts, andererseits die Frage nach der Möglichkeit und den Bedingungen erfahrungsgerecht formulierbarer ontologisch-naturrechtlicher Ordnungsvorstellungen dort, wo die Empirie sozialethisch von Bedeutung ist.

16 Die Tatsache, dass Thomas von Aquin der Instanz des Gewissens besondere normative Bedeutung zusprach, besagt als solche noch keine Formulierung „rechtsstaatlicher" oder „demokratischer" Ordnungsvorstellungen im modernen Sinne. Sie ist allerdings ein wichtiger Ansatzpunkt für die Entwicklung der nicht zuletzt von der Naturrechtslehre her beeinflussten Menschenrechtsphilosophie. Das gleiche gilt von den bedeutenden, auch für die Entwicklung des Völkerrechts wichtigen Stellungnahmen zu Menschenrechtsfragen durch die berühmten Theologen und Rechtsphilosophen der die traditionellen Naturrechtsauffassungen weiterentwickelnden spanischen Barockscholastik.

17 Damit soll selbstverständlich andererseits die für unser Thema wichtige Bedeutung des rationalistischen Naturrechts für die Entwicklung einer dem Individuum zentrale Bedeutung zuerkennenden Menschenrechtsphilosophie nicht verkannt werden. Philosophiegeschichtliche Bedeutung und Charakteristik des rationalistischen Naturrechts sind sehr gut erklärt in den Einführungen, die M. Thomann zu den beiden 1972 neu herausgegebenen Werken von Chr. Wolff verfasst hat: Jus naturae, reprogr. Nachdr. der Ausgabe Frankfurt und Leipzig 1740, Hildesheim – New York 1972; Jus gentium, reprogr. Nachdr. der Ausgabe Halle 1749, Hildesheim – New York 1972.

18 Zur rechtsphilosophischen Bedeutung der thomasischen realistischen Naturrechtslehre vgl. den Kommentar von A. F.Utz zu Bd. 18 der Deutschen Thomas-Ausgabe (insbesondere hinsichtlich der thomasischen Lehre vom Eigentum als einem sozialen Ordnungsprinzip der Gesellschaft); zur Bedeutung der Abstraktionslehre für das Naturrechtsdenken überhaupt vgl. A. F. Utz, Sozialethik. I: Die Prinzipien der Gesellschaftslehre, Heidelberg 1958, 154 ff.; ders., Sozialethik. II: Rechtsphilosophie, Heidelberg 1963, 84–87; ders., Ethik, Heidelberg 1970, 138 f.

Vernunft, versteht diese abstrakt definierte universale Norm aber in den (die grosse Mehrheit bildenden) Fällen einer nicht univoken, sondern analogen Prinzipieninterpretation in einem durch die erfahrungsorientierte Vernunft prinzipien- und realitätsgerecht zu konkretisierenden Sinne. Dass Thomas von Aquin die Wesensnatur als eine Wirklichkeit der Schöpfungsordnung und das für das menschliche Handeln an dieser Wesensnatur orientierte Gewissen von der Partizipation an dieser Ordnung her definierte, entspricht der Logik seines begründungsphilosophischen Ansatzes, spricht aber nicht gegen eine mögliche Weiterentwicklung des ontologisch begründeten Naturrechts im Sinne einer Rechtsphilosophie der modernen rechtsstaatlichen Gesellschaftsordnung[19] und einen Dialog zwischen klassischem Naturrecht und moderner Freiheitsphilosophie. Soweit die modern verstandene Freiheitsphilosophie als „Begründungsphilosophie" auftritt, interpretiert auch sie trotz allem Gegensatz zur Tradition ontologischen Denkens[20] Freiheit – sozusagen in einer modernen Weise „metaphysisch" – im Sinne der Idee der Partizipation an einer dem einzelnen und dessen instrumenteller Vernunftordnung vorgegebenen normativen Ordnung[21].

19 Zur Möglichkeit einer an der ontologisch-teleologischen Naturrechtsphilosophie orientierten, zugleich aber auch den modernen Begriff der empirischen Sozialwissenschaften sowie die weltanschaulich-pluralistische Gesellschaft berücksichtigenden politischen Ethik vgl. P. P. Müller-Schmid, Der rationale Weg zur politischen Ethik, Stuttgart 1972. Eine solche systematisch orientierte Konkretisierung des ontologisch-naturrechtlichen Denkens hat freilich nichts zu tun mit einer heute weitverbreiteten philosophiegeschichtlichen Interpretation der thomasischen Naturrechtslehre im Sinne der vor allem an Kants Philosophie orientierten Philosophie der Moderne.

20 Freilich ist bei allem Gegensatz die moderne Subjektivitätsphilosophie, soweit sie als begründungsphilosophisches Denken auftritt, dennoch in vielem nicht ohne die traditionelle, von Aristoteles ontologisch begründete Politikwissenschaft zu verstehen, in manchen Sachfragen sogar, wie J. Dennert nachweist, überhaupt erst in dieser Hinsicht als Sozialethik konstituiert (vgl. J. Dennert, Die ontologisch-aristotelische Politikwissenschaft und der Rationalismus. Eine Untersuchung des politischen Denkens Aristoteles', Descartes', Hobbes', Rousseaus und Kants. Berlin 1970).

21 Zu diesen modernen Subjektivitätsphilosophien, die eine der instrumentellen Vernunft des einzelnen vorgegebene Normenordnung anerkennen, zählen grundsätzlich auch die hegelsche und die marxistische dialektische Philosophie, allerdings – jedenfalls ganz eindeutig bzgl. der Hegels idealistische Dialektik ablehnenden emanzipatorisch-dialektischen Philosophie des Marxismus – unter Zurückweisung jeder Art von „Metaphysik": den „metaphysischen" Ideen wird eine Philosophie des „konkreten Allgemeinen" entgegengesetzt, das als eine der instrumentellen Vernunft des einzelnen vorgegebene normative Begründungsinstanz anzusehen ist – eine Begründungsinstanz freilich, die von demjenigen, der an metaphysich begründeter Normativität orientiert ist, im Sinne eines den einzelnen als kollektive instrumentelle Vernunft bestimmenden normativen Absoluten interpretiert werden wird (vgl. dazu P. P. Müller-Schmid, Emanzipatorische Sozialphilosophie und pluralistisches Ordnungsdenken, Stuttgart 1976, 72 ff., 108 ff.; zum Problem der marxistischen Dialektik als Überwindung der hegelschen idealistischen Dialektik ebd., S. 69 ff.; zur antimetaphysischen Struktur auch der hegelschen idealistischen Dialektik ebd., S. 61 ff.).
In ausgesprochenem Gegensatz nicht nur zur Tradition des klassischen ontologisch begründeten Naturrechts, sondern auch zu den an der Idee einer Begründungsphilosophie orientierten modernen Subjektivitätsphilosophien ist N. Luhmanns Rechtstheorie konzipiert, die einzig auf einen instrumentellen Rationalitätsbegriff rekurriert unter Verzicht auf eine dem einzelnen und seiner instrumentellen Vernunft vorgegebene allgemeingültige Normenordnung. Entsprechend diesem Rationalitätsbegriff ist die konkrete Rechtsordnung nicht in unverfügbaren Vorgegebenheiten, sondern vielmehr umgekehrt in der Verfügbarkeit anderer Möglichkeiten begründet (vgl. N. Luhmann, Ausdifferenzierung des Rechts, Frankfurt 1981, 145). Grundlage dieser instrumentalistischen Rechtslehre ist die soziologische „Systemtheorie". Zur kritischen Auseinandersetzung mit der Systemtheorie des Rechts vgl. A. Ollero, La fonction technocratique du droit dans la „Systemtheorie" de Niklas Luhmann, in: Archiv für Rechts- und Sozialphilosophie 61 (1975) 557–568.

Ob dies für jene Form der Vertragstheorie gilt, wie sie Rousseau vertreten hat, wird – nicht zuletzt hinsichtlich des insbesondere auch für die Menschenrechtsbegründung fragwürdigen, teils utopischen, teils dezisionistisch-instrumentalistischen Politikverständnisses – nicht selten als zweifelhaft beurteilt. Die Kritik des ontologisch orientierten Naturrechts wie auch Hegels Kritik sind beachtlich. Immerhin aber ist diese Philosophie geprägt von einer den Einzelwillen im Allgemeinwillen begründenden Ethik und daher – freilich mit den genannten wesentlichen Einschränkungen – als Versuch einer demokratisch orientierten „Begründungsphilosophie" der Freiheit charakterisierbar. Erst recht gilt diese begründungsphilosophische Orientierung für Kants Transzendentalphilosophie, die – entgegen dem Versuch gegenwärtiger philosophischer Tendenzen, Kants Grundanliegen, scheinbar konsequenter, unter Abstraktion von „metaphysischen" Fragen gerecht werden zu können[22] – als Freiheitsphilosophie nur aufgrund einer, wenngleich neu formulierten, metaphysischen Fragestellung den Anspruch einer normativen Begründungsphilosophie der Freiheit vertritt[23].

Kants Transzendentalphilosophie ist dem traditionellen Naturrechtsdenken insofern analog, als er das die Freiheit bestimmende moralische Gesetz seiner Absolutheit wegen nicht dem Bereich des Empirischen, sondern dem Breich des Intelligiblen zugeordnet sieht. Infolge der Ablehnung der Abstraktion und damit auch einer erkenntnisrelevanten Ontologie ist es freilich im Sinne dieser vorausgesetzten Erkenntnistheorie – im Gegensatz zur naturrechtlichen Wesensorientierung – logisch, die der normativen Ordnung entsprechende Freiheit rechtlich relevant einzig in formaler Allgemeinheit zu fassen – ein Problem, mit dem sich im Grunde jede moderne, nicht-ontologische und normative Freiheitsphilosophie auseinanderzusetzen hat[24]. Die Kritiker Kants (auch soweit sie selber der Idee der „Autonomie" als solcher irgendwie zustimmen) werfen seiner Philosophie daher vor, in der Frage der *Verwirklichung* der Freiheit im Grunde einzig einer formalen Logik der Vermeidung von Widersprüchen zu folgen[25] oder aber, soweit Kant sich doch an materiellen Kriterien orientiert, entweder tendenziell auf einen Soziologismus der Normenbildung verwiesen zu sein oder aber dennoch wiederum auf ein gewisses ontologisches Naturrecht zu rekurrieren (was zwar, aus naturrechtlicher Sicht, sachnotwendig sei[26], andererseits aber Kants Naturrechtskritik als ungerechtfertigt

22 Zu denken wäre hier etwa an die Philosophie des „Kritischen Rationalismus", der zwar in mancher Hinsicht auf die subjektivitätsphilosophischen Postulate von Kants Philosophie rekurriert, diese aber aufgrund einer Neuinterpretation von Wissenschaft und praktischer Philosophie im wesentlichen zu einem dezisionistisch-pragmatischen Pluralismuskonzept umformuliert.

23 Zu den normativen Voraussetzungen von Kants Philosophie vgl. P. P. Müller-Schmid, a.a.O., 167 ff.

24 Zur Bedeutung eines normativen Freiheitsbegriffs für eine nicht-ontologische Begründungsphilosophie der Menschenrechte vgl. J. Schwartländer (Hrsg.), Menschenrechte. Aspekte ihrer Begründung und Verwirklichung, Tübingen 1978 (für die meisten der in diesem Band veröffentlichten Beiträge ist – sei es in weitgehender Zustimmung zu Kant, sei es in kritischer Auseinandersetzung mit einigen Aspekten seiner Philosophie – im Grunde die nicht-ontologische normative Freiheitsidee Kants konstitutiv).

25 Es wird daher von Hegel, aber auch von vielen anderen Interpreten, selbst wenn sie Kants subjektivitätsphilosophisch begründete Freiheitsphilosophie im Prinzip anerkennen, an dieser Konzeption kritisiert, dass hier in Wirklichkeit alles zu einem verpflichtenden Grunde gemacht werden könne (vgl. zu dieser Problematik M. Kriele, Recht und praktische Vernunft, Göttingen 1979, 29).

26 Die in Kants Schriften selber zutage tretende Notwendigkeit, zur Realbegründung der Freiheit auf einen ontologisch orientierten Wesensbegriff des Menschen zu rekurrieren, bestätigt

erscheinen lasse). Insbesondere hinsichtlich jener Menschenrechte, die über die formalen Freiheitsrechte hinaus in inhaltlich-absoluten, somit der formalen Freiheit vorgegebenen Normen gründen, ist die Transzendentalphilosophie wohl nur schwerlich in der Lage, notwendige absolute Orientierungen der Gesellschaft gegenüber relativistischen Tendenzen zu betonen. Und was jene Menschenrechte angeht, die über die persönliche Freiheit hinaus ein soziales Engagement des Staates erfordern – vor allem also die sozialen Grundrechte –, so sind zu deren Definition über die transzendentale Freiheitsphilosophie hinausgehende Prinzipien erforderlich, die in einer Gemeinwohlethik begründet sind.

Doch zurück zum allgemeinen Problem begründungsphilosophisch verstandener Freiheit. Abgesehen von der soeben genannten Frage der rechtlichen Relevanz der Anerkennung oder Nicht-Anerkennung einer ontologisch bestimmten Wesensordnung[27] sind jedenfalls weder das Naturrecht noch die Transzendentalphilosophie Kants, in gewisser Weise auch nicht Rousseaus Vertragstheorie, auch nicht die dialektische Freiheitsphilosophie Hegels oder des Marxismus unabhängig von der Forderung einer dem einzelnen als solchem vorgegebenen universalen Normenordnung zu verstehen. Im Gegensatz zu Kant und zum Naturrecht versteht freilich der z.T. Hegels Philosophie folgende, z.T. überwindende Marxismus diese normative Vorgegebenheit in geschichtsdialektischer Interpretation, so dass wirkliche Freiheit im Sinne des Marxismus nur die völlig in das „konkrete Universale" der Gesellschaft integrierte Freiheit ist[28], während sowohl Transzendentalphilosophie als auch ein die modernen pluralistischen Gesellschaftsbedingungen berücksichtigendes Naturrecht wenigstens eine gewisse Verselbständigung von Staat und Gesellschaft postulieren, da die Freiheit des Menschen als Dienstwert einer vorstaatlich begründeten Normenordnung zu interpretieren ist.

Für das Verständnis der Menschenrechte bedeutet dies, dass diese im Marxismus im wesentlichen interpretiert werden als konsequente, d.h. für den Marxismus weitgehend egalitäre Weiterentwicklung des Katalogs der sozialen Grundrechte[29]. Demgegenüber vertritt die „bürgerliche" Menschenrechtsauffassung – sei es in der klassisch-naturrechtlichen, sei es in der transzendentalphilosophischen Begründung – bei aller Betonung der Bedeutung der Sozialstaatlichkeit die für die Menschenrechte als solche grundlegende Bedeutung der persönlichen Freiheitsrechte. Es ist neben vielen anderen Kontroversen auch diesem Gegensatz zuzuschreiben, dass die Kodifi-

die naturrechtliche Kritik an Kants formaler Rechtsphilosophie (vgl. P. P. Müller-Schmid, a.a.O., 174 f).

27 Vgl. zu diesem Problem A. Kaufmann (Hrsg.), Die ontologische Begründung des Rechts, Darmstadt 1965.

28 Damit wird die moderne Autonomie des Politischen durch den Marxismus sozusagen wieder rückgängig gemacht – freilich im Sinne einer geschichtsdialektischen Fortschrittsidee, die der marxistischen Emanzipationstheorie entsprechend in der Überwindung der Trennung von Staat und Gesellschaft die Grundlage einer universalen Realisierung der modernen Freiheitsidee sieht; diese geschichtsdialektische Philosophie ist daher weder von der Freiheitsidee noch von der Integrationsidee her etwa mit dem traditionellen, ebenfalls ganzheitlich orientierten naturrechtlichen Ordodenken zu vergleichen, dessen Integrationsphilosophie im Gegensatz zur dialektischen Philosophie des „konkreten Allgemeinen" die konkrete Ordnung nicht als jeweils verwirklichtes Absolutes begriff bzw., naturrechtlich formuliert, nicht mit dem Gemeinwohl als solchem gleichsetzte (philosophisch-systematisch wichtig in diesem Zusammenhang ist insbesondere die thomasische Weiterentwicklung des aristotelischen Begriffs der „Legalgerechtigkeit"; zur Bedeutung dieses Begriffs vgl. A. F. Utz, Sozialethik. II: Rechtsphilosophie, 200–207).

29 Zur Menschenrechtsdiskussion aus marxistischer Sicht vgl. H. Klenner, Marxismus und Menschenrechte. Studien zur Rechtsphilosophie, Berlin 1982.

zierung der Menschenrechte durch die UNO 1966 nur in zwei gesonderten „International Covenants“ – „International Covenant on Civil and Political Rights“ einerseits, „International Covenant on Economic, Social and Cultural Rights“ andererseits – erreicht werden konnte.

Vor allem aber ist in diesem Gegensatz zwischer „bürgerlicher“ und marxistischer Menschenrechtsauffassung die oft prinzipiell unterschiedliche Interpretation der einzelnen Menschenrechte begründet. Die einzelnen Menschenrechte sind nicht immer als eindeutige Imperative rechtlichen Handelns zu verstehen, sie sind vielmehr oft nur in weltanschaulicher Interpretation handlungsbestimmende rechtliche Imperative innerhalb bestimmter sozialer und politischer Ordnungen. So wird etwa das von der UNO geforderte „Recht auf Arbeit“ im Westen und im Osten in einem grundsätzlichen Sinne jeweils unterschiedlich interpretiert und verwirklicht.

Der grundsätzliche weltanschauliche Gegensatz zwischen „bürgerlichem“ Denken einerseits, marxistischer Philosophie andererseits ist im Menschenbild begründet: während bei Marx und im Marxismus das Wesen des Menschen verstanden wird als Partizipation an der Gesellschaft, wird es sowohl in der Transzendentalphilosophie als auch im Naturrechtsdenken verstanden als *Person*, d.h. als gegenüber der konkreten Gesellschaft aufgrund seines Gewissens personale Würde besitzendes Wesen. In transzendentalphilosophischer und naturrechtlicher Bedeutung von der Rolle der Menschenrechte zu sprechen, meint daher die rechtliche Garantie, dass der einzelne wegen seiner personalen Natur niemals zum Instrument der Gesellschaft gemacht werden darf, da seine Menschenwürde darin besteht, bei aller Einordnung in die Gesellschaft zugleich Person zu sein. Dieser Personalismus ist ein Kerngedanke der Naturrechtsphilosophie. Und auch Kant hat diese Idee klar herausgearbeitet, indem er die von ihm insbesondere betonten Grundrechte der Freiheit und Gleichheit durch Hinordnung auf das Grundrecht der Selbständigkeit im Sinne personalistisch-freiheitlicher, nicht egalitär-freiheitlicher Grundrechte systematisierte[30]. Da es zum Wesen dieser Auffassung gehört, Staat und Gesellschaft nicht völlig gleichzusetzen, ist es dieser Auffassung allerdings logischerweise auch wesentlich, Recht (unabhängig von allen berechtigten gesellschaftlichen Partizipationsforderungen) als Herrschaftsordnung zu institutionalisieren. Herrschaft in diesem Sinne ist Voraussetzung, nicht Gegensatz einer menschenrechtsbestimmten Gesellschaftsordnung. Es sei denn, man verstehe Freiheit im Sinne der marxistischen Geschichtsdialektik, von der her die Idee der gesellschaftlichen Freiheitsordnung mit einer gewissen logischen Berechtigung als „herrschaftsfreie“ Gesellschaftsordnung bestimmbar ist – eine Ordnungsvorstellung freilich, die man andererseits realistischerweise angesichts des nicht anerkannten Gewaltenteilungsprinzips kaum anders denn als utopisch wird bezeichnen können.

30 Die unterschiedlichen anthropologischen Prämissen des transzendentalphilosophisch und des ontologisch begründeten Personbegriffs sind freilich trotz z.T. ähnlicher rechtlicher Postulate nicht zu verkennen. Entsprechend unterschiedlich ist die Systematisierung eines personalistisch-gesellschaftlichen Ordnungsdenkens im ontologisch orientierten Naturrechtsdenken, nämlich nicht a priori als Konkretisierung einer formalen Freiheitsphilosophie, sondern als nach Prinzipien der Freiheit zu konkretisierendes, grundsätzlich an der Sozialnatur des Menschen orientiertes Ordnungsdenken.

DIE ARISTOTELISCH-THOMISTISCHE LEHRE VOM SEIN DES SEIENDEN ALS BASIS DER ONTOLOGIE SOZIALER NORMEN*

VON ERICH ZALTEN, BASEL

> Das Metaphysische ist da, ob man es anerkennt oder nicht, und daher kann davon, dass man die Augen davor verschliesst, schwerlich etwas für die Wissenschaft zu gewinnen sein. Das Totschweigen bestimmter Bezirke der Wirklichkeit ist recht eigentlich eine Sünde wider den Geist der Wissenschaft, die sich früher oder später rächt. Das sollten gerade wir Heutigen wissen, denn die Ausschliessung der Metaphysik, der materialen Wertethik, des Naturrechts aus der Wissenschaft war es doch gerade, was die Jurisprudenz unfähig machte, der Perversion des Rechts in der Tyrannis Widerstand zu leisten.
>
> Arthur Kaufmann

Der Mensch als „animal rationale“ und „animal sociale“, in sich hierarchisch aufgebaut und aus der Anerkennung der Freiheit sittlichen Normen als dem Prinzip der Sittlichkeit verpflichtet, ist nach dem neuzeitlichen Zusammenbruch teleologischer Sichtweisen in den Wissenschaften und nach folgenreichen nominalistischen Überflutungen wie seit je auf die innere Problematik seines Grundes verwiesen. Er befindet sich in der Auseinandersetzung mit seiner Vergangenheit[1]. In diesem Geschichtsbezug präsentiert sich uns der moderne Mensch, schwankend zwischen „eindimensionalen“ Betrachtungsweisen und der Feststellung: „Man muss die Frage nach der Wahrheit von Erkenntnissen mit der nach ihrer gesellschaftlichen Wirksamkeit bei der Begründung menschlichen Verhaltens und Handelns verbinden, um den dialektischen Zusammenhang (der den Unterschied nicht ausschliesst) zwischen Wahrheit und Wert, Erkenntnis und Norm zu erfassen. Man könnte auch sagen: Wahrheit ist sicher nicht der einzige und wohl auch nicht der höchste Wert wissenschaftlicher Theorien, sondern es müssen aus der Sicht der gegenwärtigen wissenschaftlich-technischen und gesellschaftlichen Entwicklung weitere Bewertungskriterien ins Spiel gebracht werden, die die gesellschaftliche Rolle der Wissenschaft erfassen. In die gleiche Richtung weisen auch andere Überlegungen“[2]. Diese Sätze von K. Wagner stehen in den Schlussbemerkungen der internationalen Diskussion des Jahres 1980

* Teil einer grösseren Arbeit unter dem Titel „Normenrelativismus, Recht und Sein“.

1 Vgl. B. Lakebrink, Klassische Metaphysik. Eine Auseinandersetzung mit der existentialen Anthropozentrik, 1. Auflage Freiburg im Breisgau 1967, S. 237 ff. – Nach Lakebrink ist die Geschichte eine Abfolge von Paradigmen auf der „metaphysischen Basis“. Aller Geschichtsbezug gewinnt durch die Metaphysik eine neue Erhellung: „Nach Auffassung der klassischen Metaphysik vergeht die Zeit nicht nur, sondern sie dauert auch an, sie währt und kontinuiert sich. Noch Kant spricht neben der Vergänglichkeit auch von der ‚Beharrlichkeit‘ der Zeit“. (S. 237) Und ähnlich urteilt Otto Vossler, Geschichte als Sinn, 1. Aufl. Frankfurt a. M. 1979, S. 132: ‚Mit der Erkenntnis, dass die Geschichte Fortschritt ist, taucht die Frage wieder auf, wer diesen Fortschritt macht, treibt, leitet. . . Der Mensch denkt, die Struktur lenkt“.

2 Autorenkollektiv, Erkenntnis und Wahrheit, Hrsg. im Auftrag des Wissenschaftlichen Rates für Marxistisch-Leninistische Philosophie der DDR von W. Eichhorn, E. Hahn, R. Mocek, F. Rupprecht, Berlin (Ost) 1983, S. 271.

über „Erkenntnis und Wahrheit“ von Philosophen der DDR und der UdSSR. Man ging auf dem Symposium in Leipzig erkenntnistheoretischen Fragen der Begründung und Rechtfertigung von Normen nach, insbesondere der Frage, auf welche Formen der geistigen Widerspiegelung der objektiven Realität durch den Menschen sich die Normen des menschlichen Zusammenlebens gründen lassen. Die Herkunft von Normen und der Ursprung des Sollens wurden im technisch-pragmatischen Kontext der marxistisch-leninistischen Erkenntnistheorie abgehandelt. Der „technische“ Mensch wird hier als Wertbegriff vorgespiegelt, dem der Durchschnittsmensch in der sozialistischen Gesellschaft angeblich entspricht, und falls nicht, entsprechen soll, so dass das gesellschaftlich sanktionierte Verhaltensmuster ideologisch verbrämt als moralisch-politische Grundnorm ausgegeben werden kann. Das Setzen einer solchen Grundnorm wurde als Freiheitsvollzug deklariert, denn dieser „entspricht dem kulturellen Lebensniveau eines Volkes und den Zielen als Ausdruck objektiver Entwicklungstendenzen im Rahmen gesellschaftlicher Entwicklungsgesetze. Gesellschaftliche Werte bilden eine Hierarchie mit Frieden, Freiheit und Fortschritt an der Spitze. Sie werden über Normen als Wertmassstäbe und Handlungsregulatoren durchgesetzt. So bilden Werte und Normen wesentliche Bindeglieder zwischen objektiven Gesetzen und sachkundigen Entscheidungen“[3]. Man wollte sogar die logische Norm empirisch, d.h. durch intersubjektive Kontrolle sichern und man fand diese Sicherung schlicht im Praxisbezug[4]. So ist doch immerhin etwas sichtbar geworden: Je eingehender, je unparteiischer das Wahrheitskriterium reflektiert wurde, desto mehr wurden die logischen Mängel des erkenntnistheoretisch unzureichend abgesicherten marxistischen Wahrheitsbegriffs sichtbar. Wahrheit in dieser Konzeption konnte damit folgerichtig nicht mehr das einzige Kriterium der Normenbegründung sein[5].

3 H. Hörz, in: Autorenkollektiv, a.a.O., S. 67.

4 Ders., Wahrheit und Wissenschaftsentwicklung, in: Autorenkollektiv, a.a.O., S. S. 67. – Ders., a.a.O., S. 66: „Die Wahrheit ist die zweistellige Relation der Adäquatheit zwischen Sachverhalt und Erkenntnisprodukt, die im Erkenntnisprozess festgestellt wird, wobei die gesellschaftliche Praxis Kriterium der Wahrheit ist. Die Feststellung der Wahrheit ist Ausschluss der Subjektvitiät aus der Wahrheitsrelation. In der Wertungsrelation ist das Subjekt entscheidend. Gesellschaftliche Werte sind dreistellige Relationen der Bedeutung von Sachverhalten für die Menschen unter den Bedingungen konkret-historischer gesellschaftlicher Praxis. Während die Erkenntnistätigkeit des Menschen für die Wahrheitssuche Aspekt der Relativität ist, sind für die gesellschaftlichen Werte objektive Erfordernisse und bewusstes Handeln bestimmend.“ – Zu diesem erkenntnistheoretischen Fragebreich vgl. Arthur F. Utz, Die marxistische Wirtschaftsphilosophie, Bonn 1982, S. 12 f. und ders., Sozialethik. Mit internationaler Bibliographie, Heidelberg–Löwen 1958, Bd. 1: Die Prinzipien der Gesellschaftslehre, S. 67 ff.

5 Zur Wahrheit als dem Kriterium der Normenbegründung vgl. A. Ayer, Language, Truth and Logic, Dover–New York 1936, S. 24 ff.; ders., The Problem of Knowledge, London 1956, S. 74. – ‚Wahrheit“ ist für Ayer ein Kriterium der Normenbegründung. Auf S. 74 sagt er aber: ‚wenn Wahrheit geglaubt wird“. Dieses „Wenn“ bezeichnet eine inhaltsschwere Prämisse, wenn Normen der Rationalität im Normenbegründungsverfahren als rational anerkannt gelten sollen. Ayers Explikation deutet auf die ontologische Wahrheit hin. Diese meint die *Wahrheit des Seins* oder wenigstens die des Seienden, die letztlich bei Thomas von Aquin in einer Ontotheologie verankert ist. Ayer steht mit seinen Aussagen nicht im ontologischen Kontext, obwohl er diesem mit seinen Ausführungen über Language nahekommt („semantische Wahrheit“). Weit über Ayer hinaus greift Popper im Anschluss an Frege. Nun soll ein drittes Reich anerkannt werden: das „Reich des objektiven Geistes“. Es ist die Ontologie selbst, die bei Popper nach langen Denkprozessen ihren Ausdruck gefunden hat. Vgl. K. R. Popper, Unended Quest. An Intellectual Autobiography, London & Glasgow 1974 (First Ed.). Ich zitiere die von Popper selbst überarbeitete deutsche Griese-Übersetzung: K. R. Popper, Ausgangspunkte. Meine intellektuelle Entwicklung, Zürich

Aus dem Gesagten geht klar hervor, dass der Geschichtsprozess in Gestalt der modernen wissenschaftlich-technischen und gesellschaftlichen Entwicklung zum letztlich entscheidenden Wahrheitskriterium emporgehoben wird, und zwar unbedingt, obwohl er logisch nur relative Gültigkeit beanspruchen kann. Die marxistische Konzeption hat damit – im Gegensatz zum aristotelisch-thomistischen Verständnis – die integrale Wahrheitsstruktur aufgegeben zugunsten einer politisch-pragmatischen „Wahrheit", wie Marx und der historische Materialismus in bewusster Konsequenz von Hegel lehren.

Es war Hegel, der in seiner „Logik" den Seinsbegriff umgedeutet, entleert, aufgehoben hatte. So ist in dieser Konzeption das Sein zum Nichts geworden. Das

1981, S. 267: „Welchen ontologischen Status haben diese Gegenstände der Welt 3? Oder, um eine etwas bescheidenere Ausdrucksweise zu verwenden: Sind Probleme, Theorien und Argumente so ‚real', so ‚wirklich' wie Tische und Sessel? Als Heinrich Gomperz mir, ungefähr im Jahre 1925, warnend erklärte, dass ich potentiell ein Realist sei, nicht nur in dem Sinn, dass ich an die Realität von Tischen und Sesseln glaube, sondern auch im Sinne Platons, der an die Realität von Formen und Ideen glaubte – an die Realität von Begriffen und ihrer Bedeutung oder ihres Wesens –, da gefiel mir diese Warnung nicht; und auch heute zähle ich die linke Seite der Tafel der Ideen noch immer nicht zu den Bewohnern der Welt 3, wie ich diese Welt verstehe. Aber ich bin ein Realist geworden im Hinblick auf die Welt 3 der Probleme; der Theorien; und der kritischen Argumente. Bolzano war, glaube ich, unsicher hinsichtlich des ontologischen Status seiner ‚Sätze an sich', und Frege war, wie es scheint, ein Idealist oder beinahe ein Idealist. Auch ich war längere Zeit unsicher, ebenso wie Bolzano, und ich habe deshalb über die Welt 3 nichts veröffentlicht, bis ich schliesslich zu dem Schluss kam, dass ihre Bewohner real, dass sie wirklich sind – etwa so real, so wirklich wie physische Tische und Sessel." Dann spricht Popper von der Zeitlosigkeit der Wahrheit der Welt 3, die ‚auf der Evolution der menschlichen Sprache beruht". Seine neue Welt 3 ist mithin kein solch' uneinholbares Jenseits wie die Platonische Idee. Sie ist vielmehr ein „Wirkliches" in dem gedoppelten Betracht, dass sie einmal im Subjekt mittels des Erkennens selbst schon wirklich ist und zum andern, dass diese so verwirklichte Innerlichkeit nach aussen wirken und sich so objektivieren will. – Was Popper sagt, scheint mir von der höchsten ontologichen Relevanz zu sein. Denn die erste Struktur (Subjekt mittels des Erkennens) entspricht doch ganz dem Aristotelisch-Thomistischen Prinzip des „nil volitum nisi praecognitum". Die zweite Struktur (des sich so objektivieren wollens) würde dem ontologischen Grundsatz: „Quamlibet formam sequitur aliqua inclinatio" (S. Th. I. 80, 1 c.) entsprechen – d.h. jede Form, sobald sie in den Dingen oder in unserem Denken ihre Wirklichkeit gefunden hat, wie Popper will, strebt über sich hinaus, um sich auszuwirken und sich in der Wirklichkeit (Gesellschaft) fortzuzeugen. Sind Poppers ontologische Konsequenzen ihm bewusst geworden? Ich weiss es nicht, Missverständnisse dürften nicht auszuschliessen sein. Doch sind jedenfalls die Popperschen Strukturen von Welt 3 mehr als ein Konzeptualismus, weil er erstens den Nominimalismus ablehnt. Und zweitens: weil Popper in § 33 unter dem Titel „Metaphysische Forschungsprogramme" berichtet: „Ich habe hier aus zwei Gründen von diesen Dingen berichtet: 1. Weil der metaphysische Realismus – die Auffassung, dass es eine reale Welt gibt, die wir entdecken können – einige der Probleme löst , die von meiner Lösung des Induktionsproblems offengelassen wurden. 2. Weil ich die Absicht habe, hier im Abschnitt 37 den Vorschlag zu diskutieren, dass die Theorie der natürlichen Auslese. . . als ein metaphysisches Forschungsprogramm angesehen werden kann." (S. 220) Und noch einmal bekräftigt Popper seinen neuen Standpunkt: „Das ist durchaus vereinbar mit der Zeitlosigkeit der Wahrheit und der logischen Beziehungen; und es macht die Realität der Welt 3 verständlich. Sie ist so wirklich wie andere menschliche Produkte; so wirklich wie ein Schlüsselsystem – eine Sprache; so wirklicher als) eine soziale Institution, etwa eine Universität oder die Polizei." Die neue Poppersche Welt 3 will also „auf gewisse Weise alles werden" (sie ist in aristotelisch-thomistischer Sprache gleichsam „anima quodammodo omnia fit"), um sich so zum eidos gemäss Aristoteles (De Anima III, 8. 432 a, 2.) und also zur Form aller Formen auszugestalten und zu verwirklichen. Am Schluss weist uns Popper darauf hin, dass wir „nur durch die Wechselwirkung mit der Welt 3 wachsen und zu einem Selbst werden" können. (S. 287.) – Diese fragmentarischen Hinweise machen deutlich, dass es von einem integralen Wahrheitsbegriff her möglich ist, Normen des Erkennens und Verhaltens zu begründen und den Normenbegründungen eine feste vernünftige Basis zu geben.

„Nichts“ des Seins haben in der Hegelschen Auflösungsform Marx und die Marxisten übernommen. Das, was dem alten Nominalismus[6] nur unzureichend gelang, nämlich die Auflösung der Allgemeinbegriffe, gerade das muss uns im Hinblick auf die ontologische Wahrheit interessieren.

Die ontologische Wahrheit des Seins ist der Zielbezug und Sinn des Seienden. Alle menschliche Praxis kann auf diese Konstitution als ganze reflexiv und sinnvoll zurückgreifen, weil die Konstitution der Wahrheit das Prinzip der Freiheit ist („Die Wahrheit wird euch frei machen“). Was in antikphilosophischer Perspektive geleistet ward, kann in Erinnerung gerufen werden: Die ontologische Wahrheit ist identisch mit dem, was wir umgangssprachlich die „Sachwahrheit“ oder die „objektive Wahrheit“ nennen. Die objektive Wahrheit als Prinzip des menschlichen Erkennens ist zugleich die Norm der Orientierung aller Aktivität. Und über diesen Komplex, der verständlicherweise irgendwie „reduziert“ werden muss, möchte ich einleitend ein paar Bemerkungen machen.

Der Philosoph oder, wie ich lieber sagen würde, der Philosophierende, die philosophierende Person benötigt zum Aufbau einer spezifischen Rationalitätsstruktur umfassende Orientierungen, die mit den positivistischen Normengeltungshinweisen nicht beantwortet werden können. Er benötigt universale Einsichten und Vermittlungen. Diese Vermittlungen sehe ich in der Ontologie, d.h. in der aristotelisch-thomistischen Lehre vom Sein des Seienden, weil sie den dramatischen Versuch wagte – die höchsten Normen des Erkennens zu etablieren. Ich spreche hier nicht von einem „kompletten Faktum“, sondern schlicht von der kritisch-realistisch zu nennenden Möglichkeit einer Ausdehnung des menschlichen Erkennens bis zu den äussersten Grenzen. Dieses Faszinosum in aristotelisch-thomistischer Vermittlung und Relevanz wird nicht nichtig dadurch, dass die Zeiten sich ändern. Selbst wenn wir auf die Sinnkatastrophen der Geschichte zurückblicken, so kommen wir doch nicht umhin, nach dem Sinn zu fragen, auch und vor allem nach der Kritik des Begriffs „Sein“. – Worauf gründet sie sich? Die Kritik der Nominalisten und ihrer positivistischen Nachfahren bis hin zu den Marxisten gründet sich auf die Voraussetzung, dass der Begriff des Seins nur die höchstmögliche Abstraktion darstellt. Er wird als die „Gattung“ verstanden, der alle anderen Gattungen in bezug auf Allgemeinheit und Grad der Abstraktion untergeordnet sind. Wenn das die Methode wäre, auf dem der Begriff des Seins erreicht wird, dann könnte der Nominalismus mit Recht den Seinsbegriff wie alle anderen Allgemeinbegriffe deuten, nämlich als Verständigungsmittel, die auf Partikulares hinweisen, aber selbst keine Realität haben. Die Ignoranz erklärt: Nur das Partikulare, „das äussere Ding hier und jetzt, das ich betasten und greifen kann“, hat Realität. Nach dieser Auffassung ist der Seinsbegriff als Allgemeinbegriff nur ein Mittel zur Verständigung, hat aber keine Deutungskraft oder Realität. – Gegen diese Konzeption muss betont werden: dass der Seinsbegriff nicht den Charakter hat, den ihm der Nominalismus beilegt. Denn das Sein ist nicht die bloss höchste Abstraktion, obwohl seine Erfassung die Fähigkeit radikaler Abstraktion verlangt. Der Seinsbegriff ist konkret-machtvoll und spiegelt die Erfahrung des Gegensatzes von Sein und Nichtsein. Darum kann Sein beschrieben werden als die Macht des Seins, die dem Übergang ins Nichts widersteht. Deshalb nannte Thomas das Sein das grundlegende transzendentale, das, was jenseits von allgemein und partikular liegt. Dieser Seinsbegriff scheint uns realer als alle realen Begriffe der Mathematik, von denen wir doch sagen müssen, dass sie erfüllt und real und sinnvoll sind. So ist das „Sein“ verdichteter konkreter Inhalt und

6 Ich meine hier den extremen Nominalismus eines Roscelin, für den unsere Worte nur Lufterschütterungen sind. Ontologie ist auf solch' absurder Basis nicht möglich.

die Macht gegen das Nichts und damit die ewige Aporie des Denkens. Keine Philosophie kann den Seinsbegriff im Sinne von konkreter Macht des Seins ungestraft ausser Kurs setzen oder reduzieren. Man kann nicht die Quelle menschlicher Sinnbejahung in solchem Masse entstellen, dass die Ernsthaftigkeit der existentiellen Bezüge verloren geht. Ich darf hier auf B. Lakebrink hinweisen, der in seinem Hegel-Kommentar diese Bezüge ausdiskutiert hat.

Mit dem Seinsbegriff verbunden ist der innere Bezug auf Realität. Es ist für die Ontologie der Normen nicht möglich, auf den Realitätsbezug zu verzichten. Diese Erwägung ist so fundamental, dass selbst die Normen des Erkennens durch Realitätsbezüge charakterisiert sind. Denn jede endliche menschliche Erkenntnis hat als wahre Erkenntnis den inneren Bezug auf Realität –, sie ist wahr, weil eben das in der Existenz real (in der kritisch begriffenen Realität) erschaute und rezipierte Objektive verdichtet ist. Der Mensch mit seinen Subjektivismen ist im Erkenntnisprozess die Frage, aber er ist nicht die Antwort. Diese Erkenntnisstruktur hat wichtige Konsequenzen für die ontologische Normenbegründung. Sie ist als „ontologische" Noetik keine Realitätsverkürzung. Denn sie umgreift als seinsorientierte und kritische Normenreflexion das Objektive, ja sie denkt geradezu „objektivisstisch"[7]. Das macht ihre Grösse und ihren hohen Rang aus, so dass sie immer wieder zum philosophischen Korrektiv aller positivistischen Normenbegründungen berufen scheint.

Demnach ist der ontologische Erkenntnisprozess auf zweifache Weise determiniert: Durch das Sein des Grundes in der Erkenntnis und durch das Sein des Grundes im Begründeten als der Entfaltung des transzendentalen Seinssinnes, des Gehaltes von Sein im Seiendem. Es geht hier in jedem Fall um verallgemeinerungsfähige Sachverhalte und nicht um infinite blosse Seinsmeinungen[8]. Wenigstens einen Versuch in Richtung auf die Schwierigkeit solcher Reflexion möchte ich unternehmen. Die Schwierigkeit hat schon Aristoteles ausgesprochen: „Von alters her und jetzt und immer ist gefragt und immer schwierig zu fassen, was das Seiende sei"[9]. Die Schwierigkeit scheint also im Erfassen des „Seienden" unter dem Gesichtspunkt von Normen der Erkenntnis zu liegen. Es sind Normen, für die ein philosophischer Benefiziar immer zu finden ist. Denn der Philosoph wird bei aristotelischen Fragen dieser Art keinen Anlass haben, die Frage nach dem Seienden als dem Wirklichen unter Ideologieverdacht zu stellen. Er würde sich in diesem Fall um die Wirklichkeit betrügen, was absurd wäre, weil er sich das Objekt des „Sehens" selbst entzöge. Sehen als Erkennen ist Transzendieren des Mannigfaltigen, Diversen der Anschauungsobjekte zum zeitlos bestehenden Einen: dem, was ins Bewusstsein getreten ist, dem Faktum. Denn wie auch immer die Beziehung von Wissen und Gewusstem, Erkenntnis und Erkanntem definiert werden mag – „Objekt des Wissens ist nicht das singuläre, raum-zeitlich bestimmte anschauliche Ding oder Ereignis a, sondern

7 Vgl. M. Müller, Sein und Geist. Systematische Untersuchungen über Grundproblem und Aufbau mittelalterlicher Ontologie, Tübingen 1940, S. 147: „Erkenntnis ist nur Erkenntnis, weil sie nicht subjektives Sichselbsterleben ist, sondern Istsagen: In-einssetzen von verschiedenem Sein im allgemeinsten Sein (in der Wahrheit) . . ." Vgl. dazu J. Hirschberger, Geschichte der Philosophie, Freiburg 1954, Bd. I, S. 348: „Man will nur der objektiven Wahrheit als solcher dienen". Ferner: D. Henrich, Die Grundstruktur der modernen Philosophie, in: H. Ebeling (Hrsg.), Subjektivität und Selbsterhaltung. Beiträge zur Diagnose der Moderne, Frankfurt a. M. 1976, S. 118 ff.

8 M. Müller, Sein und Geist, a.a.O., S. 139, § 2: „Die Identität von Sein als Prinzip des Seienden und als Prinzip der Erkenntnis", Abschnitt 3.

9 Aristoteles, Metaphysik Z I, 1028 b 2–4.

die Tatsache, dass a ein Ding oder Ereignis von dieser oder jener Art ist, beispielsweise von der Art ‚Regnen' oder ‚Schiff'" (A. Kulenkampff). Ontologische Erkenntnislehre muss zuerst auf die Bedeutung des Seienden hinweisen." Dass die Sonne aufgegangen ist", sagt Frege, „ist kein Gegenstand, der Strahlen aussendet, die in mein Auge gelangen, ist kein sichtbares Ding wie die Sonne selbst. Dass die Sonne aufgegangen ist, wird aufgrund von Sinneseindrücken als wahr erkannt"[10]. Erkenntnis besteht in „unpersönlichen und zeitlosen Urteilen"[11], die solche Tatsachen ausdrücken. Aristoteles bringt diesen Sachverhalt auf die Formel der „Seinsangleichung", und Thomas ist ihm in dieser Bestimmung der Erkenntnis gefolgt. Die Hauptfrage, die sich der Erkenntnislehre stellt, lautet daher: Wie ist es möglich, dass wir, die wir als erkennende Subjekte selber Vielfalt im Wandel sind, zeitlicher Verlauf von Bewusstseinsmodifikationen und Sinnesdaten, zum Selbstgleichen hin transzendieren und dadurch teilhaben am Sein bzw. durch und vermittels des raum-zeitlich gegebenen Mannigfaltigen dasjenige erfassen, das wir über alle Vielheit von Daten hinaus unsere Identität oder das eigentliche „Selbst" und also „unser Sein" nennen? Und weiter – um die Brücke von Aristoteles zu den Forschungsergebnissen der modernen Identitätsaussagen zu bauen: Worauf stützt sich die Begründung unseres erkenntnisbedingten „Seins"? Liegt sie in den Dingen oder Objekten, die uns ansprechen und also in einer Erkenntnis, die unmittelbar gegeben ist und wodurch wir die Gewissheit unseres „Seins" erlangen?

Es liegt nahe, diesen Schwierigkeiten aus dem Wege zu gehen dadurch, dass man aus der Erkenntnislehre den Begriff des Erkenntnissubjekts und damit des Erkennens als menschliche Tätigkeit überhaupt eliminiert. Ontologie wäre nun unmöglich geworden. Der Preis für diese Lösung bestünde dann nicht nur in einer rigorosen Problemverkürzung. Das gnoseologische Problem mit intersubjektivem Fakten-Wissen wäre dann ebenso unmöglich wie die thomistische Theorie der abstraktiven Realerkenntnis[12] und die von Aristoteles für allgemein gültig erklärte Induktion mit ihrer Betonung des aktiven Charakters erkennender Denktätigkeit im Kontext von Akt und Potenz. Eine jede Art von Ontologie ausschliessende subjektlose Epistemologie, verkürzt auf Sätze freischwebender Logik mit Propositionsmethoden, sieht davon ab, dass alle Fakten-Erkenntnis, obgleich ihrem Geltungsanspruch nach objektiv-überpersönlich und allgemein verfügbar, stets auf das verzichtet, was zu den Bedingungen der Konstitution der aristotelisch-thomistischen Lehre vom Sein des Seienden gehört: Es ist der Grundsatz des Selbstvertrauens der menschlichen Vernunft auf die Erkennbarkeit der sozialweltlichen Dinge und auf die Wahrheit.

Kann der Grundsatz des Selbstvertrauens der Vernunft gerechtfertigt werden? Es ist grundsätzlich möglich. A. N. Whitehead hat diesen Grundsatz für die okzidentale Metaphysik nachgewiesen und zugleich erklärt, „dass Philosophie die Kritik von Abstraktionen ist"[13].

Die Voraussetzung der aristotelisch-thomistischen Lehre vom Sein des Seienden ist mit dem Grundsatz des Selbstvertrauens der Vernunft gegeben. Sie ist spekulativ. Dass die Vernunft als die reinste Äusserung der „Energie" erscheint, war schon aus der Aristotelischen Analyse des Energiebegriffs hervorgegangen. Da erscheint aus dem Erbe der Platonischen Akademie die höchst vernünftige Einsicht: dass der erste

10 G. Frege, Der Gedanke, in: Logische Untersuchungen, Göttingen 1966, S. 33.
11 V. Kraft, Die Grundlagen der Erkenntnis und der Moral, Berlin 1968, S. 10.
12 P. P. Müller-Schmid, Der rationale Weg zur politischen Ethik, Stuttgart 1972, S. 17–26.
13 A. N. Whitehead, Science and the Modern World, New York 1925, S. 113.

Beweger nicht selbst wieder bewegt sein dürfte –, weil sonst nämlich auch die erste Bewegung nicht aus einer wesenhaften Notwendigkeit entsprungen wäre, ihr Stillstand und damit der Stillstand aller Bewegung vielmehr im Bereiche der Möglichkeit läge –, so dass die aktive Bewegung des ersten Bewegers in unaufhörlicher aktueller Tätigkeit bestehen muss. Der erste Beweger kann daher nur reine Tätigkeit, – actus purus –, sein, ohne jede Beimischung von Materie als dem Prinzip der Potentialität, grössenlos, denn eine begrenzte Grösse könnte keine unbegrenzte Wirksamkeit besitzen, eine unbegrenzte Grösse dagegen schlechterdings nicht existieren, – unbeweglich, aber nicht im Sinne der Ruhe, sondern im Sinne der Unfähigkeit, passiv einen Anstoss zur Bewegung zu empfangen, – und zeitlos, weil dasjenige, welches weder bewegt wird noch ruht, überhaupt nicht der Zeitlichkeit unterliegt[14]. Die positive Bestimmung der „Eigenschaften" dieses höchsten Wesens (des „subsistenten Seins") folgt aus einer teleologischen Definition des höchsten Gutes. Wenn das höchste Gut den Gegenstand des Begehrens überhaupt, der Gedanke aber letzten Endes das Prinzip des Begehrens bildet[15], so erscheint der Gegenstand des Begehrens zugleich als Gegenstand des Denkens. Die eigentümliche Tätigkeit des Prinzips aller Wirklichkeit kann daher nur in einem Denken seiner selbst bestehen, und da die Wirksamkeit des denkenden Menschen Leben, der Affekt der reinen Denktätigkit Seligkeit ist, kommt dem höchsten Wesen zugleich vollkommenes Leben und ungetrübte Seligkeit zu.

Mit diesen skizzierten Voraussetzungen des Seinsbegriffs ist der Zugang zum Verständnis der aristotelisch-thomistischen Lehre vom Sein des Seienden gegeben. In diesem „Sein", das nicht identisch ist mit dem sinnlich Wahrnehmbaren, zeigt sich also das, was die menschliche Erkenntnis ermöglicht, von ihr „stets angetroffen, jedoch nie ganz eingeholt wird", sie daher immer weiter fordert, mit einem Satz: Das Sein ist das überhaupt zu Erkennende. Der so allem Seienden übergeordnete Seinsbegriff meint also „jene Vollkommenheit, durch die etwas ein Seiendes ist" oder wie Thomas von Aquin sagt: Das Sein ist „die Vollkommenheit der Vollkommenheiten", perfectio perfectionum (Quaestiones disputatae de Potentia, q. 7, a. 2, ad 9).

Die thomistische Konzeption des „Seins" ist gemäss der aristotelischen Tradition spekulativ-analektisch[16]. Thomas hat an einer anderen Stelle klar ausgesprochen: „dass man eigentlich nicht so sagt, dass das Sein sei, sondern dass durch das Sein etwas sei" (quia non sic proprie dicitur quod esse sit, sed quod per esse aliquid sit)[17]. – So sind also durch das Sein die Normen gerechtfertigt. Man sieht: dass mit dem Setzen von Normen ein Freiheitsvollzug verbunden ist, der im Handeln des hic et nunc Geforderten zugleich eine allgemeine Verbindlichkeit anerkennt, eine Verpflichtung der Vernunft gegenüber der Realität, nämlich diese Realität auf sich zukommen zu lassen und sie also zu vernehmen. Dieses Vernehmen der Wirklichkeit

14 Aristoteles, Phys. VIII, 10; Metaphysik XII, 6 ff.; der Begriff der Überzeitlichkeit gut entwickelt Phys. IV, 12 221 b 20.

15 Aristoteles, Metaphysik XII, 7, 1072 a 30.

16 B. Lakebrink, Hegels Dialektische Ontologie und die Thomistische Analektik, Köln 1955, S. 243: „Die Dialektik begreift die Natur des einzelnen Seienden als Moment oder als Gesetztsein innerhalb des einen rückläufigen Prozesses, der im – wie auch immer gedeuteten – Absoluten sein Ziel hat und nur von da aus verständlich wird. Die Analektik betont dagegen das ‚proprium esse" des Geschaffenen. Als natürliches Denken steigt sie zunächst von unten nach oben (dans l'ordre d'invention ou ascendant) und dann von oben nach unten (‚dans l'ordre synthetique qui descend de Dieu"), um endliches und unendliches Sein zu vermitteln."

als analektisch begriffene Vernunft realisiert sich als ein persönliches Verhältnis zum konkreten Sein als unbedingte Norm und impliziert ein grundsätzliches Sollen, nämlich die Pflicht, in einer kritisch-realitätsbezogenen Weise zu handeln, die sich allgemein – vor jeder anderen Freiheit – rechtfertigen lässt.

Die aristotelisch-thomistische Normenbegründung ist in ihren konstitutiven Momenten ein auf das ganze Sein gerichteter reflexiver Prozess des Erkennens und Entscheidens. Sie ist fern von der Anmassung einer Hegelschen Dialektik, weil sie die unverkürzte erfahrene Realität auf das esse commune als ihrem „sanften Gesetz" bezieht. Sie sublimiert die Realität durch ein Transzendieren auf das vorgegebene Sein als einen Imperativ des Denkens. Diese aristotelisch-thomistische Art will die ursprüngliche „Mitte" sachgerecht und seinsgerecht ausloten, nicht gewalttätig „Normen setzen" und nicht konstruktivistisch Normenbegründungen auf der Basis von Sätzen über Normen vornehmen wie beispielsweise die als Wissenschaft von Normen sich verstehende „deontische Logik" (G. H. von Wright) oder die „ethische Modallogik" (P. Lorenzen), die sich der galileischen Tradition verpflichtet fühlen. Deontik und Modallogik haben zwar etwas Wahres in ihren einzelnen Reflexionsmomenten, sollten jedoch mit einiger Vorsicht aufgenommen werden. Denn H. G. von Wright und P. Lorenzen wollen die Normen nicht teleologisch verständlich machen, sondern sie nur aufgrund ihrer wirkenden Ursachen voraussagen. Diese antiteleologische Methodologie der Normreflexion führt dann in konsequenter Weiterentwicklung und Kritik ihrer Ansätze wieder bis vor die Tempeltore des aristotelischen Denkens. So hat O. Schwemmer in Anlehnung und Weiterentwicklung des Ansatzes von P. Lorenzen das Prinzip der „Transsubjektivität" als das Kriterium der Normgeltung bezeichnet, weil es erlaubt, soziale Normen in ihrem Geltungsanspruch auf einen normativen Ursprung zurückzuführen. Schwemmers These der „normativen Genese" und der freien Norm-Diskussion setzt eine freie Gesellschaft voraus. Die freie Gesellschaft und in ihr der freie Mensch sind dann notwendigerweise dem aristotelischen Modell des Denkens ihrer selbst als Basis der Begründung und Rechtfertigung der Normen verpflichtet. Diese Art der Begründung sozialer Normen kann ich das Grundmuster begrifflicher und logischer Verknüpfung mit dem Gesetz des Seins nennen. Sieht man es in seiner Affinität und Beziehung zu Habermas, so lässt sich die gesamte Theorie des kommunikativen Handelns als Methodologie der Normbegründung mit einer älteren aristotelischen Tradition in Verbindung bringen, einer Tradition, die vier Jahrhunderte früher durch einen neuen Geist in der Erkenntnistheorie, dessen eindrucksvollster Vertreter Galilei war, verdrängt worden war[18].

Was die aristotelisch-thomistische Lehre vom Sein des Seienden uns zu bieten hat – ist letztlich der Hinweis auf die Bedeutung des freien Menschen. Sie beginnt mit der grundlegenden Aussage über das Sein und dem Nichtwiderspruchsprinzip.

17 Thomas von Aquin, In librum beati Dionysii de Divinis Nominibus expositio, Turin–Rom 1950, C. VIII, I 1, 751.

18 Zu diesem Komplex: a) G. H. von Wright, Norm and Action, London 1963; ders., An Essay in Deontic Logic and the General Theory of Action, Amsterdam 1968. – b) P. Lorenzen, Normative Logic and Ethics, Mannheim 1969. – c) O. Schwemmer, Philosophie der Praxis, Versuch zur Grundlegung einer Lehre vom moralischen Argumentieren, Frankfurt a. M. 1971, S. 127, S. 233–236. *Schwemmers These* der „Transsubjektivität" ist argumentativ ausgefaltet zu jenem Kriterium der Gültigkeit von Normen, das Habermas in seiner Theorie des kommunikativen Handelns als die rationale Binnenstruktur des verständigungsorientierten Handelns analysiert. Der Bezugshorizont ist bei Schwemmer die sogenannte „normative Genese" als herrschaftsfreie Normenkritik und Normenkontrolle.

Obwohl ihre letzte These des subsistenten Seins von keinem menschlichen Erkennen ganz eingeholt werden kann, bietet sie durch den Hinweis auf das Subsistieren des Seins die Chance des Verstehens von Normbegründungen. Denn alle begründeten Normen haben in der erkenntnistheoretischen Reflexion eine sie begründende Norm als den Träger des Sinnes zu ihrer logischen Voraussetzung. Der Sinn kann nicht in einem „besseren Bescheidwissen" liegen, sondern in einer sachgemässen Eröffnung der kritisch verstandenen Freiheit. Ihre Kritik ist funktionaler Art, insofern sie das Prinzip der Freiheit etabliert und damit die distributive Intelligibilität im Normbegründungsverfahren freigibt und dazu auffordert, alles, was sich als Norm ausgibt, auf ihren Sinnzusammenhang zu durchschauen, also zu prüfen, ob Normaussagen vorliegen. Normenbegründung ist allemal in die Macht der Zeit gestellt, niemals aber ihre Funktion. Aristoteles und Thomas von Aquin haben die Wahrheit ausgesprochen, dass die Menschen nicht für die Normen oder Gesetze da sind, sondern die Normen und Gesetze für die Menschen[19]. Diese Wahrheit ist zu zeitlos, als dass sie geschichtlich irgendwie verwundbar wäre, es sei denn im Kontext einer Strategie von Normbegründungen zur Vernichtung der Freiheit. Die Soziologie, die der Ideologiekritik verpflichtet ist, macht auf diese Gefahr aufmerksam; indem sie Gesellschaft auf Normen befragt und kritisiert, muss sie die Funktionen der Sender, Hüter und Setzer sozialer Normen klären. Dieses Klären unterliegt – worauf R. F. Behrendt hingewiesen hat – gewissen Begrenzungen ihres Erkenntnisbereichs und ihrer Fragestellung. Denn die „Soziologie kann kein ‚Menschenbild' haben, kein Gepräge des Welterkennens, sondern lediglich einen Gesichtspunkt der Menschen- und Weltbetrachtung, der unvermeidlich spezifisch, ja fragmentarisch ist; denn sie ist keine enzyklopädische, sondern eine Spezialwissenschaft"[20], kurz: sie bedarf der Philosophie, wenn sie eine „Synthese" oder den umfassenden Sollensanspruch an die menschliche Freiheit klären möchte. Unter diesem Aspekt habe ich mich der aristotelisch-thomistischen Philosophie zugewandt, weil sie – wie ich glaube – die unverzichtbaren Prinzipien des Philosophierens thematisiert. Sie treten besonders klar hervor in der Lehre vom Sein des Seienden, die bei Thomas auf den entscheidenden Begriffen des Stagiriten beruht. Der Ansatz für alle seine Bestimmungen des Seienden ist dasjenige Seiende, das 1. das unmittelbarste Objekt menschlicher Erfahrung ist, und das zugleich 2. die Natur des Seins in vollkommenster Form besitzt. Thomas findet dieses Sein mit Aristoteles in der substantia corporea individualis, also z.B. den menschlichen Individuen und den übrigen Einzelsubstanzen der Natur, die jeweils verschieden zusammengesetzt sind. Die allgemeinste davon ist die aus Wesenheit und Dasein, essentia (quidditas) und esse. Die „Wesenheit" ist jenes Sein, auf Grund dessen die Substanzen zu einer bestimmten Art und Gattung des Seienden gehören. Sie finden ihren Ausdruck in der Definition (De ente et essentia, Kap. 1). Nur in Gott als der höchsten Produktivität sind Wesenheit und Dasein eins; er ist und er allein das ipsum esse subsistens (S. Th. I qu. 3). – Das Seiende erscheint in der Form der Substanz und in der Form des Akzidenz, die beide unvertauschbar sind. Sie stellen darum verschiedene höchste Gattungen des Seienden dar. Erfahrung ist für Thomas der Ansatz der Reflexion des eingegrenzt Seienden. – „Eine jede bestimmte Natur

19 Thomas von Aquin, S. Theol. II. II ae 66, 7 o. Und ebd. c. – Zur Text-Interpretation: vgl. A. F. Utz, Recht und Gerechtigkeit, in: Bd. XVIII der Deutschen Thomas-Ausgabe. Heidelberg–Graz 1953.

20 R. F. Behrendt, Der Mensch im Licht der Soziologie, 3. Aufl. Stuttgart–Berlin–Köln–Mainz 1962, S. 11.

ist ihrem ganzen Wesen nach ein Seiendes"[21]. Diese Sprache ist auf Analogie angewiesen und kann ohne Rekurs auf das konkrete Sein nicht ergründet werden[22].

a) Begründete Normen und begründende Norm

Um eine ontologische Begründung von Normen mit dem Anspruch auf Allgemeingültigkeit im aristotelisch-thomistischen Sinn zu entwickeln, muss man ausgehen von der Frage nach dem Verhältnis von Sein und Seiendem. Nur dann nämlich, wenn ein Rückgriff auf normenbegründende Normen überhaupt möglich ist und nicht einfach das Durchsetzungsprinzip als Normbegründung gelten soll, kann von ontologischer Normbegründung gesprochen werden. Ontologie führt die konkreten Normen auf die allgemeinen Normen zurück. So thematisiert die Ontologie als Metaphysik mit den Problemen der Begründung auf einem spezifischen Erkenntnisniveau die Frage nach der wahren Wirklichkeit. Die letzte Wirklichkeit über allen speziellen Normregionen und Normbereichen, allen besonderen begründenden Normen ist das Sein selbst. Ist es möglich, das Sein als letzte Verbindlichkeit von Normbegründungen zu erfassen? Wenn auf dem Sein der dunkle kantianische Schatten einer transzendentalen Subjektivität und der „Ek-sistenz des Daseins" von Heidegger lastet, wird das Sein selbst herabsinken zum blossen Moment einer differenzierten Identität und damit auf ein bloss temporales Anspruchsniveau. Kant und Heidegger widerstreiten dem hier verwendeten Seinsbegriff. Der transzendentale Subjektivismus vergeht sich an der objektiven Wirklichkeit der Dinge, wenn er sie

21 Thomas von Aquin, De ver. 1, 1. c. – Das Seiende ist eine bestimmte Wirklichkeit, das wiederum ein bestimmtes „Sein" hat. Auf der logischen Denkebene steht es dem Nichts gegenüber, und zwar radikal als ein unvermittelbar Fremdes. Das Nichts ist aus dem Sein nach Aristoteles und Thomas hinausverwiesen. Das Seiende als Allgemeinbegriff eröffnet den Horizont auf das Endliche, Begrenzte, Kontingente: „Ens autem dividitur per contingens et necessarium; et est per se divisio entis." (Thomas, s.c. g. III, 72, nr 2481.) Eine Ausdifferenzierung des Seienden ergibt sich durch die beiden Fragen: Selbstzweck? Oder „Mittel zum Zweck?" So sagt Thomas (S.c. g. IV, 83 nr 4182): „Alles aber, was ist, ist entweder eines anderen oder seiner selbst wegen vorhanden." Der Mensch z.B. ist Zweck seiner selbst, Erkennen und Wollen aber sind als Akzidentalitäten nur um des subsistenten menschlichen „Seins" willen vorhanden. Eine weitere Ausdifferenzierung ist mit dem „actus essendi", dem vorgegebenen Seinsvollzug, im Kontext von Urteilen und „Ist"-Aussagen gegeben. Vgl. B. Lakebrink, Klassische Metaphysik, a.a.O., S. 12 ff. – Das Seiende unter dem Aspekt des Erkennens: *„Alles Erkennen ist auf das Was des Seins gerichtet. Erkennt das Erkennen nur das Was für sich, so ist es nicht in vollem Sinne Erkennen; sondern wir nennen es mit dem modernen Ausdruck Verstehen."* (M. Müller, Sein und Geist, a.a.O., S. 95.) Erkennen als Urteilen besitzt hier echte Transzendenz und hat umfassende Bezüge zum Objektiven als Einheit des konkret bestimmten Seienden und also der sozialen Realität. Es ist also ein Erkennen „in re". Zu diesem Problem vgl. Paul Wilpert, Das Problem der Wahrheitssicherung bei Thomas von Aquin, in: Beiträge zur Geschichte der Philosophie des Mittelalters, Bd. 30, Heft 3, Münster 1931.

22 *Analogie* ist zunächst die Analogie der Erkenntnis, insofern ein konkretes Seiendes nach seiner Beziehung zu einem andern erfasst, erschlossen, verdeutlicht wird. Es ist damit ein Erkennen durch Vergleichen gemeint. Ohne Konsens könnte man jedoch zu keiner Analogie-Erkenntnis kommen, weil das Objekt des Erkennens mehrdeutig bliebe. Selbst eine solche Erkenntnis besagt also wesentlich *Seinsbezogenheit.* Vgl. Thomas von Aquin, S. Theol. I–II, 94, 2. – Menschliches Urteilen in bezug auf Wahrheit ist also hier ebenso wie bei *Aristoteles* eine Seinsentsprechung. Diese „adaequatio rei et intellectus" hat zu ihrer Basis die ontologische Wahrheit (das verum, das bonum, das unum mit res und aliquid als den transzendentalen Seinsbestimmungen) und drückt damit die Hinordnung unserer Rationalität auf das Sein aus. Es ist ein Sein im Vertrauen auf die Vernunft.

zu blossen „Momenten" innerhalb der „Selbstbewegung des Geistes auf Sein schlechthin" verflüchtigt. Ich vertrete damit die These, dass nur der objektive Seinsbegriff als begründende Norm zur Debatte für die jeweils höheren Stufen der Begründung von sozialen Normen herangezogen werden kann. Welchen Inhalt hat dieses zur Normbegründung herangezogene „Sein"? Wir müssen uns zunächst mit der einfachen Antwort begnügen: Das, in dem alles übereinkommt. Es ist das Allumfassende, Implikative, Umgebende. Dieses Sein ist die Fülle der Fakten und der Denkbarkeiten. Nur als inhaltliche Fülle ist dieses Sein die „regina scientiarum" und der Grund für die Begründung der Normen bis hin zu den das Recht tragenden Normen. Kritik ist in dieser Seins-Konzeption ebenso vorausgesetzt wie die scharfe Herausarbeitung des Relativen und Absoluten.

b) Normenbegründung und Konsens

Der unabhängig von Ontologie begriffene Konsens als Methode der Normbegründung hat deutliche Grenzen. Die Einschränkung von Subjektivität und Willkür, die in einem mit rationalen Argumenten und herrschaftsfrei geführten Diskurs – vide Habermas – liegen kann, ist für das menschliche Zusammenleben von unbestreitbarer Wichtigkeit, obwohl in einer freiheitlichen Demokratie Konsens und Dissens unverzichtbare Strukturelemente der politischen Autonomie sind. Dissens ist Opposition, Konsens ist die ideale Kommunikation als pragmatische Lösung der Zielbegründung. Aber gerade in dieser unverzichtbaren Pragmatik scheinen Vorgegebenheiten zu liegen. Es sind Wertungen und Normen der Erkenntnis. Ist in den Konsens das Allumfassende, Implikative, soziale Verpflichtung hineingenommen? Hat der Konsens den Status des Seins? Allein diese Fragen zeigen die Konsensgrenzen auf, abgesehen einmal davon, dass es auch einen unsittlichen Konsens gibt. So kann nicht übersehen werden, dass „mit dem Konsensverfahren der Primat der Durchsetzung auf höherer Ebene wiederkehrt; denn die Durchsetzbarkeit einer Norm hic et nunc in der Diskursgemeinschaft würde zum Kriterium der Wohlbegründtheit. Gewiss würde es sich in diesem Fall um eine ‚ideale' Durchsetzung handeln, ist es doch das erfolgreichere Argument, das sich durchsetzen würde, so dass ein Sieg der höheren Rationalität vermutet werden dürfte. Aber in der Identität von idealem Erfolg und Rationalität, die für die Pragmatik charakteristisch ist, wird die Durchsetzung als Begründung und die Begründung als Durchsetzung begriffen. Die Dominanz der im Konsens erfolgreichen einen Argumentation würde überdies die Gefahr einer Verabsolutierung der einen Argumentation mit sich führen, und dieses in besonders hohem Masse bei idealen Voraussetzungen"[23]. Das bedeutet, in einen Begriff zusammengefasst: Ein Konsens von Gruppen ist eine Macht, die sich durchsetzen kann. Aber mit der Durchsetzung allein ist noch nicht eine höhere Rationalität, sondern höchstens ein politischer Erfolg in unser Bewusstsein gekommen. Die Macht, die ein Konsensteilnehmer in die Normenbegründung mitbrringt, darf die Normenbegründung nicht entscheiden.

Normenbegründung ist eben nicht ein alltägliches Geschäft und nicht selbstverständlich. Keine Begründung von Normen kommt aus, ohne den Rekurs auf eine höhere Norm. Das eigentlich interessante Problem beginnt ja erst mit diesem Re-

23 H. Krings, Der Grundsatz und die Massnahme, in: Willi Oelmüller (Hrsg.), Materialien zur Normendiskussion, Bd. 3: Normen und Geschichte, Paderborn–München–Wien–Zürich 1979, S. 43.

kurs auf eine höhere Norm. Der Konsensbegriff, der erfahrungsgemäss mit normativen Voraussetzungen belastet ist, bedarf der Begründung durch das „Interesse" an höheren rationalen Normen.

c) Normenbegründung und Seinsfrage

Die eigentlichen Probleme der Begründung von sozialen Normen kündigen sich mit der Seinsfrage an. Die Autorität des Seins und die mit dem Sein vermittelten Bezüge können die Frage nach einer guten Normenbegründung voll hinreichend beantworten, wenn wir uns von der marklosen Welt des Positivismus ebenso lösen wie von der „idealistischen" These des Konsenses als vermeintlicher Basis von Normenbegründungen. Was kann das ontologische Programm leisten? Diese Frage verweist nun auf das Sein. Es muss richtig verstanden werden. Das thomistisch begriffene Sein, dreifach strukturiert in Essenz als „Natur der Dinge" – als Akt – und als „ist" der Kopula im menschlichen Urteil mit seiner Basis in der Sache oder der realen Dinge –, erweist sich auch im Hinblick auf Normenbegründungen als echte Chance des Verstehens und als die unüberbietbare Perfektibilität des je Seienden. Besonders auf der Hand liegt der Zusammenhang von Erkenntnis- und seinsmässigen Geltungsstrukturen und der Bezug dieser Seinsstrukturen zu objektiven Aspekten des unverfügbaren Handelns. Hier aber steht eine elementare Frage im Vordergrund: Ist das Sein nur ein Vermittlungsprozess, wenn der Mensch am Sein partizipiert oder das Sein am Menschen partizipiert? Wir stellen diese Frage hier nicht im Sinne Heideggers. Die erfahrbare Unmittelbarkeit des Seins ist mehr als ein theoretischer Aufweis von Normstrukturen. Dies ist der erste Hinweis zur Begründung von Normen.

Grund und Begründung von Normen betreffen das Verhältnis der Prinzipien zum Seienden und zu der erreichbaren Erkenntnis im Kontext der Gesamtheit der inneren ontologischen Prinzipien mit Einschluss der Existenz. Damit haben wir die konstitutiven und steuernden „Faktoren" für eine hinreichende Begründung der Normen. Dies ist der zweite Hinweis zur Begründung von Normen.

Das Modell des Seins – durch das Normen begründet werden können – erweist sich „als hocheffizienter Prädikator" für intersubjektiv verbindliche Aussagen. Dieses Sein des Seienden zeigt sich nämlich als die unüberbietbare Vollendung des je erfahrbaren Seienden. „Esse est actus entis"[24]. Es schwebt niemals frei und abstrakt über dem Seienden, um ihm alsdann geschickhaft und geschichtlich übereignet zu werden zur Gestalt eines übergreifend-vermittelnden Ereignisses. Das esse präsentiert sich nach Thomas allemal in der Konkretion und „wechselseitigen Priorität" (priorité mutuelle, wie R. Garrigou-Lagrange[25] sagt) des Seienden, in dem Essenz-Grund und Sein immer schon vermittelt –, das eine nicht ohne das andere ist. Diese ursprünglich immer schon vermittelte Unmittelbarkeit des Seienden oder dieses esse als actus entis, dieses Sein überkommt niemals ein an sich schon Wesendes als blosses An-wesen, um sich so in die Verfügungsmacht des Menschen irgendwie zu verheddern. Es stellt sich mit aller Macht dem Anblick unseres sinnlich-unsinnlichen Bewusstseins. In dieser Unmittelbarkeit und Ursprünglichkeit des Seienden erscheint uns erstmals das Grundgesetz vom Primat des Ganzen vor seinen Teilen, demgegenüber alle idealistisch-subjektivistische Ontologie als Abweichung von der klassischen Ontologie erscheinen muss. Das Seiende selbst präsentiert sich erstmals

24 Thomas von Aquin, De ver. X, 8 ad 12.
25 R. Garrigou-Lagrange, La synthèse thomiste, Paris 1946, S. 494.

und ursprünglich bei Aristoteles und Thomas in der Würde dieses seines ureigensten Grundgesetzes vom Primat des Ganzen, das allemal früher ist als seine Teile. „Das Ganze muss immer früher sein als seine Teile", sagt Aristoteles[26]. Dieses Grundgesetz als Seinsgesetz gilt mithin überall da, wo soziale Erscheinungen auftauchen, – wo Normen in der Gesellschaft real werden –, kurz: wo Seiendes sich zeigt.

Die ontologische Begründung von Normen geht von dem aufgewiesenen Grundgesetz aus. Das Begründungsverfahren ist an das umfassende Ganze gebunden. Dazu gehören „wie selbstverständlich" auch die Normen der Erkenntnis, die in einem früheren Zusammenhang unserer Arbeit skizziert wurden. Dies ist der dritte Hinweis zur Begründung von Normen.

Aber laufen wir, wenn wir von „ontologischen" Normenbegründungen im Unterschied zu „positivistischen" sprechen, nicht überhaupt einer Fata Morgana nach, die uns einen nie erzielbaren Reichtum an Informationen vorzaubert? Gewiss werden wir in den meisten Fällen mehr oder minder grosse Abstriche machen müssen. Dennoch ist der Versuch einer Ganzheitsbetrachtung sinnvoll, und zwar nicht nur erwiesenermassen im Hinblick auf bisherige Versuche zu einer Logik der Normenbegründung. Alle Normenbegründung folgt dem Grundprinzip des Rückgriffs auf „normenbegründende Normen". Das methodische Normenbegründungsverfahren unterstellt damit ganz notwendig die Geltung des Prinzips der Hierarchie. Warum ist so etwas wie Hierarchie notwendig? Hierarchie gehört – wie Dietrich von Hildebrand betont – zur „Kategorie der logischen Ordnung der Dinge", – zum sinnhaften Aufbau unserer Welt[27].

d) Normenbegründung und Sinnstruktur

Es ist unumgänglich, angesichts der Vielfältigkeit der mit Hermann Lübbe ansetzenden Normbegründungsversuche, auf die Sinnstrukturen hinzuweisen. Normen, Normenbegründung und Sinnstrukturen sind in mancher Hinsicht mehrdeutig. Ein klassisches Beispiel für die Mehrdeutigkeit einer politischen Norm ist der Ostrazismus im alten Griechenland. Diese Norm wurde in Athen geschaffen, um einzelne der Tyrannei verdächtige Bürger auf zehn Jahre zu verbannen. Diese Norm hatte ihrem objektiven Gehalt nach den Sinn, die Demokratie zu schützen. Durch Umdeutung wurde später diese Norm-Praxis zum willkürlichen Kampfmittel

26 Aristoteles, Politica I, 2, 1253 a 20. – Das analektische Grundgesetz vom Primat des Ganzen vor seinen Teilen gilt bei Aristoteles zugleich für die Ethik und die Politik. Die „Nikomachische Ethik" gibt gleich auf ihren ersten Seiten zu erkennen, dass sie in den Gesamtbereich der politischen Wissenschaft gehört, und der erste Satz der aristotelischen „Politik" ist nichts anderes als eine Anwendung desselben Grundgedankens der philosophischen Ethik der Griechen, den wir auch im ersten Satz der Nikomachischen Ethik ausgesprochen finden: dass nämlich jedes Handeln das Streben nach einem „Gute" sei, und dass es eine Hierarchie der Güter gebe, nach der sich das jeweilige Handeln bestimme. Das „Gute" ist bei Aristoteles wie später bei Thomas eingeordnet in das „Ganze" als einem metaphysischen Grundgesetz. Der Mensch steht in aristotelisch-thomistischer Konzeption in der Teilhabe am Ganzen, muss allerdings bereits Mensch sein, bevor er sich frei und seinsmässig gestalten kann. Ohne Vorprägung und ohne Seinsbezug kann der Mensch nach Thomas nicht gedacht werden. Vom Menschen als Menschen sprechen heisst deshalb immer auch vom Sein sprechen, weil erst die *Teilhabe am Sein* als dem metaphysischen Gesetz des Ganzen das ermöglicht, was den Menschen als Person auszeichnet: Wahrheitserkenntnis und Freiheit.

27 Vgl. Aristoteles, Metaphysik, Buch V, 1026 a. – D. v. Hildebrand, What is philosophy?, Milwaukee 1960, S. 18 ff. und A. Schütz, Der sinnhafte Aufbau der sozialen Welt, Wien 1960.

der um die Macht ringenden Parteien. Kierkegaard sieht im Ostrazismus nur den Ausdruck für ein „Ressentiment, eine Art Gleichgewichtsnotwehr gegen das Ausgezeichnete“, obwohl er die wichtige Unterscheidung zwischen Sinn und Bedeutung in seiner Interpretation aufrechterhält, um zu beweisen, dass die menschlichen Sinnstrukturen sich zugleich mit den Erkenntnisstrukturen ändern müssen[28].

Aus dem Beispiel des Ostrazismus lässt sich die Schlussfolgerung ziehen: Die soziale Geltung einer Norm lässt sich nicht trennen von der kognitiven Geltung und ihrer Begründung. Dem Kognitiven verbunden sind die Sinnstrukturen. Darüber hinaus ergibt sich zwingend, dass zur Konstruktion sozialer Normen eine besondere soziale Definition der Situation gehört, die durch Normbrüche entsteht. Diese Situation muss als „Ausnahmesituation“ in irgendeiner Weise aus allen anderen Situationen herausgehoben werden. In dieser Situation muss etwas erlaubt oder sogar geboten sein, was sonst nicht erlaubt ist. Ausnahmesituationen sind eine Aufforderung etwas neu zu entscheiden, wobei die Priorität älterer oder höherer Normen zur Begründung der neuen Norm herangezogen wird.

Bei der Begründung neuer Normen kann noch eine ontologische Erklärung zum Tragen kommen. Der Mensch „darf“ und „muss“ auf Grund seines Selbstseins handeln. Sein Wesen bestimmt negativ, das heisst eingrenzend und begrenzend – das Sein. Aber das vorgegebene und ihm voranleuchtende Sein erscheint positiv, d.h. - vollendend. Es stiftet sozusagen das Risiko des menschlichen In-sich-selber-Stehens, damit er mit der neuen Situation fertig zu werden vermag. Der Mensch wird sich in dieser ontologischen Beschaffenheit nicht als „Hersteller“ oder „Macher“ fühlen, sondern als legitimer Statthalter oder Werkzeug des „Seins“. Diese Aussage ist nicht historizistisch zu verstehen, sondern ontologisch: sie ist an und für sich über alle Geschichtlichkeit weit hinaus, trifft gleichsam senkrecht auf alle Prozessualität in Raum und Zeit.

Der Mensch ist in dieser Konzeption in die Eigentlichkeit seines Selbstseins und damit in die ontische Freiheit seiner selbst entlassen. Er wird die Sinngrenzen des Pragmatismus nicht für täuschungsfrei halten, obwohl er dem Pragmatischen kraft der Geltung des Seinskonzepts „exklusiv“ huldigen wird.

Das Pragmatische ist nur der Ausdruck des vielfältigen Seins, das seinen Sinn und seine Bestimmung durch die jeweilige geeinzelte Essenzform der Dinge selbst empfängt. Es ist wohl zu unterscheiden vom höchsten subsistenten Sein. Der Mensch wird es bedenken und es zu fassen suchen. Aber von einem „Sinn“ des Seins selbst kann mithin nicht gesprochen werden, wohl aber vom Sein des Sinnes, der sich in seiner Möglichkeit zum und im Sein selbst und damit in der gemeinten Sinnstruktur vollenden lässt. Es gibt nichts, was noch über das Sein selbst hinaus als dessen bestimmender Sinn fungieren könnte. Das Sein selbst ist die vollendete Perfektibilität – als Anruf und Mahnung für Menschen[29]. Vom höchsten Sein, in dem Sinn und Sein dasselbe sind, geht in der logischen Perspektive das weit gestreute Sein aus in der Vielfältigkeit dessen, was je einzeln und konkret ist. Dieses weitgestreute konkrete Sein begreifen wir als esse commune oder als esse universale, das gewirkt wird

28 S. Kierkegaard, Kritik der Gegenwart, übersetzt und mit einem Nachwort von Th. Haecker, Basel 1946, S. 29.

29 Das Sein ist Akt, ist virtus essendi, ist jenes immer wiederkehrende Drama einer Konkretion – nicht Idealismus und nicht sophistische Reflexion, sondern etwas Einfaches und Umgreifendes. Es steht über dem Menschen, nicht um ihn sein zu lassen. Thomas konnte deshalb (S. Theol. III, 16, 9 ad 2.) sagen: „Esse simpliciter est superius ad esse hominem“. Das Sein ist wie die Vernunft etwas Gegebenes und zugleich etwas Aufgegebenes. Aber gerade dadurch kann das Sein vom Werden nicht getrennt werden.

vom höchsten normativen Grundsatz des subsistenten Seins. Darin verdichten sich die normativen Bezüge sozialer Zusammenhänge auf hohem Objektivationsniveau.

Literatur

Aristoteles, Opera, ed. J. Bekker, H. Bonitz, C. A. Brandis, V. Rose, Ausgabe der Akad. d. Wiss., Berlin 1831–70.

Aristoteles, übers. und eingeleitet von Th. Gomperz, mit Anhang von A. v. Berger, Leipzig 1897.

Thomas von Aquin, Über das Sein und das Wesen (dt.-lat.), hrsg. von R. Allers, 2. Aufl. Köln–Olten 1953.

Fr. Brentano, Von der mannigfachen Bedeutung des Seienden nach Aristoteles, Freiburg im Breisgau 1862.

J. Geyser, Die Erkenntnistheorie des Aristoteles, Münster 1917.

A. Keller, Sein oder Existenz? Pullacher Philosophische Forschungen, Bd. VII, München 1968.

B. Lakebrink, Hegels dialektische Ontologie und die thomistische Analektik, Köln 1955.

L. de Raeymaeker, Metaphysica generalis, 2. Aufl. Löwen 1935.

M. Müller, Sein und Geist. Systematische Untersuchungen über Grundprolblem und Aufbau mittelalterlicher Ontologie, Tübingen 1940.

E. K. Specht, Sprache und Sein, Berlin 1967.

F. Ulrich, Homo Abyssus. Das Wagnis der Seinsfrage, Einsiedeln 1961.

DAS RECHT DES HILFLOSEN LEBENS: ZUM ZUSAMMENHANG VON MENSCHENRECHTEN, EXISTENZRECHT, RECHTSFÄHIGKEIT UND RECHTSSTAAT

VON DANIEL RHONHEIMER, ZÜRICH

In einer seiner letzten Vorlesungen zum Allgemeinen Staatsrecht an der Universität Zürich erklärte der auch als Wegbereiter für das Schweizerische Frauenstimmrecht bekannte Schweizer Staatsrechtler Professor Werner Kägi: „Wenn durch eine Legalisierung der Abtreibung menschliches Lebensrecht prinzipiell in Frage gestellt wird, dann ist es nicht nur nicht mehr verantwortbar, sondern dann hat es überhaupt keinen Sinn mehr von Menschenrechten zu sprechen, geschweige denn, letztere überhaupt noch begründen zu wollen". Beifall erntete der mutige Rechtsprofessor nicht. Viele Studenten, vor allem Studentinnen, verliessen, teils mit Buhrufen, demonstrativ den Vorlesungssaal. Dieses eher kleine aber bedeutungsvolle Ereignis ist der Anknüpfungspunkt von Überlegungen, bei denen es um den Zusammenhang zwischen einem umfassenden Schutz menschlichen Lebens – vor allem des hilflosen – und der grundsätzlichen Begründbarkeit von Menschenrechten und damit auch des Rechtsstaates geht.

Menschenrechte als überstaatliche Rechtsgrundsätze

Gerade anhand des Rechts auf Leben, des Rechts auf Existenz für jeden Menschen, lässt sich die eigentliche Begründungsschwäche, ja die Fatalität einer aufklärerisch verabsolutierten und relativistischen Argumentation in bezug auf Menschenrechte und die sie bestimmende Menschenwürde aufzeigen.

Untersucht man den Terminus Menschenrecht als solchen, so zerfällt er in seine zwei Teile *Mensch und Recht.* Weil nun aber das Leben dasjenige Gut ist, das allen existierenden als auch bloss denkbaren Menschen am univoquesten, also in gleichem Umfang und Inhalt, zukommt und weil gleichzeitig paradoxerweise bei der Diskussion der Abtreibung immer wieder die Frage auftaucht, ob Ungeborene denn überhaupt Rechte und damit eben auch ein Lebensrecht haben könnten, wird einsehbar, warum gerade aktuelle als auch geistesgeschichtliche Erhellungen der Probleme des Rechts auf Leben in besonderer Weise aufzuzeigen vermögen, welche Vorstellungen vom Menschen, seiner Würde und eben auch welche Rechtsvorstellungen heute massgebend sind. Solche Konzeptionen von Menschsein und Personalität einerseits und vom Wesen von Rechten und ihrer Verwirklichung andrerseits machen ja den eigentlichen Kern der heutigen Auseinandersetzung, freilich auch der heutigen Verwirrung, in der Diskussion um das Recht auf Leben aus.

Eines scheint freilich kaum ein Befürworter des Rechtsstaates bestreiten zu wollen und zu können, nämlich, dass mit dem Begriff der Menschenrechte in seinen universellen Deklarationen sowie seinen verfassungsmässigen und gesetzlichen Verankerungen ein schützenswerter auf das Wesen des Menschen und seiner Würde zielender Sachverhalt gemeint ist, der jenseits jeglicher staatlicher Verfügungsmacht, demokratisch-parlamentarischer oder anderer, zu bestehen hat. Ob dieser Sachverhalt nun freilich auch rechtliche Konsequenzen hat, darüber gehen fatalerweise die Meinungen nicht nur der Juristen auseinander.

Das Lebensrecht als fundamentales Menschenrecht

Das Recht auf Leben und damit der Schutz der biologisch-physischen Existenz ist in der Rechtssprache ein sogenanntes *Voraussetzungsgrundrecht*, das heisst ein Recht, aus dem sich andere Rechte ableiten und ohne das sie nicht denkbar sind. Das zu schützende Rechtsgut Leben ist damit nicht nur das im wahrsten Sinne des Wortes fundamentalste, sondern auch das in der Entwicklung des Menschen zeitlich erste aller Rechtsgüter. Zudem: Bei einem Eingriff in das Recht auf Leben wird nicht nur einfach ein Grundrecht unter andern angetastet, sondern mit diesem Grundrecht wird auch gleich der Rechtsträger als solcher, nämlich der individuelle Mensch beseitigt. Eine solche Grundrechtsverletzung, die Beseitigung der physischen Existenz ist zudem unwiderruflich und irreparabel: Der betroffene Mensch scheidet als Rechtssubjekt definitiv aus der Rechtsgemeinschaft aus, was bei allen andern Grundrechtsverletzungen auch im schlimmsten Falle nie die Folge ist. Wenn nun das „menschliche Leben", wie das Deutsche Bundesverfassungsgericht es formuliert hat, innerhalb der grundgesetzlichen und menschenrechtlichen Ordnung „einen Höchstwert darstellt, wenn es die vitale Basis der Menschenwürde und die Voraussetzung aller andern Grundrechte"[1] ist, so erscheint es doch schon aus rechtlich-systematischen, ja auch aus logischen Gründen einleuchtend, dass diesem fundamentalen Voraussetzungsgrundrecht ein spezieller Schutz nicht nur hinsichtlich seiner Realisierung und Konkretisierung in den verschiedensten Lebenssituationen zukommen muss, sondern dass auch sein Trägerkreis – die Grundrechtsfähigen – in besonderer Weise nicht eingeengt werden darf, wie dies umgekehrt etwa bei der Meinungsäusserungsfreiheit oder auch der Handels- und Gewerbefreiheit der Fall sein kann.

Mit dieser besondern Grundrechtsstellung des Rechts auf Leben hängt wohl auch zusammen, dass das sonst so vorsichtige Schweizerische Bundesgericht in seinem Entscheid vom 28. Juni 1972 das Recht auf Leben als „ungeschriebenes Grundrecht" der Schweizerischen Bundesverfassung anerkannt (BGE 98 I 508) und es wie kein anderes Grundrecht gewissermassen verabsolutiert hat: „Das verfassungsmässige Recht auf Leben zeichnet sich gegenüber dem übrigen, durch das Grundrecht der individuellen Freiheit gewährleisteten Persönlichkeitsschutz dadurch aus, dass jeder absichtliche Eingriff zugleich eine Verletzung seines absolut geschützten Wesenskerns darstellt und deshalb gegen die Verfassung verstösst. Das

1 BVerGE Bd. 39, S. 1 ff. Zur Grundrechtstheorie dieses Urteils, vor allem auch im Vergleich zur Österreichischen Verfassungsgerichtspraxis, siehe etwa Dieter Grimm, die Fristenlösungsurteile in Österreich und Deutschland und die Grundrechtstheorie, Juristische Blätter, Jg. 1976, S. 74 ff. Zum Liberalisierungsargument, dass Rechtsdurchsetzungseffizienz und das rechtspolitische Ziel einer „Eindämmung der Abtreibungsseuche" eine Relativierung des Lebensschutzes von Ungeborenen nötig machten, argumentiert das deutsche Bundesverfassungsgericht grundsätzlich: „Der von der Verfassung geforderte Rechtsschutz für das konkrete einzelne Menschenleben wird zurückgestellt zugunsten einer mehr sozialtechnischen Verwendung des Gesetzes als einer gezielten Aktion des Gesetzgebers zur Erreichung eines bestimmten gesellschaftspolitisch erwünschten Zieles, der ‚Eindämmung der Abtreibungsseuche'. Der Gesetzgeber darf aber nicht nur das Ziel im Auge haben, sei es auch noch so erstrebenswert; er muss beachten, dass auch jeder Schritt auf dem Weg dahin sich vor der Verfassung und ihren unverzichtbaren Postulaten zu rechtfertigen hat. Der *Effizienz der Regelung im ganzen darf der Grundrechtsschutz im einzelnen nicht geopfert werden.* Das Gesetz ist nicht nur Instrument zur Steuerung gesellschaftlicher Prozesse nach soziologischen Erkenntnissen und Prognosen, es ist auch bleibender Ausdruck sozialethischer und – ihr folgend – rechtlicher Bewertung menschlicher Handlungen; es soll sagen, was für den Einzelnen Recht und Unrecht ist" (S. 59).

Recht auf Leben erträgt somit keinerlei Beschränkungen, auf gesetzlicher Grundlage beruhende und im öffentlichen Interessen liegende Eingriffe sind verfassungsrechtlich undenkbar".

Umfassende Grundrechtsträgerschaft für das Recht auf Leben

Denn, und dieser Feststellung kann eigentlich vernünftigerweise gar nicht widersprochen werden, das Rechtsgut Leben kommt allen menschlichen Leben auf jeder Entwicklungsstufe gleichermassen zu, sofern nur menschliches Leben als solches existiert und zwar gleich, ob als selbständiges oder abhängiges, ob als hilfloses oder mächtiges, ob als uraltes oder blutjunges, geniales oder geistig beschränktes, für die Umwelt sichtbar geborenes oder im Mutterschoss geborgenes. Umgekehrt müssen bei einigen Freiheitsrechten, etwa der Pressefreiheit, oder vor allem auch bei den umstrittenen Sozialrechten die zu schützenden Rechtsgüter nach analogen Prinzipien definiert und damit auf einen ja verschiedenen Trägerkreis auch unterschiedlich angewandt werden. So können ja auch politische Grundrechte, so etwa das Wahlrecht, Staatsbürgern und Ausländern nicht in gleichem Masse zukommen. Das Recht auf Leben hingegen beinhaltet als Rechtsnorm den Schutz jenes Elementes bzw. jenes Rechtsgutes, welches allen Menschen, unabhängig von Geschichte und kulturellem, geographischem und sozialem Raum gleichermassen zukommt. Dieses Rechtsgut kann bezüglich seines Trägers – sowohl logisch als auch von der Wirklichkeit her – nicht weiter differenziert werden. Der blosse Wortlaut im Begriff „ungeborenes Leben", wovon ja auch Abtreibungsbefürworter zu sprechen genötigt sind, macht ja unüberhörbar deutlich, dass das Rechtsgut Leben schon vor der Geburt existiert. Wo aber ein solches Gut existiert, da setzt es auch notwendigerweise einen entsprechenden Träger voraus, eben das menschliche Individuum.

Unter dem Gesichtspunkt Leben können und dürfen beim Menschen keine Unterteilungen und Unterscheidungen gemacht werden, welche es dann sowohl moralisch als vor allem auch rechtlich erlauben würden, unerwünschtes oder hilfloses menschliches Leben anzutasten, geschehe dies nun durch irgendwelche willkürliche Fristen oder auch durch noch so wohlklingende Indikationen.

Die vorangehenden Überlegungen werden auch von den Ergebnissen der modernen Naturwissenschaft gestützt, insbesondere den Forschungen der Genetik (Lejeune), der Embryologie (Blechschmidt), der Gynäkologie und neuerdings auch der Eineiigenzwillingsforschung: Menschliches Leben existiert in seiner Individualität vom Moment der Zeugung an; alle späteren menschlichen Entwicklungen sind nur Aktualisierungen und Ausprägungen einer schon von Anfang an bestehenden Anlage und Individualität.

Dieser Tatsache, nämlich der Existenz des Rechtsgutes Leben vom Moment der Zeugung an, steht nicht entgegen, dass unter strafrechtlichen Gesichtspunkten Differenzierungen und Abstufungen bei der Schuldzumessung, Qualifizierung und beim Strafmass möglich sind. Denn im Strafrecht wird ja vor allem von einem potentiellen Schädiger eines Rechtsgutes ausgegangen, beim Grundrechts- und Menschenrechtsschutz steht hingegen das zu schützende Rechtsgut und sein Träger im Mittelpunkt der rechtlichen Betrachtungsweise. Deshalb kann auch bei der rechtlichen Definition menschlichen Lebens innerhalb der Bestimmung des Grundrechtes Leben etwa in keiner Weise die schützenswerte Existenz von der Reaktion der Frau auf den Embryo oder gar von gesellschaftlichen Wertschätzungskategorien abhängig gemacht werden. Die Bewertung des Verschuldens eines Lebensschädigers kann also wohl unterschiedlich vorgenommen werden, bezüglich des Grundrechtsschutzes des Lebensträgers aber ist davon auszugehen, dass das prinzipielle und unantastbare Rechtsgut Leben in keiner Entwicklungsphase ohne Rechtsanspruch und Rechtsschutz dastehen darf.

Diesem Rechtsschutzprinzip folgt auch die im übrigen recht problematische, weil nicht die Konsequenzen aus ihren Prämissen ziehende Bundesratsbotschaft zur Schweizer Volksinitiative „Recht auf Leben" vom 28. Februar 1983: „Soll das Recht auf Leben glaubwürdig bleiben, so darf es dem *Ungeborenen* nicht vorenthalten werden. Die Ehrfurcht vor dem keimenden Leben verlangt, dass der Staat es wirksam schütze" (S. 26). Und: „Wird das Leben eines Menschen von einem Dritten bedroht, muss immer zugunsten des Lebensschutzes entschieden werden" (S. 9).

Versucht man nun trotz dieser eigentlich evidenten Ausgangslage durch Fristen oder sogenannte Indikationen den Lebensschutz bzw. das Grund- und Menschenrecht auf Leben einzuengen, so heisst dies im Klartext nichts anderes, als dass man gewissen Gruppen von menschlichen Individuen entweder den fundamentalsten Rechtsschutz verweigert oder aber noch schlimmer aber auch konsequenter die Menschenqualität abspricht. Demgegenüber hat einer der bedeutendsten und anerkanntesten deutschen Grundgesetzkommentare, der Maunz-Durig, festgestellt, dass eine allfällige Kompetenz des Staates oder irgend eines seiner Organe, gewissermassen Kategorien menschlichen lebensunwerten bzw. rechtsungeschützten Lebens aufzustellen, geradezu ein Schulfall eines Verstosses gegen Artikel 19 II des Grundgesetzes darstelle, wo es heisst, dass in keinem Falle ein Grundrecht in seinem Wesensgehalt angetastet werden dürfe.

Nationalsozialistische Befehlsordnung und „unwertes" Leben

Gegenüber einem Rechtsdezisionismus und Gesetzespositivismus, wonach es im freien Ermessensentscheid des Gesetzgebers liegt, die Inhalte und die Träger eines Grundrechtes festzulegen, muss eine wirklich menschenrechtliche Grundordnung daran festhalten, dass gesetzliche Abstufungen und Kategorien menschlichen Lebens und seines Schutzes nicht nur ethisch verwerflich und rechtsstaatlich unzulässig, sondern eben auch ganz einfach im wahrsten Sinne des Wortes nicht wirklichkeitsgemäss, nicht existent sind und damit auch nicht gesetzesfähig und rechtsverbindlich sein können. Es ist im übrigen genau dieser Sachverhalt, der es im Nürnberger Kriegsverbrecherprozess erst ermöglichte, die nationalsozialistischen Menschenmorde als Verbrechen gegen die Menschlichkeit und als Völkermord abzuurteilen. Es ist ein heute bezeichnenderweise totgeschwiegenes Faktum, dass Hitler und seine sogeannnte Gesetzes- und Befehlsgebung nicht nur das jüdische vom zu schützenden menschlichen Lebensgut ausnahm, dass er nicht nur die Geisteskranken und Schwerbehinderten in sogenannten Ärztekliniken als „lebensunwerte Ballastexistenzen" umbringen liess, sondern dass er auch seinem Reichsärzteführer Wagner schon 1933 „zur Verhütung erbkranken Nachwuchses" die Genehmigung erteilte dafür zu sorgen, dass „die Schwangerschaftsunterbrechung anzuwenden sei"[2]. Konfrontieren wir diesen Tatbestand unter staatstheoretischen Gesichts-

2 Lothar Gruchmann, Euthanasie und Justiz im Dritten Reich, Vierteljahreshefte für deutsche Zeitgeschichte, Jg. 1972, S. 233 ff. Hitler hatte schon 1929 auf dem Nürnberger Parteitag erklärt: „Würde Deutschland jährlich eine Million Kinder bekommen und 700000–800000 der Schwächsten beseitigen, dann würde am Ende das Ergebnis vielleicht sogar eine Kräftesteigerung sein", während der Philosoph Ernst Bermann schon 1933 von „einem Weltkrieg gegen die Idioten, Kretins und Schwachsinnigen, Gewohnheitsverbrecher und Verseuchten" sprach, welche er von dem Menschenkehrricht der Grossstädte . . . beiseitege-

punkten mit der heutigen Tendenz, Kategorien schützenswerten menschlichen Lebens zur Disposition der Gesetzgebung und dann individueller sogenannter Gewissensentscheidung zu stellen, dann könnte konsequenterweise von dieser Sicht her die damalige Verurteilung nationalsozialistischer Verbrechen als fundamentaler Verstösse gegen die Menschenwürde und Rechtsordnung keineswegs mehr so selbstverständlich erscheinen. Genau zu diesem Schluss kommt beispielsweise der berühmte Rechtsphilosoph und Kantianer Julius Ebbinghaus: Er findet es etwa „trivial", dass, nachdem „ein im tatsächlichen Besitz einer unumschränkten Gewalt befindlicher Diktator die öffentlich kontrollierte Tötung von Geisteskranken aus dem Gesichtspunkt ihrer sozialen Wertigkeit angeordnet hat, nach seinem Sturze weder die begutachtenden Ärzte noch die ausführenden Organe rechtmässig bestraft werden können"[3] und dürfen. Auf dieser Linie argumentierten damals denn auch die Nürnberger Verteidiger der Kriegsverbrecher: Unter der in Kraft stehenden Gesetzes- und Befehlsordnung des Nationalsozialismus hätten die Henker und die Funktionäre weder das Recht „noch gar die Pflicht gehabt, die Befehle des Diktators auf ihre Rechtsmässigkeit nachzuprüfen"[4].

schaufelt" wissen wollte (Klaus Dörner, Nationalsozialismus und Lebensvernichtung, Vierteljahreshefte für deutsche Zeitgeschichte, Jg. 1967, S. 131.) Weitere bedeutsame Literatur zu diesem Zusammenhang von Nationalsozialismus und „lebensunwertem Leben": Dokumente zu den Geisteskranken-Morden. Die Wandlung Jg. 1947, S. 160–174; Der Krieg gegen die psychisch Kranken, Hrsg. Klaus Dörner u.a., Rehburg-Loccum 1980; H. Erhardt, Euthanasie und Vernichtung „lebensunwerten" Lebens, Stuttgart 1965; Hrsg. H. Chr. v. Hase, Evangelische Dokumente zur Ermordung der „unheilbar Kranken" unter der NS-Herrschaft in den Jahren 1939–1945, Stuttgart 1964; Hrsg. W. Leibbrand, Um die Menschenrechte der Geisteskranken, Nürnberg 1946; H. u. B. Mausbach, Feinde des Lebens, NS-Verbrechen an Kindern, Frankfurt 1979; Hrsg. Alexander Mitscherlich u. Fred Mielke, Medizin ohne Menschlichkeit, Frankfurt 1978; H. Platen-Hallermund, Die Tötung Geisteskranker in Deutschland, Frankfurt 1948; Walter Wuttke-Groneberg, Medizin im Nationalsozialismus, Tübingen 1980; Chr. Fouquet, Euthanasie und Vernichtung „lebensunwerten" Lebens unter besonderer Berücksichtigung des behinderten Menschen, Oberbiel 1978; K. Nowak, Euthanasie und Sterilisierung im Dritten Reich, Göttingen 1978.

3 Julius Ebbinghaus, Die Strafen für Tötung eines Menschen nach Prinzipien einer Rechtsphilosophie der Freiheit, Bonn 1968, S. 55.

4 Ernst von Hippel, Das Kreuz der Wahrheit und die Rechtswissenschaft, Meisenheim am Glan 1973, S. 155 f. Die strafrechtliche Verantwortlichkeit für Handeln auf Befehl war eine der umstrittensten Fragen der deutschen Strafprozessgeschichte der Nachkriegszeit. Stets versuchte die Verteidigung mit rechtspositivistischer Argumentation die strafrechtliche Nichtverantwortlichkeit für Handeln auf Befehl in einem souveränen Befehls- und Gesetzesstaat zu erhärten, während die andere, die Anklageseite, in angelsächsischer Rechtstradition argumentierend, von der rechtlichen und gesetzlichen Nichtigkeit eines verbrecherischen Befehls gegen Grundsätze der Menschlichkeit ausging. Der angesehene Staatsrechtler Professor Jahreiss ging im Plädoyer der Gesamtverteidigung zu den Rechtsfragen des Nürnberger Kriegsverbrecherprozesses davon aus, dass nur „die Frage des geltenden Rechtes, nicht die Frage des Rechtes, das im Namen der Moral oder des Menschheitsfortschrittes gefordert werden könnte oder sollte" zu behandeln sei. Wenn die Anklage „im Namen der Welt Rechtsgemeinschaft einzelne Männer wegen ihrer Entschlüsse . . . rechtlich verurteilt sehen" wolle, dann sei dies „in der Perspektive der europäischen Geschichte eine *Privatisierung des Staates*, ja, ein Zerschlagen des Staates im Geistes. Eine solche Anklage, über deren moralische Berechtigung ich nicht zu handeln habe, eine solche Anklage ist – wie wir schon zeigten – *unvereinbar mit dem Wesen der Souveränität* und mit dem Fühlen der meisten der Europäer". Weil nun aber von dieser europäischen Sicht der Dinge her „ein Befehl des Führers für den Angesprochenen verbindlich, und zwar rechtsverbindlich, auch wenn die Weisung dem Völkerrecht oder andern überkommenen Wertungen zuwiderlief", sein musste, hätten die „Funktionäre. . . weder das Recht noch gar die Pflicht" gehabt, „die Befele des Monokraten auf ihre Rechtmässigkeit nachzuprüfen. Für sie konnten diese Befehle überhaupt nicht rechtswidrig sein" (In: Der Nürnberger Prozess, aus den Protokollen, Dokumenten und Materialien

Kelsens konsequenter Gesetzespositivismus

Wird – teilweise in der rechtsphilosophischen Nachfolge Kantscher Systematik – der Inhalt der Menschenrechte und die Menschenwürde rein formal und einseitig formalistisch bestimmt, werden darüber hinaus alle Rechtsnormen als vom Staat nicht auch zu garantierende und ihn bindende, sondern als beliebig und unbegrenzbar zu erzeugende angesehen, so wird man notwendiger- und auch konsequenterweise zu den Schlussfolgerungen von Hans Kelsen, dem einflussreichsten Rechtstheoretiker der ersten Hälfte dieses Jahrhunderts, gelangen. In seinen Schriften, vor allem in seinem Hauptwerk der „reinen Rechtslehre", plädiert Kelsen für eine strenge Trennung von Sein und Sollen. Daraus ergibt sich, dass, „damit ein Gesetz gültig sei, es ohne Bedeutung zu wissen ist, ob sein Inhalt, der durch positive Ver-

des Prozesses gegen die Hauptkriegsverbrecher vor dem Internationalen Militärgerichtshof. Hrsg. P. A. Steiniger, Band II, Berlin 1964, S. 109 ff.). Demgegenüber vertrat der britische Hauptankläger, Sir Hartley Shwawcross, gegenüber den „ausgezeichneten Ausführungen von Professor Jahrreiss" die Ansicht, dass das Argument der Verteidigung, dass im deutschen Staat „kein individueller, sondern nur ein souveräner, unkontrollierter Wille gegolten habe, nämlich der des Führer-Diktators" in keiner Weise darauf hinauslaufen könne, dass ein Staat in allen Materien und bezüglich aller seiner möglichen Handlungen „in letzter Instanz über die Rechtmässigkeit und Gesetzmässigkeit seines Vorgehens entscheidet. Er handelt auf seine eigene Gefahr. Genau wie die Einzelperson. . . so ist der Staat verantwortlich, wenn er sein Recht missbraucht". Die Behauptung, dass „wo die betreffende Handlung eine Handlung des Staates darstelle, seien diejenigen, die sie als Werkzeug des Staates ausführen, nicht persönlich verantwortlich" und „berechtigt, sich hinter der Souveränität des Staates zu verschanzen", müsse zurückgewiesen werden, nachdem ja auch „die absolute staatliche Souveränität im alten Sinne der Vergangenheit angehört". Der „Versuch, ein Verbrechen" gegen das fundamentale Gut unschuldigen und wehrlosen menschlichen Lebens „mit dem Mantel der Straflosigkeit zu umhüllen, weil das Tatmotiv nicht ein persönliches, sondern ein politisches" sei, gehöre einer Auffassung an, die „sich nicht auf irgendein Rechtsprinzip stützen kann, sondern einer willkürlichen politischen Lehrmeinung entspringt, *die eher in die Sphäre der Machtpolitik als in diejenige gehört, in der Recht und Gesetz herrschen*" (ebenda, S. 114 ff.). Bezüglich der Berücksichtigung eines Notstandes angesichts der strafrechtlichen Verantwortlichkeit für „Handeln auf Befehl" scheinen für den deutschen Juristen von 1948 noch Unterschiede zwischen dem „kontinental-europäischen und dem angelsächsischen Rechtsdenken" zu bestehen: So entspreche es der „Auffassung des angelsächsischen Rechts", dass „die Berufung auf Notstand jedenfalls dann verweigert" werde, „wenn einer unschuldigen Person das Leben genommen wird", gemäss dem angelsächsischen Rechtsgrundsatz: „No one can, on the plea of necessity, excuse himself for taking the *life of an innocent person*". Dementsprechend hat das Nürnberger Urteil herausgestrichen: „Dass ein Soldat den Befehl erhalten hat, unter Verletzung des Völkerrechts zu töten oder zu martern, ist niemals als ein Entschuldigungsgrund für solche Handlungen der Brutalität anerkannt worden" (siehe dazu Hellmuth von Weber, Die strafrechtliche Verantwortlichkeit für Handeln auf Befehl, Monatsschrift für deutsches Recht, 1948, S. 34 ff.). In einem Gerichtsfall wegen vorsätzlicher Tötung von Zivilpersonen vor dem Oberlandesgericht Stuttgart hatte sich nach dem Krieg ein Volkssturmführer, neben andern, für sein Verbrechen in den letzten Kriegstagen zu verantworten. Zur Rechtfertigung seiner Tat – der Erschiessung unschuldiger deutscher Zivilpersonen – hatte sich der Angeklagte auf den sogenannten Himmler-Keitel Befehl berufen, wonach an Ort und Stelle ohne standgerichtliches Verfahren alle eine weisse Fahne hissenden Personen im Alter von 16–60 Jahren erschossen werden sollten. Das Gericht hingegen befand den Angeklagten aufgrund einer „angelsächsischen" Rechtsargumentation für schuldig: „Infolge dieses, dem Befehl in jedem Falle innewohnenden Unrechtsgehaltes, war der Befehl in vollem Umfang unwirksam und es konnte die auf die Tötung einer unbestimmten Zahl unschuldiger Personen abzielende Anordnung unmöglich als ein Gesetz oder eine Rechtsnorm angesehen werden, vielmehr nur als ein willkürlicher Akt ohne rechtsverbindliche Kraft. Die Tötung der vier Personen und die versuchte Tötung weitere vier Personen war somit objektiv rechtswidrig" (Justiz und NS-Verbrechen, Sammlung deutscher Strafurteile wegen nationalsozialistischer Tötungsverbrechen 1945–1949, Band I, Amsterdam

fahren festgelegt ist, gerecht oder ungerecht ist"[5]. Wird nun dieser Grundsatz, der zur Begründung parlamentarischer Spielregeln auch durchaus eine wichtige Funktion erfüllen kann, völlig verabsolutiert, so wird damit jegliches staatliche Handeln, auch das totalitäre und verbrecherische, gerechtfertigt. Es ist das Verdienst der ehr-

1968, S. 525). In einem weitern Urteil betreffs der Vernichtung sogenannten „lebensunwerten" Lebens in einer „Heil- und Pflegeanstalt" durch einen Arzt ging das Oberlandesgericht Frankfurt von folgender Erwägung aus: „Wenn auch aus Gründen der Rechtssicherheit im allgemeinen Gesetze ohne Rücksicht auf ihren materiellen Inhalt als rechtsverbindlich angesehen werden müssten, so finde dieser Grundsatz doch unter allen Umständen seine äusserste Begrenzung darin, dass die Staatsführung nicht willkürlich bestimmen könne, was Recht oder Unrecht ist. Der Staat sei nicht alleinige Quelle des Rechts, sei vielmehr selbst dem Rechte unterworfen und an die ewigen Normen des natürlichen Sittengesetzes gebunden. Das sogenannte Gesetz Hitlers verletze aber diese Normen, wie die Strafkammer im einzelnen ausgeführt habe; darum sei es unwirksam". Wenn man nun davon ausgehe, dass „das Bewusstsein, gegen die vom Staat aufgestellte Ordnung zu handeln", für die Beurteilung der strafrechtlichen Unrechtsmässigkeit und Verantwortlichkeit entscheidend sei, so könne man dem Angeklagten den „Vorwurf des Bewusstseins der Rechtswidrigkeit nicht machen" und seine Handlung wäre auch rechtlich entschuldbar. „Eine solche Betrachtungsweise würde aber der wahren Natur des nationalsozialistischen Afterrechts nicht gerecht. Wie jedes Recht nicht anders definiert werden kann denn als eine Ordnung und Satzung, die ihrem Sinn nach bestimmt ist, der Gerechtigkeit zu dienen (*Radbruch*, Gesetzliches Unrecht und übergesetzliches Recht, SJZ 46, S. 107), sodass, wo der Widerspruch des gesetzten Rechts zur Gerechtigkeit ein unerträgliches Mass erreicht, das gesetzte Recht als ‚unrichtiges Recht' der Gerechtigkeit zu weichen hat, so kann auch einem Angeklagten nicht gestattet werden, sich darauf zu berufen, dass er an das Vorhandensein eines Rechtssatzes geglaubt habe, wenn dieser Rechtssatz gegen naturrechtlich evidente Sätze verstiess. Darum aber handelt es sich hier . . . Der Angeklagte hat . . . Geisteskranke, für die eine ‚Behandlungsermächtigung' des Reichsausschusses, also eine Tötungserlaubnis vorlag, weil ihr Leben keinen ‚Wert' hatte", getötet. „Dies aber verstiess in einem solchen Masse wider die Natur des Menschen, wider die Natur des Rechts, entbehrte also so völlig der Rechtsnatur, dass ein wirklicher oder angeblicher Irrtum hierüber nicht beachtet werden kann. . . So kann Rechtsblindheit eines Arztes, dessen Beruf das Heilen, nicht das Töten ist, gegenüber der *Heiligkeit und Unverletzlichkeit jedes menschlichen Lebens, auch und gerade des schwächsten, ärmsten und wehrlosesten*, kein Entschuldigungsgrund sein" (Süddeutsche Juristenzeitung, Jg. 1947, S. 621 ff.).

5 Hans Kelsen, Justice et droit naturel, Annales de philosophie politique, Nr. 59, S. 122. Die „reine Rechtslehre" Kelsens ist zunächst einmal – philosophisch untermauert durch den Anschluss an die Marburger Schule des Neukantianismus – vom Postulat der *Methodenreinheit* geleitet. Danach hängt der Gegenstand der Erkenntnis allein von der Methode ab, mit der die Erscheinungen der realen Welt beobachtet werden. „Naturwissenschaften sind daher für Kelsen nicht jene Disziplinen, die den Gegenstand ‚Natur' betrachten, sondern jene, welche die natürlichen oder sozialen Erscheinungen nach dem Gesetz der Kausalität verknüpfen. Die Soziologie ist somit für Kelsen eine Naturwissenschaft. Hingegen sei die Rechtswissenschaft eine normative Wissenschaft, da sie die sozialen Erscheinungen unter dem Aspekte der ‚Zurechnung' betrachtet". (Alfred Verdross, Abendländische Rechtsphilosophie, 2. Aufl., Wien 1963, S. 101.). Man wird wohl der unbestreitbaren rechtssystematischen Leistung Kelsens nicht gerecht, wenn man sich seinen methodischen Ausgangspunkt nicht immer wieder, auch bei seinen inhaltlichen Formulierungen, vor Augen hält. Aber gerade die Überspannung dieses Postulats der Methodenreinheit führt wie schon bei Kant (dazu später) zu den problematischsten materiellen, aber auch rechtsmethodischen Folgerungen. Der vor allem auch in Kreisen sozialdemokratischer und republikanisch gesinnter Juristen der Weimarer Zeit angesehene Zürcher Staatsrechtslehrer Dietrich Schindler strich die Problematik der Kelsenschen Staatsrechtskonzeption schon 1927 in seiner Antrittsvorlesung heraus: Die Methodenreinheit „führt Kelsen in Anlehnung an Kants Vernunftkritik zum Ausgangspunkt seiner ganzen Lehre: dem Dualismus von Sein und Sollen. Das Sein ist die Welt des kausalen Geschehens; damit hat das Recht nichts zu schaffen. . . Alles, was nach kausalem Sein aussieht, wird erbarmungslos aus dem Blickfeld des Juristen verbannt. . . Die Resultate der Kelsenschen Forschung ergeben sich nicht aus der Untersuchung der in der Erfahrung gegebenen Erscheinungen, sondern sie sind Produkte seiner Methode. So wird der Staat für die

lichen und konsequenten Argumentation Kelsens in seinem Hauptwerk, solche Folgerungen, von denen er auch in den Nachkriegsausgaben seines Werkes nicht abgerückt ist, auch ausgesprochen zu haben: Es sei unmöglich, von Menschenrechtsverletzungen oder von staatlichen Unrechtshandlungen zu sprechen, es sei denn ein solcher Unrechtstatbestand „sei eine von der Rechtsordnung bestimmte, rechtlich festgestellte, sozial unerwünschte Handlung oder Unterlassung". Somit könnten aber auch Freiheitsbeschränkungen „wie im Falle der zwangsweisen Internierung von gemeingefährlichen Geisteskranken in Asylen oder von Personen unerwünschter Gesinnung, Religion oder Rasse in Konzentrationslagern" nicht als Unrechtstatbestände erklärt werden, sofern nur die zuständige Rechtsautorität entsprechende Normen erlassen habe[6]. Diese verabsolutierte Rechts- bzw. Unrechtsentscheidungskompetenz des Staates und dessen unumschränkte Souveränität wird durch einen gleichsam säkularisiert-theologischen Hintergrund abgestützt, was Kelsen in einem andern Hauptwerk auch betont: „Die Zurechnung eines Unrechts zum Staat, den ich schon damals als die Personifikation der Rechtsordnung erkannte, wäre die gleiche logische Antinomie, die in der Vorstellung einer Sünde Gottes gelegen wäre"[7].

normlogische Methode identisch mit der Rechtsordnung; er ist lediglich Ausdruck für die ‚Einheit eines Systems von Normen' . . . Die Lehre Kelsens krankt an der Überspannung des Axioms, das ihr zugrundeliegt. . . Aber es ist falsch, das Recht ausschliesslich im Sollen suchen und nach rein normlogischer Methode konstruieren zu wollen. Denn das Wesen des Rechts liegt doch gerade darin, dass das Sollen in das Sein umgesetzt, dass der Dualismus von Wert und Wirklichkeit überwunden wird. Das Recht gehört notwendig beiden Sphären an. Die Rechtswirklichkeit ist nicht nur Norm, sondern auch Faktum. Sie ist nicht nur Faktum, sondern ebensosehr normgemäss. Gerade in diesem Sowohl-als-auch liegt die Problematik des Rechts. . . Gröber ausgedrückt: Die methodenreine Rechtslehre macht den Eindruck einer Mühle, die leer läuft. *Sie ist nicht mehr das Wissen von etwas, sondern sie ist eine Denktechnik*" (Dietrich Schindler, Recht, Staat, Völkergemeinschaft, Ausgewählte Schriften und Fragmente aus dem Nachlass, Zürich 1948, S. 15 ff.).

6 Hans Kelsen, Reine Rechtslehre, 2. Aufl., Wien 1960, S. 42. Diese Aussage, von der sich unschwer eine Begründung für die Verteidigung von Kriegs- und Diktaturverbrechen wie im Nürnberger Kriegsverbrecherprozess ableiten lässt, entspringt wieder dem methodenreinen bzw. monistischen Konzept der Rechtswissenschaft als einer reinen normativen Wissenschaft, wo alle Erscheinungen nur unter dem Aspekt der ‚Zurechnung' betrachtet werden. „Kelsen versteht darunter die Verknüpfung eines Tatbestandes mit einer Rechtsfolge durch die Kopula ‚Soll'. Diese Rechtsfolge ist für Kelsen eine Zwangsfolge". Die konkreten inhaltlichen Positivierungen, die so oder anders ausfallen können und für die es keinen Rechtsmassstab gibt, „sind nur das Material, aus dem die Rechtswissenschaft das hypothetische Urteil bildet: Wenn ein bestimmter Tatbestand vorliegt, soll eine bestimmte Zwangfolge bzw. Sanktion erfolgen und gesetzt werden" (Alfred Verdross, a.a.O., S. 191). Mit andern Worten, aus dem Geiste des Rechts und seinen methodischen Imperativen folgend können für Kelsen keines Rechts-Verurteilungen von gesetzesmässig erfolgten Handlungen vorgenommen werden, solche Verurteilungen sind nur noch auf moralisch-politischer Ebene möglich. Die Dimension des Rechts aber ist für den Rechtspositivisten der reinen Rechtslehre als Beurteilungsmassstab für gesetzlich gedeckte Unrechtshandlungen ausgeschaltet. Dass in diesem Punkte auch die Problematik der Kantschen Rechtsposition und Denkmethodik besteht, wird später noch zu zeigen sein.

7 Hans Kelsen, Soziologischer und juristischer Staatsbegriff, Tübingen 1928, 2. Aufl., S. 233. In dem für die innere Systematik als auch die inhaltlichen Positionen nicht nur der Staats- und Rechtstheorie gar nicht zu überschätzenden gedrängten Aufsatz „Gott und Staat" werden die fundamentalen theologie- und theodizeetheoretischen Voraussetzungen und Implikationen – freilich auf der Basis feuerbachscher Religionsanschauung auch entsprechende Missverständnisse und Verzerrungen – des gesamten Kelsenschen Denkens und dessen Hauptschwerpunkte sichtbar: Für Kelsen steht fest, dass die Lehre vom Recht und „vom Staate, diesem vollendetsten aller sozialen Gebilde, dieser entwickeltsten aller Ideologien, ganz auffallende Übereinstimmungen mit der Lehre von Gott, der Theologie, aufweist".

Im Gegensatz zu Kelsen revidierte der sozialdemokratische Strafrechtler und Rechtsphilosoph Gustav Radbruch unter dem Eindruck der nationalsozialistischen Perversion elementarster Rechtsgrundsätze seine ursprünglich positivistische und

Nun kann es bei Kelsen nicht um die Übernahme theologischer bzw. theistischer Grundannahmen zur Rechtfertigung seiner Rechts- und Staatskonzeption gehen, nachdem für Kelsen, unter Berufung auf Feuerbach, „Gott. . . als ein Produkt wunscherfüllter Phantasie erkannt" ist. „In diesem Sinne sind Gott und Staat nur existent, wenn und insofern man an sie glaubt und werden samt ihrer ungeheuren, die Weltgeschichte erfüllenden Macht zunichte, wenn die menschliche Seele sich von diesem Glauben befreit." Nein, wenn Kelsen das theologische Problem, ob die „beiden einander ausschliessenden Prinzipien der Erhabenheit Gottes und seine positive Beziehung zur Welt irgendwie doch miteinander vereinbart werden können", mit dem staatsrechtlichen Problem, wie der „Staat als Erzeuger oder Träger des Rechts – der Staat steht also über dem Recht –" doch gleichzeitig „dem Recht unterworfen" sein könne, parallelisiert, wenn er weiter die mit der „Menschwerdung Gottes" in Christus auftauchende Frage, „wie kann Gott allmächtig, seinem Wesen nach unbeschränkt und ungebunden und doch zugleich als Mensch dem Naturgesetz unterworfen, geboren, leben, leiden, sterben, an das Sittengesetz gebunden sein", mit der staatsrechtlichen Aporie, wie denn ein Staat, der, „wie es aus seinem Wesen vorausgesetzt wird, von Natur aus alles kann, wozu er die Macht hat", gleichzeitig „nur das, wozu er durch die Rechtsordnung berechtigt bzw. verpflichtet sei", könne, als deckungsgleich ansieht, und wenn Kelsen schliesslich die Theodizeefrage, „wie Gott, dessen Wille das Gute ist, die Sünde, das Böse wollen" könne mit der „Annahme des Staatsunrechts", wonach dem Staat als „einheitlicher Rechtsperson und Erzeuger des Rechts. . . gewisse Tatbestände als Unrecht zugerechnet" werden sollen, in Übereinstimmung bringen will, so geschieht dies nur wegen folgendem Anliegen: „Und so wie das Problem in Theologie und Staatslehre das gleiche ist, nämlich das gleiche Scheinproblem eines Verhältnisses zwischen einem System und seiner Hypostasierung, so findet es auch in beiden Disziplinen die gleiche Lösung, wenn anders man einem logisch unlösbaren Problem gegenüber als Lösung etwas anderes gelten lassen will als die radikale Auflösung des Problems, d.h. *seine Entlarvung als Scheinproblem.*" Die vom Staatsrechtler Kelsen axiomatisch angenommene „Einheit von Staat und Recht, was ein logisches Postulat, weil die blosse Aufhebung eines Scheindualismus ist", lässt „Staat und Recht . . . notwendig" und nicht „nur möglicherweise" zusammenfallen. Vom Standpunkt dieser „positivistischen und nicht naturrechtlichen Rechtslehre. . . muss jeder Staat, auch der absolute Polizeistaat eine Rechtsordnung sein. . . In dieser Identität der Rechtsordnung mit der Staatsordnung liegt ja geradezu das Wesen der Positivität des Rechts". Und Kelsen reklamiert nun für seinen Standpunkt der reinen Rechtslehre „im Gegensatz zur orthodoxen Theologie" die den christlichen Glauben zersetzenden „mystisch-pantheistischen Sektenlehren": „In jedem Menschen vollzieht sich die Menschwerdung Gottes, ist Gott Mensch, Mensch Gott, denn Gott ist seinem Wesen nach mit der Welt identisch". Seiner Argumentation der reinen Rechtslehre, welche mit dem „Dualismus von Staat und Recht" auch jeden „logisch-systematischen Widerspruch" auflöse, legt Kelsen auch explizit und affirmativ die „Parallele zwischen Atheismus und Anarchismus" zugrunde. Entsprechend dem Atheismus und Pantheismus in bezug auf die Gottesfrage falle das Anliegen des „ethisch-politischen Anarchismus", der den Staat „in dem Sinne vereint, dass er den Staat als eine von der Rechtsordnung verschiedene Wesenheit leugnet" und ihn „als die jeweilige ihrem Inhalt nach veränderliche und stets veränderbare Rechtsordnung erklärt und so dem Staat kein anderes Kriterium belässt, als das formale einer höchsten Zwangsordnung", mit der reinen Rechtslehre zusammen: „*Diese reine Rechtstheorie vom Staat, die den Begriff eines vom Recht verschiedenen Staates auflöst, ist eine Staatslehre ohne Staat.* Und so paradox das klingen mag – erst dadurch rückt die Rechts- und Staatstheorie aus dem Niveau der Theologie in die Linie der modernen Wissenschaft vor. . . Und wenn die Absorption des supranaturalen Gottesbegriffes durch den Begriff der Natur die erst durch den *Pantheismus* geschaffene Voraussetzung für eine echte, von aller Metaphysik freie Naturwissenschaft war, so ist die Reduktion des überrechtlichen Staatsbegriffs auf den Begriff des Rechtes die unerlässliche Vorbedingung für die Entwicklung einer echten Rechtswissenschaft, als einer von allem Naturrecht gereinigten *Wissenschaft vom positiven Recht.* Auf sie zielt die neue Rechtslehre, die zugleich die reine Staatslehre ist, weil alle Staatslehre nur als Staatsrechtslehre möglich, alles Recht aber Staatsrecht, weil jeder Staat Rechtsstaat ist" (alle vorhergehenden Zitate aus: Hans Kelsen, Gott und Staat, Logos, Jg. 1922/23, S. 261 ff.). Vom Standpunkt und

relativistische Rechtseinstellung nach dem zweiten Weltkrieg: „Wenn Gesetze den Willen zur Gerechtigkeit bewusst verleugnen, z.B. Menschenrechte nach Willkür gewähren und versagen, dann fehlt diesen Gesetzen die Geltung, . . . dann müssen auch Juristen den Mut finden, ihnen den Rechtscharakter abzusprechen. . . Es kann Gesetze geben mit einem solchen Mass von Ungerechtigkeit, dass ihnen die Geltung, ja der Rechtscharakter abgesprochen werden muss. . . Es gibt also Rechtsgrundsätze, die stärker sind als jede rechtliche Satzung, so dass ein Gesetz, das ihnen widerspricht, der Geltung bar ist“[8].

Ein in der Neuzeit verabsolutierter Rechtsvoluntarismus und Gesetzespositivismus ist somit der geistige Pate der Ansicht, die Inhalte und Träger der fundamentalsten Menschenrechte, und damit auch des Rechts auf Leben, sollten der beliebigen staatlichen Entscheidung anheimgestellt werden. Es soll nun natürlich nicht verkannt werden, dass in der politischen und historischen Wirklichkeit gerade auch die fundamentalen und gewissermassen staatsbegrenzenden Menschen- und Grundrechte der positivrechtlichen Niederlegung und vor allem auch einer entsprechenden Konkretisierung bedürfen. Und insofern demokratische Parlamente an der politischen Ausarbeitung beteiligt sind, hängt die Geltung und in einem modernen Gemein-

dem Anliegen der reinen Rechtslehre aus ergibt sich nach diesen eindrücklichen, freilich auch entlarvenden zitierten Passagen einfach dies: Die Frage nach der Polarität von Staat und Recht, die Frage nach den rechtlichen Grenzen des Staates, dem Verhältnis von Souveränität und Menschenrechten, nach der Möglichkeit staatlichen Unrechtshandelns wird schlechterdings obsolet, irrational und unwissenschaftlich. Nach der reinen Rechtslehre sind diese Fragen genauso politische wie „naturrechtliche“ Fragen, aber keine Fragen der Rechtswissenschaft mehr. Staatsbeschränkende Menschenrechte sind so allenfalls noch rechtspolitische Postulate und Wunschvorstellungen; mit einer echten Rechtswissenschaft, nämlich der reinen Rechtslehre, aber haben sie nichts mehr gemein. Indem nun jede staatlich legitimierte, gesetzlich oder befehlsnormenmässig abgestützte politische Entscheidung als gleichzeitig souverän und rechtlich angesehen werden muss, wird letztlich auch jede rechtliche Einschränkung der Staatsgewalt materialiter dadurch obsolet, dass „einige der schwierigsten Probleme der Rechtslehre sehr einfach als Scheinprobleme eliminiert“ worden sind. „So das Verhältnis von Recht und Staat, denn es besteht Identität“ (Dietrch Schindler, a.a.O., S. 15). Dass hinter einer solchen konsequenten – allerdings auch wissenschaftlich verbrämten – Theorie gleichzeitig parallel die Konzeptionen unumschränkter Diktatur und des strukturell ähnlichen Anarchismus stehen, hat Kelsen selber bestätigt, nicht zuletzt durch seine pantheistische Gleichsetzung von Gott und Welt bzw. von Staat und Recht. Einschränkungen der staatlichen Gewalt sind so nur noch als Einschränkungen der faktischen Rechts- und Machtdurchsetzung denkbar, im Sinne von Kelsen also nur noch auf einer soziologischen, aber nicht auf einer rechtlichen Ebene.

8 Gustav Radbruch, Der Mensch im Recht, Göttingen 1957, S. 106. Eine Formel Radbruchs, welche auch von der Rechtssprechung übernommen und oft zitiert worden ist, lautet: „Der Konflikt zwischen der Gerechtigkeit und der Rechtssicherheit dürfte dahin zu lösen sein, dass das positive, durch Satzung und Macht gesicherte Recht auch dann Vorrang hat, wenn es inhaltlich ungerecht und unzweckmässig ist, es sei denn, dass der Widerspruch des positiven Gesetzes zur Gerechtigkeit ein so unerträgliches Mass erreicht, dass das Gesetz als ‚unrichtiges Recht‘ der Gerechtigkeit zu weichen hat. Es ist unmöglich, eine schärfere Linie zu ziehen zwischen den Fällen des gesetzlichen Unrechts und den trotz unrichtigen Inhalts dennoch geltenden Gesetzen. . .“ (ebenda, S. 119). Welch ein Unterschied zum Anliegen der reinen Rechtslehre, welche den Konflikt von Rechtssicherheit und Gerechtigkeit, die Polarität von Macht bzw. Staat und Recht grundsätzlich mit der „Entlarvung als Scheinproblem“ in der Identität von Staat und Recht auflösen wollte. Dabei ist dies der gleiche Gustav Radbruch, welcher noch 1934 die positivistische und „relativistische Methode“ von Hans Kelsen als die höchste Errungenschaft einer modernen Rechtswissenschaft pries und die Idee der Gerechtigkeit als zur überholten „Doktrin des Naturrechts“ gehörend aus dem Bereich der Rechtswissenschaft und ihres methodischen und erkenntnistheoretischen Fundaments für immer verbannt wissen wollte (ebenda, S. 80 ff.).

wesen auch die sozialpsychologische Legitimität von Gesetzen, ja auch von Verfassungen, von Abstimmungsergebnissen und nicht in erster Linie von den Inhalten der verschiedenen Gesetzesvorschläge ab. Insofern spricht auch der berühmtberüchtigte Satz des Thomas Hobbes, wonach auctoritas, non veritas facit legem, mit seiner Trennung von Geltung und Wahrheit, einen teilweise richtigen Sachverhalt bezüglich des Verhältnisses von Recht und Politik aus. Doch dieser Satz kann eine politisch-freiheitliche und totalitarismushemmende Konsequenz nur unter der Bedingung erhalten, dass gewisse Inhalte bzw. Rechtsgüter nicht der beliebigen Disposition, der auctoritas, anheimgestellt werden, sondern nur deren konkrete, aber in ihrem Menschenrechtsgehalt indifferente Detaillierungen. Strassenverkehrsgesetze, welche das menschliche Leben berücksichtigen, können so zwar das Rechts- oder das Linksfahren von Automobilen gebieten, niemals aber das Sowohl-als-auch, das heisst die freie Entscheidung des Automobilisten, links oder rechts zu fahren. Auch der neuzeitliche Gesetzgeber ist vor allem bezüglich der fundamentalen Menschenrechtsfragen ein gebundener Gesetzgeber, ansonsten die prinzipielle Geltung fundamentaler Menschenrechte obsolet würde.

Der nominalistische Hintergrund

In dem von Kelsen einsichtig gemachten Begründungszusammenhang zwischen Gottesvorstellung und Staats- bzw. Rechtsbegründung verbirgt sich ein geistesgeschichtlicher Hintergrund, dessen Quintessenz und substantieller Höhepunkt in den gegensätzlichen Positionen eines Thomas von Aquin und eines William von Occam mit dessen Vorstellung einer „potentia absoluta dei" – Gott hätte auch den Gotteshass oder die Tötung von Menschen gebieten können – liegen. In diesem Zusammenhang entbehrt es natürlich nicht der Ironie, dass eine liberale Geistesgeschichtsschreibung – übrigens zählen auch Karl Marx und in jüngerer Zeit Ernst Bloch den Oxforder Nominalisten zu einem wichtigen Wegbereiter des dialektischen Materialismus – Occam als einen ihrer politischen Ahnen reklamiert. In der Tat verdankt die Rechtsideengeschichte diesem Franziskaner eine der ersten Konzeptionen des subjektiven Rechts und eine Definition des Rechts als Herrschaftsmacht, an die sich dann in der Aufklärung, vor allem der Kantianischen, die Definition eines möglichen Rechtsträgers als des sich selbst bewussten Vernunftsubjektes anschloss.

Kelsens einer objektiven Begründung der Menschenrechte zuwiderlaufendes occamistisches und vom Nominalismus geprägte Diktum, dass, „damit ein Gesetz gültig sei, es ohne Bedeutung zu wissen ist, ob sein Inhalt, der durch Gesetze festgelegt ist, gerecht oder ungerecht ist", ist paradoxer- und gleichzeitig auch konsequenterweise die Folge einer einseitig nominalistisch individualistischen Menschenrechtsbegründung, welche mit der Zeit die eigenen postulierten Inhalte, das heisst die Menschenrechte, auszuhöhlen beginnt, weil sie sie mit ihrer Begründung staatlicher oder individueller Verfügungsmacht anheimstellt.

Im Zuge einer subjektivistisch-nominalistischen Staats- und Rechtstheorie und nicht zuletzt vor dem Hintergrund reformatorischer Erbsündekonzeption und sola gratia-Lehre – der vom Sündenfall geprägte Mensch als in seinen natürlichen Strebungen zutiefst verderbt und allein durch die Gnade Gottes gerechtfertigt – musste ein „normales" Staatswesen oder ein souveräner Fürst als etwas so ungebundenes und dann in seiner Machtfülle als so bedrohliches erscheinen, dass die Konstruktion und das Postulieren von Menschenrechten als subjektiven Unterlassungsansprüchen des Individuums gegenüber der Staatsgewalt als der einzige Ausweg erschien, ein

Ausweg, dessen Begründung freilich schon im Ansatz kaum ein grundsätzliches und letztlich auch staatsbindendes Fundament abgeben konnte.

Denn die aufgrund der occamistischen Philosophie und ihrer Abarten ermöglichte und zu rechtfertigende Vergöttlichung und Verabsolutierung staatlicher und gesetzgeberischer Verfügungsgewalt, welche etwa dazu führt, dass die blosse Geltung von Gesetzen ihrem Inhalt gegenüber indifferent wird, dass Rechtssicherheit immer vor Gerechtigkeit geht, dass die ratio legis sich nicht mehr nach objektiven Gerechtigkeitskriterien zu bemessen hat, diese für den prinzipiellen Bestand grundlegender Menschenrechte verhängnisvolle Ausgangsposition beruht sowohl auf einer problematischen distinctio (Unterscheidung) der Eigenschaften Gottes (seinem Willen und seiner Vernunft oder seiner Macht und seiner Gerechtigkeit) als auch auf einem auf die begriffliche Univozität zurückzuführenden falschen Übertragungsverständnis göttlicher Attribute auf menschlich-politische Sachverhalte. Dieser theologie- und geistesgeschichtlichen Begründung von Staat und Recht – vor allem auch dem Verhältnis von Staat und Recht – kann man eine Wirkung gerade auch auf die deutsche Geistes- und Rechtstradition wohl kaum absprechen. Thomas von Aquin widersprach schon in den Anfängen solcher Staatsvergöttlichung in klarer und auch unsere heutige Menschenrechtsproblematik erhellender Weise: „Gottes Macht ist sein Gutsein. Darum kann er seine Macht nicht anders denn gut gebrauchen. Dies ist aber bei den Menschen nicht zu finden. Darum genügt es nicht zur Glückseligkeit, dass der Mensch Gott ähnlich werde in der Macht, es sei denn, dass er ihm auch ähnlich werde im Gutsein“[9].

Antigone und Kreon: Menschenrecht und Staatsräson

Wie sehr der Zusammenhang und die Polarität zwischen staatlicher Verfügungsmacht und unverfügbaren Menschenrechten ein universalhistorisches Phänomen ist, macht die Figur der Antigone und ihr unter Aufgabe ihres eigenen Lebens sich vollziehender Einsatz für den toten Körper ihres Bruders Polyneikes in der Konfrontation mit dem Staatsrepräsentanten Kreon deutlich. Sogar noch der tote Polyneikes wird von Antigone gleichsam in Vertretung dessen ehemaliger Lebenswürde in einen Rechtszustand erhoben. Sie vertritt das Recht ihres Bruders auf ein würdiges Begräbnis, ein Recht, das heute etwa in der Schweizerischen Bundesverfassung als „Recht auf ein schickliches Begräbnis“, nicht nur verankert, sondern auch einklagbar ist (Art. 53 Abs 2 BV).

9 Thomas von Aquin, Summa Theologica, I–II, qu. 2, art. 4 ad 2. André de Muralt hat in einem ausführlichen und kenntnisreichen Beitrag vor allem auch den Zusammenhang zwischen theologischen, erkenntnistheoretischen und staats- und rechtsphilosophischen Positionen in geistesgeschichtlicher Perspektive von Duns Scotus bis Rousseau dargestellt. Siehe dazu André de Muralt, La structure de la philosophie politique moderne, D'Occam à Rousseau, In: Souveraineté et pouvoir, cahiers de théologie et de philosophie Nr. 2, Genève–Lausanne–Neuchâtel 1978, S. 4–84. Zu diesem spätmittelalterlichen Durchbruch siehe auch das monumentale Werk von Georges de la Garde, La naissance de l'esprit laïque au declin du Moyen-Age, 5 Bände, Louvain–Paris 1956–63. Zusammenhänge zwischen philosophischen und rechtlichen Grundkonzeptionen finden sich auch eindrucksvoll, wenn auch in etwas einseitiger Optik, bei Michel Villey, La formation de la pensee juridique moderne, Paris 1975. Vor dem Hintergrund dieser schon spätmittelalterlichen Entwicklungen lässt sich die Position und Begründung Kelsens (siehe Anm. 7) wie ein letzter Markstein verstehen und lesen.

Zwei Interpretationen der exemplarischen Tragödiensituation zwischen Antigone und Kreon mögen noch einmal die entscheidenden und gegensätzlichen Positionen von Rechtsobjektivität und Rechtsvoluntarismus markieren. Hegel und mit ihm wohl eine ganze staatsphilosophische und staatsrechtliche Tradition interpretiert den Zusammenprall zwischen Antigone und Kreon dahingehend, dass das in sich gerechtfertigte, eine sittliche Macht darstellende Gesetz des Staates und die „Familienliebe, das Heilige, Innere der Empfindung" miteinander ringen, so dass zwar „beide unrecht haben, weil sie einseitig sind, damit aber auch beide recht". Antigone hat demnach moralisch recht, Kreon aber staatlich und rechtlich. Gegen diesen Rechtspositivismus wendet sich nun die Interpretation Goethes, der in einem seiner Gespräche mit Eckermann die Hegelianische Position der Unmöglichkeit von Staatsunrecht entschieden zurückweist: „Man sollte überhaupt nie eine Handlungsweise eine Staatstugend nennen, die gegen die Tugend im allgemeinen geht. Wenn Kreon den Polyneikes zu beerdigen verbietet. . . und damit auch Ursache ist, dass Hunde und Raubvögel die abgerissenen Stücke des Toten umherschleppen und damit die Altäre besudeln, so ist eine solche Menschen und Götter beleidigende Handlungsweise keineswegs eine Staatstugend, sondern vielmehr ein Staatsverbrechen"[10].

Unverfügbarkeit des Lebens als Prüfstein der Menschenrechte

Unter dem Diktat eines reinen Rechtspositivismus muss der Begriff Menschenrechte letztlich eine blosse Worthülse bleiben, bestenfalls ein Propagandainstrument für politisch gewiss nicht gering zu veranschlagende Menschenrechtsinitiativen in der Tagespolitik. An der Einstellung zum Thema Recht auf Leben entscheidet sich aber das Schicksal der inneren Legitimation der Menschenrechtsproklamationen: Wird menschliches Leben als die Voraussetzung für die Aktualisierung und Erfüllung aller existentiellen Zwecke des Menschen mit ihren entsprechenden einzelnen Grundrechten prinzipiell verfügbar und bleibt damit vor privatem, aber schliesslich auch staatlichem Zugriff nicht mehr in seinem Wesenskern geschützt? Wird aber menschliches Leben in irgend einer seiner Erscheinungsformen nicht mehr dem Schutz der Rechtsordnung unterstellt, dann ist es sowohl von einem logischen als auch von einem ethischen Standpunkt aus nicht mehr gerechtfertigt, vom Schutz allgemeiner Menschenrechte zu sprechen, nachdem gerade in jenem Gute, das allen Menschen gleich eigen ist und damit auch gleich als Recht zukommen muss, Relativierungen und Einschränkungen gemacht werden. Es ist zudem ein soziologisches und moralisches Paradoxon, dass ausgerechnet in einem Zeitpunkt, wo im Zusammenhang mit der Friedens- und Umweltschutzdiskussion eine eigentliche allgemeine Hysterie gegenüber bloss *möglichen und indirekten Lebensbedrohungen* um sich

10 Gerd Klaus Kaltenbrunner, Hrsg., Herderbücherei Initiative, Band 50, Freiburg im Br. 1982, S. 11. So wie es für Kelsen schon rein logisch kein Staatsunrecht geben kann (siehe Anm. 7), so wird auch Kant die begriffliche Möglichkeit von Staatsunrecht verneinen. Während nun aber Hegel in Antigones Handeln immerhin eine moralische Berechtigung sieht, wird Kant dem Inhaber der obersten Staatsgewalt eine noch weit höhere Befehlskompetenz zusprechen, so dass es für den einzelnen, der einen Befehl oder ein „Gesetz, das so heilig ist, dass es praktisch auch nur in Zweifel zu ziehen, mithin seinen Effekt einen Augenblick zu suspendieren, schon ein Verbrechen ist", auch keine moralische Legitimation mehr zum Widerstand geben kann (Immanuel Kant, Metaphysik der Sitten, Hrsg. Karl Vorländer, Hamburg 1959, S. 142).

greift, das einzelne, hilflose Leben gegenüber *konkreten und direkten Tötungsmassnahmen* schutzlos bleiben soll.

Vorgeburtliche Grundrechtsfähigkeit

Für den bedeutenden und anerkannten Kommentator des Schweizerischen Zivilgesetzbuches, August Egger, ist es in seiner Auslegung des Art. 31 ZGB eine Selbstverständlichkeit, dass die zivile und vermögensrechtliche Rechtsfähigkeit des Kindes von der Empfängnis an den Schutz des Lebensgutes vom Moment der Zeugung an rechtslogisch und sachlich voraussetzt – die französische Fassung betont die Rechtsfähigkeit des Kindes von seiner *Zeugung* an unmissverständlich: „l'enfant conçue jouit des droits civils" –. Der deutsche Grundgesetzkommentator Dürig hält es unter dem Randtitel „Vor- und Nachwirkung der Menschenwürde" für offensichtlich, „dass der zu schützende allgemein menschliche Eigenwert der Würde unabhängig von einer für die Umwelt sichtbaren oder gar unangenehmen (körperliche Behinderung) Realisierung beim konkret existierenden Menschen vorhanden ist"[11]. Wenn nun schon das Schweizerische Bundesgericht im Zusammenhang mit dem Recht auf eine „schickliche Beerdigung" davon ausgegangen ist, „dass auch andere mit der Bestattung in Zusammenhang stehende Rechte als mit dem Tod nicht erlöschend zu betrachten" sind (BGE 97 I 221 ff.), ist es wohl evident, dass nachdem ja höchstpersönliche Rechte sogar über den Tod ihres Trägers hinaus zu bestehen vermögen, dies erst recht für den vorgeburtlichen Zustand gelten muss, wo menschliches Leben als Leben wirklich existiert. Dies kann auch die schon zitierte Botschaft des Schweizerischen Bundesrates zur „Initiative Recht auf Leben" nicht umhin zuzugeben, wenn sie das Lebensrecht im Gegensatz zu andern Grundrechten auch den noch Ungeborenen zukommen lassen will. So stehe die Forderung nach einer Verankerung des Rechts auf Leben für Ungeborene im Einklang mit der Grundrechtstheorie der Doktrin, „wenn eine Wirkung der Grundrechtsausübung vor der Geburt oder über den Tod hinaus unabdingbar ist. Das Recht der Ungeborenen auf Leben kann

11 Theodor Maunz, Günter Dürig, Roman Herzog, Rupert Scholz, Grundgesetz, Kommentar Band I, 5. Aufl., München 1979, S. 13. Der Kommentar folgert daraus, dass „ein Angriff die Menschenwürde auch verletzen" kann, „wenn der konkrete Mensch *noch nicht geboren oder bereits tot ist*. Es ist eine unrichtige Fragestellung zivilrechtlichen Anspruchsdenkens, wenn man danach fragt, von wann ab und bis wann der konkrete Mensch im juristischen Sinne als Träger eigenen Rechts am Wertschutz des Art. 1 I teilhat. Wer von Menschen gezeugt wurde und wer Mensch war, nimmt an der Würde des Menschen teil" (ebenda). Auch wenn die Bestimmung von Art. 53 Abs. 2 der Schweizerischen Bundesverfassung, das Recht auf schickliche Beerdigung, historisch in Zusammenhang mit der Auseinandersetzung zwischen liberalem Staat und der römisch-katholischen Kirche entstanden sein mag, so bringt sie doch den gleichen Gedanken einer „Nachwirkung der Menschenwürde" und der Achtung sogar des toten menschlichen Körpers zum rechtlich positivierten Ausdruck. Erst recht – argumentum a minori ad maius – muss dies auch für den noch lebenden Körper gelten und das ungeschriebene und anerkannte Recht der persönlichen Freiheit wäre als Recht auf Leben schon heute auch in bezug auf ungeborenes bzw. gezeugtes Leben in diesem Sinne auszulegen. Dabei ist wichtig festzuhalten, dass gemäss der Praxis Art. 53 Abs. 2 BV als verfassungsmässiges und einklagbares Individualrecht verstanden wird, das zudem sogar nicht nur als blosses Abwehrrecht, sondern auch als subjektiver Anspruch auf staatliche Leistung konzipiert ist. Siehe dazu auch Ivo Hangartner, Grundzüge des schweizerischen Staatsrechts, Band II: Grundrechte, Zürich 1982, S. 250 ff. und Daniel Trachsel, Über die Möglichkeiten justiziabler Leistungforderung aus verfassungsmässigen Rechten der Bundesverfassung, Diss. Zürich 1980.

jedoch füglich als unabdingbar für die spätere Grundrechtsfähigkeit und Grundrechtsausübung bezeichnet werden" (S. 21). Mit andern Worten: Sowohl die Tatsache, dass die positivierte Rechtsordnung und Rechtssprechung die Grundrechtsfähigkeit des Menschen nicht einmal auf den zeitlichen Abschnitt zwischen Geburt und Tod einschränkt, als auch das sachliche und rechtslogische Argument der Unabdingbarkeit einer Grundrechtsfähigkeit vor der Geburt für die Grundrechtsfähigkeit nach der Geburt machen deutlich, dass gewissermassen schon de lege lata das umfassende Recht auf Leben dem ungeborenen Leben zukommen muss.

Rechts- und Handlungsfähigkeit als nicht deckungsgleich

Dem von uns skizzierten klaren Ausgangspunkt zum Trotz und entgegen der Einsicht, dass ein „Eingriff in das Recht auf Leben" allenfalls nur bei unmittelbarer Gefährdung gleichrangiger Rechtsgüter in Frage kommt – man wird wohl in der Frage der Todesstrafe oder bezüglich des Lebensrechts zu Kriegszeiten differenzierter argumentieren müssen – glaubt der Bundesrat in seiner Botschaft zur Initiative „Recht auf Leben" und mit ihm wohl auch eine verbreitete juristische Argumentation, die Anliegen eines Rechtsschutzes menschlichen vorgeburtlichen, aber auch sterbenden Lebens mit einer Art Effizienzargument ad absurdum führen zu können: Wie die ‚Angehörigen eines urteilsunfähigen Todkranken" faktisch gegen das „Verbot der aktiven Sterbehilfe verstossen könnten, da sie als Personen, die das Grundrecht zu verletzen drohen, auch gleichzeitig als gesetzliche Vertreter in Frage kommen" (S. 9), so sei auch der Rechtsschutz gegenüber dem ungeborenen Kind „weitgehend wirkungslos: Das ungeborene Kind und der urteilsunfähige Sterbende müssten gerade gegen ihre gesetzlichen Vertreter geschützt werden" (S. 22). Ja, genau diese Folgerung, der der Bundesrat scheinbar ablehnend gegenübersteht, müsste in solchen Fällen, wozu etwa auch der Rechtsschutz von Bewusstlosen, Geisteskranken, aber auch Kleinkindern gerechnet werden müsste, gezogen werden. Hier muss schon nach dem vom Bundesrat zitierten Rechtsgrundsatz: „wonach der direkt Interessierte einen Interessenkonflikt nicht selber entscheiden darf, sondern dieser vielmehr nach objektiven Massstäben durch einen unbeteiligten Dritten gelöst werden muss" (S. 26), der Rechtsschutz letztlich von Staates wegen gegen die formellen gesetzlichen Vertreter der Grundrechtsbedrohten durchgesetzt werden.

Es gehört im übrigen zu einer ehrwürdigen und unumstrittenen Rechtstradition, dass exakt für den oben beschriebenen Tatbestand einer Interessenkollision zwischen Rechtsträger und sogenannt gesetzlichen Vertretern von den Rechtsordnungen die *Einsetzung eines Beistandes von Amtes wegen* für den Rechtsbedrohten vorgesehen wird. So schreibt etwa das Schweizerische Zivilgesetzbuch in Artikel 392 Absatz 2, dass die Vormundschaftsbehörde einen Beistand zu ernennen hat, „wenn der gesetzliche Vertreter einer unmündigen oder entmündigten Person in einer Angelegenheit Interessen hat, die denen des Vertretenen widersprechen". Wenn nun schon der Staat bezüglich minderer Rechte, wie etwa in der Vermögensverwaltung, befugt, ja verpflichtet ist, in bestimmten Fällen in die Dispositionsfreiheit von Eltern oder gesetzlichen Vertretern einzugreifen, wieviel mehr muss dies dann bezüglich des fundamentalen Rechtsgutes Leben gelten. Gerade auch in Grundrechtszusammenhängen lassen sich doch auch von einer rechtsstaatlichen Optik her Effizienzen und Faktizitäten besonders schlecht gegen die Gewährung von Rechtsschutz ausspielen.

All dies heisst aber auch: Fehlende Handlungs- und Urteilsunfähigkeit sowie die durch irgendwelche Umstände bedingte faktische Hilflosigkeit eines Menschen kann und darf in allen als menschlich und rechtsstaatlich gelten wollenden Rechtsordnungen nicht zur Rechtsunfähigkeit führen; im Gegenteil, der Rechtsschutz bekommt in solchen Situationen und Fällen gerade bezüglich der fundamentalsten und unwiederbringlichsten Rechtsgüter wie des menschlichen Lebens seinen eigentlichen Sinn: *Vor allem das hilflose menschliche Leben muss doch besonders geschützt werden.*

Es wäre nun nicht nur sachlich, sondern auch rechtslogisch paradox, wenn ungeborenes Leben zwar bezüglich seiner Vermögens- und Deliktsansprüche Rechtsansprüche besitzt, wie es in praktisch allen europäischen Rechtsordnungen der Fall ist, bezüglich des dies erst ermöglichenden Lebensrechtes hingegen ohne Schutz dastehen würde. Wäre dies aber so, so könnte bei einem ärztlichen Fehler während der Schwangerschaft der tätige Arzt schadenersatzpflichtig werden, wobei das Leben des Kindes erhalten bleibt, während der weit schwerwiegendere Eingriff in das menschliche Leben, und zudem bei einer Abtreibung noch der gewollte und direkte, rechtlich ohne Folgen bliebe. Von daher wären dann durchaus Situationen denkbar, bei denen es für einen Arzt von der rechtlichen Sanktionsordnung her gesehen günstiger wäre, wenn sein Kunstfehler möglichst zum Tode des Ungeborenen führte.

Auch folgender Fall wäre denkbar: In den ersten drei Monaten einer Schwangerschaft stirbt der Ehemann der Schwangeren. Nun wäre zwar das Ungeborene in seinem erbrechtlichen Anspruch geschützt, bezüglich seines Lebensrechtes jedoch nicht. Die Witwe könnte sich der erbrechtlichen Beteiligung des Kindes – vielleicht auf Druck eines neuen Heiratskandidaten – durch eine Abtreibung entledigen. Die vermögensrechtliche Rechtsposition des Ungeborenen könnte sich bei fehlendem Schutz bezüglich des Rechtsgutes Leben sogar als faktischer Nachteil erweisen. Ein solcher zugegebenermassen konstruierter, immerhin aber möglicher Fall, soll eigentlich nur die Paradoxie und den für eine „normale" Rechtsordnung unerträglichen Sachverhalt aufzeigen, der sich daraus ergibt, wenn eine Rechtsordnung zwar die Vermögensrechte eines Individuums schützt, die für ihre „Geltendmachung vorausgesetzte Existenz hingegen nicht"[12], ganz abgesehen von der Nichtbeachtung des Rechtsgrundsatzes a minori ad maius.

Wenn man überhaupt von der prinzipiellen Rechtsfähigkeit oder auch nur einer Teilrechtsfähigkeit des ungeborenen Lebens ausgeht, und unter andern tut dies ja auch die Schweizerische Rechtsordnung, so kann es wohl keinen Zweifel geben, dass diese Rechtsfähigkeit besonders in bezug auf das Rechtsgut Leben gelten muss.

12 Wolfgang Waldstein, Das Menschenrecht zum Leben, Beiträge zu Fragen des Schutzes menschlichen Lebens, Berlin 1982, S. 38. Die neuere Praxis des schweizerischen Bundesgerichts, welche neben den ausdrücklich in der Bundesverfassung verankerten Freiheitsrechten auch ungeschriebene Freiheitsrechte anerkennt, macht sich das sowohl logisch als auch sachlich gerechtfertigte Voraussetzungsargument für die Begründung eines Verfassungsrechts der persönlichen Freiheit und mit ihm eines Rechts auf Leben zu eigen: So gelten als selbstverständliche und damit ungeschriebene Freiheitsrechte Freiheiten, „die Voraussetzung für die Ausübung aller andern Freiheitsrechte" sind (erstmals BGE 89 I 92 ff.). Ob das schweizerische Bundesgericht freilich so weit gehen wollte, wie Peter Saladin ihm unterstellt, scheint in der Schweizerischen Lehre nicht unumstritten zu sein: Die persönliche Freiheit" ermöglicht und ergänzt die spezielleren Garantien. Sie schützt die physische, psysische und geistige Integrität jedes Menschen vor ***staatlichen oder privaten Übergriffen***. Ihre Wirkung ist viel eher auf Wahrung als auf Entfaltung des Mensch-Seins und der Individualität gerichtet; sie verleiht keinen status negativus, sondern einen ‚status socialis'. Sie schliesst damit die Rechtswirkungen ein, die der Bestimmung von Art. 1 Abs. 1 des Bonner Grundgesetzes zukommen. Für die Rechtsbeziehungen unter Privaten hat sie in der Schweiz schon lange ausdrücklich Geltung erlangt in Art. 27/28 ZGB" (Peter Saladin, Grundrechte im Wandel, Bern 1975, S. 91 f.).

Der im Anschluss an das Römische Recht von der gemeinrechtlichen Jurisprudenz formulierte nasciturus-Satz, wonach derjenige, dessen Geburt erwartet wird als bereits geboren gilt, soweit es um seine Rechtsvorteile geht – nasciturus pro iam nato habetur, quotiens de commodis eius quaeritur –, muss evidentermassen vor allem bezüglich des fundamentalsten und voraussetzungsträchtigsten Rechtsvorteils gelten, nämlich des menschlichen Lebens, dem wie in andern weit weniger gravierenden Fällen der Rechtsnachteil der Einschränkung der Privatautonomie bzw. der persönlichen Freiheit anderer Rechtsträger, z.B. der Mutter, sich unterzuordnen hat, soweit nicht ein gleichrangiges Rechtsgut, nämlich das menschliche Leben selbst, – im Falle der Vitalindikation – tangiert ist.

Die Einheit der Rechtsordnung und ihres Schutzcharakters verlangt nun auch nach dem Grundrechtsschutz für das werdende und hilflose Leben. Im Wesen der Verfassungsbegriffe, vor allem insofern sie den Schutz von Rechtsgütern betreffen, liegt es, dass sie „generell eher weiter als enger sind als Begriffe des niederrangigen Rechts", als die Begriffe der Privatrechtsgesetze[13]. Wo die Verfügungsbefugnis über menschliches Leben schon in der Privatrechtsordnung, die ja vom Grundsatz der Privatautonomie ganz wesentlich mitgetragen wird, eingeschränkt ist, da muss dies erst recht in der Grundrechts- bzw. Verfassungsordnung gelten. Von einer grundsätzlichen menschenrechtlichen Optik her müsste sich das menschliche Leben als fundamentalstes Rechtsgut sogar der Disposition des Gesetzgebers, auch des Verfassungsgesetzgebers entziehen. Nur so kann ja im übrigen auch die strafrechtliche Verantwortlichkeit der gestürzten oder abgedankten Machthaber und der Ausführungsorgane einer Diktatur für die Ausrottung menschlichen Lebens oder auch schwere Folterungen begründet werden.

13 Walter Leisner, Das Lebensrecht, In: Das Recht auf Leben, Schriftenreihe der Niedersächsischen Landeszentrale für politische Bildung, Osnabrück 1976, S. 22. Dieser Meinung ist für die Schweiz schon August Egger in seinem Kommentar zum Personenrecht: „Ein Gut, welches das Privatrecht als Persönlichkeitsrecht ausstattet, muss *auch vom Staat* respektiert werden. Neben die in der Verfassung niedergelegten treten so andere, ungeschriebene Freiheitsrechte" (August Egger, Kommentar zum Schweizerischen Zivilgesetzbuch, Band I: Einleitung und Personenrecht, 2. Aufl., Zürich 1930, S. 237). Dabei gilt dies bezüglich des Schutzes des Rechtsguts Leben, des Rechts auf Leben, gerade auch für das ungeborene Kind: „Schon das Kind im Mutterleibe ist in dem persönlichen Gute, das allein in Frage kommt, in seinem Lebensgute, geschützt. Seine Tötung ist verboten" (ebenda, S. 289). Und dies gilt vom Moment der Empfängnis an: „Die Rechtsfähigkeit des Kindes vor der Geburt beginnt mit der *Konzeption*" (ebenda, S. 291). Indem die persönliche Freiheit als ungeschriebenes Verfassungsrecht heute gemäss bundesgerichtlicher Rechtssprechung" alle Freiheiten, welche elementare Erscheinungen der Persönlichkeitsentfaltung der Menschen darstellen" (BGE 97 I 45), schützt, kann sie sogar als beschränktes Auffangrecht angesehen werden, dessen materieller Umfang keinen Vergleich mit dem Persönlichkeitsschutz des Privatrechts zu scheuen braucht. Freilich handelt es sich bei diesem verfassungsmässigen Persönlichkeitsrechts um eine *beschränkte* Auffangfreiheit. Denn die persönliche Freiheit „hat nicht die Funktion einer allgemeinen Handlungsfreiheit, auf die sich der Einzelne gegenüber jedem staatlichen Akt, der sich auf seine persönliche Lebensgestaltung mittelbar oder unmittelbar in irgendeiner Weise auswirkt, berufen könnte" (BGE 102 Ia 346, siehe auch Hangartner a.a.O., S. 68). Dieser subsidiäre Charakter der persönlichen Freiheit hat allerdings in bezug auf die fundamentalste und voraussetzungsträchtigste Erscheinung der menschlichen Persönlichkeitsentfaltung, das Leben, und damit auf das Lebensrecht Verstärkungs- und Prioritätswirkung, was natürlich auch besonders bezüglich möglicher Einschränkungen dieses Grundrechts gilt. Zum Zusammenhang zwischen grund- und privatrechtlichem Persönlichkeitsschutz siehe noch immer: Jörg Paul Müller, Die Grundrechte der Verfassung und der Persönlichkeitsschutz des Privatrechts, Diss. Bern 1964 sowie Walter Leisner, Grundrechte und Privatrecht, München 1960.

In einer aufklärerisch verabsolutierten Rechtsdoktrin wird nur zu schnell die Rechtsfähigkeit von der Handlungs- und Urteilsfähigkeit abhängig gemacht. Wenn jedoch nur selbständige, handlungsmächtige und rationaler Einsicht fähige Menschen Subjekte von Rechten und damit auch von Berechtigungen sein können, dann verliert in der Konsequenz nicht nur ungeborenes Leben seinen Rechtsschutz, sondern dann müssten auch *Kleinkinder, Bewusstlose, schwer Betrunkene und vor allem psychisch, geistig und schwer körperlich Behinderte* des Rechtsschutzes verlustig gehen. Diese Argumentation verhalf vielen unmenschlichen Juristen und Medizinern zur Rechtfertigung ihrer Kollaboration bei den Euthanasiemassnahmen des Dritten Reiches, bei denen weit über hunderttausend behinderte Menschen abgeschlachtet wurden, ganz abgesehen von den an ihnen vorgängig im Namen einer pervertierten Wissenschaft verübten Experimenten. Nach der Doktrin, dass Rechtsfähigkeit Handlungsmächtigkeit und rationale Einsicht voraussetzt, muss eben auch ganz konsequent den schwer Geisteskranken die Rechtsfähigkeit abgesprochen werden. Von diesem Gesichtspunkt muss es dann eben ein politisch gewiss gegen den Nationalsozialismus eingestellter Rechtsphilosoph wie Ebbinghaus als rechtlich „trivial" empfinden, dass „weder die begutachtenden Ärzte noch die ausführenden Organe rechtmässig bestraft werden können", die an der „öffentlich kontrollierten Tötung von Geisteskranken" mitgewirkt hatten[14]. Politisch kann Menschenvernich-

14 Julius Ebbinghaus, Die Strafen. . . a.a.O., S. 54. Was nach Ebbinghaus „von der bloss animalischen Existenz des neugeborenen Säuglings" gesagt werden kann, gilt natürlich auch für schwer Geisteskranke, welche nicht die für die Rechtsfähigkeit und „die für die *rechtliche* Selbständigkeit der Person geforderten Bedingungen" (ebenda S. 75) innehaben. Von solchen neokantianischen Voraussetzungen und Anforderungen an die Rechtsfähigkeit her, auch für ungeborene Personen, wird plausibel, warum man wie Ebbinghaus trotz moralischer Verwerfung des Begriffs der „Beseitigung lebensunwerten Lebens" zum Schluss kommen kann, dass für die Vorgehensweise Hitlers gegenüber den Geisteskranken niemand „einen bündigen Nachweis der *Rechtswidrigkeit* dieses Vorgehens finden könne" und dürfe (Julius Ebbinghaus, Rechtsfähigkeit der Menschen, metaphysische Embryologie und politische Psychiatrie, Kant-Studien, Band 49, Heft 1, S. 46). Von völlig andern ideologischen Ausgangspunkten her – Aufhebung jeder Trennung von privatem und öffentlichem Recht, Eingliederung und völlige Absorption in der nationalsozialistischen Gemeinschaftsidee – konnte eine dem Nationalsozialismus ihren Tribut zollende Rechts-„Wissenschaft" im Ergebnis durchaus zu materiell ähnlichen Ergebnissen kommen wie der Neokantinaer Ebbinghaus, so wenn „entscheidend für die Rechtsstellung des Einzelnen . . . nicht mehr sein Personsein, sondern sein Gliedsein" in der nationalsozialistischen Gemeinschaft war (Karl Larenz, Deutsche Rechtserneuerung und Rechtsphilosophie, Tübingen 1934, S. 40). Rechtsstellung und rechtsfähige Person konnte der Mensch nur noch als Volksgenosse im Nationalsozialismus beanspruchen (Dazu siehe kritisch: Peter Schwerdtner, Personen-Persönlichkeitsschutz und Rechtsfähigkeit im Nationalsozialismus, In: Recht, Rechtsphilosophie und Nationalsozialismus, Hrsg. H. Rottleuthner, Wiesbaden 1983). Nun konnte gemäss der nationalsozialistischen Ideologie und ihrem sogenannten Arbeitsethos nur ein arbeitsfähiger Genosse ein rechtsfähiger Rechtsgenosse sein. Als arbeitsfähig aber konnte wiederum nur der Handlungs- und damit Verantwortungsfähige angesehen werden, und so konnte über den Umweg oder mit Heranziehung nationalsozialistischer Gemeinschaftsideologie die Handlungsfähigkeit wiederum – somit trotz der ansonsten völlig unterschiedlichen ideologischen Ausgangspunkte dennoch im Ergebnis also ähnlich wie bei Ebbinghaus – als absolute conditio sine qua non der Rechtsfähigkeit hingestellt werden: „. . . Sehen wir so die Rechtsfähigkeit im engeren Sinn – die Fähigkeit zur Innehabung von Rechtsstellungen – als ein Moment des Begriffs der Persönlichkeit oder des Rechtsgenossen, das auf die andern Momente dieses Begriffs – *Handlungs- und Verantwortungsfähigkeit* – sinnhaft bezogen ist, so ist nun auch diese Rechtsfähigkeit im engern Sinne" zu definieren (Karl Larenz, Zur Logik des konkreten Begriffs, zitiert in: Schwerdtner a.a.O., S. 87). Damit aber war Rechtsgenosse als Volksgenosse nicht allein „wer deutschen Blutes ist", sondern eben auch allein derjenige, welcher handlungs- und verantwortungsfähig war. Damit aber war die Tür dafür geöffnet, um zusammen mit dem Begriff des „lebensnunwerten Lebens" die Rechtlosigkeit von

tung zwar noch verurteilt werden, doch strafrechtlich erscheint eine Verurteilung problematisch, weil ja bei nichtrechtsfähigen Geisteskranken auch keine Rechtsgüter bzw. fundamentale Rechtsansprüche verletzt werden, welche bei einem Regimewechsel eine nachträgliche strafrechtliche Sanktion rechtfertigen könnten.

Wer die Geltung des Menschenrechts auf Leben und Existenz wegen fehlender Rechtsfähigkeit, Rechtsdurchsetzbarkeit oder mit andern rechtstechnischen Begriffen einschränken will, der geht davon aus, dass der Kreis derjenigen, welche durch ihre menschliche Natur eigentlich gleich sind und zusammengehören, auseinandergerissen, eingeengt und menschlicher Verfügbarkeit anheimgestellt wird: Die Kriterien menschlichen Lebensschutzes müssen schliesslich prinzipiell zur Disposition einer willkürlichen Gesetzgebung stehen. Denn von Natur, das heisst kraft seiner gattungsmässigen Zugehörigkeit zur Menschheit, hat kein Individuum mehr ein unbedingtes, über einer willkürlichen Gesetzgebung stehendes Lebensrecht. Es hängt nun von der jeweiligen Gesetzgebung und der sie beeinflussenden und sozialpsychologisch oder mit Faktizitätsargumenten festgestellten gesellschaftlichen Moralanschauung ab, wem und in welchen Lebenssituationen noch ein Lebensrecht zugesprochen wird. Jedenfalls begründet dann etwa beim Kleinstkind auch nicht mehr die Geburt einen unbedingten Rechtsfähigkeits- und Menschenrechtsanspruch auf Leben, sondern nur noch etwa „die aus Gründen möglicher Sicherheit des Erwerbes von Rechten getroffene gesetzliche Festsetzung der Beendigung der Geburt als des Beginns der Rechtsfähigkeit", aber keineswegs mehr irgendein Menschenrechtsanspruch, dessen blosse Evozierung schon übersehen liesse, „dass diese Rechtsfähigkeit dem Neugeborenen keineswegs von Natur und also unabhängig von aller menschlichen Rechtsetzung zukommt"[15].

Einem unbedingten Anspruch eines Rechtes auf Leben vom Moment der Empfängnis an bis zum natürlichen Tode wird der Vorwurf gemacht, eine solche Bestimmung sei ein irrationaler Biologismus und widerspreche einer liberalen Anthropologie und Rechtsordnung, nach der Grundrechte nur im Verhältnis sich frei anerkennender Handlungssubjekte wirksam werden könnten. Diese Argumentation aber richtet sich gegen sich selbst; denn beim menschlichen Lebensschutz kann es

Schwachsinnigen, altersschwachen und Schwerbehinderten deklarieren zu können und dies durchaus auch mit Begriffen „bürgerlicher" Rechtskategorien, wie wir das bei Ebbinghaus antreffen. Es ist bemerkenswert und für die hier behandelten Zusammenhänge höchst aufschlussreich, dass gerade Karl Larenz seine Auffassungen später fundamental korrigiert und vor allem die Handlungs- und Verantwortungsfähigkeit nicht mehr zur alleinigen Voraussetzung der Rechtsfähigkeit macht: „Es gibt aber Menschen, deren Fähigkeit, die Folgen ihres Handelns zu überblicken, ihre Verantwortung zu erkennen und ihr Verhalten danach einzurichten, noch nicht oder noch nicht hinreichend entwickelt ist – Kleinkinder, Jugendliche – oder infolge einer krankhaften Störung ihrer Geistestätigkeit eingeschränkt oder aufgehoben ist. Auch ihnen kommt eine Personenwürde zu, sie haben ein *Recht* auf Achtung, auf *Leben*, auf einen persönlichen Lebensbereich; ihnen fehlt aber die zum Person-Sein im vollen Sinne hinzugehörende Fähigkeit der Selbstbestimmung und Verantwortung. Das Gesetz betrachtet sie zu Recht als Personen und erkennt ihnen die Rechtsfähigkeit in dem bezeichneten engeren Sinne, unbeschadet der ihnen noch fehlenden oder nur eingeschränkt zukommenden rechtlichen Handlungsfähigkeit, zu. *Geschäftsfähigkeit und rechtliche Verantwortlichkeit sind also keine notwendigen Prädikate des juristischen Personbegriffs*. . . Dass Kinder und Geisteskranke unerachtet der ihnen fehlenden Handlungsfähigkeit Personen. . . sind, . . . daraus fogt aber auch, dass sie diejenigen Rechte, die der Person als solcher wesensmässig zukommen, nämlich das Recht auf Achtung, auf *Unverletzlichkeit ihres Lebens*, ihrer Gesundheit usw., *tatsächlich haben. Diese Rechte stehen nicht zur Disposition positiven Rechts*" (Karl Larenz, Allgemeiner Teil des deutschen bürgerlichen Rechts, 5. Aufl., München 1980, S. 76 f.).

15 Julius Ebbinghaus, Die Strafen . . . a.a.O., S. 75.

in der Tat nur um einen richtig verstandenen Biologismus gehen, nachdem ja schon das griechische Wort Bios nichts anderes als Leben besagt. Macht man nun aber gegenüber dem menschlichen Lebensschutz Einschränkungen, seien es solche, welche man in der Person des menschlichen Lebensträgers selbst zu bestimmen versucht (z.B. eugenische Argumentation) oder solche welche man von aussen her heranträgt (z.B. soziale Indikation), so kreiert man im ersten Falle nichts anderes als eine neue Form von Rassismus bzw. Lebensrechtszugehörigkeit, im letzteren Falle einen Kollektivismus, welcher etwa mit der sozialpsychologischen Argumentation fehlender Mutter-Kind-Beziehung getarnt wird. Mit freiheitlicher Grundhaltung und liberaler Anthropologie hat solches wohl nichts mehr zu tun, auch wenn solche Etiketten von vielen Abtreibungs- und vermehrt auch Euthanasieliberalisierungsbefürwortern für sich vereinnahmt werden.

Konsequenzen individualistischer und „kommunikativ"-kollektivistischer Argumentation

Werden Menschenrechte und mit ihnen auch das Grundrecht auf Leben ausschliesslich als Selbstbestimmungs- und Vernunftrechte verstanden, wird beim Lebensrecht nicht vom Verhältnis der Menschen als auch biologischer und leiblicher Artgenossen ausgegangen, dann müssen konsequenterweise nicht nur Ungeborene, sodern eben auch kleine Kinder und Geisteskranke, ja letztlich auch sogenannte „senile" Menschen von jenen Menschen ausgenommen werden, deren Lebensrecht grundsätzlich und ohne Einschränkung zu schützen ist. Dass solche Schlussfolgerungen nicht nur unter nationalsozialistischen Perversionsbedingungen, wo willkürlich Menschen zu „lebensunwerten Unpersonen" deklariert wurden, vorkommen, dafür seien im folgenden zwei Beispiele herausgegriffen.

Der schon zitierte Kantianer Julius Ebbinghaus, welcher die Rechtsfähigkeit an die Bedingung knüpft, dass „des Rechts fähige Personen. . . zu vernunftbedingten praktischen Entscheidungen imstande" sein müssten, kommt zum Schluss, dass bei „Fällen pathologisch depersonalisierter Menschen" zum Beispiel die „Tötung eines missgeborenen Kindes . . . an sich keine rechtswidrige Handlung" sei, weil ja eben kein zu schützendes Rechtssubjekt vorhanden sei[16]. In der Konsequenz der Argu-

16 Ebenda, S. 54. In diesem Zusammenhang zitiert Ebbinghaus die ungeheuer einflussreiche Schrift „Die Vernichtung lebensunwerten Lebens" von Karl Bindung und Alfred Hoche (1920), deren Schlussfolgerungen der Beseitigung dieses Lebens er teilt, wenn er auch von ihrer Begründung vom sozialen Zweck bzw. dem „sozialen Nutzen" neokantianisch abrückt: Der „entscheidende Punkt" für die Rechtslosigkeit von „unheilbar Blödsinnigen" läge nicht in irgendwelchen sozialen Zweckerwägungen, „sondern in der Frage, ob sie überhaupt zu vernunftbedingten praktischen Erwägungen imstande und also freie, des Rechts fähige Personen sind. . . Statt also nach der sozialen Nützlichkeit der Geisteskranken zu fragen, hätten sowohl der Jurist wie der Psychiater nach der Feststellbarkeit von Fällen *pathologisch depersonalisierter Menschen* fragen sollen" (ebenda). Es ist im übrigen nicht ganz ohne Interesse und sicher von einiger sachlicher Richtigkeit, wenn Ebbinghaus an gleicher Stelle die „metaphysische Behauptung des Thomismus" von der gleichen geschaffenen Seele und damit dem gleichen Lebensrecht aller menschlichen Lebewesen als Hauptkontrahenten seiner Rechtsposition, welche allein an der „allgemeinen Rechtssicherheit" orientiert sei, bezeichnet (ebenda). Es ist in der Tat wahr, dass die Thomasische Feststellung, dass der Mensch theologisch ein von einem ausserirdischen Gott geschaffenes Wesen ist, jeden konkreten Menschen zu einem mit unveräusserlichem Wert versehenen Individuum macht. Denn das jedem Menschen eigene Sein, das es von seinem Schöpfer empfangen hat, entzieht sich jeder rechtsphilosophischen und soziologischen Wert- und Unwertbestimmung, spiele sich

mentation müsste dies aber heissen, dass etwa der Säugling als scheinbar vernunft- und willensloses Wesen prinzipiell nicht menschenrechtsfähig ist, und zwar unabhängig von einer etwaig vorhandenen geistigen oder körperlichen Behinderung. Und in der Tat, Ebbinghaus zieht denn auch konsequent einen entsprechenden Schluss: „Die Rechtsfähigkeit des Säuglings vom Augenblick der Vollendung der Geburt an ist in der Tat bloss durch das bürgerliche Recht, nicht aber wie die des Menschen, sobald er einen Willen zeigt, durch das allgemeine Menschenrecht gefordert"[17]. In

diese nun gemeinschaftstotalitär unter den Etiketten von Marxismus und Nationalsozialismus oder rationalismus- und individualismusorientiert unter dem Banner eines falsch oder absolut verstandenen Liberalismus ab. Das, was Ebbinghaus verächtlich als „metaphysische Embryologie" abzutun können glaubt, ist in Wirklichkeit nicht so sehr Theologie als vielmehr vor allem auch Ergebnis einer ontologischen Personauffassung, welche schon Boethius formulierte und Thomas von Aquin weiterentwickelte: „Person ist die in sich existierende Einzelsubstanz, welche eine vernünftige oder geistige Natur besitzt" – „Persona est rationalis naturae individua substantia" – (Thomas von Aquin, Summa Theologica, I, qu. 29, Art. 1.). In dieser Definition wird die Person nicht mit ihrer vernünftigen Natur identifiziert. Das eigentliche Subjekt-Sein der Person liegt in ihrem Charakter als individueller, einmaliger Substanz, und ihre spezifisch menschliche Anlage, die vernunftbegabte Natur, kommt hinzu. Damit ist aber folgendes gesagt: Die psychologische (Person als Ichbewusstsein und mit Verstandestätigkeit) und sittliche (Person als Verantwortungsträger und mit auf geistigem Erkennen und freier Bestimmung beruhendem Verantwortungsbewusstsein) Komponente sind Äusserungen des substantiellen Personseins, das ihre Voraussetzung ist und von dem sie nicht losgelöst werden dürfen. Dementsprechend müssen auch die Rechte des Personseins, wie eben das Recht auf Leben, nicht nur vom Vollzug spezifisch menschlicher Eigenschaften wie dem Ichbewusstsein und der Möglichkeit verantwortungsvollen Handelns abhängen, sondern schon im substantiellen Kern des individuellen Seins begründet liegen. Gegenüber einer totalitären oder kollektivistischen Auffassung hinsichtlich Staat und Gesellschaft kommen der Person ihre fundamentalsten Rechte, wie besonders das Recht auf Leben, aus ihr selbst und nicht erst durch Gesetzgebung oder gesellschaftliche Anerkennung zu. Gegenüber einer rationalistisch-aktualistischen Verabsolutierung des Personseins, wie es typischerweise beim Neokantianer Ebbinghaus anzutreffen ist, wird die Person nicht erst durch den ausdrücklichen Vollzug von Denken und sittlichem Handeln zum Träger von Rechten; „vielmehr ist sie unabhängig davon, ob sie den Ausgriff noch nicht (Kind im Mutterschoss) oder nicht mehr (Geisteskranker) zu vollziehen imstande ist" (Johannes B. Lotz, Person und Freiheit, Freiburg im Br. 1979, S. 53; Dazu weitere Hinweise bei: Josef Endres, Thomasischer Personbegriff und neuzeitlicher Personalismus, in: Thomas von Aquin, Interpretation und Rezeption-Studien und Texte, Hrsg. W. P. Eckert, Mainz 1974, S. 117–143.). Wenn in der Denkrichtung von Descartes, Kant und eben Ebbinghaus bloss im aktualisierbaren Ichbewusstsein und der sittlichen Handlungsfähigkeit das eigentliche Wesen der Person gesehen wird, so führt dies zu absurden logischen Denkschwierigkeiten: Der gleiche Mensch wäre einmal Person und wieder ein anderesmal nicht, je nachdem er seiner bewusst ist oder nicht; der „normale" Mensch verlöre so als Schwerbetrunkener, Bewusstloser oder Schlafender seine Personcnqualität und ihm müssten dementsprechend auch die Rechte seines Personseins abgesprochen werden – wie eben auch das Recht auf Leben. Im Lichte der allein sowohl logisch als auch sachlich tragenden ontologischen Persondefinition in der thomasischen Denktradition enthüllen sich die Ebbinghausschen Redewendungen von „depersonalisierten" oder „animalischen Existenzen" in ihrer ganzen Abgründigkeit als Rechtsverweigerung und Seinsvergewaltigung. Seinsvergewaltigung deshalb, weil jede Existenz eines menschlichen Lebewesens schon in ihrer individuellen Substanzhaftigkeit den Begriff und das Sein der Person miteinschliesst.

17 Julius Ebbinghaus, Rechtsfähigkeit des Menschen, metaphysische Embryologie und politische Psychiatrie, Kant-Studien, Band 49, S. 45. Nach dieser Willenstheorie besässe wiederum auch der „normale" erwachsene Mensch das Menschenrecht auf Leben, aber als willensloser Betrunkener, Bewusstloser und rauschgifttrunkener Abhängiger besässe er nur noch gemäss bürgerlichem Recht eine eingeschränkte Lebensrechtsfähigkeit. Im übrigen stösst auch die mit der Willenstheorie verwandte Argumentation von Ebbinghaus, wonach aus der physischen Abhängigkeit des Ungeborenen von seiner Mutter sich eine „rechtliche Unmöglichkeit" ergäbe, dem „Kinde eine von der Person der Mutter unabhängige rechtliche Persönlich-

krasser Formulierung wird man behaupten dürfen, dass von einem Rechtsstandpunkt aus Menschen hier von Tieren nicht mehr unterschieden werden. Und in der Tat, reduziert man den anthropologischen und mit ihm auch den rechtlichen Personenbegriff auf Willensmächtigkeit und Verstandestätigkeit, so erscheint es nicht einmal unplausibel, sogar von geborenen Kleinstkindern als bloss „animalischen Existenzen" zu sprechen, wie dies Ebbinghaus tut[18].

Relativiert man das Lebensrecht der Ungeborenen einerseits aus „der Entscheidungsfreiheit der Frau inbezug auf ihre potentielle Mutterrolle" – als Slogan hiesse dies „mein Bauch gehört mir" – andrerseits aus der „kommunikativen" und emotionalen „Mutter-Kind-Beziehung", was dem Slogan vom „Wunschkind" entspricht, argumentiert man also, wie dies der deutsche Jurist Giselher Rüpke versucht, vom „privat-persönlichen, kommunikativen Verhalten"[19] der Mutter her, so ergeben sich aus dieser gleichsam privat-kollektivistischen Begründungsvariante her im Ergebnis ähnliche Schlussfolgerungen für den Entzug des Lebensrechtes bei dem geborenen Säugling wie bei Ebbinghaus. Geht man nämlich wie Rüpke davon aus, dass der „Nasciturus" rechtliche Bedeutung nur insofern besitzt, als er „gesellschaftlich relevant über die Mutter-Kind Beziehung" ist, so drängt sich in der Tat die Schlussfolgerung auf, wieso die „freie Entscheidungsmöglichkeit über das Weiterleben" des Säuglings „nach der Geburt nicht weiterbestehen soll, da die kommuniaktive Teilhabe des Kleinstkindes vor dem Beginn der Symbolisierung im zweiten Lebensjahr ausserordentlich gering ist". Nicht weil dem Baby ein Lebensrecht als rechtsfähiger Person zusteht, sondern weil das geborene Säuglingskind im Moment noch durch die gesellschaftliche „Form von Erwartungen, Liebesbeziehungen, persönlicher, medizinischer und ökonomischer Hilfe. . . ein sozialpsychologisch wie sozioökonomisch sehr relevantes Mitglied der Gesellschaft" anzusehen sei, müsse seine Tötung weiterhin tabu bleiben. Von einem rechtlichen Schutz menschlichen Lebens kann hier wohl keine Rede mehr sein und das Überleben des

keit zuzuschreiben" (ebenda, S. 43), auf Probleme. Hält man sich die Tatsache, dass siamesische Zwillinge auch nach der Geburt in ihrem körperlichen Leben und damit teilweise auch in ihrer Willensfreiheit vollständig voneinander abhängig sind und dass man ihnen deshalb wohl kaum Menschenqualität und Rechtsfähigkeit absprechen kann, vor Augen, so wird die Absurdität der Abhängigkeits- und Willenstheorie, wie sie etwa Ebbinghaus vertritt, sichtbar. Die Abhängigkeits- bzw. Mutterleibsthese käme wohl auch nicht mit der Möglichkeit von Retortenbabies zurecht. Die Willens- und Abhängigkeitstheorie birgt aber auch gefährliche Konsequenzen für das Lebensrecht von Schwerkranken und sogenannt „senilen" alten Menschen in sich; denn bei beiden Menschengruppen kann die physische und psychische Abhängigkeit einen solchen Grad erreichen, dass man aufgrund Ebbinghausscher Kriterien imstande sein könnte, Schwerkranken und Senilen die Menschenrechtsfähigkeit abzusprechen. Die auch in der Schweiz zu registrierenden Tendenzen, sogar die aktive Euthanasie zu institutionalisieren, sprechen hier eine deutliche Sprache: Im Staate Florida hat es unlängst einen Gesetzesantrag gegeben, der eine solche Euthanasie auch gegen den Willen des Kranken vorsah, wenn wenigstens drei Ärzte in „Zusammenarbeit" mit allfälligen Angehörigen zur Überzeugung gekommen waren, dass das Leben eines Menschen sinnlos (meaningless) geworden sei (siehe zu diesen Tendenzen Wolfgang Waldstein, a.a.O., S. 83 Anm. 255).

18 Julius Ebbinghaus, Die Strafen für Tötung. . . , a.a.O., S. 75. Solche als bloss „animalische Existenzen" gekennzeichneten Kleinkinder hätten dann nicht mehr Rechte, als wie die gewöhnliche Tierschutzgesetzgebung es für Tiergruppen vorsehen würde, vielleicht im Einzelfall aber sogar noch weniger.

19 Giselher Rüpke, Persönlichkeitsrecht und Schwangerschaftsunterbrechung, Zeitschrift für Rechtspolitik, Jg. 1974, S. 73 ff. Diese Kommunikationstheorie erinnert auch an entsprechende Consensustheorieargumentationen der sogenannten kritischen Theorie, auch wenn entsprechende Äusserungen von Habermas zum Lebensrecht des Ungeborenen bis jetzt wohl nicht vorliegen. Siehe dazu in seiner Replik auf Rüpke auch Robert Spaemann, Haben Ungeborene ein Recht auf Leben?, Zeitschrift für Rechtspolitik, Jg. 1974, S. 116 f.

Individuums wird zu einer Frage seiner gesellschaftlichen oder persönlichen Wertschätzung. Wenn sogar ein so weltberühmter und angesehener Kinderarzt wie der verstorbene Zürcher Professor Fanconi in der einschlägigen „Zeitschrift für Kinderchirurgie" die Lösung der Frage, ob „man bei einem Neugeborenen mit Mongolismus oder mit andern schweren, unheilbaren Missbildungen eine dringende lebenserhaltende Operation vornehmen" lassen solle oder nicht, unter anderm davon abhängig machen will, „ob es das langersehnte erste lebende Kind" sei[20], so wird deutlich, wie sehr gesellschaftliche bzw. familiäre Wertschätzungseinstellungen und damit die schon zitierte kommunikativ-kollektive Aussenkomponente nicht nur für ein allfälliges Lebensrecht eines Kleinstkindes, sondern auch für das ärztliche Handeln, das eigentlich unter dem Hippokratischen Imperativ stünde, bestimmend werden können.

Solche Schlussfolgerungen in bezug auf das schon geborene Leben – sie liessen sich unschwer auch auf altersschwache oder schwer behinderte Menschen anwenden – drängen sich letztlich konsequenter- und auch ehrlicherweise auf, wenn man mit der Wunschkindargumentation oder von einem verabsolutierten Entscheidungspersönlichkeitsrecht der Schwangeren her das Kind als „zukünftigen Kommunikationspartner" definiert und die dann gestellte eigentlich absurde „Frage . . ., ob die Frau sich einen solchen vom Staat aufzwingen lassen muss"[21], zu verneinen können glaubt. In solcher Kommunikationsperspektive müsste dann letztlich auch der entzückende Dackel der Familie viel eher als das ungeborene, ja auch als das frisch geborene und vielleicht nicht den Erwartungen entsprechende Baby in seinem Lebensrecht geschützt werden.

Der gewissermassen rechtssystematische, in seinen politisch-philosophischen Implikationen kollektivistische Hintergrund der ganzen Wunschkind-, aber auch der fraulichen Entscheidungskompetenzargumentation, wird ersichtlich, wenn Rüpke seine Behauptung, dass „die eigene Rechtsposition des Kindes daraus erwächst, dass die Frau die Schwangerschaft auf die Mutterrolle bezieht und das werdende Kind als solches akzeptiert"[22], auf die prinzipielle „Erkenntnis" stützt, „dass Rechtsfähigkeit immer ein gesellschaftliches Produkt ist, so dass für die Position des werdenden Kindes nur entscheidend sein kann, ob bzw. wann es im sozialen Leben und von der dessen Wertungen explizit machenden Rechtsordnung als Rechtsträger anerkannt wird"[23]. Hinter der in ihrer Konsequenz für die gleichzeitig kollektivisti-

20 Guido Fanconi, Soll man bei einem Neugeborenen mit Mongolismus (Trisomie 21) oder mit andern schweren, unheilbaren Missbildungen eine dringende lebenserhaltende Operation vornehmen oder nicht?, In: Zeitschrift für Kinderchirurgie und Grenzgebiete, Band 6, Heft 1, Jg. 1968, S. 3. Gerechtigkeitshalber muss festgehalten werden, dass es hier in erster Linie um eine allfällige *positive* Verpflichtung des Arztes geht, eine entsprechende lebensrettende Handlung vorzunehmen und nicht um das Unterlassen eines aktiven lebensvernichtenden Eingriffs: „Niemals darf sich ein Arzt zur Euthanasie verführen lassen, dagegen mag er sich in einer ganz bestimmten tragischen Situation entschliessen, *nichts zu unternehmen*, um ein nicht oder nicht mehr lebenswertes Leben zu verlängern" (ebenda, S. 4). Die Frage ist hier nur, ob beim Arzt – nicht nur aufgrund seiner Garantenstellung – auch eine rechtliche Pflicht zur aktiven Verhinderung des Todes besteht. Wäre dies nicht so, wären wohl die Grundlagen des Patientenvertrauens erschüttert. Die Argumentation Fanconis, es handle sich in diesen Fällen bloss „um eine ethisch-moralische, nicht um eine juristische Angelegenheit", vermag jedenfalls auch angesichts der Tatsache, dass zwischen Arzt und Patient ein Vertragsverhältnis besteht, nicht zu überzeugen (ebenda, S. 3).

21 Giselher Rüpke, Schwangerschaftsabbruch und Grundgesetz, Frankfurt 1975, S. 125.

22 Ebenda, S. 139 ff.

23 Ebenda, S. 141. Dass solche gesellschaftlichen und sozialpsychologisch motivierten Einschränkungen und Konstruktionen menschlichen Lebensrechtes gemäss dem Selbstverständ-

sche als auch von der Pflichtseite der Mutter her gesehen individualistische beispielhafte Wegargumentierung menschlichen und unantastbaren Lebensrechtes durch Rüpke steht letztlich eine Grundrechts-, aber auch Menschenrechtsauffassung, welche in ihrer Begründungs- und Argumentationsstruktur den Charakter von Menschenrechten als vorstaatlichen oder überpositiven Rechtsnormen völlig aushöhlt und von gesellschaftlicher bzw. staatlicher Setzung nicht nur in ihrer Geltung, sondern auch in ihrer inhaltlichen Konstituierung als Gerechtigkeitsnormen völlig und ausschliesslich abhängig werden lässt. Der Gesetzgeber, auch der demokratische, könnte die jeweils vorherrschenden moralischen Wertungen der Gesellschaft – auch unter dem Stichwort Persönlichkeitsrecht oder Selbstentfaltungsrecht des Einzelnen – in jeweilige Rechtsnormen und Gesetze transformieren. Er kann prinzipiell, das heisst rechtlich ungebunden, darüber entscheiden, wer von der die gesellschaftlichen „Wertungen explizit machenden Rechtsordnung als Rechtsträger anerkannt wird" und was damit auch Inhalt und Umfang von Grund- und Menschenrechten ausmacht. Von Grund- und Menschenrechten wird man dann freilich nur noch in Anführungszeichen sprechen dürfen, vor allem, wenn man darunter noch unantastbare und der staatlichen und gesellschaftlichen freien Verfügung entzogene Lebenssachverhalte zu verstehen bereit ist. „Dem Staat, wie Thomas Hobbes, das Recht einzuräumen, wer Mensch im Sinne des Gesetzes ist und wer nicht, hiesse, den Menschenrechten ihren Charakter als Grundrechte nehmen. Es könnte ja durch die jeweilige Definition des Menschen jederzeit die Zahl derer, die dieses Recht beanspruchen dürfen, eingeschränkt werden. Der jeweils aktuell mitredende und repräsentierte Teil des Volkes könnte sich allein diese Rechte reservieren"[24].

Umfassendes Existenzrecht und Menschenrechtsdoktrin

Der Versuch, die Rechtssubstanz des Menschenrechts auf Leben, von biologischen Kriterien oder, philosophisch gesprochen, von der Gattungsnatur des Menschen als Lebewesen abzukoppeln, kann für die Menschenrechtskonzeption insgesamt nicht folgenlos bleiben. Anerkennt man grundsätzlich das menschliche Leben als Rechtsgut und im nähern dann als Grundrechts- und Menschenrechtsgut, so ergäbe sich eigentlich aus der innern Struktur der Rechtssubstanz Leben von selbst, dass der Umfang des rechtlichen Schutzes von Leben mit der biologischen Definition von Leben konform sein müsste. Eine Zuerkennung dieses menschlichen Le-

nis eines auch das Gleichheitsrecht anerkennenden Verfassungsstaates eigentlich eine rechtliche Unmöglichkeit darstellen, hat der hochangesehene deutsche Strafrechtler und sozialdemokratische Bundestagsabgeordnete Adolf Arndt noch 1968 festgestellt: „Die verfassungskräftige Auslegung des allgemeinen Gleichheitssatzes durch den 3. Absatz des Art. 3 GG bedeutet, dass dem Staat jede Bestimmung darüber entzogen ist, wer Mensch ist, weil nach Art. 3 GG jedem Lebendigen, der von Menschen gezeugt und geboren ist, die gleiche Würde zukommt". Gerade angesichts der heutigen Tendenz mit sozialstaatlichen oder sogenannten Sozialargumenten das Lebensrecht des Ungeborenen von gesellschaftlichen Kriterien, etwa bei der sogenannten „sozialen Indikation", abhängig werden zu lassen, ist die Äusserung des gleichen sozialdemokratischen Adolf Arndt von besonderer Bedeutung: „Ein Staat wie der unsere, der rechtlicher Sozialstaat sein will, würde sich daselbst verleugnen, wenn er bei sozialer Indikation den Schutz des keimenden Lebens verweigerte und ihm als ‚soziale' Hilfe nur einfiele, einfach die Tötung schuldlosen Lebens untätig geschehen zu lassen" (zitiert in: Robert Spaemann, Haben Ungeborene . . . , a.a.O., S. 116).

24 Robert Spaemann, Am Ende der Debatte um § 218, In: Zeitschrift für Rechtspolitik, Jg. 1974, S. 50.

bensrechtes erst von der Geburt an bedeutet jenseits aller moralischen Wertung die Einengung bzw. Einschränkung der Definition menschlicher Rechtssubstanz durch gesellschaftliche Konvention oder politische Dezision. In dem Moment aber, wo Rechtsgutsubstanzen in Abweichung von der Natur der Sache, und diese ist beim Rechtsgut Leben nun einmal die biologische Zugehörigkeit zur Spezies des Menschen, definiert werden, da können jederzeit neue gesellschaftliche Kriterien oder moralische Neubestimmungen für neue Legaldefinitionen und Grundrechtsbestimmungen ins Spiel gebracht werden. Es wird nicht nur die Zeitspanne, in der die „Gesellschaft . . . qua Verfassungsrecht die Anerkennung des Fetus als Person für einen gewissen Zeitraum der schwangeren Frau" bestimmt, willkürlich bzw. gesellschaftlich bedingbar, sondern damit muss auch das Grundrecht auf Leben als solches grundsätzlich in seinem Inhalt, seiner Rangordnung und seinem Umfang zur Disposition stehen. Denn Leben selber und damit die eigentliche Rechtssubstanz des Rechtsträgers scheidet von nun an als grundsätzliches Bestimmungs- und Begrenzungskriterium aus: Nicht mehr aus der Natur der Sache, das heisst aus dem Rechtsgut selbst und damit in concreto aus dem Leben, sondern „aus dem psychosozialen Kontext rechtfertigt sich der Versuch gesellschaftlicher Definition des menschlichen Rechts auf Leben, und zwar in notwendiger Abweichung von biologischen Bestimmungsversuchen"[25].

Nun ist zwar zuzugeben, dass im allgemeinen der Inhalt und Umfang der Grund- und Menschenrechte keinesfalls losgelöst von sozialen, politischen und ökonomischen Kontexten bestimmt werden kann. Hier braucht man etwa nur an die politische Meinungsäusserungsfreiheit oder das Eigentumsrecht zu denken, wo in der Tat die jeweilige Rechtssubstanz gar nicht ohne soziale und politische Wertungen und Abwägungen zu gewinnen ist und umgekehrt die biologische Gattungsnatur

25 Giselher Rüpke, Schwangerschaftsabbruch . . . , a.a.O., S. 192. Dagegen muss daran festgehalten werden, dass auch das Rechtsgut Leben bzw. der Lebensgrundrechtsschutz an die biologisch-physiologischen „Gegebenheiten am Körper des Menschen" anzuschliessen hat. „Fasst man den Begriff ‚Leben = Lebendigsein' ganz in diesem natürlich-physiologischen Sinne auf, so sind bereits begrifflich alle sozialwissenschaftlichen Bewertungen des Lebens unmöglich. Dann sind alle Leben *gleichwertig*, bei denen die physiologischen Voraussetzungen des Lebendigseins objektiv vorliegen. Dann kann es begrifflich keinen Unterschied machen, ob in sozialwissenschaftlicher Sicht ein Leben *schon oder noch soziale Funktionsfähigkeit* hat oder nicht. Zum Beispiel spielt es dann keine Rolle, ob ein unheilbar krankes Leben nur mehr eine Belastung der andern und der Allgemeinheit bedeutet. Vor allem ist dann jede Bewertung des Lebens als sogenanntes ‚*lebensunwertes Leben*' nach Massstäben sozialer Lebensbedingungen und Lebensäusserungen schon eine begriffliche Unmöglichkeit (weil hiermit Massstäbe an den Begriff des Lebens herangetragen werden, die ihm in seiner physiologisch-natürlichen Bedeutung wesensfremd sind) (Günter Dürig, Grundgesetzkommentar, a.a.O., S. 81). Weicht man nämlich einmal von dieser biologischen Grundlage ab, indem man „die gesellschaftliche Anerkennung als Person mit Überschreiten der Schwelle zum jederzeit möglichen Eintritt der Geburt als eines lebensfähigen Kindes" (Giselher Rüpke, Schwangerschaftsabbruch, a.a.O., S. 193) zum rechtlichen Schutzkriterium macht, dann werden prinzipiell die Grenzen des Lebensrechtsschutzes fliessend: Nicht nur wann ein Leben *schon* das soziale Kriterium des Lebensschutzes erfüllt, sondern auch, wann ein Leben von gesellschaftlicher Definition her *noch* dem sozialen Lebenswertsbegriff genügt. Und das kann dann durchaus heissen, dass etwa altersschwache Menschen solchen gesellschaftlichen Definitionskriterien *nicht mehr* genügen. Strukturell, aber auch partiell dem Inhalt nach lässt sich dann eine solche Sozialargumentation nicht mehr von Definitionskategorien „lebensunwerten Lebens" abheben, wie sie teilweise auch zur Rechtfertigung der Tötung hilflosen Lebens zur Zeit des Nationalsozialismus verwendet worden sind. Die diversen aufkommenden aktiven Euthanasievorschläge sind nur ein kleiner Fingerzeig in dieser Richtung. Dazu informiert für die Schweiz jetzt auch: Monika Burkart, Das Recht in Würde zu sterben – Ein Menschenrecht, Zürich 1983.

des Menschen als solche sich nicht in erster Linie als Bestimmungsgrund von Grundrechten eignet. Dass ein neugeborenes Baby nicht Inhaber der politischen Meinungsäusserungsfreiheit ist, leuchtet nicht nur aus dem rechtlich-abstrakten Grunde ein, dass es in dieser Beziehung noch nicht grundrechtsmündig ist, sondern vor allem daraus, dass die Rechtssubstanz der Meinungsäusserung hier noch gar nicht als vorhanden angenommen werden kann und deshalb auch eine mögliche Tangierung irgendeiner entsprechenden Meinungsäusserungsfreiheit gar nicht möglich ist. Vergleicht man im übrigen weitere Grundrechte untereinander, so wird offenkundig, dass der bestimmende Charakter der jeweilig je verschiedenen Rechtssubstanz bzw. des einzelnen Rechtsgutes eine wichtige Rolle für den Inhalt und vor allem die Trägerschaft des jeweiligen Grundrechtes ausmacht. So kann sich beispielsweise vom Lebensalter her jemand früher auf die Glaubens- und Gewissensfreiheit als auf Handels- und Gewerbefreiheit berufen, weil man ja wohl zu recht davon ausgehen darf, dass die Rechtssubstanz bzw. das Rechtsgut des Gewissens bei einem heranreifenden Menschen im allgemeinen vor seiner wirtschaftlichen Selbständigkeit ausgebildet ist.

Die Grundrechte lassen sich bei näherm Zusehen nicht als eine Kollektion angeborener Rechte darstellen oder ableiten, sondern sie werden als rechtliche Ordnung aus der Natur der Sache und das heisst bei Menschen- und Grundrechten aus den existentiellen Zwecken und Interessen der menschlichen Natur, als individueller und sozialer, abgeleitet. Die Formulierung vieler Menschenrechtskataloge, dass der Mensch von Geburt frei sei, vermag zwar in ihrer schlagwortartigen Plakativität einiges zur ideologischen Promulgierung der Menschenrechtsidee beitragen, zur Frage, welche Rechtsansprüche des Menschen als Freiheitsansprüche von möglichen Gefährdungen her als einzelne Grundrechte zu formulieren sind, leistet sie praktisch nichts; ist es doch kaum einsichtig, was die Geburt als solche zur inhaltlichen Begründung von Freiheit beiträgt. Ja ein Neugeborenes ist ja in seiner Hilflosigkeit auf die Betreuung von noch mehr Ausseninstanzen angewiesen, als es dies im Mutterschosse war. Damit wird ersichtlich, dass der biologische Vorgang der Geburt in bezug auf irgend ein zu schützendes Rechtsgut, auf irgend eine der Rechtssubstanzen keinen konstitutiven Bezug hat. Umgekehrt wird man wohl unbestreitbarerweise – und dies gerade im Licht der Ergebnisse der modernen Naturwissenschaft – behaupten dürfen, dass der biologische Vorgang der Zeugung – natürlich auch des Todes – entscheidend konstitutiv, vor allem auch in zeitlicher Hinsicht, für den Bestand des Rechtsgutes Leben ist. Der Begriff Leben bezeichnet ein „Lebendigsein, also die im Gegensatz zum Noch-nicht-Leben und zum Tod stehende körperliche Daseinsform des Menschen“[26]. Auch wenn man zugeben muss, dass im allgemeinen rechtliche nicht unbedingt und jederzeit mit naturwissenschaftlichen Begriffen zusammenfallen müssen und sollen, so lässt sich beim Grundrechtsschutz als einem Schutz unverfügbarer Sachverhalte und menschlicher Interessen in bezug auf das Rechtsgut Leben eine andere Grenzbestimmung als die biologische als nichtwillkürliche gar nicht denken. Denn Leben ist eben vermittelt durch die äussere organische Natur, welche in bezug auf die Substanz Leben bei allen menschlichen

26 Walter Leisner, Das Lebensrecht, a.a.O., S. 20. Von der Naturwissenschaft her stützen heute Molekulargenetik, Vererbungswissenschaft und Embryologie eindeutig die Auffassung „Mensch von Anfang an“, das heisst von der Zeugung an. Siehe dazu: Erich Blechschmidt, Wie beginnt das menschliche Leben, Stein am Rhein 1976; sowie die Beiträge von Adolf Faller und Jérôme Lejeune in: Arzt und Christ, Vierteljahresschrift für medizinisch-ethische Grundsatzfragen, Nr. 27, Jg. 1981; mit theologischen Zusammenhängen neuerdings auch: Ulrich Eibach, Experimentierfeld: Werdendes Leben, Göttingen 1983.

Lebewesen die gleiche ist. Und deshalb, weil jede Menschenrechtsdoktrin auch unter dem Gleichbehandlungsgebot steht, muss eine Differenzierung in bezug auf den Lebensrechtsschutz von der Grundrechtsdimension her nicht nur als willkürlich erscheinen, sondern sie rührt auch an die Menschenrechtssubstanz als solche, insofern diese sich als Katalog von Unverfügbarkeitsprinzipien gegenüber gesellschaftlicher und staatlicher Willkür versteht. Trotz unbestreitbar grosser personaler Verschiedenheit in bezug auf Rechtsgüter, die nur nach analogen Prinzipien den einzelnen Menschen zukommen können – man denke etwa an die politischen Menschenrechte –, wird dort nach dem Prinzip der Rechtsgleichheit eine möglichst breite und uneingeschränkte Zahl von Grundrechtsträgern konstituiert, während beim menschlichen Leben, dem Rechtsgut, das allen menschlichen Lebewesen am univoquesten zukommt, die rechtliche Verfügbarkeit und damit die Entziehung des Grundrechtsschutzes für eine Vielzahl von Menschen trotz der unbestreitbaren Rechtsgutanlage Realität zu werden droht. Wird der Schutz menschlichen Lebens entweder durch eine Rechtsauslegung oder gar eine Positivierung eingeschränkt, während andrerseits im wirtschaftlichen, politischen und Bildungsbereich trotz offensichtlicher tatsächlicher als auch natürlicher Unterschiede differenzierte Rechtsansprüche unter dem Gleichbehandlungs- und Gleichberechtigkeitsaspekt eingeebnet werden, so kann eine solche Grundrechtsentwicklung rein sachlich nicht anders als eine von gesellschaftlicher Willkür und Paradoxie geprägte bezeichnet werden.

Geistesgeschichtlich muss die Ansicht, wonach Grundrechte und die damit zu sichernden Rechtspositionen des Individuums in erster Linie Ergebnis von in entsprechender Rechtssetzung sich artikulierender gesellschaftlich sich wandelnder Moralauffassung einer jeweiligen Volksmehrheit zu sein haben, als eine radikale Abkehr von einer genuinen Menschenrechtsdoktrin als eine an Begrenzungs- und an Unverfügbarkeitstatbestände gemahnende Rechtsdoktrin interpretiert werden: „Die Lehre von den Menschenrechten beruht ursprünglich auf der Vorstellung, dass dem Menschen als solchen gewisse grundlegende subjektive Rechte, insbesondere gegenüber dem Staat zukommen und dass diese Rechte überpositiv sind, vom positiven Recht also anerkannt und bestätigt, nicht aber eigentlich geschaffen werden können“[27]. Arthur F. Utz, der sich intensiv an den Vorbereitungen der Menschenrechtserklärung der UNO beteiligt hat, sieht auch in der sich durchsetzenden Fassung der UNO Menschenrechtserklärung, wonach erst die Geburt des Menschen den Beginn des „Lebens in einer bestimmten staatlichen Verfassung darstellt“, den „Durchbruch“ zu einer Menschenrechtsvergesellschaftung bzw. die Abkehr von Menschenrechten als auch vorstaatlichen Rechten. Gerade die marxistisch eingestellten Vertreter hatten in den damaligen Diskussionen zur Vor-

27 Helmut Coing, Zur Geschichte des Privatrechtssystems, Frankfurt 1962, S. 59. Werner Kägi sieht hier die entscheidende „Frage nach den Grenzen aller politischen Gewalt: Ist es wirklich der unheimliche Anspruch des Staates oder irgendeiner andern menschlichen Instanz auf absolute Souveränität, auf eine schrankenlose Allzuständigkeit? Oder ist es die klare Begrenzung durch *unantastbare und unentziehbare* Rechte der menschlichen Person?“ (Werner Kägi, Die Menschenrechte und ihre Verwirklichung, Aarau 1968, S. 7). Auch ein weiterer Schweizer Staatsrechtler, Hans Huber, betont, dass bei fundamentalsten Menschenrechten „das Recht durch die Positivierung nicht geschaffen, sondern nur anerkannt“ wird. „Die Grundrechte werden durch die Verfassung nicht gewährt, sondern bloss gewährleistet, d.h. vorgefunden und verbrieft“ (Hans Huber, Rechtstheorie, Verfassungsrecht, Völkerrecht, Ausgewählte Aufsätze, Hrsg. Kurt Eichenberger u.a., Bern 1971, S. 337). Solche Aussagen sind gerade angesichts einer Volksabstimmung zur Frage des Rechts auf Leben und seines Umfangs von besonderer Beachtungswürdigkeit.

bereitung und Fassung der UNO-Menschenrechtserklärung sich am stärksten gegen die Formulierung von „natürlichen Rechten" gestemmt, mit Erfolg, wie man weiss[28]. Dass gerade für die einer totalitären, weil nicht eingrenzbaren Politikauffassung huldigenden marxistischen Ideologen die Hinnahme eines Rechtes von Natur und damit eines aussergesellschaftlichen und überstaatlichen Begrenzungs- und Definitionskriteriums unannehmbar ist, erstaunt allerdings nicht. So ist etwa die von Hermann Klenner, dem Präsidiumsmitglied des DDR-Komitees für Menschenrechte, vorgenommene Abwertung der klassischen Menschenrechtsidee als bürgerliche, wo „sich die Interessen einer gegenüber dem Feudalismus gewiss fortschrittlichen, aber eben einer bürgerlichen Gesellschaft und das ist eine Gesellschaft, die auch auf Ausbeutung und Unterdrückung des Menschen durch Menschen beruht . . . artikulieren"[29], eine für die Ideologie des dialektisch-historischen Materialismus und seines in ausschliesslich gesellschaftlichen Bedingungen aufgehenden Menschenbildes typische Aussage.

Demgegenüber gemahnt der Begriff Rechte „von Natur" in seinem klassischen und auch auf die ursprüngliche Menschenrechtsdoktrin beziehbaren Bedeutungsgehalt auf den Gegensatz bzw. die Spannung von „natura" und „voluntas"; von „physis" und „nomos": „Von Natur heisst darin stets das von menschlicher Praxis

28 Arthur F. Utz, Der unzerstörbare Kern der Naturrechtslehre, in: Rechtstheorie 11, Jg. 1980, S. 283. Dieser Aufsatz ist jetzt auch neu abgedruckt in: Arthur F. Utz, Ethische und soziale Existenz, Gesammelte Aufsätze, Hrsg. H. B. Streithofen, Walberberg 1983, S. 40–55.

29 Zitiert in: Arthur F. Utz, a.a.O., S. 286. Wenn Hermann Klenner an anderer Stelle die Ansicht vertritt, dass spätestens seit Hegel feststehe, „dass Rechte ohne Pflichten gleichsam in der Luft hängen", so spricht er damit zwar einen richtigen Sachverhalt aus, übersieht allerdings, dass lange vor Hegel die klassische Naturrechtslehre und auch die altengiische Menschenrechtsdoktrin längst dieser Auffassung war, ohne dabei wie der Marxist Klenner mit seiner Pflichtentheorie letztlich einen staatlichen Kollektivismus zu rechtfertigen (siehe dazu Arthur F. Utz, Ethische und soziale Existenz, a.a.O., S. 57 ff.). „Der Gefahr, die Natur des Menschen" ohne soziale Einbettung und ohne ihre historische Dynamik in „festgeschriebener Weise zu definieren, sind aber auch die Vertreter der rationalistischen Naturrechtslehre erlegen. Vom Nominalismus beeinflusst, verstanden sie die Natur als konkrete, jedem Menschen in völliger Gleichheit zukommende Wesenheit. Die Begriffe Recht auf Arbeit, auf Freiheit, auf Eigentum usw. sind dadurch atomisiert worden. Ein typisches Beispiel hierfür ist der dem modernen Rechtsstaat entsprechende Katalog der Menschenrechte. Die Marxisten rügen an diesen Definitionen die Unterdrückung des dem Recht entsprechenden Begriffs der Pflicht" (Arthur F. Utz, Ethische und soziale Existenz, a.a.O., S. 57). Immerhin in einer Zeit wachsender Staatstätigkeit und schwindender individueller Eigenständigkeit erhält vom „rein praktischen Gesichtspunkt aus. . . die rationalistische Naturrechtsauffassung ihre Bedeutung. Diese darf aber nicht dazu verführen, den Rechtfertigungsgrund der subjektiven Rechte, denen man praktische Priorität zuerkennt, vollständig von den sozialen Ordnungsnormen zu trennen, d.h. die sozialen Ordnungsnormen nur noch als Balance von Freiheitsrechten zu konzipieren" (ebenda, S. 58). Die Emporstilisierung jeglicher Freiheitsmöglichkeit zu einem „unvergänglichen" und „unentziehbaren" Menschenrecht schwächt letztlich die Menschenrechtsdoktrin eher, als dass sie sie stärkt. Denn Menschenrechte im eigentlichen Sinn des Wortes kann es nur auf einer sehr fundamentalen Ebene geben, dort wo wirklich alle Menschen tatsächlich gleich oder mindestens annähernd gleich sind. Und dies gilt denn doch am meisten in bezug auf menschliches Leben: „Gewisse Substanzwerte müssen wir als minimale, somit einheitliche und univoke Forderungen im Namen aller Menschen zur Geltung bringen: Recht auf Leben (hierher gehört die Frage des Abortus), Recht auf freie Glaubens- und Gewissensentscheidung, Recht auf Integrität des Körpers" (Arthur F. Utz, Sozialethik, II. Teil: Rechtsphilosophie, Heidelberg 1973, S. 85). Es scheint in der Tat paradox, dass heutzutage gerade in bezug auf solche „Substanz-Werte" und „einheitliche und univoke" Rechtsgüter wie das Leben soziale Einschränkungen gemacht werden, während andere typisch soziale und in ihrem Rechtsgutcharakter bloss nach analogen Prinzipien wirksame Werte wie die Arbeit gleichsam verabsolutiert und mit entsprechendem Menschenrechtscharakter ausgestattet werden.

nicht gesetzte Seiende. Dieses Seiende ist im Verhältnis zum menschlichen Lebenszusammenhang nicht einfach das gleichgültig andere, lediglich als Kontrast herbeigezogene, sondern es ist die in ihm stets vorausgesetzte Bedingung seiner Möglichkeit"[30]. Daran wird nun die fundamentale Bedeutung des Existenzrechtes des Men-

30 Robert Spaemann, Natur, In: Ders., Philosophische Essays, Stuttgart 1983, S. 20. Der klassische Naturbegriff in der aristotelisch-thomasischen Tradition lässt auch in theologischer Perspektive Raum für eine Eigenständigkeit und natürliche Zweckhaftigkeit der geschaffenen Welt, ihrer Dinge und der Menschen: „Im Gegensatz zur spätmittelalterlichen und neuzeitlichen Konsequenz, durch die Verlagerung des telos aus der Natur in das göttliche Bewusstsein, aus der Welt eine kausaldeterministische Maschine, aus Gott aber einen Weltarchitekten oder Maschinenbauer zu machen, bleibt Thomas der aristotelischen, immanent-teleologischen Naturauffassung treu. Die Zwecke und Ziele liegen auch in den natürlichen Dingen selbst, denn Gott wird nicht als Architekt, sondern als Schöpfer Gott gesehen. Gott hat die substantiellen Formen und Wirklichkeiten geschaffen; er stiftete den Dingen ihre Natur ein, aufgrund derer sie nun selbst Zwecke und Ziele besitzen", welche nun eben auch Begrenzungsmassstäbe gegenüber einer Beliebigkeit menschlichen Handelns sind (Robert Spaemann/ Reinhard Löw, Die Frage wozu?, Geschichte und Wiederentdeckung des teleologischen Denkens, München 1981, S. 87). Eine solche Natur und ein Wesen der Dinge erschien nun der voluntaristischen Theologie als eine unzulässige Einschränkung der unbeschränkten Allmacht Gottes. Denn von natürlichen Zwecken zu sprechen, schien zu heissen, dass Gott selber nicht in reiner Beliebigkeit und unbeschränkter Allmacht, sondern im Hinblick auf ein inneres und notwendiges Wesen von Dingen die Welt und seine Gebote erlassen hatte. Demgegenüber wird nun „die Kontingenz der allein von der Souveränität göttlichen Willens abhängigen Weltordnung" und der Beschaffenheit der Dinge und Naturgesetze propagiert (Ulrich Matz, Politik und Gewalt, Zur Theorie des demokratischen Verfassungsstaates und der Revolution, München 1975, S. 153). Damit aber entfallen, vor allem seit Occam, begrenzende natürliche und allgemein erkennbare Zwecke: „Jene Ideen, die schon bei Duns Scotus ihre Verankerungen im Wesen Gottes eingebüsst haben, verschwinden als rationale Struktur in den Dingen dieser Welt bei Occam vollkommen. Ein ‚Wesen der Dinge' oder eine ‚Natur', die als Beziehungspunkt oder Finalursache einer Seinsbewegung, bzw. im Falle des Menschen: als Norm des Handelns, erkennbar wäre, entfällt" (ebenda). Das Hauptaugenmerk richtet sich nun auf Gott als den ewigen Gesetzgeber, als Wirkursache, und nicht mehr auf ewige Gesetze und begrenzende Zweckursachen, die eben als eine Begrenzung des Seins und damit eine Einschränkung der göttlichen Allmacht aufgefasst werden. In der nominalistischen und voluntaristischen Theologie werden die Grundrisse einer neuzeitlichen verabsolutierten Staatssouveränitätsdoktrin und der Beliebigkeit individuellen Handelns sichtbar, welche beide begrenzende und erkennbare allgemeine Zwecke als natürliche Begrenzungen menschlichen und staatlichen Handelns von sich weisen: das Handlungsrecht reicht in dieser Übertragungskonstruktion göttlicher auf menschliche Attribute dann so weit, wie die Handlungsmacht dies erlaubt. Wenn die „klassische Naturinterpretation. . . bestimmte Dinge bestimmten Zwecken des Menschen zugeordnet" haben wollte und damit ein Begrenzungskriterium menschlichen Handelns darstellte, so musste die voluntaristische und nominalistische Naturkonzeption der Naturbeherrschung und der Konstruktion von Wirklichkeit – Hobbes formulierte dies als „imagine what we can do with it when we have it" – zu einer Rechts- und Staatskonzeption gelangen, in der der „Herrscher über die gleichförmig gemachten Untertanen beliebige Gesetze erlassen kann" und nicht mehr in die Herrschafts- und vor allem Rechtsstruktur natürlicher und erkennbarer Begrenzung eingebunden ist (siehe dazu Robert Spaemann/Reinhard Löw, a.a.O., S. 100 ff.). Der Begriff der Natur – nicht nur in der descartschen Konzeption einer blossen res extensa, die als blosses Ausgedehntsein der beherrschenden res cogitans unvermittelbar und unbegrenzungsfähig gegenübertritt – wird so nicht mehr zu einem polaren, aber doch mit staatlichem und rechtlichem Handeln vereinbaren, ja voraussetzbaren Konzept, sondern zu einem unversöhnlichen Gegenbegriff von Gesetz und Herrschaftsmacht, so dass schliesslich bei Rousseau nur noch die beiden Varianten des unpolitischen, anarchistischen Naturmenschen auf der einen Seite und auf der andern gegenteiligen Seite der gesellschaftlich total vereinnahmte und letztlich rechtlose Staatsbürger denkbar scheinen (dazu auch: Robert Spaemann, Natur, a.a.O., S. 31 f.). Auch die Konstruktion von einem aus einem hypothetischen Anfangs- und Naturzustand des völlig freien Menschen abgeleiteten unvergänglichen und „ewigen" Menschenrecht, das gegen die unbegrenzbare Souveränität des Staates ausgespielt wird, leidet als sogenannt rationales

schen, des Rechts auf Leben für die Menschenrechtsdoktrin als solche ersichtlich. Indem das biologische und rechtliche Gut Leben von allen vorstellbaren rechtlichen Gütern am stärksten und unwidersprechbarsten mit einer Menschennatur, vor der zeitliche als auch räumlich-geographische Unterschiede nahezu verschwinden, verbunden ist, und zudem die Bedingung aller andern Möglichkeiten des Menschen und seiner Lebens- und Rechtsgüter darstellt, ist plausibel, dass gerade der Eintritt in die Menschenrechtsgemeinschaft und die Voraussetzung von möglichst gleicher Freiheit für alle aus von „Natur" erfolgen muss, und dies heisst in bezug auf das menschliche Leben als dem fundamentalen Gut aller Menschen von seinem Beginn bei der Zeugung bis zu seinem Ende beim Tod.

Die Formulierung *„Rechte von Geburt"* anstelle *„Rechte von Natur"* ist geeignet mit der Rechtsgutbasis des menschlichen Lebens auch die Menschenrechtsdoktrin als Unverfügbarkeitsdoktrin einzuschränken, ja aufzuheben und gibt entgegen jeder liberalen Ursprungsintention der marxistischen und totalitären Menschenrechtsauffassung den Charakter als einziger konsequenter und möglicher Alternative. Das Verbot hingegen, „keine Handlung zu vollziehen, die als solche primär ein grundlegendes Gut zerstört, . . . ist nicht nur der rationale Kern dessen, wodurch das System der christlichen Ethik sich auszeichnet", sondern es „ist auch der Kern der wahren Unverletzlichkeit oder Unbedingtheit der Menschenrechte"[31].

Wer auf den Charakter von Menschenrechten als auch überstaatlichen und „natürlichen" pocht, verabsolutiert in keiner Weise eine unpolitische und gewis-

Naturrecht – etwa bei Pufendorf und Wolff – an der in der neuzeitlichen Philosophie erfolgten kontradiktorischen und letztlich unvermittelbaren Entgegensetzung von Natur und Satzung bzw. Gesetz, von physis und nomos, von Recht und Zwang. Kant, welcher den Rechts- und Naturbegriff nur noch in seiner Verformung durch die Lehre des sogenannten „rationalen Naturrechts" und einer entsprechenden Philosophie kennt, hat durchaus konsequent von diesen Ausgangspunkten her diese Unvereinbarkeit erkannt und damit vielleicht einer naturrechtlichen Menschenrechtsbegründung in ihrer nichtklassischen, neuzeitlichen Variante den Boden unter den Füssen entzogen: „Nun ist der casus necessitatis, dass die iura in statu *naturali* den principiis fundamentalibus in statu *civili* weichen müssen. Der Untertan kann gegen den Oberherrn nur ein Zwangsrecht haben, sofern sich beyde in statu *naturali* befinden. Denn in statu *civili* sind sie einander nicht subordiniert wechselweise" (Kant's handschriftlicher Nachlass, Band VI Moralphilosophie, Rechtsphilosophie und Religionsphilosophie, Nr. 7807, Berlin/Leipzig 1934, S. 524). Dass der klassische Naturrechtsbegriff diese Unversöhnlichkeit von Natur und politisch-gesetzlichem Zustande nicht kannte, wohl aber zwischen allgemeinen und unwandelbaren Naturgesetzen und zwischen wandelbarem und konkretem Naturrecht differenzierte und so gleichzeitig Raum liess für begrenzende Naturgesetzprinzipien, eine entsprechende Positivierung gemäss den jeweiligen sozialen Erfordernissen und ein konkretes und an der Natur der Sache ausgerichtetes Richterrecht, dieser Tradition ist sich Kant, aber auch eine oft fälschlich als „neothomistisch" ausgegebene, essentialistische und idealistische starre Naturgesetz- und nicht Naturrechtslehre nicht mehr bewusst (siehe dazu auch den Kommentar von A. F. Utz in der deutschen Thomas-Ausgabe, Recht und Gerechtigkeit, Band 18, Heidelberg–München 1953, S. 432 ff.). In der Auflösung des klassischen zugleich begrenzenden und dynamischen finalen Natur- und Naturrechtsbegriffs liegt ein Grossteil der neuzeitlichen Schwierigkeit, Menschenrechte auch als Naturrechte begründen zu können. Zu einem entsprechenden Versöhnungsversuch siehe: Leon Husson, Droit de l'homme et droits subjectifs, In: Archives de philosophie du droit, Jg. 1981, S. 345–379).

31 John Finnis, Menschenrechte und die letzte Begründung des Rechts, In: Recht auf Gerechtigkeit, Köln 1978, S. 80). Siehe jetzt auch John Finnis, natural law and natural rights, Oxford 1980. Und solche grundlegenden Güter wie das menschliche Leben müssen eben im Zusammenhang mit einem Naturbegriff, der Bedingung, Voraussetzung und Ausgangspunkt individuellen und gesellschaftlich-staatlichen Handelns darstellt, gesehen werden. Nur so lassen sich im Ergebnis auch die liberalen subjektiven Anspruchsrechte stringent und widerspruchsfrei begründen.

sermassen in einem ewigen Wertehimmel schwebende Naturgesetzlichkeit. Die positiv-rechtliche Statuierung verleiht den Menschen- als auch staatlichen Grundrechten verstärkte rechtliche Verbindlichkeit und vor allem eine Rechtsdurchsetzungswirksamkeit. Nur, der Charakter von fundamentalen Menschenrechtsnormen, und hier vor allem des Rechts auf Leben, zeichnet sich auch dadurch aus, dass ihre Verbindlichkeit sich nicht in der positiv-rechtlichen Statuierung erschöpft oder darauf beschränken darf. Es gehört gerade zum Bestand einer rechtsstaatlichen Menschenrechtsdoktrin, vor allem auch der angelsächsischen, aber auch der im Deutschen Grundgesetz verankerten, dass die Verbrechen gegen die fundamentalsten Menschenrechte, nachträglich auch dann gegenüber Machthabern geahndet werden können, wenn sie zum Zeitpunkt ihrer Verletzung keine positiv-rechtliche Grundlage besassen oder durch Notverordnungsmassnahmen suspendiert scheinen. Die Tatsache freilich, dass solch „rückwirkende" Bestrafung meist nur in bezug auf fundamentalste Rechtsgüter bzw. als Bestrafung von Verbrechen gegen die „Menschlichkeit", also als Schutz der Rechtsgüter des Lebens oder im Zusammenhang mit Folterungen der körperlichen Unversehrtheit als Schutz der körperlichen und seelischen Integrität des Menschen vorgenommen wird, macht deutlich, dass die Unverfügbarkeits- und Überpositivitätsdoktrin der Menschenrechte eben gerade vom natürlichsten Rechtsgut, vom menschlichen Leben und seiner Unverfügbarkeit, ihren Ausgang nimmt. Einschränkungen der politischen Freiheits- und Grundrechte durch Diktaturen führen im allgemeinen nicht zu spätern Strafrechtssanktionen. Man kann daraus sehr schön ablesen, dass die Menschenrechtsordnung auch eine *Prioritätsordnung* in bezug auf die zu schützenden Rechtsgüter beinhaltet: menschliches Leben als Unantastbarkeitsrechtsgut par excellence hat einen unbedingten Vorrang vor andern Rechtsgütern des Individuums und dementsprechend lassen sich hier eben auch am allerwenigsten positivrechtliche Rechtfertigungsgründe finden, um diese Rechtsgüter einzuschränken oder gar anzutasten. Deshalb muss eine Güterabwägung unter Grundrechtsaspekten auch immer dann enden, wenn es um die Tötung eines hilflosen und unschuldigen Menschenlebens geht, auch wenn irgend eine Form freier Persönlichkeitsentfaltung von besonderer Suggestivkraft ins Spiel gebracht werden sollte.

Die Relativierung des Rechts auf Leben, sowohl bezüglich seiner Unverfügbarkeitspriorität vor andern Grundrechten als auch bezüglich der Einschränkung der entsprechenden Grundrechtsträgerschaft ist nicht nur mit den Grundsätzen einer Menschenrechtsdoktrin unvereinbar oder interpretiert diese als bloss gesellschaftlich vermittelte Rechte, sondern untergräbt letztlich auch die Freiheitsdimension der Menschenrechtsdoktrin.

Wenn das Leben als Rechtsgut direkt oder indirekt so umschrieben wird, dass es nicht mehr vom Schutz der biologischen und organischen Natur des Menschen ausgeht, so wird im einzelnen damit nicht nur menschliches Leben, sondern, da von ihm abhängig, auch mit ihm das, was wir Menschenwürde und Freiheit nennen, grundsätzlich unbegrenzbar angetastet werden können. Es müssten dann ganz notwendigerweise Instanzen aufgestellt und aufgerufen werden – neben dem Willen der Mutter z.B. auch Fachleute –, welche im Einzelfall faktisch und rechtlich über das Vorliegen eines Lebensrechtes und damit die Verwirklichung der Möglichkeit von Freiheit entscheiden: „Die Etablierung einer solchen Instanz zur Definition des Menschen aber ist, wie leicht einzusehen, die *Etablierung einer absoluten Tyrannei*"[32].

32 Robert Spaemann, Die Aktualität des Naturrechts, in: Ders., Philosophische Essays, a.a.O., S. 77. Gemäss einer Pascalschen Tyrannisdefinition – „Die Tyrannei besteht in dem Verlan-

Der aufklärerische Imperativ der Menschenwürde, den Kant an die geläufige Formel geknüpft hat: „Handle so, dass du die Menschheit, sowohl in deiner Person, als auch in der Person eines jeden andern, niemals nur als Mittel, sondern immer zugleich auch als Zweck gebrauchst", die Formel, welche auch als menschenrechtliche Forderung, der Instrumentalisierung des Menschen Grenzen zu setzen verstanden werden kann, wird bei einer Einschränkung des Rechts auf Leben letztlich gegenstandslos bzw. in ihrem Grundgehalt fundamental untergraben. Die Kantsche Formel sagt ja aus, dass „der andere nicht auf eine solche Weise Mittel und Objekt für mich werden darf, dass dabei sein Status als Subjekt eigener Zwecke, in deren Verfolgung wiederum auch ich als Mittel zu fungieren habe, vernichtet wird. Daraus folgt zum Beispiel die Unsittlichkeit eines Sklavenstatus, der den Untergebenen aller Rechte beraubt und seine ganze Lebenszeit zur Disposition seines Herrn stellt"[33]. Im Unterschied zum Sklavenstatus, bei dem theoretisch als auch praktisch immerhin noch die Möglichkeit besteht, dass er rückgängig gemacht werden kann, zeichnet sich der Eingriff in das menschliche Leben noch zudem durch seine Irreversibilität aus. Der ursprüngliche Lebensträger, auch der Ungeborene, wird in seinem Status als Subjekt eigener Zwecke unwiederbringlich vernichtet und zwar über den „Umweg" als Mittel für den Zweck irgendeiner Wohlbefindlichkeit eines andern Rechtsträgers, dessen Zweck dabei freilich nicht einmal ein gleichrangiges Rechtsgut darstellt.

Friedens- und Schutzpflicht des modernen Staates

Nun beruht aber, nicht zuletzt auch historisch und geistesgeschichtlich, die Grundlage des neuzeitlichen und säkularisierten Staates in erster Linie auf seiner Schutzfunktion für das menschliche Leben und dem Verbot des privaten Eingriffs in jegliches menschliche Leben. Umgekehrt ist es allein der Staat und das in ihm zum Ausdruck kommende Gemeinwohl, welcher allenfalls in besondern Ausnahmesituationen das individuelle Leben des einzelnen relativieren darf. Max Weber betont diesen Sachverhalt immer wieder: Dem Staat „allein von allen sozialen Gemein-

gen, überall und auch ausserhalb seines eigenen Bereiches zu herrschen" (Pensées Nr. 244) – heisst dies, dass Fach-, politische und individuelle Instanzen sich anheischig machen, den Menschen anders zu definieren, wie er seiner Natur gemäss *ist*: Tyrannis deshalb eben als Seinsvergewaltigung und Rechtsabsprechung, wie wir es bei Ebbinghaus angetroffen haben.

33 Robert Spaemann, Verantwortung, In: Persönliche Verantwortung, Köln 1982, S. 25. Ein ähnlicher Gedanke steht auch hinter den Formulierungen des Art. 27 des Schweizerischen Zivilgesetzbuches: Abs. 1: „Auf die Rechts- und Handlungsfähigkeit kann niemand ganz oder zum Teil verzichten" und Abs. 2: „Niemand kann sich seiner Freiheit entäussern oder sich in ihrem Gebrauch in einem das Recht oder die Sittlichkeit verletzenden Grade beschränken". Besonders mit dem zweiten Absatz kommt zum Ausdruck, dass es Normen des ungeschriebenen Rechts gibt, welche hier die Verfügungsfreiheit des einzelnen einschränken, weil davon ausgegangen wird, dass gewisse Rechtsgüter mit der menschlichen Natur derart objektiv und untrennbar verbunden sind und verbunden bleiben sollen, dass hier jede unerlaubte Selbstverfügung und Entäusserung auch eine objektive Verletzung der menschlichen Natur und der Menschenwürde darstellt. Es dürfte wohl ein sowohl logisch als auch sachlich begründeter Schluss sein, dass wenn das Gesetz schon die Dispositionsfreiheit des einzelnen in bezug auf sich selbst einschränkt, dies erst recht für ein Handeln gelten muss, das die Rechts- und Handlungsfähigkeit eines andern unwiderruflich und endgültig aufhebt, wie dies beim Entzug des Lebens der Fall ist. Denn dass das Leben und seine physische Natur jene Eigenschaft ist, die mit jedem menschlichen Lebewesen am unmittelbarsten gegeben ist, lässt sich auch jenseits jeglicher moralischer und rechtlicher Wertung kaum abstreiten.

schaften wird heute legitime Macht über Leben, Tod und Freiheit zugeschrieben"[34]. Rechtshistorisch müsste man die teilweise Freigabe der Verfügungsbefugnis über menschliches Leben als einen Rückfall in die sonst so geschmähte Welt des mittelalterlich-feudalistischen Fehderechts einstufen, mit dem gravierenden Unterschied freilich, dass etwa bei einer „modernen" Abtreibung oder Euthanasie *unschuldiges* Leben der Tötung überlassen wird.

Die Erfüllung der Friedenspflicht des Staates, die auch als Entzug der Dispositionsfreiheit des einzelnen in bezug auf die fundamentalsten Grundrechtsgüter zu verstehen ist, verpflichtet den Staat aber auch, Angriffe Dritter auf das menschliche Leben zu verhindern. Es wäre ja doch wohl paradox, wenn der Staat es dem Privaten zwar untersagte, einem Mörder mit gleicher Münze heimzuzahlen, während für ein gewisses Stadium die Verfügung des einzelnen über menschliches Leben der privaten Entscheidung überlassen bliebe. Ohne soweit wie Walter Leisner zu gehen, der die staatliche „Versagung des Schutzes einem positiven Eingriff völlig gleichstellen will"[35] und ohne damit für eine grundsätzliche und allgemeine Drittwirkung von Grundrechten eine Lanze zu brechen, so verlangt doch das elementare Grundrecht auf Leben auch einen aktiven Grundrechtsschutz, das heisst die Verhinderung von Handlungen Dritter, die darauf abzielen, das Rechtsgut Leben zu tangieren. Auch das auch in diesen Fragen ausserordentlich zurückhaltende Bundesgericht

34 Methodologische Schriften, Frankfurt 1968, S. 276. Dass hier vom Modell der Todesstrafkompetenz ausgegangen wird, zeigt eine andere Bemerkung Webers, nach der der Staat „das Monopol legitimer physischer Gewaltsamkeit für sich beansprucht" (Max Weber, Wirtschaft und Gesellschaft, ed. J. Winckelmann, 4. Aufl., Tübingen 1958, S. 1043). Zur Entstehung neuzeitlicher Staatskonzeption in Auseinandersetzung mit dem mittelalterlichen Fehdewesen siehe grundlegend: Otto Brunner, Land und Herrschaft, Darmstadt 1963. So gilt auch trotz einer entgegenstehenden Formulierung des schweizerischen Bundesgerichtes das Recht auf Leben nicht absolut: Art. 65 der schweizerischen Bundesverfassung schliesst die Todesstrafe nur bei „politischen Vergehen" aus. Art. 15 Abs. 2 der Europäischen Menschenrechtskonvention, wonach auch in einem staatlichen Notstand – im Gegensatz zu den typisch liberalen Freiheitsrechten – das Recht auf Leben ausser im Falle einer unbedingt erforderlichen Gewaltanwendung zur Unterdrückung eines Aufruhrs oder eines Aufstandes nicht tangiert werden darf, macht – auch in Verbindung mit den Weberschen Zitaten – unmissverständlich klar, dass das *unschuldige* Leben eben doch unter einer absoluten Schutzgarantie des Staates steht. Wenngleich man mit guten Argumenten unter menschenrechtlichen Aspekten für eine Abschaffung der Todesstrafe plädieren kann, so steht doch ausser Zweifel, dass solche Forderungen ohne den gleichzeitigen Ausbau des Schutzes unschuldigen und hilflosen menschlichen Lebens in all seinen Erscheinungsformen kaum eine wirkliche Berechtigung haben können.

35 Walter Leisner, Das Lebensrecht, a.a.O., S. 26. Leisner verneint nun allerdings die Frage, ob „der Staat über den Schutz gegen Dritte hinaus auch noch *fördernd* tätig werden" soll, ob das „Lebensrecht zu Leistungen" als „Recht des status positivus" verpflichte. Leisner plädiert dafür, dass „zunächst ‚Förderung' klar vom ‚Schutz in der Drittwirkung' abgegrenzt" wird. Es besteht zwar indirekt auch beim „Schutz" insofern eine „Verpflichtung zu positivem staatlichem Tätigwerden, als auch der Schutz gegen Dritte ein (polizeiliches, gesetzgeberisches) Tun verlangt. Es bleibt jedoch ein klarer dogmatischer Unterschied zwischen denjenigen Veranstaltungen, welche *Drittgefährdung abwehren und solchen, die Leistungen des Staates bringen, welch aus ‚gegnerloser Not' helfen* sollen. Diese letzte echte Förderung lässt sich nicht mehr dem Begriff einer – in der Drittwirkung erweiterten – Abwehr zurechnen, sie allein ist ein reines Problem des status positivus und sollte daher nicht mit dem Drittschutz allzu leichthin in der insoweit missverständlichen Formel ‚Schutz und Förderung' zusammengefasst werden, weil sie zwei heterogene Komplexe bezeichnet" (ebenda, S. 27). Ob allerdings die Unterscheidung zwischen Schutz und Leistung im einzelnen so leicht möglich ist, muss dahingestellt bleiben (siehe dazu für die Schweiz: R. A. Rhinow, Grundrechtstheorie, Grundrechtspolitik und Freiheitspolitik, in: Festschrift für Hans Huber, Bern 1981, S. 440 ff.).

anerkennt, dass es „Freiheitsrechte mit negativer und positiver Funktion" gibt, die „den Staat verpflichten einzugreifen", wenn die – durch das Grundrecht (Anm. des Verf.) – „geschützte Betätigung durch Dritte verunmöglicht wird. Unterlässt er dies, so verweigert er dem Betroffenen seinen Schutz und macht sich damit einer Rechtsverweigerung schuldig" (BGE 97 I 221 ff.). Nun erscheint es doch wohl evident, dass unter normalen Staatsbedingungen die eigentlichen Gefahren für das menschliche Leben nicht direkt vom Staat, sondern von den privaten Rechtsgenossen ausgehen. Nicht umsonst kommt dem in der Schweiz durch ZGB 28 normierten Persönlichkeitsschutz, der ja auch die private Dispositionsfreiheit einengt, eine solche Bedeutung zu.

Im übrigen besagt ja diese Schutzpflicht des Staates in bezug auf menschliches Leben keine umfassende Statuierung eines status positivus, wonach der Staat gewissermassen lebensfördernd tätig werden muss, sondern nur die Erzwingung von Unterlassungen Dritter.

Nun wird gerade am Beispiel der Gefährdung menschlichen Lebens durch eine Abtreibung offenkundig, dass sich auch der Staat bei einer Tolerierung der Tötung durch Dritte in der Konsequenz selbst als Eingreifer in menschliches Leben hervortun muss. Man braucht zur Darlegung dieses Sachverhaltes nicht nur an die Tatsache zu erinnern, dass in den öffentlichen Spitälern Abtreibungen und Euthanasiemassnahmen von Ärzten mit öffentlichen Funktionen wahrgenommen werden müssen, weil ja die eigentlich abtreibungswilligen Mütter kaum selber die lebensbeendenden Eingriffe vornehmen können. Romano Guardini hat an einer beispielhaften Grenzfallsituation aufgezeigt, wie sehr letztlich der Begriff der Liberalisierung gerade für die Freigabe des Schutzes und auch der Strafe für die Tötung vorgeburtlichen menschlichen Lebens fehl am Platze ist: „Wenn das Recht der Eltern anerkannt wird, auf Grund der sozialen Indikation den werdenden Menschen töten zu lassen, dann entspricht diesem Recht an einer andern Stelle grundsätzlich eine *Pflicht*, nämlich die, die Tötung zu vollziehen. Der Staat kann den Vollzug des Eingriffs nicht der privaten Initiative anheimgeben, weil daraus unabsehliches Unheil kommen würde. Wenn er also erklärt, in einer bestimmten Notlage dürften die Eltern die Unterbrechung der Schwangerschaft verlangen, muss er auch dafür sorgen, dass jemand sie sachgemäss durchführt. Der einzelne Arzt kann sich weigern; wenn aber der Grenzfall eintritt, dass alle verfügbaren Ärzte sich weigern, muss der Staat einen zwingen"[36]. Nun ist dieser äusserste Fall zwar unwahrscheinlich, und doch vermag

36 Romano Guardini, Das Recht des werdenden Menschenlebens, In: Romano Guardini, Sorge um den Menschen, Band 1, Würzburg 1962, S. 173. Auf eine andere positive „Vergewaltigung" des Gewissens vieler Bürger bei einer Freigabe eines umfassenden Schutzes des hilflosen Lebens macht in starken Worten der ehemalige österreichische Unterrichtsminister Piffl-Percevic aufmerksam: „Ihre Ungeheuerlichkeit aber fordert zu jedem Widerstand heraus, wenn sie andere der Tötung widerstrebende Bürger – und das sind keineswegs nur Christen – zwingen wollte, mit ihren Steuer- oder Krankenkassenbeiträgen die Tötung nicht gewünschten Lebens zu bezahlen" (zitiert in: Robert Spaemann, Am Ende der Debatte um § 218, a.a.O., S. 53). Im übrigen ist es heute dem Staat „angesichts seiner umfassenden Steuerungstechniken ein leichtes, Grundrechtsverletzungen, welche er selber politisch scheut, durch Private vornehmen zu lassen. . . In vielen Fällen kann der sozialgestaltende Staat seine Eingriffe als ‚Erweiterung von Rechten Dritter' tarnen, wird dem nicht durch ein grundrechtliches Recht auf Schutz ein Riegel geschoben" (Walter Leisner, Das Lebensrecht, a.a.O., S. 26). Weiter scheint es immer noch kontrovers zu sein, ob die privatrechtliche Verwaltung, insofern sie sogenannt privatrechtlich tätig ist, an die Grundrechte gebunden ist. Es ist aufschlussreich, dass gemäss der im Zeitalter des Absolutismus entwickelten sogenannten Fiskustheorie sich die Berufung auf Grundrechte nur gegen den Staat als Hoheitsträger und gegen entsprechende Hoheitsakte richten kann (siehe dazu auch: Ivo Hangartner,

er die Problematik zu erhellen, welche eine Relativierung des menschlichen Lebensschutzes auch unter der Oberfläche noch mit sich bringen muss. Dass es heutzutage in der Schweiz Beispiele dafür gibt, dass in öffentlichen Frauenkliniken junge und noch über keine eigene Praxis verfügende Ärzte bei der Alternative ihrer Entlassung praktisch gezwungen werden können, eine Abtreibung vorzunehmen und dass damit das Beharren auf dem Hippokratischen Eid zur Berufsgefährdung zu werden vermag, ist ein Fingerzeig dafür, dass der Guardinische Grenzfall eben doch einen grossen Realitätsgehalt besitzt.

Die an und für sich unbestrittene Priorität des Rechtsgrundwertes Leben im Vergleich zu andern Rechtsgütern, die konkreten Gefährdungssituationen und die Tatsache, dass ja gerade der hilflose Rechtsträger des besonderen Grundrechtsschutzes bedarf, sollten es eigentlich gerade zu einer conditio sine qua non des neuzeitlichen und säkularisierten Staates machen, für einen umfassenden Schutz des menschlichen und hilflosen Lebens zu sorgen. Dabei muss von der Logik und der geistesgeschichtlichen Differenzierung von Moral und Recht her das Argument, dass die moralischen Anschauungen weiter Kreise sich heute so verändert hätten, dass etwa eine Abtreibung nicht mehr als sündhaft oder ethisch untragbar empfunden werde, gerade nicht zum Resultat führen, dass daher nur eine Liberalisierung im Sinne der Freigabe der Verfügung über menschliches Leben in Frage komme. Wenn die von Religion und Ethik geprägten Normen im Bewusstsein von Gesellschaftsgliedern schwinden und damit schützenswerte Güter gefährdet sind, da ist es gerade die Aufgabe einer modernen und moralunabhängigen Rechtsordnung, welche das äussere Verhalten von Menschen untereinander zu regeln oder zu bestimmen hat, für den rechtlichen Schutz zu sorgen, nötigenfalls ihn auch auszubauen. So wie das Argument, dass immer mehr Jugendliche durch ihr destruktives Verhalten eine wachsende Verminderung der Achtung vor fremdem Eigentum bekundeten, ja niemand ernsthaft zur Forderung verleiten dürfte, die Diebstahlgesetzgebung sei wegen der neuen Moralanschauung eines Teils der Bevölkerung zu lockern, so geht auch die Argumentation, wonach durch einen umfassenden Schutz menschlichen hilflosen Lebens und der entsprechenden staatlichen Garantien einem Grossteil der Bevölkerung eine überholte Moralanschauung rechtlich aufgezwungen wird, ins Leere und richtet sich gegen sich selbst. Gerade in einem modernen und säkularisierten Rechtsstaat muss der rechtliche Schutz von Rechtsgütern sich teilweise trotz oder gerade auch wegen fallender moralischer Schranken in bezug auf die Unverfügbarkeit von Rechts-

a.a.O., S. 48 ff.). Bezüglich des ärztlichen Berufsethos ist daran zu erinnern, dass erst 1948 im sogenannten „Genfer Eid" bzw. der „Genfer Deklaration" eine neue Formulierung des Hippokratischen Eides vorgenommen wurde, der folgenden zentralen Passus enthält: „Ich werde die höchste Achtung vor dem menschlichen Leben bewahren, *vom Moment der Empfängnis an*; auch unter Drohungen werde ich meine medizinischen Kenntnisse nicht im Gegensatz zu den Gesetzen der Menschlichkeit anwenden. Ich leiste dieses Versprechen feierlich, aus freiem Willen und auf meine Ehre" (siehe dazu: Wolfgang Waldstein, a.a.O., S. 97). Nicht zuletzt deshalb muss die Tötung unschuldigen menschlichen Lebens unter allen Umständen ein Unrecht bleiben, mag man auch in besondern Härtefällen und bei bestimmten Indikationen etwa auch einen Entschuldigungs- oder persönlichen Strafausschliessungsgrund zubilligen. Der grundrechtliche Schutz menschlichen Lebens muss gewährleistet bleiben; auch wenn oder vielleicht auch gerade weil es wünschenswert erscheint, bei allfälligen strafrechtlichen Beurteilungen die persönliche Situation des betroffenen Straftäters vermehrt zu berücksichtigen. Diese Differenzierung zwischen Grundrechtsschutz und Strafrecht ist aus sachlicher Überlegung schon deshalb gerechtfertigt, weil der Grundrechtsschutz beim Recht auf Leben einen praktischen Sinn nur immer *vor* einem allfälligen Eingriff haben kann, bei der strafrechtlichen Beurteilung hingegen meistens erst *nach* einem Eingriff eingeschritten wird.

gütern vollziehen. Damit wird sichtbar, dass ein umfassender Rechtsschutz menschlichen Lebens sich gerade unter Neuzeitlichkeitsbedingungen nicht als Vermengung von Moral und Recht erweist, sondern als die Eigenständigkeit rechtlicher Imperative, sowie umgekehrt die sogenannten Liberalisierungsbefürworter die eigentlichen Moralisten, freilich solche neuer Art, sind. Dies gilt andrerseits allerdings auch, entgegen einem vielleicht andern Anschein, wer mit hohem Freiheitspathos die Einschränkungen im privaten Automobilverkehr, welche etwa als Gurtenobligatorium oder als Geschwindigkeitsbeschränkungen auftreten können, als Einschränkung der persönlichen Freiheit anprangert. Hier wird im übrigen in für diese Darlegungen bedeutsamen Zusammenhängen übersehen, dass gerade die sich scheinbar als Einschränkungen des individuellen Persönlichkeitsrechtes manifestierenden, zunehmenden und mit Buss- und Strafsanktionen versehenen Verkehrsregelungen letztlich von der Gefährdung menschlichen Lebens und damit vom zu schützenden Rechtsgut Leben ausgehen. Weil einerseits der technische Fortschritt immer höhere Geschwindigkeiten erlaubt, andrerseits die moralische Bereitschaft für eine ohne gesetzlich erzwungene Sanktion sich freiwillig vollziehende Geschwindigkeitsbeschränkung kaum vorhanden ist oder teilweise abgebaut wird, scheint das Rechtsgut Leben im Automobilverkehr anders als durch verschärfte Verkehrsbestimmungen kaum zu schützen zu sein. Was hier im grossen und ganzen zum Schutz des menschlichen Lebens vom Grossteil der Bevölkerung und auch unter dem Beifall heutiger Intellektueller akzeptiert zu werden scheint, muss gerade und vor allem auch in bezug auf den Schutz des hilflosen ungeborenen Lebens gelten, und zwar noch in einem verstärkten Masse. Denn im Gegensatz etwa zu einer Geschwindigkeitsüberschreitung, die schon unter dem Aspekt einer blossen Gefährdung des Lebens möglicher Verkehrsteilnehmer bestraft wird, handelt es sich bei einer Abtreibung stets um eine direkte Tötung eines konkret vorhandenen menschlichen Lebewesens und nicht um ein „blosses" Gefährdungsdelikt wie beim Schnellfahren.

Eine Relativierung des Rechtsschutzes menschlichen Lebens tastet also auch die geistigen und geschichtlichen Fundamente des neuzeitlichen Rechtsstaates an und verunmöglicht es, Menschenrechte überhaupt noch grundsätzlich und rechtsstaatlich begründen zu können. Denn Menschenrechte und die von ihnen geschützten Rechtsgüter setzen Grundrechtsüberzeugungen von auf Realität gründenden Werten voraus. Solche Werte aber müssen unabhängig von ihrer schriftlichen Setzung, aber auch unabhängig von der Gewissensentscheidung des einzelnen Bestand haben. Eben weil man Rechtsgüter wie das menschliche Leben nicht der beliebigen Verfügbarkeit staatlicher Setzung, aber auch nicht der selbstherrlichen Bestimmung des Individuums überlassen wollte, hat man sie zu Grundrechten erklärt und teilweise auch positiviert. Diese grundsätzliche Unverfügbarkeit über die wesentlichen Inhalte der Fundamentalgrundrechte erweist sich gerade in der säkularisierten und weltanschauungspluralistischen Moderne von besonderer Wichtigkeit; denn sowohl einzelne sich aufs Gewissen berufende Entscheidungen als auch parlamentarische Mehrheitsbeschlüsse vermögen wichtige Rechtsgüter nicht nur zu sichern, sondern umgekehrt auch zu gefährden. Dies umso mehr, als die allgemeine Übereinstimmung über die moralischen, geschweige denn religiösen Grenzen menschlicher Verfügungsmacht und Änderungsbefugnis in verschiedenen Bereichen mehr und mehr verfällt.

In Zusammenhang mit dem Umstand, dass nach den religiösen Spaltungen und den konfessionellen Bürgerkriegen des 16. und frühen 17. Jahrhunderts für eine an der neuzeitlichen Souveränitätstheorie orientierte Staatslehre der Staat nicht mehr wie in der klassischen politischen Philosophie als eine Ordnung des guten Lebens –

hier musste das nackte Leben, die blosse Existenz, nicht als das höchste der Güter erscheinen – interpretiert werden zu können scheint, hingegen wie beispielhaft bei Thomas Hobbes seine eigentliche Legitimation in einer Staats- und Rechtsordnung zur Vermeidung des höchsten Übels, nämlich des gewaltsamen Todes, finden soll, muss die heutige Tendenz von wohlstandsorientierten Kategorien „guten" und „gesunden" Lebens her, den gewaltsamen Tod von hilflosen Individuen zu rechtfertigen, die Legitimitätsgrundlage gerade des säkularisierten modernen Staates zutiefst in Frage stellen. Dies gilt umso mehr, als – oft sogar von gleicher Seite, also von Abtreibungsliberalisierungsbefürwortern – in Zusammenhang mit der heutigen Friedensdiskussion unter dem Slogan „lieber rot als tot" oder „totale Abrüstung vor Abschreckung" die Kategorie der Bewahrung des nackten Lebens als höchstes aller politischen Ziele und Güter dieser Welt mehr denn je ins Zentrum des politischen Bewusstseins und der öffentlichen Diskussion gerückt wird. Kann es sich aber eine durch Menschenrechte und rechtsstaatliche Gleichheitsgarantien legitimiert sein wollende Rechts- und Staatsordnung ohne Gefahr ihrer innern und schliesslich vielleicht auch äussern Selbstpreisgabe leisten, das von ihr selbst als fundamentales Rechtsgut deklarierte Leben bloss noch selektiv zu schützen und damit seine prinzipielle Unantastbarkeit ohne ein höheres Gemeinwohlinteresse in Frage zu stellen? Scheint sich dann nicht doch jene pessimistische Einschätzung von Ulrich Matz zu bewahrheiten, wonach das eigentliche Fundament der Idee unverfügbarer Menschenrechte trotz des Anscheins ihrer verbalen Hochkonjunktur schon untergraben ist: „Lebt hier nicht eine Tradition, die in Wahrheit schon von ihrer ideellen Wurzel abgeschnitten ist und das heisst: über kurz oder lang absterben muss? Das klassische Naturrecht ging davon aus, dass der Mensch nur als Ebenbild Gottes dem Mitmenschen heilig sein kann (Seneca) und dass davon die Unantastbarkeit seines Menschenrechtes abhinge... Wie immer dagegen der neuzeitliche Autonomismus die Person bestimmt, . . . mangels vorgeordneter Norm wird der Mensch prinzipiell verfügbar nach Massgabe der menschlichen Selbstgesetzgebung, die den Wert frei taxieren kann, im Ernstfall gesichert nur durch ein Geschäft auf Gegenseitigkeit, das dem Nutzenkalkül unterliegt. Als Bezugspunkt für gesellschaftliche Normativität muss unter diesen Prämissen die Person daher ausscheiden. Statt dessen ist wohl anzunehmen, dass wir in diesem für die politische Ordnung des demokratischen Verfassungsstaates fundamentalen Punkt von einer Substanz zehren, die bereits rationiert ist, und dass wir daher dem totalitären Zeitalter nicht etwa glücklich entronnen sind, sondern eher neuen Totalitarismen entgegengehen"[37].

37 Ulrich Matz, Politik und Gewalt, München 1975, S. 127. Von andern Ausgangspunkten her kommt auch Georg Picht zu einer ähnlich skeptischen Einschätzung der aktuellen Menschenrechtsdiskussion, nachdem „die rechtsphilosophischen Implikationen der Menschenrechtsdoktrin der Mehrzahl der Partner nicht mehr bekannt sind. Das führt nicht nur zu manifesten Schwächen der juristischen, moralphilosophischen und theologischen Argumentationen; es hat auch mit dem materiellen Gehalt all dessen, was durch Menschenrechte geschützt werden soll, etwas zu tun." Für Georg Picht sind Menschenrechte „der Versuch, Überzeugungen, die einer vor- und ausserrechtlichen Sphäre angehören, in die Sphäre des Rechts zu transponieren". Nicht zu Unrecht bringt er die Menschenrechtstheorie mit dem alten „stoischen Schema der allen Menschen auf Grund ihrer menschlichen Natur gemeinsamen Fundamental-Rechte, denen die positiven Rechtsordnungen der einzelnen Staaten nur übergelagert sind", in Verbindung. Diese Theorie sei allerdings durch „die historische Relativierung des europäischen Vernunftbegriffs" schon im 17. und 18. Jahrhundert erschüttert worden. Georg Picht selbst bezeichnet die „Würde des Menschen" als „Achse der Menschenrechte": „Der Mensch hat Würde, wenn er anerkennt, was höher ist als er selbst. Er hat Würde, wenn er akzeptiert, dass es solches gibt, was ihm *unverfügbar* ist". Genau von daher kommt Picht zum Schluss, dass eine tiefere Besinnung in der Begründung der Menschenrechte und „die

Fundamentale Menschen- und Grundrechte aber sind von ihrer innern Bestimmung her Rechte, welche der Rechtsstaat und Verfassungsgesetzgeber als ausserhalb ihres Zugriffs und damit als grundsätzlich unantastbar anerkennen müssen. Dies aber muss in besonderer Weise – gerade auch vom Grundsatz der Rechtsgleichheit her – vom umfassendsten und der menschlichen Natur inhärentesten Rechtsgut gelten, eben vom menschlichen Leben. Wo auf diesem Gebiet Einschränkungen gemacht werden, da ergeben sich alsbald nicht nur die fürchterlichsten und geschilderten Konsequenzen für das geborene Leben, sondern da wird es auch sinnlos und heuchlerisch, überhaupt noch von der Garantie von Menschenrechten zu sprechen. Die letzte und auch eigentliche Aufgabe von freiheitsstiftenden Grundrechten muss sich doch gerade darin zeigen, dass sie besonders den hilflosen, sich nicht selbst artikulierenden und nach aussen durchsetzen könnenden Personen zukommen. Die Gretchenfrage an den Rechtsstaat heisst deshalb heute mehr denn je: Wie hältst du es mit dem Schutz des hilflosen und ohnmächtigen Lebens?

Amerikanische und französische Menschenrechtserklärung

Die Unabhängigkeitserklärung der Vereinigten Staaten vom 4. Juli 1776 gibt auf die zuletzt gestellte Frage noch eine deutliche und positive Antwort. Sie zeugt nicht nur von der vor- oder überstaatlichen Evidenz des Bestandes der fundamentalsten Rechtsgüter und Menschenrechte, von einem fundamentalen Unantastbarkeits- und Unverfügbarkeitscharakter, sondern auch von der Priorität eines bezüglich seines Trägerkreises uneingeschränkten Lebensrechtes, einem Lebensrecht auch des Ungeborenen: „Wir betrachten diese Wahrheiten als in sich selbst evident, dass alle Menschen gleich *geschaffen* sind, dass sie von ihrem Schöpfer mit gewissen unveräusserlichen Rechten ausgestattet sind, darunter mit dem Recht auf Leben, auf Freiheit und das Streben nach Glück".

Dagegen springt der Unterschied und die andere Gewichtung der Erklärung der Menschen- und Bürgerrechte der Französischen Revolution von 1789 in die Augen:

Art. 1: Die Menschen sind und bleiben von *Geburt* frei und gleich an Rechten. Soziale Unterschiede dürfen nur im gemeinen Nutzen begründet sein.

Art. 2: Das Ziel jeder politischen Vereinigung ist die Erhaltung der natürlichen und unveräusserlichen Menschenrechte. Diese Rechte sind Freiheit, Eigentum, Sicherheit und Widerstand gegen Unterdrückung.

Wiederentdeckung der Humanität nur in Dimensionen erfolgen kann, die unserer gegenwärtigen Mentalität verschlossen sind" (Georg Picht, Zum geistesgeschichtlichen Hintergrund der Lehre von den Menschenrechten, in: Georg Picht, Hier und jetzt: Philosophieren nach Auschwitz und Hiroshima, Stuttgart 1980, S. 116 ff.). Man wird angesichts der Pichtschen Skepsis die Frage stellen müssen, ob nicht schon der Ausgangspunkt, Menschenrechte gewissermassen als Legalisierung von ausserrechtlichen Überzeugungen zu definieren, also von einer doch subjektiv begründeten Überzeugungsdimension her, ebenfalls eine Ursache für die heutigen Schwierigkeiten mit der „Legitimationsgrundlage dieser Denkfigur . . . der Menschenrechte" (Picht, a.a.O., S. 131) zurechtzukommen, darsellt. Denn auch die ausserrechtliche Überzeugung, dass gewisse Güter unverfügbar sind, muss unter dem Banner einer Menschenrechtstheorie doch mit der Annahme gekoppelt sein, dass diese Unverfügbarkeit eben auch objektiv durch die Natur und Erkenntnis der Sache auch in ihrer Rechtsdimension vorgegeben ist. Erst auf Grund dieser objektiven Vorgegebenheit kann Menschenrechtsgerechtigkeit auch als Überzeugung und Tugendhaltung bestehen: „Gerecht ist die Haltung (habitus), kraft deren einer standhaften und beständigen Willens einem jeden sein Recht zuerkennt" (Thomas von Aquin, Summa Theologica, II–II, qu. 58, art. 1).

In diesen Formulierungen der Französischen Menschenrechtserklärung wird im Gegensatz zur Präambel der Amerikanischen Menschenrechtserklärung das gleiche Ausgestattetsein mit Rechten erst vom Zeitpunkt des sozialen Ereignisses der Geburt anerkannt und unter den aufgezählten Rechten fehlt auch das Recht auf Leben, das ja von der Amerikanischen Menschenrechtserklärung gerade als erstes Recht genannt worden war. Es kann wohl kaum bloss ein historischer Zufall sein, dass gerade im Gefolge der Französischen Revolution und ihrer Radikalisierung im Namen derselben Revolution alsbald tausende von Menschen unter dem Banner einer radikalen Gleichheit und des gemeinen Nutzens ihr Leben unter der Guillotine lassen mussten, während die Amerikanische Revolution vergleichsweise unblutig und unter möglichster Respektierung des politischen Gegners, vor allem seines Lebens, verlief.

Die unterschiedliche Gewichtung der Unverfügbarkeitsdimension der Menschenrechte und das Fehlen bzw. die Betonung des Rechts auf Leben in der kontinental-europäischen bzw. angloamerikanischen Menschen- und Bürgerrechtstradition, welch letztere in der Gütertriastradition von *life, liberty und estate* zu stehen scheint[38], haben freilich manche zusammenhängende Gründe. Während die französische Menschenrechtserklärungstradition trotz ihrer Rechtsanspruchsformeln vor allem von rationalistischem und aufklärerischem Belehrungspathos getragen ist und praktisch mehr in ihrem Theorieanspruch als in ihrem rechtlichen Gehalt Konsequenzen hat[39], formuliert die Amerikanische Menschenrechtserklärung „lädierbare

38 Reinhard Brandt, Menschenrechte und Güterlehre, In: Rechtsphilosophie der Aufklärung, Hrsg. Reinhard Brandt, Berlin–New York 1982, S. 79 ff.). In der Amerikanischen Menschenrechtserklärung wird aus estate das „Streben nach Glück". Aus diesem Terminus, der die Eigentums- und Besitzesdimension miteinschliesst, kann nicht etwa eine direkte Sozialstaatsphilosophie herausgelesen werden, viel eher erinnert dieser Terminus an die Dimension des „guten Lebens" der aristotelischen Politiktradition. Zudem ist nur vom Streben (pursuit) nach Glück die Rede. Dieses Glück als Verwirklichung seiner existentiellen Anlagen ist wohl nach den Ansichten der Gründerväter nicht als mechanische Direktansteuerungsmöglichkeit zu sehen, sondern vielmehr als Ergebnis von menschlich-ethischen Tätigkeiten. Nach diesem Glück ohne äussern Zwang streben zu dürfen, dies ist das Recht des Menschen.

39 Siehe dazu: Josef Isensee, Menschenrechte–Staatsordnung–sittliche Autonomie, Gestalt der menschenrechtlichen Freiheit im Verfassungsstaat, In: Modernes Freiheitsverständnis und christlicher Glaube, Hrsg. Johannes Schwartländer, München–Mainz 1981, S. 70 ff.). Den im Vergleich zur „aufgeklärten" französischen Menschenrechtstradition und ihren Rousseauistischen Verabsolutierungen – „der Mensch ist frei geboren und überall liegt er in Ketten" – gleichzeitig naturrechtlichen und realistischen Charakter der amerikanischen Menschenrechtserklärungstradition vermag auch folgender Passus aus einer Rede Abraham Lincolns zu erhellen „I think the authors of the natable instrument (the declaration of Independence) intended to include *all* men, but they did not intend to declare all men equal *in all respects.* They did not mean to say that all were equal in colour, size, intellect, moral development or social capacity. They defined with tolerable distinctness in what respects they did consider all men *created* equal – ‚with certain inalienable rights, among which are life, liberty and the persuit of happiness.' This they said, and this they meant. They did not mean do assert the *obvious untruth* that all where then actually enjoying that equality, nor yet that they were about to confer it immediately upon them. In fact, they had no power to confer such a boon. They meant simply to declare the right, so that the enforcement of it might follow as fast as *circumstances* should permit" (zitiert in: Michael Bertram Crowe, The changing profile of the natural law, The Hague 1977, S. 244). Nicht zuletzt vor diesem Hintergrund muss, wie auch Karl Forster nachweist, die Skepsis der katholischen Kirche gegenüber einer Menschenrechtskonzeption, welche ihr eben zunächst vor allem in der säkular-dogmatischen Variante der französischen Aufklärung gegenübertrat und nicht im „angelsächsischen Konzept", verständlich werden. Denn da der aufklärerische „Gedanke der absoluten Autonomie der Individuen auch auf die politische Doktrin einer absoluten und unbegrenzten Gewalt des Staates übertragen wurde", musste vor allem auch die Glaubensfreiheit als ungesichert er-

Rechte, wobei die Läsion als solche sich im Prinzip so klar markieren lässt wie das Rechtsgut selbst: Töten, Gefangensetzen und Güterentzug sind die Musterhandlungen, durch die ein Bürger seines Lebens, seiner Freiheit und seiner äussern Habe beraubt werden kann"[40]. Die Dreiheit der Güter Leben, Freiheit und Besitz wird hier in Zusammenhang mit möglichen, aber vor allem konkreten Bedrohungen gesehen und verdankt ihren Menschenrechtsformulierungsaspekt also nicht einer rein rationalistischen und philosophischen Freiheitsdogmatik, sondern einer konkreten Rechtsproblematik.

Schon im England des 17. Jahrhunderts wurde der rechtliche Schutz dieser Gütertrias von englischen Verfassungsjuristen in „Opposition gegen eine Staatsgewalt, die sich anmasst, als Rechtsschöpferin legibus solutus zu sein" betont. Es ergab sich damals die „Notwendigkeit zu zeigen, dass life, liberty und estate nicht der Dezision der momentanen Staatsgewalt entspringen, sondern ihr – sei es durch das Naturgesetz, die Magna Charta oder die Bibel – vorgegeben sind"[41].

scheinen, ein Sachverhalt, der durch den Verlauf der Französischen Revolution nur allzusehr bestätigt wurde. Hingegen stellte „die frühe englische Aufklärung Theorien bereit, nach denen es möglich wurde, ein Nebeneinander unterschiedlich orientierter Selbständigkeit zu finden, ohne die letztlich theonomen Begründungen des je eigenen Lebensentwurfs zu unterdrücken oder zu verlassen. Individuelle und korporative Freiheit brauchten sich dabei nicht gegenseitig auszuschliessen. Es ist die Konzeption, die geschichtlich für den angelsächsischen Raum kennzeichnend geworden ist" (Karl Forster, Die Menschenrechte aus katholischer Sicht, In: Internationale katholische Zeitschrift, Jg. 1981, S. 517 ff.). In der französischen Aufklärungstradition und man muss sagen teilweise auch in derjenigen des deutschen Idealismus – das hegelsche Desiderat einer bürgerlichen nichtpolitisierten Gesellschaft ist hier nur scheinbar eine Ausnahme, siehe dazu Hermann Lübbe, Hegels Kritik der politisierten Gesellschaft, In: Ders., Theorie und Entscheidung, Freiburg im Br. 1971 – stehen sich das isolierte, wenn auch freiheitsfordernde Individuum und ein allmächtiger souveräner Staat unvermittelt gegenüber: Dies entspricht der Rousseauistischen Forderung, „dass es im Staat keine Sondergruppen gibt' – „qu'il n'y ait pas de société partielle dans l'État" – (zitiert in: Daniel Rhonheimer, Demokratisierung aller Lebensbereiche, Diss. Zürich 1983, S. 704). Dem hält der bedeutende Exponent einer angelsächsischen Politiktradition, Ernest Barker, entgegen: „failure to distinguish state and society may lead to unlimited state regulation. It is safer to distinguish, as we in England have always distinguished between *society* (with its ‚social' athmosphere, its ‚social' morality and its ‚social' institutions) and the *state* (with its political institutions, its laws and its officials" (ebenda S. 689).

40 Reinhard Brandt, a.a.O., S. 98. Walter Leisner macht auf den Zusammenhang der schon mittelalterlich verbrieften strafprozessualen Sicherungen eines korrekten Prozesses mit dem grundrechtlichen Schutz eines Rechts auf Leben in England aufmerksam: „Solange Todesstrafe und körperliche Züchtigung noch grundsätzlich als zulässig erscheinen, konnte das Lebensrecht nicht ganz allgemein proklamiert, es konnte *nur prozessual gesichert werden* – eben in jener persönlichen Freiheit, welche nichts anderes als *‚vorgezogener Lebensschutz'* ist; sie ist noch heute die beste juristische Garantie der körperlichen Integrität. Vor Entdeckung der Grundrechte verwendete man juristische Mühe weniger auf geschliffene Formulierung materieller Rechte als auf deren prozessuale und organisatorische Sicherung" (Walter Leisner, Das Lebensrecht, a.a.O., S. 12).

41 Reinhard Brandt, a.a.O., S. 93. Die Vorstellung von einem „finsteren Mittelalter", wonach mit einer theonom legitimierten Staatsgewalt auch eine „willkürliche und unbeschränkte Monarchie gestützt" worden sei – ein Bild, das teilweise auch von einer sogenannt „liberalen" Geschichtsschreibung vermittelt worden ist –, bezeichnet Bertrand de Jouvenel als „eine grob falsche Vorstellung vom Mittelalter. . . Weit entfernt, ihre Grösse verursacht zu haben, deckte sich die Vorstellung von der Souveränität Gottes jahrhundertelang mit der Schwäche der Staatsgewalt" (Bertrand de Jouvenel, Über die Staatsgewalt, Freiburg im Breisgau 1969, S. 40 f.). Der bedeutende englische Rechtslehrer Henry of Bracton stellte schon früh den machtbeschränkenden, ja fast konstitutionellen Grundsatz auf: „Rex non debet esse sub homine sed sub deo et sub lege, quia lex facit regem" (siehe dazu auch: H. G. Walther, Imperiales Königtum, Konziliarismus und Volkssouveränität, München 1976, S. 86).

Es ist gerade eine Art empirisch-normative Doppelklammer, einerseits die Konkretheit von Gefährdungssituationen in der politischen Wirklichkeit und andrerseits das gleichzeitige Pochen auf die naturgesetzlich verankerte prinzipielle, der konkreten Dezision der jeweiligen Exekutive entzogene Unantastbarkeit, was die angelsächsische Menschenrechtsposition schon in der frühen Neuzeit auszeichnet, wobei schon in den Rechtsdokumenten der Magna Charta von 1215 der Grundstein zu solcher Tradition gelegt war.

Ein heute in Zusammenhang mit der Problematik der Gefährdung menschlichen Lebens durch private Rechtsgenossen oft vorgebrachtes gleichsam „altliberales" Argument, wonach die Grundrechte und die durch sie repräsentierten Rechtsgüter, und damit natürlich vor allem auch das Recht auf Leben, geistesgeschichtlich als Rechte des Naturzustandes ausschliesslich in Auseinandersetzung mit der staatlichen Gewalt konzipiert gewesen seien, verkennt den auch historischen Umstand, dass in der englischen Welt im 17. Jahrhundert von den englischen Verfassungsjuristen zwar von den konkreten Übergriffen und Gefährdungen der Exekutive und schliesslich auch der Legislative ausgegangen wurde, dass aber die „Rechtlichkeit der Güter im Hinblick auf andere Bürger", also in der Horizontalebene, „bei der ganzen politischen Diskussion als unproblematisch vorausgesetzt" war und vorausgesetzt werden konnte[42]. Die prinzipielle Unantastbarkeit der Rechtsgüter gegenüber einem damals immerhin schon durch umfassende Herrscherprärogative und teilweise durch das Souveränitätsprinzip legitimierten Staatsrepräsentanten setzte logisch als auch sachlich voraus, dass die „genannten Güter positiv-rechtlich allge-

Auch als in den Adelskriegen der Roten und Weissen Rose, in den Kämpfen zwischen den Häusern Lancaster und York, das altaristokratisch-feudale England der Barone zugunsten des Königs und einer zentralen Staatsgewalt unterging, blieb beispielsweise bei John Fortescue unter Rückgriff auf die politische Lehre von Thomas von Aquin ein weiteres Element der Beschränkung der Staatsgewalt lebendig, nämlich das Consensusprinzip. Nach John Fortescue darf ein rechtmässiger König, ein „rex politicus. . . sein Volk nur nach solchen Gesetzen regieren, denen sie selbst zustimmen, daher kann er ihnen nur mit ihrer Einwilligung Abgaben auferlegen" (zitiert in: Daniel Rhonheimer, Zur Problematik und dem ideengeschichtlichen Zusammenhang des Souveränitätsbegriffs, Hrsg. Forschungsstelle für politische Wissenschaft der Universität Zürich, Zürich 1979, S. 33).

42 Reinhard Brandt, a.a.O., S. 92. „Bis in die erste Hälfte dieses Jahrhunderts hatte das Lebensrecht keine Verfassungsrelevanz, weil es als Schutz-Gegenstand des Strafrechts und nur als solcher erscheinen musste. *Lebens- und Körperverletzungen seitens dritter Personen* wurden von jeher strafrechtlich geahndet, dem kam bis in unsere Zeit keine derartige Brisanz zu, dass das Lebensrecht insoweit zur Verfassungsmaterie hätte werden können. Darin liegt der Grund, weshalb der Schutz gegen Dritte verfassungsrechtlich ignoriert werden durfte, nicht etwa in der ‚ausschliesslichen Staatsrichtung der Grundrechte, welche früher angeblich ein ‚Grundrecht auf Leben mit Drittwirkung gegen andere Bürger' nicht zugelassen hätte. Eine solche Verengung auf die reine Staatsrichtung hat es, jedenfalls bei elementaren Rechten, nie gegeben" (Walter Leisner, Das Lebensrecht, a.a.O., S. 12). Für die neuere schweizerische Rechtsentwicklung muss ergänzend darauf hingewiesen werden, dass der Persönlichkeitsschutz des Schweizerischen Zivilgesetzbuches einen Lebensrechtsschutz und ein Lebensrecht gegenüber Gefährdungen durch Dritte implizierte und noch weiter impliziert (siehe dazu die Ausführungen August Eggers in seinem ZGB-Kommentar). Umgekehrt ist heute auch die begründete Ansicht anzutreffen, dass die allgemeine und abstrakte Umschreibung „Verletzung in den persönlichen Verhältnissen" des Art. 28 ZGB auch im Lichte der verfassungsmässigen Freiheitsrechte auszulegen sei, indem der „einzelne in den Rechtsbeziehungen unter Privaten nicht befugt sein solle, die Freiheiten zunichte zu machen, die zu respektieren den Vertretern der Staatsgewalt vorgeschrieben ist" (Richard Frank, Persönlichkeitsschutz heute, Zürich 1983, S. 10). Zum Zusammenhang zwischen Privatrechts- und Grundrechtsschutz siehe auch: Jörg Paul Müller, Die Grundrechte der Verfassung und der Persönlichkeitsschutz des Privatrechts, Diss. Bern 1964 und Walter Leisner, Grundrechte und Privatrecht, München 1960).

mein anerkannt sind, d.h. Rechte gegenüber anderen Bürgern sind"[43]. Die Rechtsgütertheorie als Lehre von der Unantastbarkeit von Leben, äusserer Freiheit und Besitz ging davon aus, dass zunächst die „fraglichen Lebensbereiche als Rechtsgüter der einzelnen anerkannt und durch das Strafrecht", damals noch durch ethische und vor allem religiöse Tabus, „vor Eingriffen einzelner geschützt" waren. Dann wurde auch „der Staat dazu" verpflichtet, „diese Rechtsgüter überhaupt oder doch grundsätzlich nicht zu beeinträchtigen. Mit dieser Entwicklung zum Grundrecht hat also lediglich der Schutz des Rechtsgutes eine neue Dimension gewonnen"[44], in

43 Reinhard Brandt, a.a.O., S. 98. Diesen Sachverhalt haben die schon genannten Normen des ZGB implizit und explizit sich zu eigen gemacht.

44 Friedrich Nowakowski, Die Grund- und Menschenrechte in Relation zur strafrechtlichen Gewalt. In: Österreichische Juristen-Zeitung, Jg. 1965, S. 281 ff.). Ernst Wolfgang Böckenförde, neuerdings Richter am deutschen Bundesverfassungsgericht, macht auch für eine liberale Grundrechtsinterpretation geltend, dass der „ursprüngliche Charakter der Grundrechte" sich nicht in seinem negatorischen Gehalt erschöpfte: „Grundlegende Rechtsverbürgungen für die einzelnen und darin zugleich Ordnungsprinzipien für das soziale und/oder das politische Leben – je nach ihrem Inhalt. Als Ausfluss der natürlichen Freiheitsbestimmung der einzelnen galten sie nicht allein als Begrenzungsnormen, sondern ebenso als Richtungsnormen für die Tätigkeit der Staatsgewalt" (Ernst Wolfgang Böckenförde, Grundrechtsgeltung gegenüber Trägern gesellschaftlicher Macht?, In: Freiheit in der sozialen Demokratie, Hrsg. Diether Posser und Rudolf Wassermann, Karlsruhe 1975, S. 79). Diesen Sachverhalt unterstellt auch das deutsche Bundesverfassungsgericht in seinem berühmten Fristenlösungsentscheid: „Nach der ständigen Rechtssprechung des Bundesverfassungsgerichts enthalten die Grundrechtsnormen nicht nur subjektive Abwehrrechte des einzelnen gegen den Staat, sondern sie verkörpern zugleich eine objektive Wertordnung, die als verfassungsrechtliche Grundentscheidung für alle Bereiche des Rechts gilt und Richtlinien und Impulse für Gesetzgebung, Verwaltung und Rechtssprechung gibt" (BVerGE Bd. 39, S. 41). Es kann allerdings angesichts kollektivistischer, aber auch überbordender sozialstaatlicher Tendenzen nicht genug betont werden, dass auch „ein gewandeltes Grundrechtsverständnis den negatorischen Kern der Freiheitsrechte nicht antasten darf. . . Eine positive Verpflichtung des Staates, sie auch in der Gesellschaft zu schützen" – und damit auch gegen private Dritte – (siehe Dieter Grimm, op. cit. Anm. 1, S. 77 f.), muss immer unter dem Vorbehalt erfolgen,dass damit nicht gleich- oder vor allem höherrangige Grundrechtsgüter der Dritten verletzt werden. Eine solche Sozialwirkung von Grundrechten kann „nicht für alle Grundrechte in Frage kommen, sondern nur für diejenigen, die sich *ihrem Inhalt nach* dazu eignen" (E. W. Böckenförde, Grundrechtsgeltung . . . , a.a.O., S. 81) oder die ohne ihren positiven und sozialen Schutz ihren eigentlichen praktischen Sinn verlören: „Es ist das einzelne konkrete Grundrecht, das eine sogenannte Ausstrahlungswirkung entfaltet, und es entfaltet sie eben als dieses Grundrecht und nicht in einer inhaltlichen Metamorphose. Keineswegs bedeutet diese Wirkung eo ipso eine Ausdehnung der für den Staat und die sonstigen Träger hoheitlicher Gewalt geltenden Grundrechtsbindung auf alle oder bestimmte Privatrechtssubjekte" (ebenda). Insofern nun eine generelle und verabsolutierte Drittwirkungslehre auch geradezu grundrechtsgefährdende Tendenzen mit sich bringt oder höherrangige Rechtsgüter niedererrangigen unterzuordnen imstande ist – aus der Meinungsäusserungsfreiheit darf z.B. kein Recht abgeleitet werden, die religiöse Überzeugung anderer zu beschimpfen –, ist sie zugunsten einer sozialen Grundrechtsgewährleistung von Fall zu Fall, das heisst je nach der Natur des einzelnen Grundrechts, dem Schutzbedürfnis des Grundrechtsträgers und der effektiven Bedrohung durch den Grundrechtsadressaten, zurückzuweisen. Zur neueren Grundrechtsdiskussion siehe auch: Peter Saladin, Grundrechte im Wandel, 2. Aufl., Bern 1975, bes. S. 282 ff.; Jörg Paul Müller, Elemente einer schweizerischen Grundrechtstheorie, Bern 1982; Georg Müller, Die Drittwirkung der Grundrechte – Überblick über den Stand der Diskussion, Zentralblatt, Jg. 1978, S. 233 ff.; zu Problemen auch im Zusammenhang mit der Geltendmachung von Grundrechten durch Minderjährige: Peter Saladin, Rechtsbeziehungen zwischen Eltern und Kindern als Gegenstand des Verfassungsrechts, in: Familienrecht im Wandel, Festschrift für Hans Hinderling, Basel und Stuttgart 1976, S. 188 ff.; die deutsche Diskussion sehr gut zusammenfassend: Ernst Wolfgang Böckenförde, Grundrechtstheorie und Grundrechtsinterpretation, In: Ders., Staat, Gesellschaft, Freiheitswahrung, Frankfurt 1976; sowie: Herbert Beckmann, Allgemeine Grundrechtslehren, Köln 1979; zu Grundrechtskonflikten und

keiner Weise wurde er aber gewissermassen erst staatlich bzw. legislativ von Grund auf neu und erstmals konstituiert bzw. konstruiert. Bezüglich des Schutzes fundamentaler Menschenrechte liegen die Dinge also auch historisch, aber auch sachlich viel einfacher, als es in der heutigen Diskussion unter den Etiketten von Drittwirkungs- und Grundrechtstheorien manchmal erscheinen mag.

Die angelsächsische Tradition der Menschenrechte und ihrer fundamentalen Gütertrias ist aber nicht nur eine Tradition der Unverfügbarkeit, Unveräusserlichkeit und Unantastbarkeit von Rechtsgütern sowohl im Verhältnis der einzelnen zum Staat, als auch der einzelnen im Privatverkehr, sondern diese Tradition kennt auch eine Prioritätsordnung dieser Güter untereinander. Ein Beispiel für diese Prioritätsordnung ist ein Abschnitt aus einer Streitschrift von den Anfängen der Amerikanischen Revolution: „Among the natural Rights of the Colonists are these First a Right to LIFE, secondly to liberty, thirdly to Property“[45].

Es ist nun in der Tat ein bezeichnendes Faktum, dass auf dem Kontinent jene im vorangehenden behandelte Gütertrias von Leben, Freiheit und Eigentum in dieser angelsächsischen Art kaum anzutreffen ist. Es scheint mehr als ein Zufall zu sein, dass in einer Frühschrift Rousseaus, worin sich dieser teilweise noch stark an den Angelsachsen Locke anlehnte, jene Rechtsgütertrias zwar erwähnt wird, aber in einer umgekehrten Reihenfolge, das menschliche Leben an letzter Stelle: „leurs *biens*, leurs *libertés* et leurs *vies*“. In den spätern Werken Rousseaus, vor allem seinem philosophisch-politischen Hauptwerk, dem Contrat Social, taucht eine Erwähnung dieser Rechtsgüter, geschweige denn vor allem des Rechtsguts Leben als prioritärem Gut, in keiner Weise mehr auf[46]. Innerhalb einer abstrakten Gleichheits- bzw. Volonté Général-Philosphie wie bei Rousseau und andern französischen Aufklärern, aber auch in einer Freiheitsgesetzesphilosophie wie derjenigen Kants wird zur Begründung allgemeiner menschlicher Ansprüche nicht von einer Rechts-

Grundrechtsabwägungen jetzt: Beat Rohrer, Beziehungen der Grundrechte untereinander, Diss. Zürich 1982.

45 Reinhard Brandt, a.a.O., S. 95. Die Entscheidungen des obersten Gerichtshofes der USA vom 22.1.1973, Abtreibungsverbote in bezug auf die ersten sechs Schwangerschaftsmonate sogar für verfassungswidrig zu erklären (Roe v. Wade und Doe v. Bolton, jetzt mit der dissenting opinion abgedruckt in: L'aborto nelle sentenze delle corti costituzionali, Milano 1976, S. 1–73), geht vor allem von der Erwägung aus, menschliches ungeborenes Leben für einen bestimmten Zeitraum dem Grundrecht der Frau auf „privacy“ und Verfügungsfreiheit unterzuordnen. Diese Entscheidung und die damit verbundene neuartige Rechtsgüterprioritätsordnung entspricht natürlich nicht mehr der zitierten altangelsächsischen Prioritätsordnung, noch geht sie mit dem Wortlaut und Geist der amerikanischen Unabhängigkeitserklärung konform, welche das Grundrecht auf Leben nicht nur voranstellte, sondern es von der Creation an, also von der Zeugung an, gelten lassen wollte. Dass der gewissermassen die Dispositionsfreiheit des einzelnen zur Maxime erhebende Entscheid des Supreme Court wohl auch in Zusammenhang mit einer sozialphilosophisch begründeten „Entwicklung“ des amerikanischen Gerichtshofes zu einem privatwirtschaftlich orientierten „laissez faire Konzept“ gebracht werden kann (dazu auch: Walter Haller, Supreme Court und Politik in den USA, Bern 1972, a.a.O.), sei hier am Rande noch erwähnt, weil dies die Problematik einer Konzeption von Grund- und Menschenrechten im Sinne eines Eigentums oder eines Herrschaftsanspruches aufzeigt, was C. B. Macpherson als „possesiven Besitzesindividualismus“ bezeichnet hat. Im Zusammenhang mit dem Entscheid des amerikanischen Supreme Court ist der Artikel 4 Absatz 1 der am 18. Juli 1978 normierten Amerikanischen Menschenrechtskonvention (Argentinien und Chile sind dieser Konvention bezeichnenderweise nicht beigetreten) von Interesse: „Jedermann hat das Recht auf Achtung seines Lebens. Dieses Recht wird gesetzlich geschützt und gilt im allgemeinen vom Augenblick der *Empfängnis* an. Niemand darf willkürlich getötet werden“ (zitiert in: Wolfgang Waldstein, a.a.O., S. 52, Anm. 134).

46 Reinhard Brandt, a.a.O., S. 94.

guttrias ausgegangen, welche man sich unter Gerechtigkeitsprinzipien als konkret verletzbar und deshalb auch mit rechtlichem Schutzverpflichtungscharakter vorstellt, sondern von abstrakten Grundaxiomen, vor allem denjenigen der Freiheit und Gleichheit. Daraus wären die möglichen Rechtsansprüche des menschlichen Individuums abzuleiten, welche gleichzeitig mit der kontinentalen Betonung des Souveränitätsanspruches eines von Rechtsschranken ziemlich unabhängigen neuzeitlichen Staates teilweise oft vergeblich zu vereinbaren versucht werden.

Nun gibt es zwar auch für die hier von uns zur Verdeutlichung etwas überspitzt formulierte abstrakte Freiheits- und Gleichheitsphilosphie so etwas wie eine Wert- und Gütertrias, nämlich Seele-Körper-äussere Dinge. Diese Werttrias hat jedoch nicht rechtlichen Fundamentalrechtsgutcharakter, sondern sie wird zur Strukturierung anderer Gebiete benutzt[47]. Immanuel Kant gliedert nach diesem Schema die obern Fakultäten; für die Seele sind die Theologen, für den Körper die Mediziner und für die äussern Dinge schliesslich noch die Juristen zuständig: „Nach der Vernunft (d.h. objektiv) würden die Triebfedern, welche die Regierung zu ihrem Zweck (auf das Volk Einfluss zu haben) benutzen kann, in folgender Ordnung stehen: zuerst eines jeden ewiges Wohl, dann das bürgerliche als Glied der Gesellschaft, endlich das Leibeswohl (lange leben und gesund sein) . . . Nach der Vernunft würde also wohl die gewöhnlich angenommene Rangordnung unter den obern Fakultäten stattfinden; nämlich zuerst die theologische, darauf die der Juristen und zuletzt die medizinische Fakultät. Nach dem Naturinstinkt hingegen würde dem Menschen der Arzt der wichtigste Mann sein, weil dieser ihm sein Leben fristet, darauf allererst der Rechtserfahrene, der ihm das zufällige Seine zu erhalten verspricht, und nur zuletzt (fast nur wenn es zum Sterben kommt), ob es zwar um die Seligkeit zu tun ist, der Geistliche gesucht werden“[48]. So eindrucksvoll und plausibel nun diese Gütertrias beispielhaft wie bei Kant eingeordnet wird, eines wird deutlich: Die hier benutzte Werttrias ist keine Rechtsguttrias; es geht um die Auffächerung menschlicher Interessensgebiete, welche aber nirgends Rechtsgutcharakter bekommt; das heisst die angelsächsischen „Gesichtspunkte einer Läsion von aussen, wie es für die Trias von life, liberty und estate als konstitutiv“ für eine rechtliche Menschenrechtsordnung war[49], treten in keiner Weise in den Vordergrund, bzw. es ist allenfalls das Gebiet des äussern Besitzes, von estate also, für das der Jurist noch als zuständig erklärt wird. Nochmals und anders gesagt, „die Auffächerung menschlicher Interessen und Wertsphären hat ihren Ursprung nicht in einer Rechtsproblematik und führt dort, wo sie politisch relevant wird, nicht zu einem Rechtsstaat, sondern zu dem Gebilde der platonischen Polis“[50].

47 Reinhard Brandt, a.a.O., S. 79. Demgegenüber wird die gesamte angelsächsische Gütertrias neben den „ends of all goverments“ vor allem den „essential maxims of jurisprudence“ zugeordnet (ebenda, S. 95). In dieser common-sense-Tradition wird natürlich auch an die klassische praktische Philosophie des Aristoteles angeknüpft, in der politische Philosophie und Rechtswissenschaft nicht nur nicht auseinandergerissen, sondern gemeinsame Bestandteile praktischer Philosophie und Ethik sind (siehe dazu etwa: Günther Bien, Die Grundlegung der praktischen Philosophie des Aristoteles, Freiburg/München 1973).

48 Immanuel Kant, Der Streit der Fakultäten, In: Ders., Werke in zehn Bänden, Hrsg. W. Weischedel, Band 9, Wissenschaftliche Buchgesellschaft, Darmstadt 1971, S. 283 f.).

49 Reinhard Brandt, a.a.O., S. 83. Gemäss Kant soll sich „der schriftgelehrte Jurist“ auf „die Gesetze der Sicherung des *Mein und Dein*“ beschränken (I. Kant, Der Streit der Fakultäten, a.a.O., S. 287).

50 Reinhard Brandt, a.a.O., S. 87. Weil es des Juristen „Amts nur ist, vorhandene Gesetze anzuwenden“, soll der Staat bzw. sein Herrscher vor allem beim Philosophen „Belehrung suchen“, welche dann auch die Überprüfung dieser Gesetze an Gerechtigkeitsnormen gestattet. Immerhin vom Modell des Philosophenkönigtums der platonischen Politeia rückt Kant

Rationalistischer Abstraktionismus der Menschenrechte bei Kant

Dies heisst nun natürlich in keiner Weise, dass in der kontinentalen Aufklärungsphilosophie, auch der kantianischen, nicht von fundamentalen Menschenrechten und einer entssprechenden Begründung ausgegangen wird. Nur, das Fehlen der rechtlichen Revelanz einer gleichzeitig konkreten als auch generellen Wertgütertheorie, wie wir sie umgekehrt in der angelsächsischen Gütertrias von life, liberty und property angetroffen haben, führt etwa bei Kant zu einer abstrakten und gleichsam philosophisch-theoretischen statt einer rechtlich-konkreten Ableitung von Menschenrechten. So wird das Recht zwar objektiv, aber ohne Bezug auf materiale und konkrete Rechtsprinzipien und Rechtsgüter als der „Inbegriff der Bedingungen, unter denen die Willkür des einen mit der Willkür des andern nach einem *allgemeinen* Gesetz der Freiheit zusammen vereinigt werden kann", erklärt[51]. Dadurch wird aber der Menschenrechtsanspruch auf eine abstrakte Freiheitsdimension reduziert: „Freiheit (Unabhängigkeit von eines andern nötigender Willkür), sofern sie mit jedes andern Freiheit nach einem allgemeinen Gesetz zusammen bestehen kann, ist dieses *einzige, ursprüngliche, jedem Menschen kraft seiner Menschheit zustehende Recht*"[52]. Welche einzelnen Menschenrechte bzw. welche schützenswerten Rechtsgüter aus dem nach Kant einzig „angeborenen Recht der Freiheit (welches nun nach seinen verschiedenen Verhältnissen spezifiziert wird)"[53] folgen, bleibt philosophischer bzw. methodischer Deduktion vorbehalten, und als einzig materiales Element bietet sich noch jene Fassung des kategorischen Imperativs an, nach dem so gehandelt werden soll, „dass du die Menschheit sowohl in deiner Person als in der Person eines jeden andern, jederzeit zugleich als Zweck, niemals bloss als Mittel brauchst".

ab, der Philosoph ist „bloss" noch Berater: „Es ist aber hiermit nicht gemeint: dass der Staat den Grundsätzen des Philosophen vor den Aussprüchen des Juristen (des Stellvertreters der Staatsmacht), den Vorzug einräumen müsse, sondern nur, dass man ihn höre" (Immanuel Kant, Zum ewigen Frieden, In: Ders., Kleinere Schriften zur Geschichtsphilosophie, Ethik und Politik, Hrsg. Karl Vorländer, Hamburg 1973, S. 149). Allerdings, das Beratungsmonopol des Kantischen Philosphen sowie das Bild des Juristen als „Stellvertreters der Staatsmacht", der nur „der Moralität nach Philosoph" sein darf, ist der angelsächsischen Rechts- und Common Sense-Tradition in manchen Punkten gerade entgegengesetzt. Immerhin ist das Kantsche Richterbild durchaus konform mit den Ansichten des aufgeklärten Monarchen Friedrich d. Gr., der in einer Kabinettsorder von 1780 die radikale Gesetzesbindung des Richters mit einem entsprechenden Kommentierungsverbot verband: Er werde „nicht gestatten, dass irgend ein Richter unsere Gesetze zu interpretieren, auszudehnen oder einzuschränken, viel weniger neue Gesetze zu geben, sich einfallen lasse", auch wenn dabei „das ganze Corps der bisherigen Advokaten unnütze werden sollte" (zitiert in: Martin Kriele, Recht und praktische Vernunft, Göttingen 1979, S. 72).

51 Immanuel Kant, Metaphyik der Sitten, Einleitung, Hrsg. Karl Vorländer, Hamburg 1959, S. 34 f. Diese im Zusammenhang mit dem kategorischen Imperativ „Handle nach einer Maxime, die zugleich als allgemeines Gesetz gelten kann" zu sehende Rechtsdefinition ist in der Tat eine veritable Definition eines Rechts- als Gesetzesstaates, in dem das Recht vom Gesetz als generell-abstrakter Norm völlig absorbiert wird. Der hohe Abstraktionsgrad der Kantschen Maxime und die „Allgemeinheit der Gesetzgebung" als Kriterium lassen bei einer möglichen praktischen Handhabung den kritischen Vorwurf Hegels als keineswegs ungerechtfertigt erscheinen: „Es gibt gar nichts, was nicht auf diese Weise zu einem sittlichen Gesetz gemacht werden kann" (G. W. F. Hegel, Schriften zur Politik und Rechtsphilosophie, Hrsg. G Lasson, 2. Aufl., Leipzig 1923, S. 351). In ähnlichem Sinn zu dieser Grundproblematik kantscher Ethik: Martin Kriele, Rechte und praktische Vernunft, a.a.O., S. 29; Hella Mandt, Tyrannislehre und Widerstandsrecht, Darmstadt und Neuwied 1974, S. 143 f.; Hans Welzel, Naturrecht und materiale Gerechtigkeit, Göttingen 1962, S. 168 f.

52 I. Kant, Metaphysik der Sitten, a.a.O., S. 43.

53 Ebenda, S. 44.

Das Fehlen einer konkreten Rechtsguttrias oder einer Rechtsgutsordnung ganz allgemein sowie die Kantsche Ansicht, dass es „in Ansehung des angeborenen, mithin innern Mein und Dein keine *Rechte*, sondern nur *ein* Recht gibt“[54], lassen schon vom Ansatz her die angelsächsiche Verbindung von fundamentalen Rechtsgütern und damit zusammenhängenden unveräusserlichen und unantastbaren Menschenrechten nicht zu, sondern dienen allenfalls akademischen Fakultätsunterscheidungen. Der Zuständigkeitsbereich des Juristen reduziert sich auf das Gebiet des „äussern Mein und Dein“, also etwa des angelsächsischen estate. Die Formulierungen und die Einteilung der Rechtslehre nach Kant bestätigen den Befund, wonach das,was bei Kant als „einziges ursprüngliches, jedem Menschen kraft seiner Menschheit zustehende Recht“ bezeichnet wird, als Herrschafts-, Eigentums- und Verfügungsbefugnisse des selbständigen, unabhängigen, handlungsfähigen und unbescholtenen Privatmannes anzusehen ist.

Der Eindruck, dass sich mit dem rationalistischen Freiheitsapriorismus keine unantastbaren Rechtsgüter bzw. Menschenrechte begründen lassen, wird evident, wenn man den zweiten Teil der Rechtslehre Kants, das öffentliche Recht, betrachtet. In diesen eindruckvollen und konsequenten Abschnitten der Kantschen Rechtsphilosophie zielt alles darauf ab, die Souveränität und die Rechtsansprüche der Staatsgewalt unter dem Motto von Rechtssicherheit und Reinheit der Staatsverfassung zu festigen und zu legitimieren. Aus dem Begriff der obersten Gewalt als der gesetzgebenden Gewalt wird die legale als rechtliche Allkompetenz des Gesetzgebers abgeleitet, der rechtlich an keine Schranken, das heisst eben vor allem nicht an Schranken unantastbarer Menschenrechte gebunden ist: „Die oberste Gewalt ist ihrem Begriff nach uneingeschränkt . . . und dieses Prinzip liegt schon a priori in der Idee einer Staatsverfassung überhaupt, d.i. in einem Begriffe der praktischen Vernunft“[55]. Mit dieser gleichzeitig rechtlichen als auch systematischen und methodischen Verabsolutierung des Staatsgewaltprinzips verträgt sich eine im Stile angelsächsischer Kompetenz- und Verfügungsgewaltsgrenzen argumentierende Menschenrechts- bzw. Grundrechtsposition nicht: „*Der Herrscher im Staat hat gegen den Untertan lauter Rechte und keine (Zwangs-)Pflichten*“[56]. Von solchen Aus-

54 Ebenda. Diese Reduktion der Menschenrechte auf ein einziges Recht, der Rechte auf *das* Recht, lässt kaum einen vorstellbaren Platz für einen konkreten Grundrechtsschutz und eine damit verbundene Verfassungsgerichtsbarkeit, welche bei der Verletzung einzelner Menschenrechte angerufen werden könnte.

55 Kant's handschriftlicher Nachlass, a.a.O., Reflexion Nr. 8046. Was Kants „Begriffe der praktischen Vernunft“ nicht erkennen können oder nicht erkennen wollen, ist das Problem, dass das Menschenrecht der Freiheit selbst „mit einer unbeschränkten Gesetzgebungsgewalt in Konflikt geraten könnte“ (Bertrand de Jouvenel, Über die Staatsgewalt, a.a.O., S. 363). Hier spielt sich in der Begriffsphilosophie der praktischen Philosophie ähnliches ab wie später in der reinen Rechtslehre Kelsens, wo ja schon aus logischen Gründen jeder Konflikt zwischen Macht und Recht als „Scheinproblem“ hingestellt wurde. Es besteht allerdings auch für Bertrand de Jouvenel kein Zweifel darüber, dass Kant politisch und von seiner gleichsam ausserphilosophischen Werthaltung her wohl gegen die Machtansprüche eines absolutistischen und uneingeschränkten Gesetzgebungsstaates „votiert haben würde“ (ebenda). Die Rechtsphilosophie Kants, und das gleiche ist zu Kelsen zu bemerken, liefert allerdings nicht nur keine brauchbaren Argumente gegen die Gefahren einer unbeschränkten Gesetzgebungsgewalt, sondern sie verunmöglicht und untergräbt sie geradezu, auch wenn das politische Herz auf Seiten der Freiheit steht.

56 I. Kant, Metaphysik der Sitten, a.a.O., S. 143. Kant zeichnet ein dualistisches Unvereinbarkeitsverhältnis von Zwang und Recht: „Es gibt keine Verbindlichkeiten (gegen Menschen) als unter der Bedingung, dass einer Rechte hat, und der Verlust dieser Rechte ist das, was dem andern die Befugnis gibt, uns zu zwingen“ (Kant's handschriftlicher Nachlass, a.a.O., Nr. 7706, S. 496). Recht als subjektiver Anspruch ist in dieser Konzeption die unbeschränk-

gangspunkten her ist es dann nur konsequent, wenn Kant für „die mit Ideen der Menschenrechte erfüllte Seele“ nicht die Verletzung unveräusserlicher und unantastbarer Rechtsgüter als Verstoss ansieht, sondern als das schlimmste etwa die „formale Hinrichtung“ eines Monarchen – die Entthronung wird als gravierender als die Ermordung des Monarchen angesehen – einstuft, ganz unabhängig von der Frage, welche Akte und Übergriffe sich ein Vertreter der Staatsgewalt hat zuschulden kommen lassen[57]. Die wohlgemerkt rechtliche und nicht politische Verabsolutierung der Staatsgewalt und ihrer Vertreter geht soweit, dass etwa ein gestürzter oder zurückgetretener Repräsentant „wegen seiner vorigen Geschäftsführung nicht in Anspruch genommen, noch weniger aber gestraft werden“ kann[58]. Die Parallelen zu früher zitierten Äusserungen von Ebbinghaus und zur Rechtsargumentation der Verteidiger der Nürnberger Kriegsverbrecher sind wohl evident.

Die angelsächsische Rechtsgütertrias bzw. die damit zusammenhängenden unantastbaren Rechte waren neben andern auch formalen Prinzipien die rechtliche Grundlage für das, was man konstitutionelle und teilweise auch rechtsstaatliche Verfassung nennt, also eine Verfassung, die nicht alles aus dem Leeren und Unverbindlichen heraus festsetzen kann, sondern mit der Verankerung von überstaatlichen bzw. staatsbegrenzenden Rechtsprinzipien die auch für die Neuzeit gültige Tradition der aristotelischen Verfassung als einer gemischten neu fortzuführen versucht. Eben gerade aber gegen diese Tradition und vor allem gegen den Gedanken eines eingeschränkten und rechtlich gebundenen Staates meint sich Kant aus staatsrechtlichen als auch aus Gründen seiner Systemreinheitsphilosophie wenden zu müssen: „Also ist die sogenannte gemässigte Staatsverfassung, als Konstitution des innern Rechts des Staats, ein Unding und anstatt zum Recht zu gehören, nur ein Klugheitsprinzip“[59]. Und genau in diesem letzten Satze liegt der Kernpunkt der

te Freiheit eines status naturalis, eines Naturzustandes, die im Gesetzesstaat, dem status civilis, aufgehoben bzw. der durch den unbeschränkten Souverän erlassenen Pflicht zu weichen hat. Zum entsprechenden Naturbegriff und zur Naturstandsproblematik siehe Anm. 30). Kant ist hier exakt auf den Spuren des Hobbesianischen Leviathan: „Ius und lex, Recht und Gesetz ... sollte man genau unterscheiden; denn *Recht* besteht in der Freiheit, etwas zu tun oder unterlassen, während Gesetz auf eines von beidem festlegt und daran bindet, so dass Gesetz und Recht sich ebenso unterscheiden wie Verpflichtung und Freiheit, die in ein und derselben Angelegenheit nicht miteinander verträglich sind“ (c. XIV).

57 I. Kant, Metaphysik der Sitten, a.a.O., S. 145. Kants Beurteilung der Französischen Revolution, insofern er nicht als Systematiker der Rechtsphilosophie, sondern von einer moralischen Wunschoptik her urteilt, ist allen Schrecken und Greueln im Gefolge dieser Revolution zum Trotz noch 1798 von einem geradezu völlig undistanzierten positiven Enthusiasmus: „Die Revolution eines geistreichen Volks, die wir in unsern Tagen haben vor sich gehen sehen, mag gelingen oder scheitern; ... – diese Revolution sage ich, findet doch in den Gemütern aller Zuschauer (die nicht selbst in diesem Spiel mit verwickelt sind) eine Teilnehmung dem Wunsche nach, die nahe an Enthusiasmus grenzt, und deren Äusserung selbst mit Gefahr verbunden war, die also keine andere, als eine moralische Anlage im Menschengeschlecht zur Ursache haben kann“ (I. Kant, Der Streit der Fakultäten, a.a.O., S. 358).

58 I. Kant, Metaphysik der Sitten, a.a.O., S. 147. Es sei hier vor allem die Argumentation des Staatsrechtlers Jahrreiss auf dem Nürnberger Kriegsverbrecherprozess in Erinnerung gerufen (siehe oben Anm. 4). Jahrreiss berief sich bei seiner Argumentation ausdrücklich auf den kantischen Gesetzesbegriff – „Gesetz im Sinne von lex ist eine staatlich gesetzte Norm, ist Staatsgesetz“ –, und er kontrastierte diese Gesetzeskonzeption, „die, soviel ich sehe, den englischen Rechtsdenkern eigentümlich ist, nämlich der Auffassung, dass Gesetz im Sinne von lex auch eine eingewurzelte Norm der Moral, der guten Sitten sein kann“ (a.a.O., S. 112).

59 I. Kant, Metaphysik der Sitten, a.a.O., S. 144. Es ist eine verabsolutierte Souveränitätskonzeption, wonach „die oberste Gewalt ihrem Begriff nach uneingeschränkt“ sein muss, die Kant zu solchen Schlussfolgerungen verführt: „Es gibt keine gemischte Staatsverfassung, weil das summum imperum einig und unteilbar ist“ (Kant's handschriftlicher Nachlass,

Kantschen Argumentation: Staatsgewaltsbeschränkungen, aber auch damit zusammenhängende unantastbare Menschenrechte mögen zwar auch für den Politiker oder politischen Philosophen Kant ein Desiderat sein, was er ja auch in andern, gewissermassen nichtjuristischen Argumentationszusammenhängen vorbringt. Unantastbare Menschenrechte und umgekehrt die Einschränkung der Staatsgewalt aber kann es für Kant auf der Rechtsebene nicht geben.

Im Recht als dem Bereich der „äussern Pflichten" und im besondern im öffentlichen Staatsrecht als dem Bereich der „äussern-rechtlichen Gesetzgebung" kann es eben nur eine moralische[60], durch ein politisches „Klugheitsprinzip" vermittelte Grenze der Tätigkeit der Staatsgewalt geben, nicht aber eigentlich rechtliche Schranken. Die Argumentation Kants nähert sich dabei sogar rousseauistischen Denkfiguren an: „Die gesetzgebende Gewalt kann nur dem vereinigten Willen des Volkes zukommen. Denn da von ihr alles Recht ausgehen soll, so muss sie durch ihr Gesetz schlechterdings niemandem unrecht tun können. Nun ist es, wenn jemand etwas gegen einen andern verfügt, immer möglich, dass er ihm dadurch unrecht tue, nie aber in dem, was er über sich selbst beschliesst (denn volenti non fit iniuria)"[61].

a.a.O., Nr. 7807, S. 522). Von diesen Ausgangspunkten her kann Kant letztlich auch das einem „gemischten" oder „gemässigten" Verfassungsdenken eigene Repräsentativsystem der indirekten Demokratie nicht verstehen, das heisst er ist voller Misstrauen gegenüber jenen parlamentarischen Volksvertretern, die vor allem „für sich und ihre Familien. . . interessiert sind" und die „immer bereit sind, sich selbst die Regierung in die Hände zu spielen" (I. Kant, Metaphysik der Sitten, a.a.O., S. 143 f.). Allem überliefertem Anschein zum Trotz ist Kants Auffassung eines „repräsentativen Systems" vielmehr Rousseauistisch und von seiner Abneigung gegen die gemischte Staatsverfassung diktiert. Die Parlamentarier können von Kant nur als volksabhängige Untertanen gedacht werden, denn wenn „die ganze Volkszahl, der demokratische Verein, sich auch repräsentieren lässt", so befindet sich „in ihm (dem Volk)" doch die „oberste Gewalt, von der alle Rechte der einzelnen, als blosser Untertanen (allenfalls als Staatsbeamten) abgeleitet werden müssen" (ebenda, S. 170). Für Hegel ist später die „sogenannte Repräsentativverfassung" ein „festes Vorurteil" und „ein Kunstgriff des bösen Willens" (G. W. Hegel, Philosophie der Geschichte, Reclam-Ausgabe, Stuttgart 1961, S. 98). Ernst Fraenkel weist darauf hin, dass diese idealistische Verkennung des parlamentarischen Repräsentationsprinzipes auch in den Köpfen der Weimarer Verfassungsväter, mit unheilvollen Folgen, sich abgespielt habe: „Im echten Parlamentarismus preussischer Observanz ist der Parlamentarier nicht Volksrepräsentant, sondern Volksbote; hierdurch verlagert sich aber automatisch der Schwerpunkt der Repräsentation vom Reichstag auf den Reichspräsidenten. Im Denken der Väter der Weimarer Verfassung spukt noch die Vorstellung, dass das Haupt der Exekutive berufen sei, das Volksganze zu symbolisieren. . . . Dank ihres Unverständnisses für die repräsentativen Aufgaben eines Parlamentes schufen sie eine plebiszitär-autoritäre Verfassung" (Ernst Fraenkel, Deutschland und die westlichen Demokratien, 6. Aufl., Stuttgart–Berlin–Köln–Mainz 1974, S. 147).

60 Alfred Verdross, Abendländische Rechtsphilosophie, Wien 1963, S. 147. Mit der entsprechenden Trennung von Recht und Moral, von Rechts- und Tugendpflichten kann es wie später bei Kelsen nur noch eine moralische „Selbstverpflichtung des Staates" geben, freilich auch eine „Selbstbindung des Staates" an das von ihm geschaffene Recht. Dies ist vor allem die bekannte Theorie und der „Ausweg", den der Staatsrechtler Georg Jellinek vorschlug (Georg Jellinek, Allgemeine Staatslehre, 2. Aufl., Berlin 1905, S. 357 ff. u. 462 ff.). Mit der kantschen Trennung von Recht und Moral ist freilich eine Beschränkung der Staatsgewalt als rechtliche Aussenverpflichtung unmöglich geworden: Woran die Staatsgewalt sich nicht selber hält, das bindet sie auch nicht. Siehe auch das folgende Zitat Kants. Dass die obersten staatlichen Organe auf einer faktischen Ebene nur sehr schwer zur Einhaltung übergeordneter Rechtspflichten gezwungen werden können, ist freilich ein anderes Problem. Daraus lässt sich aber in keinem Falle ein Argument für die prinzipielle rechtliche Ungebundenheit der Staatsgewalt ableiten, wie sie im Kantschen Rechtssystem und später bei Kelsen postuliert wird.

61 I. Kant, Metaphysik der Sitten, a.a.O., S. 136. Zu den Voraussetzungen und Konsequenzen dieser Argumentation siehe die vorangehende Anmerkung 60.

Die einer angelsächsischen konträre Rechtsposition Kants, die natürlich von seiner liberalen Politikkonzeption und deren Inhalten zu unterscheiden ist, scheint mit der „a priori"- und Rationalismusradikalität der Kantschen Philosophie und ihrer innern Struktur und Systematik insgesamt zusammenzuhängen. Denn die unter den verabsolutierten Gesichtspunkten der Rechtssicherheit, der Souveränität eines vollkompetenten Gesetzgebers und der Abwehr aller Staatskritik als einer Rechtskritik von Staatsbürgern von Kant vorgebrachten Argumente werden dauernd mit fast beschwörungshaft anmutenden Auswürfen gegenüber „Selbstwidersprüchen", innern „Unmöglichkeiten" und „Undingen" sowie dem Pochen auf die Reinheit und die Allgemeinheit der Begriffe untermauert.

Typisch und beispielhaft für die hier als rationalistisch eingeordnete Argumentationsweise Kants ist jener berühmte Passus aus der Schrift „Zum ewigen Frieden", wonach das „Problem der Staatserrichtung" gleich einem mathematischen Problem „*auflösbar*" sein muss – „auch für ein Volk von Teufeln"[62] –. Und an einer zentralen Stelle der Einleitung in die Rechtslehre der Metaphysik der Sitten wird die Idee des „strikten Rechtes" als „Konstruktion jenes Begriffs, d.i. Darstellung in einer reinen Anschauung a priori" mit den Imperativen der „reinen Mathematik" paralle-

62 I. Kant, Kleinere Schriften zur Geschichtsphilosophie, Ethik und Politik, Hrsg. Karl Vorländer, Hamburg 1973, S. 146. So wie es später Kelsens Anliegen in der reinen Rechtslehre sein wird, die Polaritätsprobleme zwischen Staat und Recht bzw. zwischen Staatsmacht und Staatsverpflichtung als „Scheinproblem" hinzustellen, so geht es Kant darum, mittels einer Art politischer Technologie das Auseinanderklaffen zwischen moralischer und politischer Tugend, die nach seinem System völlig getrennt sind, als Staatsproblem zum Verschwinden zu bringen: „Ein solches Problem muss *auflöslich* sein" (ebenda). In krassem Kontrapunkt zur aristotelischen Politiktradition „ist es nicht die moralische Besserung der Menschen, *sondern nur der Mechanismus der Natur*", welcher bei Errichtung von durch eine unbeschränkte Staatsgewalt erlassenen „Zwangsgesetzen" das gleiche Ergebnis konstruktivistisch und mechanisch garantiert, welches bei einem Volk von Engeln Folge des moralischen Verhaltens der Menschen und Bürger sein würde (ebenda). Begriffe und Wendungen wie „Staatserrichtung", „Einrichtung" oder „Mechanismus", zeigen unmissverständlich an, dass sich Kant, bewusst oder nicht, am „Grundkonzept der poietisch konzipierten Staatslehre des Thomas Hobbes" orientiert (Hervorragende Darstellung dieser Zusammenhänge bei Hella Mandt, Tyrannislehre und Widerstandsrecht, Darmstadt und Neuwied 1974, S. 152 f.). Konstruktion und Organisation – dabei soll der Wert und die Berechtigung institutioneller und moralneutraler Betrachtungsweise von Staat, Politik und Recht keineswegs geleugnet werden, was ebenfalls der aristotelischen Tradition widerspräche, wohl aber jene Verabsolutierung, die Hayek die „Irrtümer des Konstruktivismus" nennt – treten nicht nur in den Vordergrund, nein sie sollen in einem garantierten „Mechanismus der Natur" die Ausrichtung von Politik auf „gute Praxis" und „gutes Leben" völlig obsolet werden lassen. Die kantsche Reduktion des Naturbegriffs (siehe zum Ganzen auch Anm. 30) auf Ursächlichkeit im Sinne von Hervorbringung (causa efficiens) soll mit ihrem „mechanischem Laufe" jene sichere „Gewähr (Garantie) leisten", die genauso wie das „Schicksal" und die „auf den objektiven Endzweck des menschlichen Geschlechts gerichtete und diesen Weltlauf prädeterminierende Ursache", die „Vorsehung geannt wird", zu wirken imstande ist (I. Kant, Kleinere Schriften, a.a.O., S. 139). Die Bemerkung Kants, dass die „dem Mechanismus der Natur... zum Grunde liegende Form" der Vorherbestimmung" die der göttlichen Vorsehung" („providentia conditrix") ist, offenbart die theologischen Anleihen des scheinbar so rationalen Politik- und Rechtsbegriffes von Kant. Es sind Anleihen einer Theologie der Allmächtigkeit und des unerforschlichen Willens Gottes, wie sie in der voluntaristischen Tradition, teilweise schon eines Augustins, eines Duns Scotus, vor allem aber eines Occam definiert wird. Durch die Hintertür der rationalistischen Auflösung aller Probleme bei Kant wird die zutiefst irrationale und voluntaristiche theologische Grundkonzeption der Staats- und Rechtsauffassung Kants sichtbar, so wie später bei Kelsens Rechts- und Staatskonzeption die ausdrücklichen Anleihen beim Modell eines göttlichen Pantheismus offenbar werden (siehe Anm. 7), und wie früher bei Hobbes im Modell des Staates als eines „sterblichen Gottes".

lisiert[63]. An das Recht werden hier gewissermassen abstrakt reine Exaktheitswissenschafts- und demonstrative Gewissheitsansprüche angelegt; polemisch wird man beinahe davon sprechen können, dass die Metaphysik der Sitten in bezug auf die Rechtslehre zu einer Art Physik gesetzlich sanktionierter Normen gerinnt.

Englisches Rechtsdenken gegen abstrakte Philosophenkonstruktion

Blättern wir in der Menschenrechtsgeschichte ins 17. Jahrhundert zurück, so ergeben sich aus den verfassungsrechtlichen Auseinandersetzungen, die sich aus „der Herausforderung durch den Absolutismus und seine Abwehr durch das englische Rechtsdenken" ergaben und deren eigentliche Quintessenz und Substanz in der „*Kontroverse zwischen Hobbes und englischen Juristen*" sichtbar werden, einige erhellende Schlaglichter auch für die Problematik der Kantschen und einer rationalistisch verabsolutierten aufklärerischen Rechtsphilosophie bzw. Menschenrechtstheorie[64].

63 I. Kant, Metaphysik der Sitten, a.a.O., S. 63. Kants Problemauflösungsphilosophie und eine entsprechende „a priori"-Ableitung seiner Politik- und Rechtsbegriffe ist sowohl in der neuern politischen als auch der Rechtsphilosophie nicht ohne harten Widerspruch geblieben: „Kant sah den Vorzug des kategorischen Imperativs nicht zuletzt in seiner Einfachheit. Die Einfachheit wird zu einem Argument der Richtigkeit, das Simple hat die Vermutung der Wahrheit auf seiner Seite. Wir verfolgen diese Tendenz, die letztlich zur *Auflösung aller praktischen Philosophie* und damit auch der politischen Wissenschaft führen musste, etwas genauer" (Wilhelm Hennis, Politik und praktische Philosophie, Neuwied 1963, S. 40 f.). In einer harschen Kritik des französischen Rechtsphilosophiehistorikers Michel Villey wird Kant gar die freilich vor allem auch von seinem Gewährsmann Christian Wolff mitverschuldete Verkennung der eigentlichen Rechtsprobleme insgesamt vorgeworfen: „Pour nous la Rechtslehre de Kant, qui passe à côté de l'objet, des finalités, de la méthode et des instruments de notre travail, *n'est pas une théorie du droit.* Elle marque le sommet d'une période d'*oubli* de la philosophie du droit. Kant a cru nous parler du droit (il est vrai qu'il était victime des habitudes allemandes de l'Ecole de Droit Naturel), alors qu'il faisait autre chose. Si Kant a cru constituer la science des principes, des fondements *a priori*, comme les *mathématiques du droit*, il a commencé par une sorte de mathématique non euclidienne essentiellement etrangère à notre expérience juridique" (Michel Villey, Critique de la pensée juridique moderne, Paris 1976, S. 157 f.). Wie man zu diesen Urteilen auch stehen mag, die kantsche Methodik und Begriffseinheitsphilosophie führt jedenfalls zur Auflösung der Möglichkeit praktischen und topischen Argumentierens, wie sie etwa noch der damaligen Rechts- und Politikwissenschaft angelsächsicher Prägung und einer Common-Sense-Tradition der Menschenrechtsbegründung eigen war: „Es ist dies die Übertragung eines der theoretischen Philosophie spezifischen Denkens und Argumentierens *ex definitione* auf den Bereich der praktischen Wissenschaften, nämlich von durch den Forscher selbst gesetzten Symbolen bzw. Begriffen und dem von diesem ihnen jeweils zugeschriebenen Inhalt weitergehende Schlüsse zu deduzieren. Im Bereich der praktischen Philosophie findet das Verfahren darin seinen Ausdruck, dass aus politischen Zentralbegriffen als *Begriffen*, deren Inhalte gedanklich zum Extrem ihrer Möglichkeiten vorangetrieben werden, *politische* Schlussfolgerungen gezogen werden", so zum Beispiel die apodiktische Ablehnung jedes Widerstandsrechtes aus dem Begriff der Souveränität als dem Begriff der uneingeschränkten obersten Gewalt (Hella Mandt, Tyrannislehre, a.a.O., S. 146). Über die abstrusen Konsequenzen und nicht einfach Entgleisungen, die aus dieser Begriffsmethodik und der Verkennung „der materialethischen Seite der Sittlichkeit" für die Behandlung einzelner ethischer Probleme (etwa Todesstrafe, Verstümmelung, Selbstmord etc.) folgen, lässt sich Hans Welzel aus (a.a.O., S. 169 ff.).

64 Martin Kriele, Die Herausforderung des Verfassungsstaates, Neuwied 1970. Wenn hier von einer englischen Common Sense-Tradition gesprochen wird, so ist natürlich nicht zu vergessen, dass etwa Occam, Hobbes, Bacon und Bentham ebenfalls Engländer waren. Ihre Wirkung allerdings war auf dem Kontinent viel grösser als in England. Die durch die Verfas-

Thomas Hobbes versuchte ja ein naturwissenschaftliches, nämlich das geometrische Prinzip, teilweise auch auf staatsphilosophische und rechtstheoretische Positionen zu übertragen: „Die Wissenschaft, wie Staaten gegründet und erhalten werden müssen, hat ebenso *gewisse und ausgemachte Regeln wie die Arithmetik und Geometrie*"[65]. Strukturell ähnlich und auch in gewissen politischen materiellen Zielsetzungen gleichlaufend wie Kant versucht Hobbes, von den Imperativen der äussern Friedenssicherung und der Verhinderung des konfessionellen Bürgerkrieges ausgehend, seine Rechtslehre, das heisst vor allem auch das Verhältnis von Recht und Staat, zu konstruieren.

Sir Matthew Hale, nicht nur einer der grossen englischen Rechtshistoriker, sondern auch einige Jahre im Amt des höchsten englischen Richters, wandte sich in expliziter Auseinandersetzung mit der Hobbesianischen Staats- bzw. Rechtskonzeption und vor allem deren methodisch-rationalistischer Begründung gegen die Ansicht, dass parallel mit der Verabsolutierung von Rechtssicherheit und Rechtsordnung bzw. Staatssouveränität, eine entsprechende Rechtsordnung mit einer gewissen Ordnungsautomatik geschaffen werde, welche die *Gerechtigkeitskomponente*

sungsjuristen repräsentierte Denktradition eines Bracton, Fortescue, Hooker, Blackstone, um nur einige Namen zu nennen, welchen bezeichnenderweise die aristotelisch-thomistische Politik- und Rechtstradition geläufig war, blieb dem englischen und später amerikanischen Durchschnittswerten zunächst viel vertrauter und inhärenter als die durch Hobbes repräsentierte Denktradition eines rationalistischen und naturalistischen „Naturrechts".

65 Zitiert bei: Alfred Verdross, a.a.O., S. 115. Die Absage an topisches Argumentieren, wie sie als Abwägen und Suchen nach dem jeweils Gerechten in einer bestimmten Situation, prinzipielle und konkrete Gesichtspunkte verbindend, zu verstehen ist, war schon in der Descartschen Argumentation der Behauptung des „verum" als eines „certum" vorgezeichnet, mit der alle Formen des Wissens, die nicht in „sicherer und klarer Erkenntnis" bestehen, als unwissenschaftlich diskreditiert wurden. Der neue arithmetisch-geometrische Exaktheitsanspruch verlangte nach Descartes ein anderes als das „bloss" topische und wahrscheinliche Denken: „Wir weisen also der obigen Regel gemäss alle bloss wahrscheinlichen Erkenntnisse zurück und stellen fest, dass man nur denen Glauben schenken darf, die vollkommen erkannt sind und an denen sich nicht zweifeln lässt" (zitiert in: Wilhelm Hennis, Politik und praktische Philosophie, a.a.O., S. 41). Es erstaunt nicht, dass auch Kant die Topik für eine Methode hielt, um „mit einem Schein von Gründlichkeit zu vernünfteln und wortreich zu schwatzen" (zitiert in: Martin Kriele, Theorie der Rechtsgewinnung, entwickelt am Problem der Verfassungsinterpretation, Berlin 1967, S. 116). Es darf nicht unerwähnt bleiben, dass auch die essentialistische Rechtstheorie Christian Wolffs und die antivoluntaristische Rechtsphilosophie Leibniz' dem neuen Methodenideal huldigten. Für letzteren war die „Rechtswissenschaft Teil der notwendigen und demonstrativen Wissenschaften" und dies trotz seiner expliziten materiellen Anti-Hobbes-Position (dazu Marcel Thomann, Christian Wolff et son temps, Diss. Strassburg 1963, S. 115). Für eine solche am neuen exakten Methodenideal orientierte Theorie war es im 17. und 18. Jahrhundert typisch, dass sie als „Sozialphilosophie selbst, ohne Vermittlung und Verarbeitung durch die etablierte Fachjurisprudenz, den Anspruch erhob Rechtstheorie zu sein" (Franz Wieacker, Privatrechtsgeschichte der Neuzeit, 2. Aufl., Göttingen 1967). Krieles Einschätzung, dass die nichthobbesianischen „vernunftrechtlichen Vertreter der ‚jurisscientia' grosse Verdienste um die Entwicklung einer humanen Rechtskultur" besässen, „aber nicht dank, sondern *trotz ihrer wissenschaftlichen Methode*", hat einiges für sich (Martin Kriele, Recht und praktische Vernunft, a.a.O., S. 18). Die Rechtstheorie Kants, der wie das deutsche „rationale Naturrecht" von der klassischen und auch angelsächsischen Naturrechts- und Menschenrechtsposition keine Ahnung mehr besass, ist ohne diesen Hintergrund jedenfalls nicht zu verstehen und einzuschätzen. Zur fundamentalen Bedeutung Christian Wolffs nicht nur für die französische Aufklärung, sondern auch für die gleichzeitig essentialistische und individualistische Umformung eines sogenannten sogar kirchlich abgesegneten Neothomismus im 19. Jahrhunderts siehe etwa Marcel Thomann, Christian Wolff, in: Staatsdenker im 17. und 18. Jahrhundert, Hrsg. M. Stolleis, Frankfurt 1977, S. 248 ff. sowie von rein philosophischer Warte Etienne Gilson, L'être et l'essence, 2. Aufl., Paris 1972.

des Rechts, „das Recht und Unrecht abzuwägen erlaubt", verdränge bzw. zu einer zweitrangigen Rechtsfrage mache. Nach Hale gehört die Gerechtigkeitskomponente und damit das nicht naturwissenschaftliche Abwägen zwischen Recht und Unrecht zum Wesen des Rechts, gerade auch des Staatsrechts: „Deshalb ist es auch für die Menschen nicht möglich, auf dem Gebiet des Rechts zu derselben demonstrativen Gewissheit zu kommen wie in der Mathematik; wer sich der Illusion hingibt, er könne ein unfehlbares System des Rechts und der Politik schaffen"[66], der habe nicht nur falsche und „abstrakte Ideen in Hinsicht auf Recht und Gerechtigkeit", sondern dessen Konzeption müsse in Verbindung mit einer absoluten Souveränitätskonzeption des Staates schliesslich in der Konsequenz auch zu den „unerträglichen . . . Nachteilen willkürlicher Rechtssprechung" und damit dem Verlust begrenzender und unantastbarer Rechtsgüter führen[67].

In keiner Weise bedeutet die Antihobbeistische Position des englischen Verfassungsjuristen eine Verkennung der politischen Postulate einer geordneten staatlichen Gesellschaft und einer entsprechenden Rechtssicherheit angesichts aktueller als auch möglicher innerer Wirren und Bürgerkriegszustände. Nicht nur die *veritas*, sondern auch die *auctoritas* gehört zum Wesen des Rechts und seiner Ordnung in Staat und Gesellschaft. Von Edward Coke, ebenfalls als ein Vorgänger von Hale ein höchster Richter von England und ein theoretischer und praktischer Hauptgegner für Thomas Hobbes, stammt der Satz: „Rechtssicherheit ist die Mutter der Ruhe und des Friedens"[68]. Dass das Recht auch einer äussern Geltung und einer durch

66 Zitiert in: Martin Kriele, Die Herausforderung, a.a.O., S. 66. Hales Argumentation gegen Hobbes ist ein implizites Plädoyer für die Rationalität und Legitimität der topischen Methode. Auch die späten Argumentationen Burkes und vor allem seine Kritik der Menschenrechtstheorie der Französischen Revolution ist ohne diesen Hintergrund und den „Zusammenhang mit der Common Law-Tradition des überlieferten Lawyer-Denkens" nicht zu verstehen (Wilhelm Hennis, Politik, a.a.O., S. 54). Zu Burke in diesem Zusammenhang siehe auch: Gisela Schell, Englisches Rechtsdenken im Werk Edmund Burkes, Diss. 1955; B. T. Wilkins, The problem of Burke's political philosophy, Oxford 1967; Michael Freeman, Edmund Burke and the critique of political radicalism, Oxford 1980. Zum topischen Denken siehe auch die schon zitierten Werke von Kriele und Hennis sowie Theodor Viehweg, Topik und Jurisprudenz, 5. Aufl., München 1974 und Wieacker, a.a.O., S. 596.

67 Zitiert in: Martin Kriele, Die Herausforderung, a.a.O., S. 68. Willkürliche Rechtssprechung ist für den damaligen englischen Verfassungjuristen ein Verstoss gegen die Gerechtigkeit. Schon Thomas von Aquin hat in Bezug darauf sehr präzise die Erfordernisse nichtwillkürlicher und gerechter Rechtssprechung umschrieben: „Rechtssprechen ist soweit erlaubt, als es Akt der Gerechtigkeit ist. Wie aus dem Vorhergehenden erhellt, sind aber dazu, dass die Rechtssprechung ein Akt der Gerechtigkeit sei, drei Stücke erforderlich. Und zwar erstens, dass sie hervorgeht aus der Neigung (inclinatio) der Gerechtigkeit; zweitens, dass sie hervorgeht aus der Vollmacht des Oberhauptes; drittens, dass sie geschehe nach der rechten Vernunft der Klugheit. Sobald eines dieser drei Stücke fehlt, ist die Rechtssprechung verfehlt und nicht erlaubt" (Summa theologica, II–II, qu. 60, art. 2).

68 Martin Kriele, Die Herausforderung, a.a.O., S. 14. Auch mit dieser Auffassung war Coke durchaus in Übereinstimmung mit Thomas von Aquin. Es ist im übrigen ein aus Unkenntnis der thomistischen Rechtslehre erklärbares Vor- und Fehlurteil, dass die „thomistische Auffassung des Verfassungsrechts" die „Verfassungspolitik in einer Rechtsfunktion" eines moralisch metaphysischen Naturrechts aufgehen lasse (so etwa Hans Huber, Rechtstheorie, a.a.O., S. 28). Die Frage der Rechtssicherheit, die „formalistische" Seite der Rechtskonzeption, auf die Kant und der Neokantianismus das Recht reduzieren, kommt bei Thomas von Aquin in zentralem Kontext und in Absetzung zur bloss sittlichen Verpflichtung als „gesetzliche" Verpflichtung, „zu dessen Leistung der Mensch durch das Gesetz gezwungen wird" (S. Th. II–II, qu. 102, art. 3), voll zum Tragen (siehe vor allem auch im Traktat über die Gerechtigkeit S. Th. II–II, qu. 2, art. 5 und 6 sowie qu. 67, art. 2). Sten Gagner spricht in einer sorgfältigen Untersuchung und etwas zugespitzt sogar davon, dass in der Summa Theo-

die Staatssouveränität garantierten Wirksamkeit bedarf, dass also auch gilt „auctoritas facit legem", ist für die englischen Verfassungsjuristen eine Selbstverständlichkeit, ja fast eine Banalität. Kritisiert wird die Verabsolutierung des Rechtssicherheits- bzw. des Autoritätsaspektes, der sich natürlich im Gegensatz zum Gerechtigkeitsgehalt, zur veritas, und vor allem in seiner Verabsolutierung besser für das neue Rationalitätsideal der Exaktheitsgewissheit der naturwissenschaftlichen Konstruktionsmethodik eines Thomas Hobbes eignet. Die Verabsolutierung des Rechtssicherheitsaspektes in Verbindung mit einer entsprechenden Exaktheitsmethodik muss notwendigerweise zu einer Rechtskonzeption führen, bei der vor allem im öffentlichen Recht der Gesetzgeber und dic Produktion seiner jeweiligen Gesetze völlig unabhängig von ihrem Inhalt verabsolutiert bzw. ungebunden werden.

Demgegenüber interpretierten Coke, Hale und wohl eine überwiegende Zahl ihrer Zeitgenossen, „dass Gesetzgeben nicht" nur „Schöpfung und Setzung von Recht", sondern eben ganz wesentlich auch „Finden und Aussprechen vorgegebenen Rechts" darstellt, wie es sich etwa in unantastbaren fundamentalen, dem Staat und seiner äussern Macht vorgegebenen Rechtsgütern – vor allem dem menschlichen Leben – manifestiert[69]. Man darf zur Erklärung der Haltung der damaligen englischen

logiae, „zum ersten Mal in der abendländischen Latinität, eine vollständige Ideologie des Gesetzespositivismus zu finden" sei (Sten Gagner, Studien zur Ideengeschichte der Gesetzgebung, Upsala 1960, S. 279). Indem Thomas diesen Rechtssicherheitsaspekt freilich nicht verabsolutiert, befindet er sich in Übereinstimmung mit jener Rechtstradition, von der Hermann Jahrreiss auf dem Nürnberger Kriegsverbrecher-Prozess sagte, „dass sie englischen Rechtsdenkern eigentümlich" sei, „nämlich der Auffassung, dass Gesetz im Sinne von lex auch eine eingewurzelte Norm der Moral, der guten Sitten sein kann" (a.a.O., S. 112). Das Recht wird bei Thomas innerhalb einer moralischen und naturgesetzlichen Wertordnung ausdifferenziert, freilich aber nicht von dieser Ordnung völlig abgetrennt.

69 Martin Kriele, Die Herausforderung, a.a.O., S. 17. René Marcic hat darauf aufmerksam gemacht, dass im Begriff des Rechts*gutes* sich das „Objektmoment", die ontologische Gebundenheit des Rechts erhalten hat (René Marcic, Vom Gesetzesstaat zum Richterstaat, Wien 1957, S. 156. „Die Grundrechte, die man unveräusserliche Rechte des Menschen zu nennen pflegt, sind ihrer Herkunft und ihrem Wesen nach nicht subjektiv. Sie sind nicht in erster Linie eine Eigenschaft des Menschen; sondern sie sind ein Ausfluss der Seinsordnung: *präpositiv – objektiv.* Die Grundrechte bilden den vornehmsten Teil der objektiven Rechtsordnung, nicht wegen ihrer Subjektivität, sondern weil der Mensch das Wesen ist, in dem sich das Sein manifestiert. Wer ein Grundrecht verletzt, verletzt die objektive Ordnung des Seienden und erst in zweiter Linie die subjektive Sphäre des Menschen" (ebenda, S. 325). Dass diese Konzeption der kantischen Lehre, wonach wie man handeln solle, nicht aus dem folgt, was gut ist, sondern aus dem Gesetz als allgemeines Sollen erst das folgt, was gut ist, widerspricht, ist klar: „Alle praktischen Prinzipien, die ein *Objekt* (Materie) des Begehrungsvermögens als Bestimmungsgrund des Willens voraussetzen, sind insgesamt empirisch und können keine praktischen Gesetze abgeben" (I. Kant, Kritik der praktischen Vernunft, Hrsg. Karl Vorländer, Hamburg 1963, S. 23). Die thomasische Konzeption der Gerechtigkeit weicht aber auch vom voluntaristischen Gottesbegriff Kants und Occams ab: „Nicht allein dadurch heisst etwas gerecht, dass es von Gott gewollt ist, sondern dadurch, dass es einem geschaffenen Wesen geschuldet ist, kraft des *Verhältnisses der Kreatur zur Kreatur*" (zitiert in: Josef Pieper, Über die Gerechtigkeit, München 1953, S. 30). Die Feststellung von Thomas von Aquin, dass die Rechtssprechung auch gemäss der „rechten Vernunft der Klugheit (prudentia)" hervorgehen muss (siehe Anm. 67), entspricht exakt dem Begriff der Juris*prudentia*. Keineswegs wird aber damit die Willenskomponente der Gerechtigkeit unterschlagen, im Gegenteil durch die Gerechtigkeit wird „der Wille zu seinem eigentlichen Akt gebracht" (Josef Pieper, Über die Gerechtigkeit, a.a.O., S. 58: „Per eam (= justitiam) applicatur *voluntas* ad proprium actum" (S. Th. I–II, qu. 59, art. 5)). Der Akt der Klugheit als Erkenntnis der Natur der Dinge, aufgrund dessen jemandem etwas als Berechtigung zusteht, geht dem Akt der Gerechtigkeit voran: „Erkenntnis des Seins wird in Beschluss und Befehl verlängert und umgekehrt. Der Imperativ gründet in einem Indikativ; dieser macht jenen erst möglich" (Josef Pieper, Die Wirklichkeit und das Gute, 7. Aufl., München 1963, S. 50). Das

Verfassungsjuristen freilich auch nicht den bedeutsamen Umstand übersehen, dass „sich der neuzeitliche Voluntarismus in der rechtsphilosophischen Konzeption der englischen Juristen", aber auch ihrer Mitbürger, im Gegensatz gerade zu Thomas Hobbes samt dessen Nominalismus, „noch nicht durchgesetzt hat". Das zeigt sich vor allem darin, dass, wenn auch die englischen Verfassungsjuristen als Anhänger eines konstitutionellen und gewaltenteilenden Verfassungsstaates „mit Hobbes in dem Anliegen der Rechtssicherheit durchaus einig" gingen, sie doch in der nichtnominalistischen und nichtvoluntaristischen Begründung ihrer Position und damit auch im materiellen Ergebnis eines durch das Recht begrenzbaren souveränen Verfassungsstaates differierten. Martin Kriele macht die beiden Positionen unmissverständlich klar: „Hobbes sagt, das positive Recht sei verbindlich, gleichgültig, ob es vernünftig sei oder nicht. Coke sagt: Das positive Recht sei verbindlich, weil es vernünftig sei"[70]. Man wird wohl hinzufügen dürfen, dass philosophie- und geistesgeschichtlich diese Tendenzen, wie bereits früher erwähnt, in den unterschiedlichen Positionen eines Thomas von Aquin und eines William von Occam schon impliziert sind, wobei es natürlich nicht von ungefähr kommt, dass in der englischen Tradition des konstitutionellen Staats- und Verfassungsdenkens wie auch in der Common Law-Rezeption thomistische, natürlich auch aristotelische, Argumente teils explizit oder doch der Sache nach übernommen werden, während etwa Thomas Hobbes deutlich occamistische Argumentationsstrukturen aufweist, die sich zunächst aber in seinem Heimatland, England, nicht durchzusetzen vermochten, dafür aber ihr kontinentales Erbe antraten. In der Tradition etwa eines Thomas von Aquin aber, und auch im Denken der englischen Verfassungsjuristen, wurde der Gedanke eines gewaltenteiligen Rechtsstaates als einer durch das Recht und gewissermassen überstaatlich vorhandene Rechtsgüter sowohl formell als vor allem auch materiell eingeschränkten konstitutionellen, gewaltenteiligen und, aristotelisch gesprochen, „gemischten" konstitutionellen Staatsordnung hochgehalten und damit auch eine Verbindung von unantastbaren Menschenrechten auf der Basis fundamentaler Rechtsgüter mit neuzeitlichen Staatsgewaltkonzeptionen möglich gemacht.

Die Ausbildung von Theorie und Praxis einer neuzeitlichen Staatsgewalt und der Souveränitätsidee ging in England – anders als auf dem Kontinent – trotz vielen

Zusammenwirken von voluntativem und erkennendem Moment, von Sein und Sollen ist für die klassische Gerechtigkeitslehre und vor allem für das Wesen der Rechtssprechung, wie es auch der angelsächsischen Konzeption der Verfassungsjuristen zugrundeliegt, wesentlich. Das objektive und imperative Element von Gesetz und Recht wirken beide zusammen und deshalb kann Thomas auch behaupten, dass der „unrechte Gebrauch der Vernunft am meisten in der Verletzung der Gerechtigkeit" (S. Th. II–II, qu. 55, art. 8) besteht. Dies ist auch der Zusammenhang, warum man bei der Verletzung fundamentaler Menschenrechte auch von einer Verletzung der Seinsordnung sprechen kann und sprechen muss. So ist auch die Klugheit im klassischen Sinne die eigentliche Tugend des Richters, der nach Matthew Hale „die allgemeinen Ideen" der Gerechtigkeit „auf besondere Fälle" anzuwenden hat (zitiert nach: Kriele, Die Herausforderung, a.a.O., S. 68). Dem entspricht exakt die thomasische Definition der Prudentia: „Die Klugheit wendet eine allgemeine Erkenntnis an auf die besonderen Sachverhalte" (S. Th., II–II, qu. 49, art. 1 ad 1).

70 Martin Kriele, Die Herausforderung, a.a.O., S. 15 u. 17. Nach der Auffassung von Gustav Radbruch in seiner rechtsphilosophischen Besinnung als erster Stellungnahme nach dem Zusammenbruch von 1945 hat die voluntaristische und „positivistische" Auffassung, dass „das Gesetz gilt, weil es Gesetz ist" – völlig in Absehung von seinem Inhalt –, „die Juristen wie das Volk wehrlos gemacht gegen noch so willkürliche, noch so grausame, noch so verbrecherische Gesetze. Sie setzt letzten Endes das Recht der Macht gleich: nur wo die Macht ist, ist das Recht" (Gustav Radbruch, Der Mensch im Recht, Göttingen 1957, S. 105).

Verfassungskämpfen im Prinzip verträglich mit einer Beschränkung der Staatsgewalt durch auch aussergesetzliche Naturrechts- und Gewohnheitsnormen und das konstitutionelle Mischverfassungs- bzw. Gewaltenteilungssystem vonstatten. Die englische Verfassungsentwicklung ist ein Beispiel dafür, dass in der Idee einer verfassungs- und consensusbeschränkten Monarchie die Synthese der mittelalterlichen Rechtsgebundenheit des Herrschers bzw. der Staatsorgane mit der neuzeitlichen Idee eines souveränen Herrschertums und Staatsbegriffs möglich ist, sofern die entscheidende ideenpolitische, historische und rechtliche Frage eben nicht diejenige eines ausschliesslichen Trägers von Souveränität, sondern vielmehr diejenige des Umfangs, Inhalts und der Beschränkung der Souveränität bzw. des staatlichen Handelns darstellt. Es hängt im übrigen mit dieser durch das Recht beschränkten Staatsgewaltkonzeption zusammen, dass die angelsächsische Demokratietradition mit ihrem bezeichnenden und inhaltsreichen Begriff des *„responsible government"* sich auch bis in jüngste neomarxistisch inspirierte Vergangenheit hinein als resistent gegen eine Verabsolutierung des Demokratiebegriffs, wie er in kontinental-rousseauistischer Denktradition als „Identität von Regierenden und Regierten" ausgegeben wird, erwiesen hat[71].

Der Begriff des „responsible government", der auch auf die Verbindung des neuzeitlichen Staatsbegriffs mit so bedeutsamen Begriffen der abendländischen Politiktradition wie Gerechtigkeit, Verfassungs- und Rechtsmässigkeit sowie eben Verantwortlichkeit hinweist, impliziert freilich auch eine an aristotelischer Ethik- und Politiktradition orientierte politische Philosophie, nach der politisches Handeln eben verantwortbare *Praxis* und nicht einfach Konstruieren und Herstellen von politisch stabiler Macht darstellt. Dagegen ist das von Hobbes nicht nur für das Recht, sondern auch „auf die politische Theorie übertragene Konstruktionsprinzip geeignet, die traditionelle Unterscheidung zwischen *Herstellen und Handeln*, die der scholastisch-aristotelischen Tradition der Politik das Gepräge gibt, zu nivellieren" bzw. den Begriff der verantwortbaren politischen Praxis aus dem Arsenal politischer Begrifflichkeit, aber schliesslich auch inhaltlicher Konzeption zu eliminieren[72].

Ein wie bei Hobbes und einer entsprechenden Tradition allein oder doch vor allem durch die Begriffe von Souveränität und Macht bestimmter Staats- und Politikbegriff lässt Begriffe wie Gerechtigkeit und staatliche Verantwortung als nicht mehr eigentlich politische und staatliche Begriffe und Inhalte erscheinen. Damit wird ersichtlich, dass für eine Staats- und Politikkonzeption, deren Einsichten nicht wie in der aristotelisch-thomistischen und zunächst auch angelsächsischen Tradition am rechten und verantwortbaren Handeln, sondern primär am rationalistisch und

71 Hella Mandt, „Responsible Government" und kontinentale Demokratietheorie, in: Civitas, Jg. 1974, S. 89; siehe dazu auch: Daniel Rhonheimer, Demokratisierung aller Lebensbereiche, Diss. Zürich 1983; spezifisch zum Zusammenhang zwischen englischer Mischverfassungstheorie und der Genesis des modernen Konstitutionalismus siehe Wilfried Nippel, Mischverfassungstheorie und Verfassungsrealität in Antike und früher Neuzeit, Stuttgart 1980 sowie allgemein Viktor Wember, Verfassungsmischung und Verfassungsmitte, Berlin 1977.

72 Manfred Riedel, Metaphysik und Metapolitik, Studien zu Aristoteles und zur politischen Sprache der neuzeitlichen Philosophie, Frankfurt 1975, S. 175. Die aristotelische Auffassung, „dass die Dignität der praktischen Wissenschaften geringer sei als die der theoretischen" – wo eben der Wahrheitsanspruch ein höherer ist – konnte zur Versuchung jener schiefen Alternative führen, Recht und Politik „aus dem Bereich wissenschaftlicher Erkenntnismöglichkeiten ganz zu eliminieren oder – die andere von der Moderne ergriffene Möglichkeit – den Versuch zu machen, auch diesen Bereich nach dem Vorbild der theoretischen Wissenschaften zu bearbeiten" (Wilhelm Hennis, Politik, a.a.O., LS. 38 f.), wie dies dann Hobbes und Kant auch getan haben.

exaktheitswissenschaftlich verabsolutierten Machen, am Herstellen und an der Produktion bestimmter und gewünschter Effekte orientiert sind, die Auffassung, wonach der Staat ein durch Recht und Gerechtigkeitsprinzipien beschränkter ist, als entweder wissenschaftlich und rational nicht haltbar oder aber bloss noch „moralische" oder rechtspolitische Forderung angesehen werden muss. Staats- und Rechtsbegriff beginnen einander objektiv auszuschliessen, auch wenn sie scheinbar wie schliesslich auch bei Kelsen als identisch ausgegeben werden. Menschenrechte sind von daher nur noch als positivierte denkbar und genau so verhält es sich dann letztlich auch mit den entsprechenden Staats- und Herrscherpflichten. „Die Ablösung einer praktischen, am rechten Handeln, durch eine poietische, am richtigen Herstellen orientierte Philosophie wird schliesslich deutlich, wenn man Hobbes nach den Eigenschaften fragt, die den Staatsmann auszeichnen müssen. Man wird die Probleme der Fürstenspiegel bei ihm vergeblich suchen, der Leviathan weiss nichts von den Pflichten des Souveräns, nur von den Rechten ist die Rede, die sich aus dem Herrschaftsvertrag ergeben. Was für die Errichtung und Erhaltung (making and maintaining) eines Commonwealth verlangt wird, ist skill, ein Begriff aus der Welt des Produzierens, nicht der Moral". Damit fällt auch der Begriff der „praktischen Weisheit (phronesis) aus dem Bereich der Philosophie", ein Begriff, dessen lateinische Fassung, *prudentia* auch deutlich die Verbindung zum Recht, zur *Jurisprudenz*, deutlich macht[73].

Am Gesagten und Zitierten wird der Zusammenhang zwischen Politik, Staats- und Rechtskonzeption deutlich. Die durch die englischen Verfassungsjuristen vertretene am klassischen Praxisbegriff orientierte Staats- und Rechtskonzeption ist der Hobbesianischen „Erneuerung", die in Wirklichkeit eine Zerstörung der klassischen Mischverfassungstheorie und Konzeption einer gewaltenteiligen und „gemässigten" Staatsverfassung darstellt, gegenüber resistent und unvereinnehmbar.

Rechts- statt gesetzesstaatliche Gewaltenteilung

Es wurde schon erwähnt, dass Kants Rechtsrationalismus und seine Staatsgewaltskonzeption, vor allem aber die durch die Kantsche Systematik und Denkanschauung vermittelte Verbindung beider Komponente „die sogenannte gemässigte Staatsverfassung, als Konstitution des innern Rechts des Staats, ein Unding" werden liess. In der englischen Staatsordnung, die im 17. Jahrhundert auch ohne eine geschriebene Verfassung doch ein rechtlich verfasstes Gemeinwesen darstellte, war die Staatsgewalt als solche sowohl der Konzeption als auch der Praxis nach auf König, Oberhas, Unterhaus und vor allem auch auf die *Richterschaft* verteilt, eine Gewaltenteilung bzw. ein Mischverfassungssystem, in dem damals durchaus auch eine Voraussetzung für die Gewährung und Sicherung rundlegender Rechte gesehen wurde, wie dies Coke etwa am Beispiel des Rechtsguts der Freiheit, der liberty, erwähnt: „No man can be taken, arrested, attached or imprisoned but by due process of law and according to the law of the land"[74].

73 Wilhelm Hennis, Politik und praktische Philosophie, a.a.O., S. 50. Siehe dazu auch Martin Kriele, Recht und praktische Vernunft, a.a.O., S. 17 ff.; sowie weiter oben Anm. 69.

74 Martin Kriele, Die Herausforderung, a.a.O., S. 7 f. Die Konzeption des englischen Mischverfassungssystems mit seinen Gesetzesgarantien ist dem Vorbild der aristotelischen Politie als der besten, weil gleichzeitig verwirklichbarsten und freiheitsverbürgendsten Staatsform nachempfunden. Dass auch Thomas von Aquin ein solches Mischverfassungssystem als Kombination von demokratischen mit andern Staatsformelementen als beste politische Lösung empfahl, wird oft übersehen.

Für die geometrische und sicherheitsabstrakte Staats- und Rechtskonzeption von Hobbes konnte solche „Gewaltenteilung" schon als „latenter Bürgerkrieg" gelten. Eine Einschätzung dieses Sachverhaltes durch den Hobbesbewunderer Carl Schmitt macht diesen Sachverhalt deutlich und zeigt auch eine Parallelität zum Verwerfen einer gemischten und „gemässigten Staatsverfassung" als eines rechtlichen „Undings" durch Kant an: „Mit einer beispiellosen Sicherheit stellt er (Hobbes) die Frage formal und liess er sich das einfache Entweder-Oder der souveränen Entscheidung nicht wegdiskutieren. Alle Mischungen und Indirektheiten erkannte er als Verschleierungen oder blosse Vertagungen"[75]. Dass gerade Carl Schmitt, der Kritiker eines pluralistischen und repräsentativen Parteienstaates in der Weimarer Republik, zu einer solchen positiven Hobbeseinschätzung kommt, ist alles andere als ein Zufall. Zudem steht Schmitt für eine kontinentale, vor allem aber auch durch den deutschen Idealismus nicht unwesentlich geförderte Ideentradition in bezug auf Staat und Recht – und besonders auch ihr Verhältnis zueinander –, welche vor allem auch auf deutschem Boden jene abstrakte „Reinheitsphilosophie" kultivierte, für die ein durch rechtliche Schranken und durch oberste Richter kontrollierter Staat eigentlich gar kein richtiger, weil kein souveräner Staat war, so wie Kant in seiner Rechtslehre eben auch die „gemässigte Staatsverfassung" als denkerisches und rechtliches Unding verworfen hatte. Der bedeutende, durch angelsächsische

75 Martin Kriele, Die Herausforderung, a.a.O., S. 8. Im angelsächsischen Denken des limited government wird eine starke Richterschaft als bester Freiheitsgarant gegenüber entgegenlaufenden Ausuferungen von Exekutive und Legislative angesehen. Die idealtypisierenden Anwälte einer reinen und ungemischten Staatsform, für die das Diktum von Carl Schmitt prototypisch ist, stehen einer starken Richterkompetenz ablehnend gegenüber. In der Nachfolge Platons war dies auch bei Augustinus nicht anders: „Wenn auch die Menschen über diese zeitbedingten Gesetze urteilten, als sie dieselben erliessen, so ist es doch den Richtern, nachdem die Gesetze erlassen und bestätigt worden sind, nicht erlaubt über sie zu richten, sondern sie müssen sich nach ihnen richten" (zitiert bei: René Marcic, a.a.O., S. 250). Bemerkenswert ist die folgende Feststellung von Marcic: „Die Linie Plato–Plotin–Augustinus–Duns Scotus–Occam–Kant, die idealistisch-voluntaristisch-nominalistische Richtung, ist, wenn man das so nennen darf, ‚richterfeindlich' und ‚gesetzesfreundlich'" (ebenda). Auch hier sind die schon weiter oben beschriebenen Zusammenhänge mit theologischen Kontroversen des Spätmittelalters frappant: „Der Richtungskampf begann im Schosse der Theologie, es ging um die Frage nach dem Primat im Wesen Gottes: Ob die Vernunft oder der Wille den Grund abgibt. Die Dominikanerschule griff mit Thomas auf Aristoteles zurück, die Franziskaner schlugen mit Bonaventura den Weg ein, den Plato, Plotin und Augustinus vorgezeichnet hatten. Die Franziskaner wandelten den Idealismus in einen Voluntarismus ab. Diese Linie wurde von Duns Scotus und Occam bezogen, der den Nominalismus zur Blüte entfaltete" (ebenda, S. 280). Carl Schmitts Kritik an den englischen „Jurisdiktionsstaaten, in welchen der einen Rechtsstreit entscheidende Richter statt des normierenden Gesetzgebers das letzte Wort spricht", beinhaltet freilich eher eine Option für einen reinen „Verwaltungsstaat" anstelle der „normativistischen Fiktion eines geschlossenen Legalitätssystems" (Carl Schmitt, Legalität und Legitimität, 2. Aufl. Berlin 1968, S. 8 f.). Gemeinsam ist Schmitt freilich mit Hobbes und Kant, samt der entsprechenden geistesgeschichtlichen Traditionslinie, das Unverständnis gegenüber einer Gewaltenteilungslehre und einem Mischverfassungssystem, in dem ein Richter mit seinem Prüfungsrecht mehr als nur blosse Subsumptionsaufgaben wahrnimmt. In diesem Sinne ist beispielsweise auch „die Demokratie amerikanischer Prägung" seit lang her „eine konstitutionelle und nicht eine radikale, dezisionistische". Die angelsächsische Gewaltenteilungslehre dient auch „keinem Selbstzweck" oder geht in einer Begriffsreinheitsphilosophie wie bei Kant auf: „Es muss auf die ihr zugrundeliegenden Wertvorstellungen zurückgegriffen werden, zu denen vorab die *Beschränkung aller öffentlichen Macht durch das Recht* gehört. Da das richterliche Prüfungsrecht gerade diesem Zweck dient, mutet es widersprüchlich an, die in der Verfassung zum Ausdruck kommende Gewaltenteilung... als Beweisführung gegen dieses Recht zu verwenden" (Walter Haller, Supreme Court und Politik in den USA, Bern 1972, S. 321 f.).

Politik- und Rechtstradition gewissermassen geläuterte Politologe Ernst Fraenkel zitiert für diesen Zusammenhang ein das kontinentale bzw. deutsche Staats- und Rechtsdenken kennzeichnendes Statement des bedeutenden englischen Staatsdenkers Ernest Barker: „Auswärtige Juristen haben bekanntlich die Auffassung vertreten, dass es in England eigentlich niemals einen Staat gegeben hat"[76]. Das Unverständnis kontinentaler und vor allem deutscher Politik- und Rechtstradition für die ursprüngliche angelsächsische Tradition des Verhältnisses von Staat und Recht beruht zudem darauf, dass die im parlamentarisch-politischen „kontroversen Sektor in Erscheinung tretenden . . . Majoritäts- und Minoritätswillen", welche „ihren offenkundigsten Ausdruck in der parlamentarischen Mehrheitsfraktion und der parlamentarischen Opposition" finden, einen nichtabstimmbaren, politischer Dezision entzogenen „nicht-kontroversen Sektor" voraussetzen[77], in dem eben

76 Ernst Fraenkel, Deutschland und die westlichen Demokratien, 6. Aufl., Stuttgart 1974, S. 215. Es ist keineswegs ein Zufall, dass Oswald Spengler in seinem Plädoyer für ein starkes Preussentum dem englischen System „*staatenlosen* Parlamentarismus" vorwirft (Oswald Spengler, Preussentum und Sozialismus, München 1920, S. 54). Gewichtiger, weil nicht ohne Einfluss auch auf heutige bedeutende deutsche Staatstheoretiker (Böckenförde, Quaritsch, Forsthoff u.a.), ist folgendes Diktum Carl Schmitts gegenüber einem Verfassungssystem, in „dem eine vom Staat getrennte Justiz als Hüter und Bewahrer des vom Staat unterschiedenen, ihm vorausgehenden und ihm übergeordneten Rechts die letzten Entscheidungen treffen" kann: „Von einem ‚Staat' könnte man übrigens in einem solchen Gemeinwesen kaum noch sprechen, weil an die Stelle einer politischen Einheit eine blosse, wenigstens der Fiktion nach unpolitische, Rechtsgemeinschaft getreten wäre" (Carl Schmitt, Legalität und Legimität, a.a.O., S. 11 f.). Der bei Schmitt und dessen Konzeption des Staates als eines an die neuzeitliche Souveränitätsepoche „gebundenen Begriffs" (siehe Verfassungsrechtliche Aufsätze, 2. Aufl., Berlin, S. 359 ff.). manche Anleihen machende Ernst Wolfgang Böckenförde orientiert sein Staatsmodell einseitig an der „gegenüber der Tradition des scholastischen Naturrechts neuartigen, spezifischen politischen Argumentation" von Bodin bzw. den französischen „Politiques" sowie an dem Hobbesianischen, am Ausnahmefall des konfessionellen Bürgerkriegs orientierten Staatsmodell „als souveräne Entscheidungseinheit", was dazu führen muss, in Über- und Uminterpretation Otto Brunnerscher Thesen alle mittelalterliche Verfassungswirklichkeit als „*un-staatlich* strukturierte Herrschaftsbeziehungen zu bezeichnen", ein Urteil, das dann objektiv auch die angelsächsische Rechts- und Staatskonzeption der hier abgehandelten englischen Verfassungsjuristen treffen müsste (siehe Ernst Wolfgang Böckenförde, Die Entstehung des Staates als Vorgang der Säkularisation, in: Ders., Staat, Gesellschaft, Freiheitswahrung, Frankfurt 1976, S. 42). Es kommt nicht von ungefähr, dass sich der ansonsten für eine freiheitliche Unterscheidung von Staat und Gesellschaft plädierende Böckenförde unter gleichwertiger Ablehnung einer „verordneten Staatsideologie" und einer „Wiederbelebung aristotelischer Polistradition" einseitig an der Menschen- und Grundrechtskonzeption der Französischen Revolution orientiert und die angelsächsische Menschenrechtstradition im Gegensatz etwa zu Martin Kriele aus den Augen verliert: „Es führt kein Weg über die Schwelle von 1789 zurück" (ebenda, S. 60). Vergleiche als Kontrapunkt dazu: Martin Kriele, Einführung in die Staatslehre, Hamburg 1975. Es ist im übrigen ein eigenartiges selbstverordnetes Tabu neuerer deutscher Staats- und Rechtsphilosophie – auch solcher als „neokonservativ" bezeichneter –, dass kein Weg hinter Kant zurückführen dürfe, eine Selbstbeschränkung, die bezeichnenderweise bei den englischen und vor allem amerikanischen Neokonservativen nicht zu finden ist (siehe dazu auch Johann Baptist Müller, Was heisst „Liberalkonservativ", Zeitschrift für Politik, Heft 4, Jg. 1982, vor allem S. 357 ff.).

77 Ernst Fraenkel, Deutschland, a.a.O., S. 105. Eine genau gegenteilige Auffassung vertritt Hans Kelsen in seinen staatsphilosophischen Schriften zur Demokratie: „Darum ist der Relativismus die Weltanschauung, die der demokratische Gedanke voraussetzt" (Hans Kelsen, Vom Wesen und Wert der Demokratie, 2. Aufl., Aalen 1963, S. 101). Dem widerspricht energisch der Schweizer Staatsrechtler Dietrich Schindler: „Kehren wir nochmals zum Beispiel der Demokratie zurück. Ihre Weltanschauung ist *nicht* der Relativismus. Im Gegenteil, keine Staatsform bedarf so sehr der Einigkeit im Grundsätzlichen wie die Demokratie. Die

auch die Substanz unantastbarer, auf fundamentalen Rechtsgütern beruhender Menschenrechte beheimatet ist. Über diesen nichtkontroversen Sektor, dieses dem Weltanschauungsrelativismus entzogene Fundament staatlicher Entscheidung und Souveränität zu wachen, fühlten sich die klassischen englischen Juristen berufen, und genau diese Aufgabe gehört auch zum Verständnis der englischen Gewaltenteilungstradition und des gemischten und gemässigten bzw. durch das Recht eingegrenzten Staates.

Ein solcher Staat, in dem das Recht – und dies ist mehr und auch nicht das gleiche wie das blosse Gesetz – als Begrenzung und Mass der Macht und Souveränität der Staatsgewalt nicht fehlt, ist im wahrsten Sinne des Wortes und auch der Sache nach ein *Rechtsstaat.* Institutionell ist ein solcher Rechtsstaat auch durch einen starken Richterstand charakterisiert: Es ist genauso ein „*Richterstaat*" wie ein Gesetzes- bzw. Gesetzgebungsstaat[78].

Diskussion, ein Lebenselement der Demokratie, ist nur auf einer festen Grundlage, die selbst ausser Diskussion steht, sinnvoll. Gerade diese Festigkeit des Fundaments macht es möglich, in Fragen zweiter Ordnung Nachgiebigkeit und Toleranz walten zu lassen und der individuellen Freiheit Spielraum zu gewähren. Das Geheimnis der Freiheit liegt darin, dass sie immer nur auf dem Boden einer allgemein anerkannten, dem individuellen Belieben entzogenen Ordnung möglich ist" (Dietrich Schindler, Recht–Staat–Völkergemeinschaft, a.a.O., S. 70). Dieser Gedanke, der nicht nur in der Tradition angelsächsischen Denkens, sondern auch von Montesquieu (Tugend als Voraussetzung der Demokratie) und Tocqueville (Religion als Kompensation zur Gleichheitsideologie) steht, verlangt nach einer „ausserrechtlichen Kompensation" demokratischer Institutionen, ja das „kompensatorische Prinzip" sollte „ins Recht selbst aufgenommen werden", so wie es eben auch der aristotelisch-angelsächsischen Mischverfassungstradition entspricht (D. Schindler, Verfassungsrecht und soziale Struktur, 5. Aufl. Zürich 1970, S. 94). Kelsens Demokratieverständnis ist demgegenüber nicht nur rousseauistisch – „Demokratie" als der „Grundsatz, dass *alle* Gewalt vom Volk ausgeht" und dass sie die Staatsform des „geringsten Gegensatzes zwischen der volonté générale, dem Inhalt der staatlichen Ordnung, und der volonté de tous" ist (Hans Kelsen, Verteidigung der Demokratie, Blätter der deutschen Staatspartei, 2. Jg. (1932), S. 91 u. 97) –, sondern es setzt unter dem Banner eines relativistischen Beliebigkeitsdezisionismus auch eine grundsätzliche Absage an das Konzept einer wehrhaften Demokratie voraus: „Sie ist diejenige Staatsform, die sich am wenigsten gegen ihre Gegner wehrt" und die „auch ihren ärgsten Feind an ihrer eigenen Brust nähren" sowie auch ohne jedwelche Intervention „eine auf Vernichtung der Demokratie gerichtete Bewegung dulden" muss (ebenda, S. 97 f.). Ein solcher Staat ist zwar in sich selber nicht totalitär, aber eben doch totalitarismusoffen, ja totalitarismusfördernd, und dies nach den Kelsenschen Voraussetzungen mehr als jede andere Staatsform. Ein Platz für einen dezisionsunabhängigen Bestand von fundamentalen Menschenrechten ist unter solchen Voraussetzungen ebenfalls undenkbar geworden. Das damit verbundene „Legitimitätsdefizit der Weimarer Republik, das zu ihrer *legalen* Selbstpreisgabe im Nationalsozialismus führte" (Martin Kriele, Rechte und praktische Vernunft, a.a.O., S. 130), sowie die durch eine parallel gehende Rechtstheorie ermöglichte Rechtfertigung einer selektiven dezisionistischen Reduktion der Grundrechte auf bestimmte Menschengruppen, wird nicht durch die sicher in sich richtige Feststellung widerlegt, dass die positivistischen „Repräsentanten einer solchen Kultur für grosse politische Ideologien, die ja von grossen Behauptungen leben, intolerabel" sind (Hermann Lübbe, Philosophie nach der Aufklärung, Düsseldorf 1980, S. 236).

78 Siehe dazu insgesamt die anregende Untersuchung von René Marcic, Vom Gesetzesstaat zum Richterstaat, Wien 1957. Für eine solche „Verteilung der staatlichen Macht" auf Gesetzgebung, Verwaltung und Rechtssprechung plädiert auch Hans Huber (a.a.O., S. 28). In diesem Zusammenhang von einem blossen „Jurisdiktionsstaat" zu sprechen, ist schon deshalb problematisch, weil bei der Rechtserzeugung der Gesetzgeber nach wie vor eine entscheidende Rolle spielt, auch oder gerade wenn er an überpositive Grundnormen und Sachverhalte gebunden bleibt: „Der Werdegang des Rechts vollzieht sich somit in drei Stufen: die erste Stufe ist die *Grundsatznorm*, die zweite ist das *positive Gesetz*, die dritte Stufe ist die *Entscheidung in der konkreten Situation*" (Arthur Kaufmann, Rechtsphilosophie im Wandel, Frankfurt 1972, S. 162).

Es war einer der epochalsten und vielleicht auch folgenschwersten Irrtümer, dass ausgerechnet der gemeinhin als kontinentaler Vater der Gewaltenteilung und des konstitutionellen Staates geltende Montesquieu, welcher „seine Lehre von der Trennung und Gleichordnung der drei Staatsgewalten: Exekutive, Legislative und Gerichtsbarkeit, die für die meisten geschriebenen Verfassungen des westlichen Kontinents massgebend wurde, just den englischen Verhältnissen ablauschen" wollte und sich irrtümlicherweise „in Sonderheit den englischen Richter als einen reinen Urteilsautomaten, als ein seelenloses Wesen mit ausschliesslich gesetzesanwendender, niemals rechtsschöpferischer Tätigkeit vorstellte: *la bouche, qui prononce les paroles de la loi*"[79]. Montesquieus Konstitutionalismus und Gewaltenteilungslehre ging von seinem „ewigen Erfahrungsgesetz aus, dass jeder Mann, der Macht besitzt, sie zu missbrauchen geneigt ist; und dabei wird er bis an seine Grenzen gehen. Man sollte es nicht für möglich halten, aber selbst die Tugend muss Grenzen haben" (Vom Geist der Gesetze, Buch XI, 6. Kapitel). Diesen Grenzen musste nach Montesquieu dadurch Respekt verschafft werden, dass die eine Gewalt die andere in Schranken zu halten hatte. Diese Schrankenlehre beruhte aber im wesentlichen auf einer blossen Zweigewaltenteilung, nämlich der zwischen Legislative und Exekutive. Die Exekutive bzw. eine starke Regierung musste durch Gesetze bzw. einen geschickten Gesetzgeber in Schach gehalten werden. Dort, „wo die Gesetze alles schützen und niemanden bedrohen" (Buch XII, 18. Kapitel), also im Gesetzesstaat, der vor allem eine Gewaltenkontrolle zwischen exekutiver Regierung und legislativem Parlament ermöglichen sollte, sah Montesquieu die Lösung des Problems der Machtbeschränkung des modernen souveränen und immer stärker und aktiver werdenden Staates. Dass dies nicht die Konzeption der englischen Gewaltenteilungslehre war und dass darüber hinaus auch die Problematik der Kontrolle von Gesetzen und Verordnungen offen blieb, wurde übersehen. Aber es blieb nicht ohne Folgen: „So zog in die Politische Wissenschaft jene ebenso simple wie feierliche Doktrin ein, für deren Verbreitung auf dem ganzen Kontinent wir Sorge trugen: alles, was es brauche, um die Probleme zu lösen, sei eine Exekutive und ein Zwei-Kammer-System", wie es der Politikwissenschaftler Bertrand de Jouvenel in seinem bedeutsamen Buch „Über die Staatsgewalt" prägnant formuliert[80].

79 Arthur Kaufmann, Recht als Mass der Macht, Stimmen der Zeit, Band 163, Jg. 1958/59, S. 26. In diesem höchst eingeschränkten Sinne hat auch Kant die Aufgabe des Richters reduziert: „Die subsumption unter dem Gesetz ist das einzige... in Ansehung dessen ein Richter nötig ist" (Kant's handschriftlicher Nachlass, a.a.O., Nr. 7805, S. 521). Entsprechend der kantschen Gleichsetzung von objektivem Recht mit dem Gesetz und in Übereinstimmung mit dem damaligen von Friedrich dem Grossen erlassenen Kommentierungsverbot hat sich der Jurist als gehorsamer Diener des Gesetzes zu verhalten: „Denn die Verordnungen machen allererst, dass etwa recht ist, und nun nachzufragen, ob auch die Verordnungen selbst recht sein mögen, muss von den Juristen als ungereimt gerade zu abgewiesen werden... Denn eben darin besteht das Ansehen der Regierung, dass sie den Untertanen (Richtern) nicht die Freiheit lässt, nach ihren eigenen Begriffen, sondern nach Vorschrift der gesetzgebenden Gewalt über Recht und Unrecht zu urteilen" (I. Kant, Der Streit der Fakultäten, a.a.O., S. 287).

80 Bertrand de Jouvenel, Über die Staatsgewalt, Freiburg/Br. 1972, S. 351. Zwar kennt auch John Locke in seiner Gewaltentrennungslehre nur die beiden Gewalten von Exekutive und Legislative, aber mit seinem Postulat der Unabhängigkeit der Richter bei gleichzeitiger Einschränkung der Gesetzgebungsgewalt bleibt sein System immerhin offen für das Modell einer Gewaltendreiheit und eines weitergehenden Überprüfungsrechts der Judikative: „Zum zweiten kann sich die Legislative oder höchste Gewalt nicht die Macht anmassen, durch willkürliche Massnahmeverordnungen zu regieren", sondern diese ist verpflichtet, nach öffentlich verkündeten Gesetzen und „durch anerkannte und autorisierte Richter für Gerechtigkeit zu sorgen und über die Rechte der Untertanen zu bestimmen". Locke beruft sich für

Der englische Rechtsstaat beruhte aber damals gerade nicht allein auf jener formellen Gewaltenteilung zwischen Exekutive und Legislative, wonach der Richter und damit die Rechtssprechung zum Subsumptionsautomaten herabgesunken wäre, sondern auf einer Dreigliederung der Staatsgewalt zwischen Exekutive, Legislative und Jurisdiktion, nämlich „*auf der Eigengesetzlichkeit des Rechts, dem sogenannten Rule of Law, wie man diese Vorherrschaft des Rechts vor der politischen Macht nennt*"[81]. Damit aber hängt auch die damalige Differenzierung von Recht und Gesetz zusammen, dass Recht auch ohne Kodifizierung bzw. äussere bzw. schriftliche Positivierung normierende und gerichtsentscheidende äussere Kraft besass. Recht fliesst nicht nur und nicht vor allem „aus dem Geist der Gesetze, sondern aus der Natur der Sache", es ist nicht in erster Linie „abstrakte Kodifikation", sondern eben auch „Fall-Recht, konkretes Richter-Recht (Case Law, Judge-made-Law)"[82]. Die dem Staat und damit auch den von ihm erlassenen Ge-

seinen Gesetzesbegriff ausdrücklich auf den in der aristotelisch-thomistischen Tradition stehenden Hooker: „Menschliche Gesetze sind Massregeln für den Menschen, die seine Handlungen lenken sollen. Jedoch sind es Massregeln, die noch höhere Regeln kennen, nach denen sie zu bestimmen sind. Diese Regeln sind von zweierlei Art: das Gesetz Gottes und das Gesetz der Natur" (John Locke, Über die Regierung (The Second Treatise of Government), Hrsg. Peter Cornelius Mayer-Tasch, Stuttgart 1974, S. 104). Anzumerken zu Locke bleibt freilich, dass seine individualistische Naturstandsphilosophie, seine Konzeption subjektiver Rechtsansprüche und der Rechtsbegriff selber, vor allem aber seine Morallehre kaum mehr etwas mit der Tradition gemeinsam haben, in der Hooker und die englischen Verfassungsjuristen des 17. Jahrhunderts stehen. Im Unterschied zu Hobbes freilich schlägt dies nicht völlig auf die politische Konzeption durch. (siehe dazu etwa Marcel Thomann, Histoire de l'idéologie juridique au XVIIIe siècle, Archives de philosophie du Droit, Paris 1974, S. 130 ff.).

81 Arthur Kaufmann, Recht als Mass der Macht, a.a.O., S. 26 f. Die Anerkennung der Rule of law „heisst nicht, einer Art Panjurismus, einer totalen Justiziabilität das Wort reden, wenn wir betonen, dass die Politik der Herrschaft des Rechts unterworfen ist" (René Marcic, a.a.O., S. 295). Der Schweizer Hans Huber spricht in diesem Zusammenhang von einer „Überanstrengung des Rechts": „Totalitär ist das Recht, dessen rechtsfreier Raum nicht mehr wesentlich aus Freiheit besteht, . . . So muss sich der materielle Rechtsstaat sogar gegen das Recht selber verteidigen. Gegen ein Recht, das nicht mehr imstande ist, seine Gewalt einzugrenzen, weil es selbst schon Erzeugnis seiner Ungebundenheit ist. In dieser Lage des Rechtsstaates sind wohl doch die Grundrechte berufen, das Recht aller Stufen auf den rechtsstaatlichen Ausgangspunkt zurückzuführen, auf die Würde des Menschen" (ebenda). In der in den USA vertretenen Lehre einer Beschränkung der richterlichen Aufgaben (judicial restraint) wird mit der political-question Doktrin versucht, die ihrer Natur nach kontroversen, politischen Fragen – dies betrifft natürlich eben gerade nicht Menschenrechts- und Grundrechtsmaterien – von der richterlichen Rechtssprechung nach Möglichkeit auszunehmen (siehe dazu Walter Haller, Supreme Court, a.a.O., S. 180 ff.).

82 Arthur Kaufmann, Recht als Mass der Macht, a.a.O., S. 27. Interessant sind hier die auffallenden Parallelen zum römischen Recht, das wie das englische ein Fall- und Juristenrecht war (dieser Meinung auch Gustav Radbruch, Vorschule der Rechtsphilosophie, Göttingen 1965, S. 48). Obwohl die englische Rechtstradition sich im Spätmittelalter gegenüber einer sogenannten Rezeption des römischen Rechts weit resistenter als die kontinentale Rechtstheorie erwies – wahrscheinlich aber gerade deshalb –, konnten die klassischen Errungenschaften dieses römischen Rechts zur Zeit des Absolutismus in England viel mehr als auf dem Kontinent tradiert werden. Denn auf dem Kontinent wurde weniger das klassische römische Juristenrecht als vielmehr das System der justianischen Kodifikation tradiert, mit dem nicht nur die „Idee des kaiserlichen Rechtssetzungsmonopols verbunden" war, sondern auch eine Rechtsquellenlehre und ein Kommentierungsverbot, welche die Aufgabe von Juristen auf die blosse gesetzesabhängige Auslegung von positiven Gesetzen und Gewohnheitsrecht reduzierten (siehe dazu Martin Kriele, Recht und praktische Vernunft, a.a.O., S. 103). Abgestützt auf die justianische Rechtssetzungsmonopoltheorie konnte dann eine „absolutistische Staatstheorie seit dem 17. Jahrhundert den Willen des Herrschers als alleinige Quelle des Rechts voraussetzen". Dieses voluntaristische Rechtsver-

setzen vorgegebenen Rechtsgüter, wie Leben, Freiheit und Eigentum, kurzum die fundamentalen Menschenrechte sind auch ohne Kodifikation und Gesetzesmaschinerie staatsbindend und rechtsgültig. Sie wirken gleichzeitig als grundsätzliche Prinzipien, die vom Richter konkretisiert, das heisst zu einem Rechtsspruch konkretisiert werden müssen. So wie Matthew Hale das „*Recht* . . . Gesetz und Ordnung. . . in zivilisierten Gesellschaften" verordnete und gleichzeitig seine Richteraufgabe die Anwendung grundsätzlicher Prinzipien, Rechtsgüter und „allgemeiner Ideen auf besondere Fälle" nannte[83], so sah sich auch das damalige England als eine „Staatsform, bei der Legislative und Exekutive ihre Macht mit dem Areopag teilen müssen", das heisst für die heutige Zeit gesprochen, mit einem „obersten Staatsgerichtshof, der auf dem Boden des Grundgesetzes und des präpositiven Rechts darüber wacht, dass die Staatsgewalt die ihr durch das Recht material und formal gezogenen Grenzen nicht überschreitet und dass die die Verfassung tragenden Rechtsgrundsätze verwirklicht werden. Das Wesentliche liegt somit darin, dass eine oberste, sachlich und persönlich unabhängige, nur dem Recht – wohlgemerkt: dem *Recht* und nicht einfach dem *Gesetz* – unterworfene Gerichtsbarkeit die rechtliche Kontrollle über das gesamte öffentliche Geschehen ausübt, damit durch diese Begrenzung der staatlichen Macht die Herrschaft des Rechts zur Geltung gelange und die Freiheit und Würde des Menschen in optimaler Weise gesichert werden"[84]. Die Differenzierung von Recht und Gesetz, welche das „Dogma der völligen Identität von Gesetz und Recht im Sinne der Alleinmassgeblichkeit des Gesetzes und der absoluten Wesenlosigkeit des Rechts" nicht stützt[85], hat auch im

ständnis in der Tradition der spätmittelalterlichen Vermischung von juristischer Rezeption mit einem nominalistisch-voluntaristischen Staatskonzept konnte zwar die Theorie einer unumschränkten Staatssouveränität legitimieren, war aber offensichtlich der angelsächsischen Position entgegengesetzt.

83 Martin Kriele, Die Herausforderung, a.a.O., S. 66. Damit war aber auch die Aufgabe des Richters gleichsam objektiviert, umgrenzt und eingeschränkt. Recht aber bedeutet nicht einfach generelles Sollen, sondern vor allem Konkretisieren von Normen in einem bestimmten, sachgegebenen Kontext, was schon der Solonischen Rechtskonzeption entsprach: „Die Dikä hatte bei *Solon* nicht die Bedeutung eines Normenkomplexes, sondern die der konkreten Rechtsentscheidung durch Richterspruch, einzelne Satzung oder Rechtshandlung" (zitiert bei: Arthur Kaufmann, Rechtsphilosophie, a.a.O., S. 162, Anm. 93). Von daher wird im übrigen auch verständlich, warum eigentliche Parolen von Menschenrechten als generell-abstrakte Normen in der Begriffssprache auch dann nicht vorkamen, wenn sie der Sache nach bei den englischen Verfassungsjuristen in ihrer konkreten Richtertätigkeit und zur Rechtsfindung vorausgesetzt wurden.

84 Arthur Kaufmann, Recht als Mass der Macht, a.a.O., S. 26. Damit hat aber das Richteramt auch politische Staatsfunktion. Von daher ist es selbstverständlich, „dass der Staat dem Berechtigten seine eigene Gewalt zur Verfügung stellt, damit er zu seinem Recht komme. Und dies setzt wieder voraus, dass immer dann, wenn ein Beteiligter es verlangt, *von Staats wegen erkannt werden muss, was Recht ist*" (Peter Jäggi, Privatrecht und Staat, Gesammelte Aufsätze, Hrsg. P. Gauch u. B. Schnyder, Zürich 1976, S. 26).

85 Arthur Kaufmann, Rechtsphilosophie, a.a.O., S. 137. Diese Identitätsideologie beruht letztlich auf einer Verkennung des Unterschiedes zwischen Naturgesetz als allgemeiner Norm und Naturrecht als konkreter Situationsentscheidung, ein Verkennen, das auch in vielen sogenannten Naturrechtslehren anzutreffen ist und woran letztlich auch die neuzeitliche Menschenrechtsdoktrin, insofern sie sich naturrechtlich zu begründen versucht, leidet. Die Differenzierung von allgemeinem Gesetz und konkretem Recht bedeutet, „dass das Verhältnis zwischen positiver Satzung und Naturrecht weder das der Alternativität, des gegenseitigen Ausschlusses, noch das der Identität, des notwendigen Ineinanderfallens, ist, sondern das der Polarität" (Arthur Kaufmann, Naturrecht und Geschichtlichkeit, Tübingen 1957, S. 25. Das, was heute unter dem Terminus Menschenrecht durch den geradezu inflationären Begriffsgebrauch zunehmend an konkreten Konturen verliert, wäre deshalb besser als Menschenrechtsprinzip umschrieben, das dann freilich auch gesetzlicher Positivierung fähig ist.

Artikel 20 Absatz 3 des Bonner Grundgesetzes Eingang gefunden: „... die vollziehende Gewalt und die Rechtssprechung sind an Gesetz und Recht gebunden". Dass dies auch für die Legislative, den Deutschen Bundestag gilt, ist nicht zuletzt die Grundlage für die Gerichtstätigkeit und vor allem auch die oftmalige Korrektur von Entscheidungen des Parlaments durch das Bundesverfassungsgericht. Die im deutschen Grundgesetz positivierte Differenzierung von Recht und Gesetz ist Ausdruck einer Rechtsauffassung, wonach der Gesetzgeber, sogar der Verfassungsgesetzgeber, nicht nur an formelle, sondern auch an materiale, inhaltliche Schranken gebunden ist, wie dies auch das deutsche Bundesverfassungsgericht in verschiedenen Entscheidungen zum Ausdruck gebracht hat: „Die Freiheit eines Staates, für seinen Bereich darüber zu bestimmen, was Recht und was Unrecht sein soll, mag noch so weit bemessen werden, sie ist doch nicht unbeschränkt. Im Bewusstsein aller zivilisierten Völker besteht bei allen Unterschieden, die die nationalen Rechtsordnungen im einzelnen aufweisen, ein gewisser Kernbereich des Rechts, der nach allgemeiner Rechtsüberzeugung von keinem Gesetz und keiner andern obrigkeitlichen Massnahme verletzt werden darf. Er umfasst bestimmte, als unantastbar angesehene Grundsätze des menschlichen Verhaltens, die sich bei allen Kulturvölkern auf dem Boden übereinstimmender sittlicher Grundsätze des menschlichen Verhaltens im Lauf der Zeit herausgebildet haben und die als rechtlich verbindlich gelten, gleichgültig, ob einzelne Vorschriften nationaler Rechtsordnungen es zu gestatten scheinen, sie zu missachten. Anordnungen, die die Gerechtigkeit nicht einmal anstreben, den Gedanken der Gleichheit bewusst verleugnen und die allen Kulturvölkern gemeinsamen Rechtsüberzeugungen, die sich auf den Wert und die Würde der menschlichen Persönlichkeit beziehen, deutlich missachten, schaffen kein Recht, und ein ihnen entsprechendes Verhalten bleibt Unrecht"[86]. „Wenngleich die Wahrscheinlichkeit, dass ein freiheitlich-demokratischer Verfassungsgeber" seine „Grenzen irgendwo überschritte", als ausserordentlich gering eingeschätzt werden müsse, so sei doch „auch ein ursprünglicher Verfassungsgeber ... der Gefahr, jene äussersten Grenzen der Gerechtigkeit zu überschreiten, nicht denknotwendig entrückt..."[87].

Mit den Augen der skizzierten angelsächsischen Rechtsstaatstradition gesehen sind die Feststellungen des Bundesverfassungsgerichtes „korrekt. Sie halten die Möglichkeit der Diskrepanz zwischen Recht und Macht auch auf der Stufe der verfassungsgebenden Gewalt offen"[88], ganz im Gegensatz zur Hobbes-Kant-Tradition des Versuchs der Auflösung der Polarität von Macht und Recht, von Souveränität und Rechtsbegrenzung. Von der Warte angelsächsischer Rechtsbegrenzungstradition, an welche die zitierten Passagen des deutschen Bundesverfassungsgerichts anknüpfen, wird eine Gewaltenteilungslehre in Erinnerung gerufen, welche die schon

86 Zitiert bei René Marcic, Vom Gesetzesstaat zum Richterstaat, a.a.O., S. 206. Trotz aller in der Tendenz essentialistischer stoizistischer Verallgemeinerungsgefahr, der das deutsche Bundesverfassungsgericht nicht immer entgangen ist, bleibt der Gedanke der Möglichkeit von gesetzlichem Unrecht, der die Gültigkeit eines Gesetzes bei einem übermässigen Unrechtstatbestand in Frage zu stellen vermag, von eminenter Bedeutung, nicht zuletzt in Erinnerung an die nationalsozialistischen, teilweise eben auch gesetzlich legitimierten Gewaltverbrechen, aber auch in Berücksichtigung der Realität und Möglichkeit aktueller Gefahren.

87 René Marcic, a.a.O., S. 207. Dementsprechend spricht der Schweizer Staatsrechtler Werner Kägi auch von der Verfassung als einer „*begrenzten* und begrenzenden Ordnung", weshalb denn auch „das schweizerische Rechtsdenken am Widerstandsrecht – als Recht der äussersten Grenze " festhält (zitiert bei Marcic, a.a.O., S. 292).

88 Peter Schneider, Recht und Macht, Gedanken zum modernen Verfassungsstaat, Mainz 1970, S. 56. Diese Möglichkeit einer Diskrepanz von Macht und Recht versucht ja Kelsen als „logisches Scheinproblem" obsolet werden zu lassen.

„aristotelische Konzeption, wonach Normverbindlichkeit und Instanzenpluralismus notwendig verbunden seien" und „das Recht seine bindende Wirkung in einem Gemeinwesen nicht entfalten könne, in dem alle Entscheidungsmacht bei einer einzigen Instanz konzentriert sei"[89], in der Weise fortführt, dass eine starke und unabhängige Jurisdiktion – in Form einer gleichsam aristokratischen Richterschaft – ebenfalls an der Staatsgewalt, und sei es auch nur in der Exekutive und Legislative einschränkenden Funktion, teilhat.

Unter dem Diktat der Volkssouveränitätslehre, welche in der Schweiz durch Referendum und Initiative besondere institutionalisierte Realität erhalten hat, besteht die Gefahr besonders, dass die bloss gesetzesstaatliche Gewaltenteilung, das heisst die Gewaltenteilung zwischen Legislative und Exekutive, besonders in den Vordergrund geschoben wird. Praktisch heisst dies dann, dass neben dem Volkssouverän „allein das Parlament als der Vertreter des Volkes befugt" ist, „die Rechtsordnung der Gemeinschaft zu gestalten. Die andern beiden Gewalten, die Exekutive und die Justiz, können nur Vollzugsorgane des Gesetzgebers sein, und das heisst, wenn man es genau besieht, dass sie *überhaupt keine echten Staatsgewalten sind*"[90]. Wenn auch das Schweizerische Bundesgericht als Verfassungsgericht – vor allem auch in Grundrechtsfragen – eine teilweise rege Tätigkeit ausübt, so bleibt doch zu bedenken, dass das Schweizerische Bundesgericht gemäss der Bundesverfassung, Art. 113 Abs. 3, an die „von der Bundesversammlung erlassenen Gesetze und allgemeinverbindlichen Beschlüsse" gebunden ist und auch sonst Verfassungsbeschwerde nur gegen Hoheitsakte der Kantone, nicht aber solche des Bundes erhoben werden kann. Dass dann die Gefahr besteht, vor allem auch in bezug auf Volksentscheide, dass Gesetz und Recht völlig identifiziert werden, dass also Recht wohl praktisch nur das, „was in die Form des Gesetzes gekleidet wurde", ist und damit dann nur noch „in der korrekten Form des Zustandekommens von Recht" bzw. Gesetz „und nicht in seinem Inhalt, seinem Gerechtigkeitsgehalt, das Wesentliche"[91] gese-

89 Peter Schneider, Recht und Macht, a.a.O., S. 46 ff. Aristoteles' Unterscheidung von guten und despotischen bzw. entarteten Staatsformen orientiert die gute gemeiwohlorientierte Staatsform auch an einem objektiven Rechtsmassstab: „Damit ist aber deutlich geworden, dass alle Staatsordnungen, bei denen man auf das Gemeinwohl schaut, *am Massstab der absoluten Gerechtigkeit gemessen*, richtige Staatsordnungen sind" (Aristoteles, Politeia, III 6, 1279a 20 f.).

90 Arthur Kaufmann, Rechtsphilosophie, a.a.O., S. 153 f. Dies ist nichts anderes als die Konsequenz der rousseauistischen Demokratiefiktion, dass „alle Gewalt vom Volk ausgeht". Hier wird auch der Zusammenhang zwischen der gleichzeitig relativistischen als auch verabsolutierten politischen Demokratietheorie Kelsens und seiner reinen Rechtslehre sichtbar: Objektive und materiale Rechtsmassstäbe als Begrenzungsfaktoren der Staatsgewalt gelten als systemfremd, jede Normsetzungs- und letztlich auch Normüberwachungsbefugnis muss bei einer einzigen souveränen Instanz konzentriert bleiben.

91 A. Kaufmann, Rechtsphilosophie, a.a.O., S. 208. Damit ist überhaupt nichts gegen die Bedeutung und eminente Wichtigkeit des formalen Rechts- und Politikaspekts und der damit verbundenen institutionellen Garantien gesagt. Diese Bemerkung ist umso wichtiger, als unter dem Einfluss neomarxistisch inspirierter Demokratietheorie die fundamentalen „formalen" Spielregeln und institutionellen Garantien des modernen Rechtsstaates und der parlamentarischen Demokratie zugunsten identitärer oder „consensusorientierter" Demokratieverabsolutierung sowie sogenannter „materialer" politischer Prinzipien in Frage gestellt werden. Dabei ist verschiedenes in Rechnung zu stellen. Die neomarxistische Kritik an der bloss „formalen" Demokratie (siehe dazu vor allem Daniel Rhonheimer, Demokratisierung aller Lebensbereiche, Diss. Zürich 1983) zielt mitnichten auf die Stärkung materialer und objektiver Rechts- als Unverfügbarkeitsprinzipien ab; ganz im Gegenteil soll auch mit einer entsprechenden „partizipatorischen" (Preuss), „sozialstaatlichen" (Abendroth) und „demokratisch-funktionalen" Grundrechtstheorie (zur Kritik dazu vgl. E. W. Böckenförde, Grundrechtstheorie, a.a.O., S. 235 ff.) gerade die „demokratische" Entscheidungs- und Verfügungs-

hen wird, ist kaum von der Hand zu weisen. Denn bezüglich der gesamtschweizerischen Gesetzgebung besteht in der Tat die Gefahr, dass, wie bei Montesquieu, die bundesgerichtliche bzw. „die richterliche Entscheidungstätigkeit nur die Bedeutung eines pouvoir neutre" erhält, dass der Richter mit Montesquieu als „ein willenloses Wesen" erscheint und dass damit die richterliche Gewalt, die Kompetenz der Jurisdiktion – vor allem auch der Grundrechtsjurisdiktion – „in gewisser Weise gleich null" wird[92].

Angesichts der Tatsache, dass es im Zusammenhang mit der Volksinitiative „Recht auf Leben" nicht nur möglich ist, dass verschiedene Abstimmungsvorlagen auch durch politische Willenskundgebung und Dezision den Inhalt des fundamentalsten Menschenrechts und vor allem den Kreis seiner Träger, eben des Rechts auf Leben, festzusetzen können scheinen, sondern dass auch der Schweizer Bundesrat in seiner Botschaft zur Initiative „Recht auf Leben" der Ansicht ist, dass in solch menschenrechtsprinzipiellen „Grenzbereichen" bei „Kontroversen Inhalt und Schranken des Grundrechts auf der Gesetzesstufe genauer festgelegt werden müssen" (S. 22), erscheint die bundesgerichtliche Rechtssprechungsbeschränkung besonders problematisch.

Wenn wir uns die altangelsächsische Rechtstradition der Verfassungsjuristen – Coke, Hale etc. – in Erinnerung rufen, aber auch die zitierten Passagen des deutschen Bundesverfassungsgerichts, so bleibt mit dem verstorbenen, herausragenden

befugnis über immer mehr Lebenssachverhalte und bis in die intimsten Lebensbereiche hinein verstärkt und ausgedehnt werden. Demgegenüber muss in Erinnerung gerufen werden, dass die meisten der als „formal" apostrophierten institutionellen Verkehrungen gerade im Zusammenhang mit der Sicherung „materialer" Rechtsprinzipien zu sehen sind. Rechtsphilosophisch formuliert: Die Rechtssicherheit ist selber ein Teil der Gerechtigkeit. Der Bestand formaler Rechtsgarantien ist kein Selbstzweck, sondern dient eben der politischen und gesetzlichen Absicherung des unveräusserlichen Bestandes des „nichtkontroversen Sektors" von Staat und Gesellschaft.

92 A. Kaufmann, Rechtsphilosophie, a.a.O., S. 154. Dass an einem solchen Zustand die Gerichte auch selber mitverantwortlich sein können, wird angesichts auch nicht gesetzlich gebotener Kognitionsbeschränkungen durch die Gerichte selbst ersichtlich (so in der Schweiz bezüglich der Zurückhaltung des Bundesgerichts, Kantonsverfassungen zu überprüfen). Solche gewissermassen auch von einem positivistischen Standpunkt aus unnötige Rechtssprechungsbeschränkung steht freilich unter dem Diktat von Gesetzes- und Rechtspositivismus: „Der Rechtspositivismus behauptet das Rechtssetzungsmonopol des Gesetzgebers und bestreitet der Rechtssprechung und auch der Rechtsdogmatik das Recht zur Mitwirkung an der Normenbildung" (Martin Kriele, Recht und praktische Vernunft, a.a.O., S. 66). Eine damit verbundene und an der eingeschränkten Gewaltentrennungslehre und Rechtssprechungfunktion Montesquieus orientierte Rechtstheorie lässt den Richter auf die Stufe eines blossen Ausführungsorgans herabsinken. Von einer solchen Warte aus ist der fast zynisch anmutende, dem „Gebiet der Computertechnik" entnommene Vorschlag Niklas Luhmanns, die Trennung von Legislative und Judikative „als *Trennung von programmierendem und programmiertem Entscheiden zu bezeichnen*", nur eine Konsequenz der rechtspositivistischen Rechtstheorie bei hohen technischen Möglichkeiten. Dass Luhmann bei seinem Vorschlag, den Richter gewissermassen zu computerisieren, ausdrücklich darauf hinzuweisen müssen glaubt, dass „das richterliche Urteil also nicht zutreffend als eine Art von Gesetz, als quasi quaedam particularis lex in aliquo particulari facto begriffen werden kann, wie Thomas von Aquin, S. Th. II–II, qu. 67, art. 1 meinte", ist in bezug auf den angelsächsischen Traditionszusammenhang besonders aufschlussreich. Dass die thomasische Richterfunktionsinterpretation freilich viel wirklichkeitsorientierter argumentiert als die Luhmannsche Wunschbildinterpretation, geht etwa aus dem Umstand hervor, dass besonders in der Zivilrechtssprechung nur schon durch die Bestimmung von auslegungsbedürftigen Gesetzesnormen ständig „neue Rechtspflichten judiziell neu geschaffen" werden müssen, ohne dass man dabei auf einen parlamentarischen Gesetzgebungsakt warten würde und kann (siehe auch Martin Kriele, Recht und praktische Vernunft, a.a.O., S. 70).

Schweizer Rechtslehrer Peter Jäggi zu fragen, ob „als objektives Recht nur das positive staatliche Recht verstanden" wird, was dann in der Tat eine echte rechtsstaatliche Gewaltenteilung gerade im Sinne eines richterlichen Schutzes der Unverletzlichkeit fundamentaler Rechtsgüter und des präpositiven Charakters fundamentalster Menschenrechtsnormen verunmöglichen würde. Hängt nämlich der Inhalt und der Umfang der wesentlichsten Menschen- und Grundrechte nur noch von der legislativen Dezision ab, so kann es sich faktisch schliesslich bei Menschenrechtsforderungen nur mehr um eine „rechtspolitische Forderung an den Staat" handeln, „er möge seine positive Rechtsordnung in bestimmter Weise gestalten, nicht dagegen um die Feststellung, dass dem Menschen von Natur aus nicht nur Eigenwert, sondern ein Eigenrecht zukommt, das der Anerkennung durch den Staat nicht bedarf (um Recht zu sein) und das auch vom Staat als ein nicht von ihm stammendes Recht zu achten ist"[93]. Wenn man auch nicht so weit wie Peter Jäggi gehen mag, der einen blossen Gesetzesstaat als „nichts anderes als einen (der Idee nach) *totalitären Staat mit negativen Vorzeichen*" bezeichnet, „der sich vom alles ordnenden Totalstaat nicht rechtlich unterscheidet, sondern nur durch seine freiwillige Selbstbeschränkung, die durch ausserrechtliche Prinzipien bedingt ist", so erscheint angesichts der rechtspolitisch und abstimmungsabhängigen Möglichkeit einer faktischen Einschränkung des Menschenrechtsanspruchs auf Leben und damit der Rechtsfähigkeit bezüglich des fundamentalsten Rechtsgutes schon die blosse Tatsache einer kontroversen Abstimmung im Sinne der Konstituierung und nicht der blossen Deklarierung eines Menschenrechts wie des Lebens als alarmierend[94]. Denn wenn der „Staat . . . nur über etwas verfügen darf, über das überhaupt nach der Natur der Sache verfügt werden kann"[95], im Fundamentalsten dem Menschen die „Rechtsfähigkeit . . . nicht vom Staat verliehen", sondern vorgefunden bzw. anerkannt wird[96] und die im ZGB positivierte Rechtsfähigkeit des Kindes von der Zeugung an eben Ausdruck dieses Sachverhaltes ist, so muss doch die politische, faktische und auf der Ebene der Rechtswirksamkeit sich abspielende Einschränkung menschlichen Lebensschutzes als eine Form der staatlichen und politisch legitimierten Verfügungsausweitung über nicht verfügbare Sachverhalte bzw. Rechtsgüter angesehen werden und damit gerade auch im Orwell-Jahr bei aller Vorsicht und Zurückhaltung als eine Form eines gesetzesstaatlichen, wenn auch vielleicht unauffälligen und bloss „partiellen" Totalitarismus.

Unauffällig ist diese neue Art von Totalitarismus, den Aldous Huxley 1960 als eine „neue Art gewaltlosen Totalitarismus" diagnostizierte, weil die Tatsache, dass

93 Peter Jäggi, Privatrecht und Staat, Gesammelte Aufsätze, Hrsg. P. Gauch u. B. Schnyder, Zürich 1976, S. 47.

94 Ebenda. Staatsrechtstheoretisch wurde diese „Selbstbeschränkung" und „Selbstbindung" von Georg Jellinek auf den Begriff gebracht. Rechts- und staatspolitisch darf und soll diese Möglichkeit einer gewissermassen freiwilligen Souveränitätseinschränkung nicht heruntergespielt werden, doch ist ihre Problematik nicht nur in Erinnerung nationalsozialistischer Machtstaatsvergangenheit, sondern auch im Hinblick auf die kommunistische Staats- und Rechtstheorie und Praxis offensichtlich. Diese Problematik auch für eine „offene Gesellschaft" in Erinnerung zu rufen, war wohl ein berechtigtes Anliegen Peter Jäggis.

95 Peter Jäggi, a.a.O., S. 22. Siehe zum Naturbegriff und seiner möglichen Begrenzungsfunktion auch Anm. 30.

96 Peter Jäggi, a.a.O., S. 50. Dietrich Schindler spricht davon, dass dieser Gedanke unter dem Einfluss einer Kodifikationsideologie des 19. Jahrhunderts verlorengehen konnte, eine Gefahr, der der englisch-amerikanische Rechtskreis viel weniger erlegen sei: „Denn das Eigenartige liegt hier darin, dass diese Rechte in ihrem Kern nicht als eine willkürliche Schöpfung des Menschen gelten, sondern als eine objektiv gegebene, zu entdeckende und zu verwirklichende Ordnung" (Dietrich Schindler, Recht–Staat–Völkergemeinschaft, a.a.O., S. 19).

„Demokratie und Freiheit das Thema jeder Radiosendung und jeden Leitartikels", aber eben vor allem in der Schweiz auch von Abstimmungsparolen sind, für den Tatbestand nicht nur blind macht, sondern auch den Widerstand bei jenen lähmt, die um jeden Preis nicht dem öffentlichen Odium politischer „Unaufgeklärtheit" verfallen wollen[97].

Es lässt sich auch in der Neuzeit und vor allem seit der Aufklärung eine teilweise mit moderner Wissenschaftsgläubigkeit einhergehende Haltung einer „hypothetischen Zivilisation"[98] diagnostizieren, welche nur noch das als wirklich, wissenschaftlich und schliesslich auch rechtlich relevant erklärt, was von menschlicher und politisch-demokratischer Gestaltungskraft verändert und jeweils wieder neu gestaltet werden kann. Dass es Lebenssachverhalte und Wirklichkeiten zu geben vermag, welche unabhängig von ihrer systemtheoretischen oder gesellschaftlichen Funktion eine unverfügbare Geltung besitzen – so wie für die „alten" Engländer die Rechtsguttrias von life, liberty und property –, muss einem Denken wie etwa demjenigen des Systemtheoretikers Luhmann, der nach Spaemann „die persönlichen Grundrechte" vor allem „als Sicherung der Bedingungen für reibungslosen Rollenwechsel" interpretiert[99], fremd oder unaufgeklärt erscheinen.

Der Begriff der fundamentalsten Menschenrechte und der mit ihnen verbundenen und zu schützenden Rechtsgüter verdankt aber seinen Ursprung und seine ursprüngliche rechtspolitische Durchschlagskraft im und gegenüber dem politischen Absolutismus, eben einer Haltung, welche von der grundsätzlichen Nichtverfügbarkeit und Nichthypothesisierbarkeit, ja gleichsam von der Heiligkeit bestimmter fundamentaler Lebenssachverhalte und Rechtsgüter, vor allem des menschlichen Lebens, ausging. „Der Begriff der Heiligkeit meint ja das, was nicht zur Disposition steht. Dieser Begriff ist deshalb für eine hypothetische Zivilisation der Fremdkörper schlechthin, und auch der moderne Staat hat als solcher keinen Bezug zum Heiligen, sondern muss lediglich subjektives Heilighalten bei seinen Bürgern in Rechnung stellen"[100]. Ein solcher Staat steht freilich evidentermassen nicht in der ursprüng-

97 Daniel Rhonheimer, Moderne Glücksverheissungen zwischen Ideologie und Materialismus, In: Der Mensch zwischen Geist und Materie, Engadiner Kollegium, Hrsg. B. Staehelin u.a., Zürich 1978, S. 46.

98 Siehe dazu vor allem: Robert Spaemann, Überzeugungen in einer hypothetischen Zivilisation, In: Abschied von Utopia, Hrsg. O. Schatz, Graz 1977, S. 311 ff.

99 Ebenda, S. 315. Dass eine funktionale und systemtheoretische Betrachtung von Lebenssachverhalten und auch von Grundrechten ihren Wert hat, soll damit gar nicht abgestritten werden, wohl aber geht es um eine Kritik an einer soziologisch-systemtheoretischen Reduktion und Verabsolutierung.

100 Ebenda, S. 318. Hält man sich beispielsweise vor Augen, dass im Kanton Zürich eine Volksinitiative für die Einführung einer aktiven Euthanasie in einer Volksabstimmung vom 23. September 1977 eine Zweidrittelmehrheit erzielte – eine entsprechende Standesinitiative wurde dann immerhin vom Stände- und Nationalrat einstimmig abgelehnt –, so scheint heutzutage das bloss noch „subjektive Heilighalten" von fundamentalen Rechtsgütern keineswegs mehr so sicher garantiert zu sein. Wenn wir hingegen davon ausgehen, dass der Begriff der fundamentalen Menschenrechte den Sachverhalt der Unverfügbarkeit bestimmter grundrechtlich geschützter Rechtsgüter einschliesst, dann heisst dies doch auch, dass ein moderner *Rechtsstaat* für eine solche Nichtverfügbarkeit einzustehen hat und sei dies institutionell auch nur über den Weg einer entsprechenden Verfassungsgerichtsbarkeit. Böckenfördes Kennzeichnung der Grundproblematik des neuzeitlichen demokratischen Rechtsstaates und einer offenen Gesellschaft, wonach „der freiheitliche, säkularisierte Staat von Voraussetzungen lebt, die er selbst nicht garantieren kann" (E. W. Böckenförde, Die Entstehung des Staates. . ., a.a.O., S. 60), ist von daher ergänzungsbedürftig: Gewisse Voraussetzungen eines „nicht kontroversen Sektors" und eines mehrheitsunabhängigen Bestandes fundamentaler Menschenrechte und Rechtsgüter muss gerade auch ein freiheit-

lichen Tradition angelsächsischen Rechts- und Staatsdenkens, sondern in jener der kontinentalen von Hobbes und Kant. Es macht heute den Anschein, und dies hat besonders angesichts der direkt-demokratischen politischen Struktur der Schweiz seine Bedeutung, dass jenes „subjektive Heilighalten" fundamentalster Rechtsgüter bei vielen Bürgern des souveränen und säkularisierten Staates im Abbau begriffen ist und dass damit auch jene von Peter Jäggi noch festgestellte „freiwillige Selbstbeschränkung, die durch ausserrechtliche Prinzipien bedingt ist" und welche nicht nur privates, sondern vor allem auch staatliches und legislatives Handeln meint, so zurückgeht, dass die noch bloss „negativen Vorzeichen" einer teilweisen totalitären Diktatur schon bald in positive Zeichen umschlagen könnten, dann nämlich, wenn etwa die Kriterien, Umstände und Abgrenzungen menschlichen Lebensrechtes in all seinen Formen durch politische Dezision, private Verfügung und indirekt durch richterliche Nichtgewährung von Lebensschutz zur Disposition zu stehen beginnen. Es ist nebenbei ein äusserst paradoxer und aufschlussreicher Tatbestand, dass ausgerechnet in dem Zeitpunkt, wo unter der modernen, einer hypothetischen Zivilisation zugehörigen, der Familien- bzw. Kindeserzeugungsplanungsideologie entstammenden Sprachverschiebung von ein „Kind bekommen" zu ein „Kind machen" – moderne Empfängnisverhütungskurse preisen sich als „Wie mach ich kein Kind?" an – die durch die heutige Naturwissenschaft erhärtete Tatsache, dass ein Kind und damit ein Mensch vom Moment der Zeugung an existiert, sich gleichsam gegen den Zeit- und Sprachgeist linguistischen Ausdruck verschafft, die Zeitspanne menschlichen Lebensrechts verkürzt und dem staatlichen bzw. dem richterlichen Rechtsschutz entzogen werden soll.

Zu einem Zeitpunkt, wo „der moderne Staat immer mehr Lebensbereiche in seine direkte oder indirekte Verfügungsgewalt zieht" und damit „immer mehr nichthypothetische Geltungen auflöst" [101] – eben auch diejenige des objektiven Wertes un-

licher Staat garantieren, wenn er weiter ein Rechtsstaat sein will. Zu den problematischen Voraussetzungen des Böckenfördeschen Staatsbegriffs siehe Anm. 76.

101 Ebenda. Jürgen Habermas hat jünst ein entsprechendes Sozialstaatshandeln des Staates in Anlehnung an einen älteren Terminus von Otto Kirchheimer als „*Verrechtlichung* kommunikativ strukturierter Handlungsbereiche" einer kritischen Analyse unterworfen. Seine altbekannte Alternative einer „Demokratisierung der Entscheidungsstrukturen" ausserstaatlicher Lebensbereiche, was er auch mit „den Strukturen verständigungsorientierten Handelns" als Durchsetzung „diskursiver Willensbildungsprozesse und konsensorientierter Verhandlungs- und Entscheidungsverfahren" bezeichnet (Jürgen Habermas, Theorie des kommunikativen Handelns, Band 2, Frankfurt am Main 1981, S. 544), trägt mit ihrem binnenkonstitutionellen identitären Demokratiemodell den wesentlich von Sach- und nicht nur Sozialstrukturen bestimmten und auch nicht „kommunikativ" verfügbaren ausserstaatlichen Lebensbereichen mit ihren entsprchenden Rechtsgütern (Erziehungsrecht der Eltern) noch weniger Rechnung als die von ihm kritisierten Tendenzen der „Verrechtlichung" oder „Justizialisierung" (siehe dazu auch Daniel Rhonheimer, Demokratisierung aller Lebensbereiche, Zürich 1983). Habermas' Wirklichkeits- und Wahrheitsverständnis und damit auch seine Theorie des „kommunikativen Handelns" wurzelt letztlich ebenfalls in einer voluntaristisch-nominalistischen Denktradition, die es ausschliesst, „dass es im Sinne des Realismus Wirklichkeitstreue geben könne". Habermas' Kommunikationstheorie ist dementsprechend eine konstruktivistische Verfügungstheorie, der es darum geht, „die Wirklichkeit im Hinblick" auf „überall mögliche Verfügung" zu „erfassen", auch wenn eine solche Theorie als „Konsensustheorie der Wahrheit" bezeichnet wird. Wenn die „Bedingung für Wahrheit von Aussagen die potentielle Zustimmung aller andern" darstellt, erkennt man, dass diese habermasianischen Voraussetzungen keineswegs den Strukturen von Grundrechten als unverfügbaren Lebenssachverhalten und Wirklichkeitsbeständen entsprechen, sondern ihnen geradezu zuwiderlaufen (zitiert bei: Daniel Rhonheimer, Demokratisierung. . . , a.a.O., S. 512). Habermas' Grundrechtstheorie ist denn auch eine „demokratisch-funktionale", die „zur Aufhebung der Freiheit" führen

schuldigen und hilflosen menschlichen Lebens in allen seinen Erscheinungsformen undEntwicklungsstufen –, muss die Verabsolutierung der Gesetzgebung gegenüber einer unabhängigen Rechtssprechung bzw. die Betonung des bloss gesetzesstaatlichen Gewaltenteilungsprinzips gegenüber einer rechtsstaatlichen Jurisdiktionsgewalt sich besonders problematisch auswirken. Niklas Luhmann hält es – unter Missachtung, vielleicht auch Unkenntnis oder Unverständnis der angelsächsischen Grundrechtstradition – für das Kennzeichen des neuzeitlichen als eines ausdifferenzierten Rechts, dass dem Richterstand keine eigenständige Bedeutung im Sinne einer rechtsschöpferischen und rechtsschützenden Staatsgewaltfunktion zukommen darf. Für ihn, und er erklärt diese Auffassung als unumgänglich für jede zeitgerechte Rechtsbetrachtung, „ist die Inhaltsgleichheit des gesetzten und des angewandten Rechts selbstverständliches Postulat: *Das Recht soll genau so angewandt werden, wie es gesetzt ist*“[102]. Mit Luhmann und einer von uns dargestellten kontinentalgesetzesstaatlichen Tradition hält Ernst Forsthoff eine jede Ausrichtung und Bindung von Richtern, gerade auch Verfassungsrichtern, an mehr als nur gesetzliche Sachverhalte und Massstäbe als auf eine „Entwertung der Gesetze“ hinauslaufend, für einen „Einbruch des Irrationalismus in das wesentlich auf Rationalität hin angelegte rechtsstaatliche Recht“, für eine „Verunsicherung“ der Rechtssprechung, als eine „Diskreditierung der Legalität“ sowie für eine Infragestellung der „Technizität“ der Rechtsordnung der wissenschaftlichen Zivilisation[103].

Eine echte Verfassungsgerichtsbarkeit und eine wirklich unabhängige und auch präpositiven Sachverhalten verpflichtete Grundrechtswahrung durch entsprechende Gerichte und Rechtssprechung wäre nach Luhmann ein Hemmschuh für den Siegeszug jener „evolutionären Errungenschaft. . . der Anpassungsfähigkeiten politischer Demokratie“, welche in der „*Institutionalisierung der Beliebigkeit von Rechtsände-*

kann, die sie zu verwirklichen behauptet (E. W. Böckenförde, Grundrechtstheorie, a.a.O., S. 235 f.).

102 Niklas Luhmann, Ausdifferenzierung des Rechts, Frankfurt 1981, S. 134. Insofern dies die Überprüfung der Tätigkeit der Verwaltung (damit auch der Exekutive) am Gesetz (Prinzip der Gesetzmässigkeit) meint, hat dieser Satz durchaus einen rechtsstaatlichen Sinn: „Der berechtigte Kern des Rechtspositivismus ist, wie gesagt, das Bestehen auf der Verbindlichkeit des Gesetzes“. Auch die Forderung der klassischen Rechtsphilosophie, „der Richter solle gerecht sein, . . . hiess keineswegs, er solle nicht gesetzestreu sein. Es hiess vielmehr, er solle das Gesetz richtig, seiner Intention gemäss auslegen und anwenden, wobei vorausgesetzt war, dass die Intention des Gesetzes die Verwirklichung der Gerechtigkeit sei. Die unter dem Einfluss des Rechtspositivismus entwickelte Methodenlehre meint demgegenüber, der Richter brauche nur eine erlernbare Technik der Auslegungsmethode richtig anzuwenden“ (Martin Kriele, Recht und praktische Vernunft, a.a.O., S. 77). Im übrigen zeigt sich gerade „an den Generalklauseln (gute Sitten, Treu und Glaube etc.) eindringlich, dass der herkömmliche Begriff der Positivität wissenschaftlich ganz unbrauchbar ist. Denn die Funktion der Positivität besteht, darin ist man sich einig, in der Gewährleistung der Rechtssicherheit, aber niemand wird ernstlich behaupten wollen, dass die Generalklauseln, wiewohl sie gesetzte Norm sind, auch sichere Norm seien. Rechtssicherheit gewährt vielmehr erst ihre Konkretisierung durch Rechtssprechung und Rechtswissenschaft“ (A. Kaufmann, Rechtsphilosophie, a.a.O., S. 161). Das Gewaltenteilungsmodell Luhmanns und seine technische Funktionalisierung des Richters als eines blossen Ausführungsautomaten ist angesichts der praktischen Aufgaben des Richters in einer immer komplexer werdenden Gesellschaft gerade unter auch systemtheoretischen Aspekten schlechthin absurd.

103 Zitiert in: A. Kaufmann, Rechtsphilosophie, a.a.O., S. 164. Ist es eine bloss zufällige Parallele, dass der totale Verwaltungsstaat, den Ernst Forsthoff in seiner Schrift „Der totale Staat“ anfang der dreissiger Jahre propagierte, die Kompetenzen eines unabhängigen Richterstandes in fast gleichem Masse reduzieren wollte – freilich im Modell einer totalen Politisierung – wie das Modell des „Richters in der industriellen Gesellschaft“?

rungen“ besteht[104]. Man mag es als wissenschaftliche Arroganz eines Viel- und Überallesschreibers abtun, wenn Luhmann andere juristische und rechtsphilosophische Auffassungen – etwa auch „verfassungsgesetzliche Änderungsverbote“ – als für eine moderne Gesellschaft „hoffnungslos inadäquat“ hinstellt[105]. Die sowohl in Rechtswissenschaft, Staatstheorie als auch im allgemeinen, sozialpsychologisch feststellbaren, sogenannten gesellschaftlichen Bewusstsein immer mehr festzustellende Auffassung, dass der Verfassungs- und Gesetzgeber auch bezüglich fundamentalster Rechtsgüter und ganz allgemein in immer mehr Lebensbereichen die jeweilig aktuellen Moralanschauungen einer sich immer wieder und rasch verändernden Bevölkerungsmehrheit zu positivieren und als umfassend geltendes Recht zu konstituieren habe, lässt die Luhmannsche Ansicht mindestens als soziologische Entwicklungsbeschreibung doch nicht völlig aus der Luft gegriffen erscheinen.

Für Ernst Fraenkel ist es bei seiner Beschreibung und Kennzeichnung von westlichen pluralistischen und repräsentativen Mehrparteiendemokratien noch selbstverständlich, dass die politische Dezision, Reformgesetzgebung und demokratische Verfügbarkeit von vielen Lebenssachverhalten die „Unentbehrlichkeit eines solchen nichtkontroversen Sektors von Staat und Gesellschaft“ voraussetzt, eines Sektors, „worüber man nicht abstimmen kann, sondern worin sich die Bürger ohne Abstimmung einig sind“ und der unter anderem eben gerade auch den Bereich der fundamentalsten Rechtsgüter wie das Leben und den Bereich der damit zusammenhängenden fundamentalsten Menschenrechte ausmacht[106]. Demgegenüber und vom Ausgangspunkt der Forderung nach Komplexitätsreduktion von Erleben und Handeln in einer hochkomplizierten Gesellschaft eigentlich gar nicht so eindeutig einsehbar, postuliert Luhmann eine Umkehrung des Verhältnisses und der Rangfolge zwischen nicht verfügbaren Rechtsgütern und Lebenswerten und der „Beliebigkeit von Rechtsänderungen“ und politischen Dezisionen. Für eine „moderne“ Rechts- und Staatsauffassung „in der Ära des positiven Rechts *kann das Bewegliche nicht mehr auf das Feste gegründet werden, es muss umgekehrt das Feste auf das Bewegliche gegründet werden. Recht, das jeweils gilt, hat sein Recht zu gelten daraus, dass es geändert werden könnte.* Auf der Verfügbarkeit anderer Möglichkeiten ergibt sich erst die überzeugende Begründung für die jeweils gewählte Norm“[107].

104 Niklas Luhmann, Ausdifferenzierung des Rechts, a.a.O., S. 143 f. Es ist angesichts eines solchen Diktums eigentlich plausibel, dass auch Luhmann – bewusst oder nicht – in der langen Tradition eines voluntaristischen und nominalistischen Wirklichkeits- und Rechtsverständnisses steht. Sein Vorwurf des „Konservatismus“ gegenüber Martin Kriele, der für „strukturell weittragende Rechtsänderungen“ besondere Überlegungen empfiehlt (ebenda, S. 131), weist ebenfalls in diese Richtung. Die „Institutionalisierung der Beliebigkeit von Rechtsänderungen“ widerspricht zutiefst den Grundrechtsgarantien in einem freiheitlichen Rechtsstaat, aber auch dem politischen Modell einer pluralistischen Demokratie, die auf einen „nichtkontroversen Sektor“ der Gesellschaft angewiesen ist.

105 Ebenda. Ganz zu schweigen von den „materiellen Schranken der Verfassungsrevision“ (Werner Kägi).

106 Ernst Fraenkel, Deutschland und die westlichen Demokratien, a.a.O., S. 64. Dies könnte man im übrigen auch systemtheoretisch und funktional begründen: Die Übereinstimmung, dass einige Lebensfragen der politischen Dezision entzogen sind, entlastet in einer komplexen und gesetzesinflatorischen Zeit den Stimmbürger und die Parlamente, so dass sie sich umso mehr und intensiver um die eigentlichen tagespolitischen Fragen kümmern können.

107 Niklas Luhmann, Ausdifferenzierung des Rechts, a.a.O., S. 145. Auch hier würde doch gemäss den Erfordernissen der Komplexitätsreduktion in einer immer mehr sich differenzierenden und unüberschaubar werdenden Gesellschaft eigentlich das umgekehrte gelten: Das Bewegliche muss mehr denn je auf das Feste gegründet werden, weil nur so das wirklich Änderungsbedürftige in den Blickwinkel kommt, dies umso mehr als heute oft auch

In Wirklichkeit wird hier der Begriff und der Sache nach das Recht als begrenzender Sachverhalt und die Gerechtigkeitsnormen als auch Staatseingrenzungsprinzipien völlig einer unbeschränkten und unbeschränkbaren politischen Dispositionsfreiheit und Änderungswillkür unterworfen. Es handelt sich hier im letzten nicht um eine nach Luhmann festzustellende „Ausdifferenzierung des Rechts", sondern vielmehr um eine Aushöhlung des Rechts, sofern dieses eben auch objektive Begrenzungsfunktion gegenüber menschlicher und politischer Willkür hat.

Im Lichte der etwa durch Fraenkel vertretenen Demokratietheorie handelt es sich bei den durch Luhmann repräsentierten Feststellungen und Postulaten nicht nur um eine „Regression des Rechtsbegriffs", sondern auch um eine Infragestellung der Grundlagen einer pluralistischen Demokratie und Politik; denn auch diese unterliegen „einem objektiven, Gemeinschaft und staatliche Einheit stiftenden Rechtsmass"[108]. Der Versuch, aus soziologisch und sozialpsychologisch sowie systemtheoretisch untermauerten sogenannt unwiderruflichen Faktizitäten und Entwicklungen eine Rechts- und Staatstheorie der ungehemmten Veränderungsoffenheit aller Lebensbereiche und menschlichen Lebenssachverhalte abzuleiten, muss als die schon von Fraenkel und etwa auch in der Weimarer Republik vorkommende festgestellte Tatsache einer „damals und auch heute weit verbreiteten Strömung, die Jurisprudenz durch Soziologie zu unterwandern"[109], interpretiert werden. Parallel dazu ist eine auch wissenschaftsgeschichtlich noch länger andauernde, für die Be-

„der Gesetzgeber dem hohen Regelungsbedarf einer schnell sich wandelnden Gesellschaft nicht gewachsen ist" (Dieter Grimm, Die Fristenlösungsurteile in Österreich und Deutschland, Juristische Blätter, Jg. 1976, S. 79). Ein sich sogar systemtheoretisch tarnender Rechtspositivismus muss sich mit seinen Behauptungen strenger Wissenschaftlichkeit, seinem implizierten Beliebigkeitsdezisionismus, dem Rechtssetzungsmonopolanspruch, seiner monistischen Rechtsquellenlehre und seiner Reduktion von Rechtsgeltung auf Legalität einige kritische Fragen gefallen lassen, die unter anderm auch seine innere Kohärenz als auch seinen Realitätsgehalt anzweifeln lassen (in ähnlichem Sinne auch Kriele, Recht und praktische Vernunft, a.a.O., S. 15/16). Damit ist vor allem auch die „extreme Gleichung ‚Recht–Norm–Staat'" gemeint, die „trotz vieler Gegenströmungen doch die Hauptrichtung bezeichnet, in der sich die Rechtslehre in den letzten zwei Jahrhunderten bewegte", trotz aller Menschenrechtskodifikationen (Peter Jäggi, a.a.O., S. 61).

108 Ulrich Matz, Politik und Gewalt, a.a.O., S. 108 ff.; siehe dazu auch die in Anm. 63 wiedergegebene Kantkritik von Michel Villey. „Regression des Rechts" heisst auch Regression des Rechtsstaatsgedankens. Denn unter der Maxime „das Gesetz allein macht das Recht. . . ist es illusorisch, im Recht ein Bollwerk gegen die Staatsgewalt zu suchen" (Bertrand de Jouvenel, Über die Staatsgewalt, a.a.O., S. 360). Demgegenüber hält es Hans Huber für das wesentliche und unverzichtbare „Element der Rechtsstaatsidee", dass „ein bestimmtes Verhältnis von Staat und Recht und damit von Staat und Mensch, nämlich ein Verhältnis rechtlicher Bindung des Staates" (Hans Huber, Rechtstheorie, a.a.O., S. 28) anerkannt wird. „Im Rechtsstaat dagegen" (gegenüber einem blossen Gesetzesstaatsmodell) „ist mit der Einsicht ernst gemacht, dass das Recht mehr ist als das Gesetz und dass daher alle staatstragenden Kräfte zusammenwirken müssen, um das Recht zu vollbringen. Und eben dies ist der Sinn der *Gewaltenteilung*, dass bei dieser Gestaltung des Rechts in der Gemeinschaft jeder Staatsgewalt ihre eigene Aufgabe und ihre eigene Funktion zukommt" (A. Kaufmann, Rechtsphilosophie, S. 134).

109 Ernst Fraenkel, Deutschland und die westlichen Demokratien, a.a.O., S. 204. Carl Schmitts Versuch, die Weimarer Verfassungsprinzipien durch behauptete sozialpsychologische Legitimitätsfaktizitäten aus den Angeln zu heben (siehe dazu die Kritik Otto Kirchheimers in: Von der Weimarer Republik zum Faschismus: Die Auflösung der demokratischen Rechtsordnung, Frankfurt 1976, S. 113) und das Bemühen des frühen Habermas mit seinem Begriff des „Strukturwandels der Öffentlichkeit" – Habermas bezieht sich dabei explizit und zustimmend auf Carl Schmitt – (siehe dazu auch Daniel Rhonheimer, Demokratisierung aller Lebensbereiche, a.a.O., S. 456 ff.) sind von verblüffender, aber plausibler Strukturverwandtschaft der deskriptiven Argumentation geprägt.

gründung des Bestandes unveräusserlicher und unantastbarer Menschenrechte ebenso gefährliche Tradition einer Politbegriffsverabsolutierung festzustellen, die vergisst, dass eigentliche Sozial- und politische Philosophie „ihrem Selbstverständnis nach nur als Rechtsphilosophie auch Staatsphilosophie sein kann"[110]. Man muss sich weiter mit Ulrich Matz fragen, ob sich damit nicht insgesamt „die Theorie des demokratischen Verfassungsstaates heute über einem Abgrund bewegt . . . Der Hinweis auf oberste Prinzipien des Rechts als dem letzten Grad der Legitimität bleibt also ein leeres Postulat. Wenn darauf verzichtet wird, Staat und Staatsgewalt gemäss dem Satz iustitia fundamentum regnorum (die Gerechtigkeit ist die Grundlage des Staates) auf ein höheres Recht zu gründen, verliert das Recht nicht nur an Dignität, es verliert auch seine unmittelbare politische Bewandtnis und wird zum blossen Mittel der Administration. Kein Reden von unveräusserlichen Menschenrechten, unaufgebbaren Verfassungsprinzipien etc. kann darüber hinwegtäuschen, dass die Kategorie des Rechts die Kraft verloren hat, die Kategorie der Politik zu bestimmen. Die politische Praxis gründet damit auf Prinzipien, die keinen theoretischen Grund mehr haben"[111].

Entscheidend ist der Rechts- und Menschenbegriff

In zwei kurzen Abschnitten soll abschliessend auf die Grundproblematik einer subjektiv-rationalistischen Begründung von Menschenrechten und Lebensrecht eingegangen werden.

1. Der im Terminus Menschenrecht enthaltene Begriff *Recht* wird in modernen Rechtsbegründungen oft auf den Gesichtspunkt jener berechtigten Person verkürzt, die aus einer rechtlichen oder sozialen Beziehung einen selbstgewollten und beanspruchten Nutzen zu ziehen vermag. Spricht man jemandem ein Recht zu, so meint man damit einen darin enthaltenen Vorteil, der sich aus der Handlungsfreiheit ableitet oder aus dem Vermögen, auf die Handlungsfreiheit anderer einzuwirken. Recht wird zur Verfügungsbefugnis und nur noch zur Verfügungsbefugnis. Bei dieser Gleichsetzung von Rechts- mit Handlungsfähigkeit fällt es natürlich schwer, Rechte von urteils- oder handlungsunfähigen Personen anzuerkennen[112].

110 Ulrich Matz, Politik und Gewalt, a.a.O., S. 116 f. Damit ist überhaupt nichts gegen eine empirische Politologie gesagt, die sich der Strukturgesetzlichkeiten spezifisch politischen Handelns widmet, wohl aber gegen eine unzulässige Ontologisierung und Normativierung bloss soziologisch-deskriptiver Aussagen, welche sich damit anheischig machen, auch das Wesen von Recht, Staat und Politik philosphisch in den Griff bekommen zu haben.

111 Ebenda, S. 130. Man kann diese Einsic' t auch positiv und weniger pessimistisch formulieren: Auch der liberale Verfassungs- und Rechtsstaat bedarf zu seiner Begründung philosophischer Annahnen, die auf dem Boden des Liberalismus selbst und einer rationalistischen Aufklärungsphilosophie nicht begründbar sind. Der gegenteilige Versuch, von einer universellen Homogenitätsmoral der Aufklärung auszugehen, könnte in der Tat mit dem zu tun haben, was man heute oft mit andern Intentionen ,,Legitimitätskrise" zu nennen pflegt. Gleichsam aufklärerisch formuliert: ,,Eine aufgeklärte politische Kultur zerstört die Bedingungen ihrer Liberalität, wenn in ihr nicht der Grundsatz gilt, dass der Eintritt in Diskurse zur Begründung des eigenen Verharrens in kontingenten Traditionen niemandem zugemutet werden darf. . . Wenn diese Ideale bedroht sind, werden wir zu ihrer Verteidigung nur fähig sein, wenn wir darüber hinaus etwas zu verteidigen haben, dessen politische Sicherung der einzige Sinn der politischen Aufklärung ist. Die Sache ist die: Das vollemanzipierte Subjekt verfügt über nichts mehr, worüber sich sinnvollerweise Diskurse noch führen liessen" (Hermann Lübbe, Aufklärung und ihr Gegenteil, in: Aufklärung heute – Bedingungen unserer Freiheit, Hrsg. Michael Zöller, Zürich 1980, S. 26 f.).

112 Dieser Sachverhalt lässt sich sehr schön an Argumentationen von Christian Wolff aufzeigen (zum Methodenideal Wolffs siehe Anm. 65 und die dort zitierte Literatur von Marcel

Nun müssen aber Menschenrechte, wenn es solche sowohl begrifflich als auch faktisch geben soll, in bezug auf ihren Rechtsgutcharakter und in ihrer Eigenschaft als Schutzprinzipien grundsätzlich und in ihrem Wesenskern *unverfügbar* sein. Weil nun aber in vielen neuzeitlichen Rechtskonzeptionen und Rechtstheorien der

Thomann). Christian Wolffs antiabsolutistische und individualistische materiale Postulate werden nicht nur durch eine wissenschaftliche gleichsam der Physik abgelauschte Exaktheitsmethode des „vernünftigen Deduzierens" abgestützt, sondern auch durch eine neue naturrechtliche Äquation: Wille Gottes=Naturrecht=Moral=Wahrheit. Der Gottesbegriff bei Wolff ist voluntaristisch, der Begriff der Wahrheit wird auf vernünftiges Deduzieren, auf Logik reduziert (siehe Marcel Thomann, Christian Wolff, in: Staatsdenker, a.a.O., S. 253 f.). In der dem Systematismus und dem Individualismus gleichermassen verpflichteten Lehre Wolffs folgen in der Konsequenz „Naturrecht, Moral und Wahrheit rein aus der menschlichen Subjektivität" (ebenda), trotz oder vielleicht gerade wegen seiner essentialistischen Metaphysik (siehe dazu vor allem Etienne Gilson, L'être et l'essence, 2. Aufl., Paris 1972, S. 165 ff.). Der Rechtsbegriff wird formal auf Gesetz und Norm, material aber auf Verfügungsbefugnis – ius est potestas, ius est facultas moralis agendi – (siehe auch Marcel Thomann, Histoire de l'idéologie juridique, op. cit., Anm. 80, S. 147 f.) reduziert. Wolffs folgende Argumentation zeigt deutlich und exemplarisch die Schwierigkeit auf, mit einem so verkürzten Rechtsbegriff eine von der Moral geforderte Rechtsposition des hilflosen und vor allem des ungeborenen Lebens zu begründen (Die folgenden Zitate entstammen den „Grundsätzen des Natur- und Völkerrechts", einer deutschsprachigen Zusammenfassung seines achtbändigen lateinischen „Ius Naturae, Hrsg. M. Thomann, Olms-Ausgabe, Hildesheim–New York 1980): Christian Wolff handelt in einem Kapitel „von denjenigen, welche gestorben und *noch nicht* geboren sind". Dieses ist das Schlusskapitel des zweiten Teils des ganzen Werkes, eines Teils, der bezeichnenderweise „Vom *Eigentum*, den Rechten und Verbindlichkeiten, die *daher* entspringen, handelt". Zunächst stellt sich Wolff die Frage, ob Ungeborene überhaupt ein Recht haben können. Ausgehend von seiner am Anfang des Werkes gegebenen Definition des Rechts (§ 46) als „Fähigkeit oder das moralische Vermögen, etwas zu tun oder zu unterlassen" kommt Wolff begriffslogisch-deduktiv zum „zwingenden" Schluss der grundsätzlichen Rechtsunfähgkeit Ungeborener infolge fehlender Handlungsmacht: „Derowegen da keiner, der noch nicht wirklich ist, etwas vornehmen kann, und wer noch im Mutterleib verborgen liegt, auch noch keine Handlung vornehmen kann, folglich, wer noch nicht geboren ist, ist keines Rechtes fähig, so kann, wer noch nicht geboren ist, kein Recht haben, folglich auch keines erlangen und eben deswegen kann auch keine Frucht im Mutterleibe ein Recht erlangen". Diese gleichsam begriffslogisch zwingende und sich aus seinem Rechtsbegriff ergebende Konsequenz ist für den gottesfürchtigen und ausserwissenschaftlich einer traditionellen, ja puritanischen Moral huldigenden Wolff eine persönlich fürchterliche Vorstellung, und er versucht, der sich aus seinem Rechtsbegriff ergebenden Konsequenz der unbeschränkten Dispositionsfreiheit über menschliches ungeborenes Leben, wie über einen sachlichen Besitz, durch eine Hintertür zu entkommen. Wolff konstruiert gewissermassen ein stillschweigendes bedingtes Recht des Ungeborenen aus Vertrag. Unter dem Randtitel „von der Hoffnung, dass ein Recht durch die Geburt werde erlangt werden", argumentiert er so: „Sobald jemand im Mutterleib empfangen ist, so ist die Hoffnung da, er werde geboren werden, folglich, dass das Recht, welches durch die Geburt erlangt wird, von ihm werde erlangt werden. Derowegen, da diese Hoffnung mit der übereinkommt, welche man aus einem Versprechen unter einer Bedingung erhält, diese aber einem wider seinen Willen nicht benommen werden kann, so kann auch einem Kind im Mutterleibe, die Hoffnung, ein Recht durch die Geburt zu erlangen, nicht benommen werden". So moralisch beeindruckend eine solche vom „Prinzip Hoffnung" genährte Konstruktion innerhalb eines sonst streng rationalistisch und deduktionistisch aufgebauten Rechtssystem auch sein mag, Wolff weiss eigentlich selber, dass sein „Ausweg" eines stillschweigenden unter einer Resolutivbedingung stehenden Vertrags – wie soll ein solcher Vertrag in Ermanglung der behaupteten Rechtsunfähigkeit des Ungeborenen überhaupt zustandekommen, geschweige denn Gültigkeit haben? – einer Hoffnung auf Geburt keine eigentlich rechtliche Verpflichtung des Eigentums- und Rechtsträgers, in diesem Fall der schwangeren Mutter, auslösen kann; denn er sagt in einem vorangehenden Kapitel „von den Verträgen überhaupt", dass derjenige, dem „unter einer aufschiebenden Bedingung etwas versprochen worden. . .

Begriff Recht mit Verfügungsbefugnis übersetzt wird, fliesst von daher in den Begriff und die Konzeption der Menschenrechte als Rechte ein Inhalt, welcher der Natur und eigentlichen Bestimmung der Menschenrechte als verfügungsunabhängiger Prinzipien geradezu entgegensteht. Nur eine Begründung von Menschenrechten, welche den Begriff des Rechts auch von seiner objektiven Gerechtigkeitsdimension her sieht – ius als iustum (Recht als das Gerechte) und nicht bloss als dominium oder facultas (als Verfügungsmacht) – vermag jenem eben erwähnten Zirkel zu entgehen[113].

nicht eher ein Recht zu dem, was ihm versprochen worden, erhält, als bis die Bedingung wirklich wird" (§ 396) und der Versprechende demnach auch nicht eher rechtlich verpflichtet wird. Betrachtet man die am obligationenrechtlichen Vertragsgedanken orientierte Argumentation Wolffs genauer, – im übrigen stehen ja seit dem Hobbesianischen Rationalismus und Voluntarismus eben auch die staatsphilosophischen und öffentlichrechtlichen Modelle des sogenannten „rationalen Naturrechts" seit dem 17. Jahrhundert völlig unter dem Diktat des Vertragsgedankens (vom genuinen Gesellschafts- bis zum Herrschaftsvertrag) –, so wird eine von Wolff nicht gezogene Konsequenz einer Konzeption der Rechtsfähigkeit als blosser Handlungsfähigkeit ersichtlich: Nicht nur ungeborene, sondern auch geborene Kleinstkinder haben nach dieser Logik kein Lebensrecht, ja eigentlich niemand, der nicht im aktuellen Besitz der Handlungsfähigkeit und Willensmacht ist. Julius Ebbinghaus hat, wie oben gezeigt (siehe auch unter Anm. 14–17), die entsprechenden rechtlichen Konsequenzen gezogen, dass gemäss einer Argumentation der Rechts- als Handlungsfähigkeit eben auch nicht das soziale Ereignis der Geburt zur Begründung unbedingter Rechtspositionen des Menschen ausreicht. Ebbinghaus zieht dabei Konsequenzen, die Christian Wolff noch nicht ziehen wollte, wohl aber der am Wolffschen System orientierte Immanuel Kant, der in seiner Konsequenz sogar noch weiter als Ebbinghaus geht: „An sich selbst haben Kinder gegen Eltern kein Zwangsrecht; sie können also von jenen ausgestossen werden, und obgleich den Eltern um der göttlichen Ordnung willen die grösste Pflicht obliegt, so sind sie doch den Kindern nicht verbunden"; denn mit der Zeugung und Geburt „acquirieren" die Eltern „ein Kind und alle Rechte über das Kind (auch wider seinen Willen) zu disponieren oder alles zu verfügen" (Kant's handschriftlicher Nachlass, a.a.O., Nr. 7702 u. 7703, S. 495). Die Verpflichtung von Eltern gegenüber Kindern ergeben sich also bei Kant folgerichtig nur noch aus der Moral oder den Religionsgeboten, aber mitnichten aus einem Rechtsanspruch, der Willensmächtigkeit, volle Vernunfttätigkeit und Handlungsfähigkeit voraussetzt: So haben die Kinder „in den ersten Zeiten kein ius personale, weil diese noch nicht Personen sind" (ebenda Nr. 7611, S. 469). Aus dem Kantschen Argument, dass die rechtliche Stellung eines solchen Kindes derjenigen „eines Menschen. . . , den ich im Schlaf beraube", gleicht (ebenda, Nr. 7610, S. 469), wird ersichtlich, dass aus der Wolff-Kantschen Gleichung Rechts=Handlungsfähigkeit hier bei Kant konsequent der Schluss gezogen wird, dass nur derjenige eine unbedingte Rechtsposition bezüglich irgendeines Rechtsgutes (auch seines Lebens) haben kann, welcher tatsächlich handlungs-, vernunft- und willensfähig ist. Die verheerenden Konsequenzen in bezug auf den Schutz menschlichen *hilflosen* Lebens insgesamt, sofern es sich um einen Rechtsschutz handelt, wurde im vorangehenden immer wieder beschrieben. Sie sind rechtssystematisch gesehen aber nichts anderes als mögliche, ja teilweise sogar zwingende Konsequenzen aus einem entsprechenden Rechtsbegriff, wie er etwa schon bei Christian Wolff systematisiert wird.

113 Zu dieser allmählichen Verschiebung und Reduktion des Rechtsbegriffs siehe etwa die schon erwähnten Arbeiten von Michel Villey; dazu weiter: Richard Tuck, Natural right theories, their origin and development, Cambridge 1979, sowie sehr gut zusammenfassend John Finnis, Natural law and natural rights, Oxford 1980, S. 205 ff. Auf Unterschiede des Rechtsbegriffs, welche sich in verschiedenen Sprachen aus einer je verschiedenen Wortbedeutung ergeben, macht in anregender Weise O. A. Germann, Grundlagen der Rechtswissenschaft, 3. Aufl., Bern 1975, S. 20 ff., aufmerksam. Dass die Gleichsetzung von Recht mit Herrschaft sich schon in der Renaissancezeit langsam durchzusetzen beginnt, darauf macht 1515 ein Dominikaner, Silvestro Mazzolini da Prierio, aufmerksam: „Dominium secundum aliquos, est *idem* quod ius. Unde qui ius habet in re, habet in re dominium: & qui habet ius in usu rei, in eo habet dominium, & econverso. . ." (Richard Tuck, a.a.O., S. 5). Hugo Grotius, der in vielen rechtsgeschichtlichen Darstellungen als erster bedeuten-

Mit Herbert Lüthy, dem bekannten Historiker, ist jedenfalls zu fragen, ob ein „Katalog von Menschenrechten, der sich in eine Inflation von Bezugsberechtigten

der Vertreter eines rationalen Naturrechts bezeichnet wird, spricht zwar in seinen Überlegungen zum Wesen des Rechts im ersten Kapitel (Buch I) seines de iure belli ac pacis noch vom klassischen Rechtsbegriff des „Gerechten", „so dass Recht ist, was nicht Unrecht ist" (Hrsg. Walter Schätzel, Tübingen 1950), aber nur, um diesen klassischen Rechtsbegriff zugunsten zweier neuer Bedeutungen hinter sich zu lassen: Grotius' „Begriff des Rechts, wonach es mit *Gesetz* gleichbedeutend ist. . . d.h. als eine *Regel* des moralischen Handelns" und das „in diesem Sinne. . . in das natürliche und in das gesetzte Recht" zu unterteilen ist, reduziert die objektive Dimension des Rechts auf ein abstraktes starres Normengefüge. Die Definition des Naturrechts als eines „Gebots der Vernunft. . . welches *unveränderlich*" ist, macht diesen Sachverhalt, der auch in der unbewussten Gleichsetzung von Naturrecht mit Naturgesetz bzw. Naturrechtsprinzipien besteht, deutlich. Diese am Stoizismus – Grotius zitiert diesen denn auch weit mehr als Aristoteles, geschweige denn Thomas von Aquin – und Platonismus orientierte essentialistisch reduzierte Naturrechtslehre ist dem auch dynamisch und konkret konzipierten Naturrechtsbegriff von Aristoteles, vor allem aber von Thomas entgegengesetzt: „Natura autem est mutabilis" heisst es zu Beginn dessen Rechtslehre (S. Th. II–II, qu. 57, art. 2 ad 1), und dies heisst nichts anderes, als dass sich das Naturrecht erst aus dem Zusammenwirken von „allgemeinen und unveränderlichen Prinzipien mit einem konkreten, geschichtlichen Sachverhalt" (Arthur Kaufmann, Naturrecht und Geschichtlichkeit, Tübingen 1957, S. 12) ergibt. Das objektive Element des Rechts ist hier also zugleich prinzipiell und konkret, gemäss der realistischen Lösung des Universalienproblems („universale in re"). Der essentialistischen grotianischen Konzeption des Naturrechts („Universale ante rem") wird eine voluntaristisch-nominalistische Bestimmung („Universale post rem") beigegeben: Recht als „willkürliches" Recht, welches als menschliches oder göttliches „seinen Ursprung" allein „aus dem Willen nimmt". Die objektive Rechtsdimension wird also bei Grotius entweder in einen starren und essentialistischen Naturrechtsbereich und einen nominalistisch-voluntaristischen positiven Rechtsbereich aufgeteilt. Dass hier keine Vermittlung mehr möglich ist, wie bei der klassischen ontologischen und realistischen objektiven vermittelnden Naturrechtsposition, ist einerseits auf der Hand liegend, andrerseits macht es plausibel, dass bei der schliesslich rigoristischen Trennung von Recht und Moral, von Gesetz und Natur, wie sie dann vor allem Kant in aller Konsequenz vornimmt, die objektive Dimension des Rechts – bei Grotius noch die starren und unveränderlichen Naturrechtsprinzipien umfassend – auf den positiven Gesetzesbegriff reduziert werden muss, während das essentialistische „Naturrecht" (vielmehr Naturgesetz) in den Bereich der bloss moralischen Geltung verwiesen wird, wo es schliesslich von der subjektiven und eventuell je andern Überzeugung jedes einzelnen abhängig wird. In einem zweiten Sinne, den Grotius als das „Recht im engeren Sinne, im Sinne von Macht" kennzeichnet, ist das „Recht eine moralische Eigenschaft, kraft der eine Person etwas mit Recht haben oder tun kann". Diese Verfügungsbefugnis und Handlungsmacht, worunter Grotius etwa die „väterliche Gewalt, die Gewalt des Herrn über seinen Sklaven, . . . das Eigentum" und das „Recht des Gläubigers" subsumiert, ist als subjektiver Herrschaftsanspruch das „Recht im eigentlichen oder strengen Sinne" (siehe auch die praktisch identische Umschreibung des Rechts- bzw. Rechtsfähigkeitsbegriffs bei Wolff in Anm. 112). Diese materiale Umschreibung des Rechts, wonach Recht mit subjektivem Verfügungsanspruch identisch wird, kennt in sich keine Begrenzung mehr, es handelt sich gleichsam um ein absolutes Recht, das auch einen begrenzenden Naturbegriff nicht mehr kennen kann (dazu siehe Anm. 30). Natürliches Recht des Menschen ist so buchstäblich seine Verfügungsbefugnis und seine Willensmacht, was der „Naturrechtler" Schmauss 1754 so definiert: „Dieses *Jus* kann mit Recht ***natürlich*** genannt werden, weil es immediale aus der Natur des menschlichen ***Willens***, als wahren Quelle aller menschlichen Handlungen. . . hergeführt wird" (zitiert in: Marcel Thomann, Christian Wolff et le droit subjectif, Archives de philosophie du droit, Jg. 1964, S. 166 f.). Eines wird hier ersichtlich und ist von entscheidender Bedeutung: Die schon bei Grotius vollzogene Reduktion des objektiven Rechts auf ein Normengefüge, das Recht schliesslich mit positivem gesetzten Recht gleichsetzen muss (ab Kant) und die entsprechende Eingrenzung der subjektiven Anspruchsseite des Rechts auf Verfügungs- und Herrschaftsmacht kann einem Menschrechtsbegriff, der gleichzeitig als prinzipielle Norm, als konkrete Anspruchsberechtigung, vor allem aber als Schutz von Menschen zukommenden Rechtsgütern vor staatlicher und privater

aufgelöst hat, als gesellschaftsstiftende Ethik und als Freiheitsbegründung genügt"[114]. Menschenrechte können so bestenfalls noch postuliert, aber nicht mehr wirklich begründet werden. Die Geltung von Menschenrechten hängt gerade auch in ihrem subjektiven Anspruchscharakter daran, dass ihre Begründung nicht selber vom subjektiven und rationalistischen Anspruchsdenken ausgeht, sondern von einer objektiven Gerechtigkeitsdimension her[115].

2. Der im Terminus Menschenrecht enthaltene Begriff *Mensch* bzw. die damit zusammenhängende Menschenwürde ist in der neuzeitlichen Anthropologie öfters in übertriebener Weise auf die Selbständigkeits-, Freiheits-, Handlungs- und Rationalitätsdimension verkürzt worden. Wird der Mensch und der Begriff der Person, etwa in der philosophischen Nachfolge Kants, nur noch als sittlich autonom handelndes Vernunftwesen definiert, reduziert sich menschliche Würde auf Freiheitsfähigkeit und Autonomie, so ist nicht mehr zu begründen, warum nicht nur ungeborene Kinder, sondern auch Schwerverbrecher, Geisteskranke, Kleinkinder oder hilflose Greise Menschen- und Personenqualität und damit auch einen entsprechenden Anspruch auf Menschenrechtsschutz haben. Mit Walter Leisner, dem deutschen Staatsrechtler und konsequenten Verteidiger menschlichen Lebens- und Existenzrechtes, ist festzuhalten, dass Menschenwürde zwar auch Freiheit, aber doch auch *mehr als Freiheit* ist: „Würde behält der Mensch auch in Ketten. Würde hat er im Mutterleibe bereits, im Sarg noch immer, wo alle Freiheit aufhört. Denn die Würde des Menschen *ist*, sie handelt nicht, sie existiert auch dann, wenn sich die Freiheit in geistiger Umnachtung selbst aufhebt"[116]. Der Begriff der menschlichen Person und ihrer

Willkür konzipiert ist, in keiner Weise gerecht werden, ja muss geradezu damit unvereinbar sein. Gerade wenn Menschenrechte auch „subjektive Rechte, die das objektive Recht birgt" (René Marcic, Staat–Recht–Verfassung, Band 1, Wien 1970, S. 293) und garantiert, umfassen und beinhalten sollen, eignet sich ein Rechtsbegriff in der klassischen Tradition (Aristoteles, Thomas von Aquin), die auch diejenige der frühern angelsächsischen Menschenrechtsüberlieferung ist, viel besser als derjenige des sogenannten rationalen Naturrechts seit Grotius, an dem auch, bei allen Unterschieden, die Kantsche Rechtskonzeption orientiert ist.

114 Über die damit verbundene implizierte dualistische Entgegensetzung von Freiheit und Verpflichtung, von Recht und Gesetz sowie über die Verselbständigung der natürlichen Rechte gegenüber den gesetzlichen Pflichten siehe die Kant- und Hobbeszitate bei Anm. 56. Die als liberal ausgegebene Formel, dass Freiheit ihre Grenze nur an der Freiheit des andern findet, führt jedenfalls dazu, dass aus dem Begriff des Rechts- als eines Freiheitsanspruches selber nicht mehr die Schranken einer Verfügungsgrenze abgeleitet werden können, sondern dass diese von einem Gesetzgeber gewissermassen willkürlich definiert werden müssen, denn was ist überhaupt die Freiheit des andern? Man wird wohl die „ketzerische" Frage stellen dürfen, ob nicht eine an der klassischen Gerechtigkeitslehre orientierte Menschenrechtskonzeption, welche primär „nicht den Berechtigten, sondern den Verpflichteten im Blick hat" und welche auch in der „Darlegung und Begründung der Verpflichtung, Rechte zu respektieren" besteht, letztlich eine viel sicherere weil auch realistischere Schutzfunktion bezüglich gefährdeter Rechtsgüter übernehmen könnte als die eigentlich doch negativ und defensiv orientierte liberalistische Menschenrechtsauffassung der individuellen Bezugsberechtigung (Josef Pieper, Über die Gerechtigkeit, a.a.O., S. 92 f.)?

115 Ein rein individualistisch-nominalistisches Anspruchsdenken könnte als dominierende Mentalität schliesslich sogar eine gerade die Rechte des Individuums aufhebende Gegenbewegung im Gefolge haben, ein Sachverhalt, den Yorck von Wartenburg in einem Brief an Wilhelm Dilthey so formuliert hat: „Sandatome kann nur die geschlossene Faust zusammenhalten. Das Complement ist die Tyrannis" (zitiert in: Josef Pieper, Über die Gerechtigkeit, a.a.O., S. 105.

116 Walter Leisner (Hrsg.), Staatsethik, Köln–Bonn 1977, S. 83. Für einen ontologischen Würdebegriff plädiert auch Johannes B. Lotz: „Demnach erklären sich Kostbarkeit und Würde der Person aus der Offenbarheit des Seins, die in ihrem substantiellen Kern vorgezeichnet ist und in ihrem Vollzug zur ausdrücklichen Entfaltung kommt. Folglich trifft jene Aus-

Rechte darf nicht mit einem wie auch immer gearteten Begriff und Vorstellungsgebilde einer entwickelten Persönlichkeit verwechselt und daraus abgeleitet werden. Verschiedene Äusserungen und Entwicklungsstufen menschlichen Seins dürfen nicht voneinander abgekoppelt werden, so dass etwa dem ungeborenen Leben die

zeichnung auch auf den substantiellen Bestand der Person zu, selbst für den Fall, dass der Vollzug durch das frühe Entwicklungsstadium oder durch eine Krankheit behindert wäre. Kostbarkeit und Würde enthalten die Unantastbarkeit der Person, die deren direktes Töten (etwa im Mutterleib) ausschliesst" (a.a.O., S. 47). Der kantsche Würdebegriff ist ein anderer: Ähnlich wie sein Rechtsfähigkeitskonzept setzt er ein gewisses moralisches Niveau des Menschen (Moralität) als auch hohe Vernünftigkeit voraus, nämlich die „Würde eines vernünftigen Wesens, das keinem Gesetz gehorcht als dem, das es zugleich selbst gibt" (I. Kant, Grundlegung zur Metaphysik der Sitten, Hrsg. K. Vorländer, Hamburg 1957, S. 58). Indem Kant Vernünftigkeit und moralische Handlungsfähigkeit zum Bestimmungsmerkmal menschlicher Würde macht, verliert derjenige Mensch, der diesen Bestimmungsmerkmalen nicht gerecht zu werden vermag, seine Würde und dies heisst bei Kant auch, dass er auf das Niveau einer blossen Sache, über die man als Mittel und nicht zugleich als Zweck verfügen kann, herabsinkt. Allein „der Mensch als Subjekt einer moralisch praktischen Vernunft. . . ist als Zweck an sich selbst zu schätzen, d.i. er besitzt eine Würde (einen absoluten innern Wert" (Metaphysik der Sitten, a.a.O., S. 285). Demgegenüber kann man „einen andern Menschen, der *durch Verbrechen seine Persönlichkeit* eingebüsst hat (zum *Leibeigenen* geworden ist)" und damit auch zu einer *würdelosen Sache* herabgesunken ist, „als das Seine haben; von diesem *Sachenrecht* ist aber hier nicht die Rede" (ebenda, S. 190). Der Mensch als Verbrecher gilt bei Kant nicht mehr als „Subjekt einer moralisch praktischen Vernunft", er wird zur *„Sache"* als „ein Ding, das keiner Zurechnung fähig ist. Ein jedes Objekt der freien Willkür, welches selbst der Freiheit ermangelt, heisst daher Sache, res corporalis" (ebenda, S. 26). So verliert der „Mörder . . . gänzlich das Recht eines Menschen und . . . den status civilem und ist vogelfrey" (Kant's handschriftlicher Nachlass, a.a.O., Nr. 7913 u. 7914, S. 551 f.). Weil bei Kant nur die Vollkommenheitskriterien von „Sittlichkeit" und „Vernünftigkeit" den Massstab für menschliche Würde und menschlichen Wert abgeben, mithin die sittliche Würde mit der schlechthinnigen Würde zusammenfällt, so geht auch die Eigenwürde des Menschen, der den Vollkommenheitskriterien nicht entspricht, gänzlich verloren. So verliert der Verbrecher seine Persönlichkeit und zwar derart, dass er als Vogelfreier von jedermann wie eine Sache behandelt werden darf, mithin auch liquidiert werden kann. Sein Lebensrecht ist unwiderruflich sowohl in der Vertikale (gegenüber dem Staat) als vor allem auch in der Horizontalebene (gegenüber andern Menschen) völlig dahingefallen. Wie human und aktuell mutet demgegenüber das Menschen- und Würdebild von Thomas von Aquin an, bei dem auch der grösste Verbrecher prinzipiell und in sich eine Würde behält, die es verbietet, als Privatperson auch den Mörder wie eine Sache zu behandeln, dass heisst ihn eventuell zu liquidieren: „Der Sünder ist aber von *Natur* aus nicht unterschieden von den gerechten Menschen. Deshalb braucht es einen höhern Richterspruch, der entscheidet, ob er um des Heiles der Gemeinschaft willen zu töten sei" (S. Th. II–II, qu. 64, art. 4 ad 2). Weil bei Thomas „zum natürlichen Gesetz" in erster Linie alles gehört, „wodurch das Leben des Menschen erhalten und das Gegenteil abgewehrt wird" (S. Th. I–II, qu. 94, art. 2), und weil bei Thomas die Würde und das Gutsein des Menschen nicht wie bei Kant im ganzen Umfang von der Sittlichkeit seiner Handlung abhängig ist – „den sittlich schlechten Menschen (hominiem iniustum) nennen wir nicht schlechthin gut (bonum simpliciter), sondern in gewisser Weise (secundum quid), nämlich insofern er *Mensch ist*; den sittlich guten Menschen nennen wir schlechthin gut" (De veritate, qu. 21, art. 5, c. 1) –, wird plausibel, dass der thomasische Würdebegriff im Gegensatz zum kantischen offen ist für ein Postulat des modernen Rechtsstaates, dass selbst der grösste Verbrecher vor Gericht seiner Würde als Mensch und seiner Menschenrechte prinzipiell nicht verlustig gehen darf, dass er mithin nicht „vogelfrey" wird. Weil bei Thomas und einer entsprechenden Tradition die Rechte und die Würde des Menschen in seinem *Sein* und nicht in seinen Handlungen begründet sind, ist jedes menschliche Wesen menschenrechtsfähig, ob als sittlich schlechtes, als willens-ohnmächtiges, als bewusstloses, als schlafendes, als seniles, als neu- oder ungeborenes. Auch in einem materialen Sinne ist die thomasische Konzeption im wahrsten Sinne des Wortes humaner als die kantsche Ableitung und Deduktion menschlicher Würde und ihrer Rechte aus einem abstrakten Sittlichkeits- und Vernunftbegriff. Menschenunwürdig ist es, überhaupt von

Personenqualität abgesprochen oder, wie es Ebbinghaus tut, bei Geisteskranken von „depersonalisierten" Existenzen die Rede ist. Ein ausserordentlicher gefährlicher Zug des neuzeitlichen Personalismus ist sein Psychologismus und vor allem auch sein Aktualismus, als eine dessen Varianten sich die Nationalsozialistische Anthropologie mit ihren Begriffen vom „lebensunwerten" Leben und den „Ballastexistenzen" entpuppte. Aber auch, wenn in der Tradition von Descartes (cogito ergo sum), Kant und ihnen folgend im Ichbewusstsein das eigentliche Wesen und auch der Rechtsanspruch der menschlichen Person gesehen wird, sowie andrerseits ein Mensch nur dann als ein Mensch und eine Person im Vollsinn des Wortes angesehen wird, wenn er zu seinen das Personsein äusserlich auszeichnenden Akten befähigt ist, dann fallen sein Selbstzweck, seine Unantastbarkeit, sein Recht auf Dasein dahin; und solches gilt dann in der Konsequenz nicht nur für Ungeborene[117]. Vor al-

einem menschenunwürdigen Dasein zu sprechen, wenn damit ein „lebensunwertes Dasein" impliziert wird. Auch in bezug auf ungeborenes Leben ist die „Alternative: Menschenwürde–Lebensrecht eine falsche Konstruktion. Diejenigen Handlungen und Unterlassungen, die einem Menschen abverlangt werden, weil sie zum Leben eines andern notwendig und durch kein Äquivalent ersetzbar sind, können nicht seine Würde als Mensch beeinträchtigen. Das Umgekehrte ist der Fall. Die Fähigkeit Zumutungen dieser Art als Verpflichtungen anzuerkennen, gibt vielmehr dem Wort „Menschenwürde" überhaupt erst einen nachvollziehbaren Sinn" (Robert Spaemann, Kein Recht auf Leben?, Köln 1974, S. 16).

117 Die Definition Kants „Person heisst dasjenige Subjekt, dessen *Handlungen* einer Zurechnung fähig sind" (Metaphysik der Sitten, a.a.O., S. 26) und Person als ein „Wesen, welches *Rechte* hat" (R. Eisler, Kant-Lexikon, Hildesheim–New York 1972, S. 410) läuft darauf hinaus, dass der an den Gedankengängen Kants orientierte Thibaut aktualisierbare Vernunft und Willensfähigkeit, mithin Handlungsfähigkeit als unabdingbare Voraussetzung für die Rechtsfähigkeit fordert: „Auch der lebendige lebensfähige Mensch kann selbst nur insofern als Subjekt eines Rechts und einer Verbindlichkeit angesehen werden, als er des Gebrauchs seiner Vernunft mächtig ist. Menschen also, *in denen die Vernunft noch unentwickelt schlummert, oder die durch Krankheit derselben beraubt sind, können insofern weder als berechtigt, noch verpflichtet angesehen werden*. . ." (zitiert in: Fritz Fabricius, Relativität der Rechtsfähigkeit, München und Berlin 1963, S. 37). Ein an Kants Aktualitäts- und Vollkommenheitstheorie orientierter Persönlichkeitsbegriff hat denn auch die deutsche Rechtswissenschaft vor fast unlösbare Probleme gestellt: „Die theoretische Einordnung unmündiger Kinder, Geisteskranker und juristischer Personen in den Begriff der Rechtsfähigkeit" musste von kantschen Voraussetzungen her einer Quadratur des Zirkels gleichkommen (F. Fabricius, a.a.O., S. 38). Wenn wie bei Kant die frühkindliche Phase als „Zeitraum seiner Entwicklung zur Menschheit" bezeichnet wird (Anthropologie in pragmatischer Absicht, Hrsg. W. Weischedel, Ausgabe WBG, Band 10, Darmstadt 1971, S. 407 f.) – „in so fern das Kind nicht als *persona* angesehen wird, daher es nicht *sui iuris* sein kann, also ad suum alterius entweder gehöret oder ist nullius et cedit occupanti" (Kant's handschriftlicher Nachlass, a.a.O., Nr. 7706, S. 467 f.) –, so können gemäss dem Kantschen Aktualismus auch geborene Kinder eben keine Personenrechte haben: „So haben sie in den ersten Zeiten kein ius personale, weil sie *noch nicht Personen* sind" (ebenda, Nr. 7611, S. 469) und sind damit rechtlich der Willkür anderer Menschen, in Praxis vor allem der Eltern, ausgeliefert. Josef Endres spricht davon, dass „ein häufiger, wenn auch nicht allgemeiner Zug des neuzeitlichen Personalismus ... dessen Aktualismus" sei. „Durch diesen wird das in der thomasischen Sicht so bedeutsame Substanzsein von der Person ausgeschlossen, und sie wird mit ihren Akten gleichgesetzt. Eine der daraus ableitbaren gefährlichen Folgen ist: bevor der Mensch zu jenen sein Personsein erstellenden Akten befähigt ist, ist er keine Person und hat deshalb auch nicht die diese auszeichnenden Eigenschaften: Unantastbarkeit, Selbstzweck, Recht auf Dasein und Daseinserhaltung" (Josef Endres, op. cit., Anm. 16, a.a.O., S. 139 f.). Genau dies ist aber die kantsche Position, und Julius Ebbinghaus zieht in seiner exakten Nachfolge ebenfalls entsprechende Konsequenzen (siehe auch Anm. 16 und 17). Zur Thomasischen Gegenposition siehe Anm. 116 und Josef Endres, a.a.O., S. 117 ff.: Dem Menschen bleibt auf allen Entwicklungsstufen und unter allen Handlungsmodalitäten und damit eben auch ohne Handlungsfähigkeit

lem hingegen die boethianisch-thomistische Definitionstradition, in der die menschliche Person und ihre Vernunftnatur nicht einfach identifiziert werden, sondern auch das blosse individuelle und unauswechselbare Sein und Existieren der menschlichen Substanz die Grundlage der menschlichen Person ausmacht, trifft und erfasst den ganzen Menschen als Person[118]: „Persona est substantia individuata rationalis naturae" – *die Person ist eine Einzelsubstanz mit vernunftbegabter Natur.* Dies besagt, dass der Mensch eben auch Mensch und Person in seiner organischen Substanz ist, er ist Person auch in seiner *individualisierten Leiblichkeit*. Die den Menschen auszeichnendeVernunftbegabung ist zweitens auch nicht von ihrer aktuellen oder gar sichtbaren Ausübung abhängig: Sie ist seinsmässiger, nicht psychologischer Natur. Romano Guardini hat dies schon bald nach dem zweiten Weltkrieg sowohl unter dem Eindruck der Perversionen im Nationalsozialismus als auch im Hinblick der Abtreibungsfrage in seinem Diskussionsbeitrag „Das Recht des werdenden Menschenlebens" klargestellt: Person „ist nicht psychologischer, sondern existentieller Natur. Grundsätzlich hängt sie weder am Alter, noch am körperlich-seelischen Zustand, noch an der Begabung, sondern an der geistigen Seele, die jedem Menschen eignet. Die Personalität kann unbewusst sein, wie beim Schlafenden; trotzdem ist sie da und muss geachtet werden. Sie kann unentfaltet sein, wie beim Kind; trotzdem beansprucht sie bereits den sittlichen Schutz. Es ist sogar möglich, dass sie überhaupt nicht in den Akt tritt, weil die physisch-psychischen Voraussetzungen dafür fehlen, wie beim Geisteskranken oder Idioten; dadurch aber unter-

„das substantielle Gutsein" und damit die Würde der Person (siehe auch S. Th. I, qu. 5, art. 1, ad 1). Diese „bonitas substantialis" macht den Wert des Menschen als Menschen und Person aus, eine Person, die eben im Akt des Seins als solchen gründet und nicht in einer bestimmbaren oder aktualisierten menschlichen Handlung.

118 Zu diesem Personbegriff siehe vor allem Josef Endres op. cit., Anm. 16; Wolfgang Kluxen, Anima separata und Personsein bei Thomas von Aquin, in: Thomas von Aquin, Interpretation und Rezeption, Hrsg. W. P. Eckert, Mainz 1974, S. 96–116; Als Ergebnis dieses Ausgangspunktes kann der Schluss gezogen werden, dass gerade auch weil „Menschen nicht Engel sind, sondern eine physische Natur besitzen, die mit ihrer Personalität unmittelbar verbunden ist" und diese ebenfalls individualisiert, ein Angriff auf das menschliche Leben als ein Angriff auf den Körper des Menschen „eine Verletzung der Menschenwürde darstellt". Gerade auch deshalb „endet jede Güterabwägung dort, wo es sich um die direkte Tötung eines wehrlosen und unschuldigen Menschen handelt. Sie ist immer unverantwortlich. Ihre Verhinderung muss in der Güterabwägung des Staates einen höhern Rang einnehmen als die positive Ermöglichung dieser oder jener Formen freier Persönlichkeitsentfaltung" (Robert Spaemann, Verantwortung, a.a.O., S. 25 ff.). Die Person als Einheit von Leib und Seele, wie dies Thomas von Aquin lehrt, legt nach René Marcic „einen neuen Baustein. . . zum Tempel der Menschenrechte: Die Denker der Kirche räumen mit einer Irrlehre auf, die im okzidentalen Kulturkreis von Plato in Gang gesetzt wird (vgl. den Manichäismus) und die den Bau der Menschenrechte auf das ärgste bedroht: mit der Lehre, dass der Mensch reine Seele sei, der Körper wird zum hässlichen Körper entwürdigt. Ginge die Würde des Menschen spurlos in der Seele auf, wir könnten Menschen quälen, martern, schänden, verstümmeln, töten, ohne die Würde zu zerstören. Der Sitz der Würde des Menschen ist in Blut und Fleisch: Gott ist Fleisch geworden. Thomas von Aquin unterstreicht nachhaltig die Wesenseinheit von Leib und Seele und versichert, dass die mit dem Leib vereinte Seele gottähnlicher sei als die von ihm gelöste. Und er lehrt dass ein Weltall, das lauter Geister beherbergte, mitnichten besser wäre – es wäre schlechter (Summa contra gentiles IV 55)" (René Marcic, Recht, Staat, Verfassung, a.a.O., S. 295 f.). Zum letzten siehe auch Kluxen, op. cit.; zur theologischen Problematik – auch bezüglich der Beseelungstheorien – siehe vor allem: Richard Bruch, Schutz des vorpersonalen menschlichen Lebens in moraltheologischer Sicht, in: Theologisch-praktische Quartalschrift, Jg. 1972, Linz, S. 112–131; Ulrich Eibach, Experimentierfeld: Menschliches Leben, Göttingen 1983, S. 13–47.

scheidet sich der gesittete Mensch vom Barbaren, dass er sie auch in dieser Verhüllung achtet. So kann sie auch verborgen sein wie beim Embyro, ist aber in ihm bereits angelegt und hat ihr Recht"[119].

In aktuellen Diskussionen und Argumentationen wird angesichts bedrängender und dringender Ökologieprobleme versucht, zukünftigen Generationen, ja manchmal sogar indirekt Tieren und der pflanzlichen Natur, Rechte zuzusprechen oder doch wenigstens eine Art über blosse Moral hinausgehende Verpflichtung der heutigen Generation und Gesellschaft gegenüber der Umwelt und zukünftig lebenden Menschen herzustellen[120]. So sehr, trotz mancher Hysterie und Übertreibung, im

119 Romano Guardini, Das Recht des ..., a.a.O., S. 170. Die Begriffe „depersonalisierter Existenz" oder aber von Kindern als „nochnicht-Personen", wie sie bei Ebbinghaus und Kant samt den dazugehörigen rechtlichen Konsequenzen – Ablehnung eines Lebensrechtes und von Menschenrechten für nichthandlungsfähige oder unmoralische Menschen – vorkommen, ist der ontologischen Sicht der Person fremd. Diese ontologische Personauffassung, die jeder Person sowohl aufgrund ihrer geistigen *Natur* (nicht unbedingt ihres Vollzugs) als auch aufgrund ihrer individualisierten substanzhaften Subsistenz (homo est naturaliter liber et propter seipsum existens, S. Th. II–II, qu. 64, art. 2, ad 3) – natürlich bei Thomas auch wegen seiner unmittelbaren Hinordnung auf Gott – eine unbedingte Würde und Unantastbarkeit zuspricht, ermöglicht eine Begründung von fundamentalen, allen Menschen zukommenden Menschenrechten, die in der Kantschen Theorie eben nicht oder nicht allen Menschen garantiert sein können. Die menschliche Person bleibt so immer Person und darf hiermit von andern nie als blosses Mittel gebraucht werden. Mit andern Worten, damit der Kantsche Imperativ, dass in jeder Maxime der Mensch immer „zugleich als Zweck an sich gelte", überhaupt zum Tragen kommen kann, ist gerade ein nichtkantscher Personbegriff vonnöten, nämlich derjenige der boethianisch-thomasischen Tradition. Denn die Reinheitsphilosophie Kantscher Prägung lässt das materiale Prinzip, den Menschen nicht als Mittel, sondern als Zweck zu behandeln, für eine rechtliche Grundlegung zugunsten der gesetzlichen Verallgemeinerungsfähigkeit des formalen kategorischen Imperativs unbrauchbar werden und verbannt es unter die Kategorie bloss „empirischer Bedingung": „Um die praktische Philosophie mit sich selbst einig zu machen, ist nötig, zuvörderst die Frage zu entscheiden: Ob in Aufgaben der praktischen Vernunft vom *materialen* Prinzip derselben, dem *Zweck* (als Gegenstand der Willkür) der Anfang gemacht werden müsse oder vom *formalen*, d.i. demjenigen (bloss auf Freiheit im äussern Verhältnis gestellten), wonach es heisst: Handle so, dass du wollen kannst, deine Maxime solle ein *allgemeines Gesetz* werden (*der Zweck mag sein, welcher er wolle*). Ohne Zweifel muss das letztere Prinzip vorangehen, denn es hat als *Rechtsprinzip unbedingte Notwendigkeit*, statt dessen das erstere nur unter *Voraussetzung empirischer Bedingungen* des vorgestellten Zweckes, nämlich der Ausführung desselben nötig ist" (I. Kant, Zum ewigen Frieden, a.a.O., S. 158). Gesetzliche Bestimmung im Sinne von Verallgemeinerungsfähigkeit wird hier das oberste und erste Prinzip. Und weil der formale kategorische Imperativ der gesetzlichen Verallgemeinerung bei Kant auch zur Rechtfertigung rechtlich unbeschränkbarer Souveränität dient – „so ist klar, dass es ein kategorischer Imperativ sei: Gehorcht der Obrigkeit, die Gewalt über euch hat" (Metaphysik der Sitten, a.a.O., S. 206) –, wird, auch angesichts der kantschen Voraussetzungen der Rechtsfähigkeit, ersichtlich, dass letztlich auch die Menschenrechtsfähigkeit zur Disposition der Gesetzgebung im Sinne formaler Verallgemeinerung stehen muss. Dieser Konzeption hält Spaemann zu Recht entgegen: „Warum dürfen die Menschenrechte nicht an das Vorliegen bestimmter Voraussetzungen geknüpft werden, z.B. daran, dass jemand imstande ist, die Menschenrechte überhaupt zu verstehen und geltend zu machen? Deshalb nicht, weil jede inhaltliche Definition von Menschsein jene bestimmte Zahl von Menschen privilegieren würde, welche die Befugnis hätte, die Definition festzulegen und über das Vorliegen der Merkmale zu entscheiden. *Es gäbe gar keine Menschenrechte, wenn es in das Belieben bestimmter Menschen gestellt wäre, darüber zu entscheiden, ob jemand Träger solcher Rechte ist oder nicht*" (Robert Spaemann, Technische Eingriffe in die Natur, in: Ökologie und Ethik, Hrsg. D. Birnbacher, Stuttgart 1980, S. 188).

120 Siehe dazu etwa: Joel Feinberg, Die Rechte der Tiere und zukünftiger Generationen, In: Ökologie und Ethik, Hrsg. D. Birnbacher, Stuttgart 1980, S. 140–179; zur amerikanischen

Kern und in der Sache gerechtfertigt dieses Anliegen eines Schutzes ja ebenfalls hilflosen Lebens auch sein mag, es wird nur zu oft gerade von gleichen Kreisen übersehen, dass es zunächst rechtliche Pflichten und damit primäre und „unbedingte Verantwortung für das Leben anderer . . . nur als negative, als Verbot der direkten Tötung Unschuldiger“ geben kann[121] (und dies sind eben hilflose Menschen wie Ungeborene, Neugeborene, Geisteskranke, schwer körperlich Behinderte, altersschwache, verwahrloste und be[illegible]ene Personen etc.). Mit andern Worten, dass man glaubwürdig, aber schliesslich auch moraltheoretisch und rechtlich konsistent von einem Schutz des Lebens der nichtmenschlichen Umwelt, aber auch künftiger menschlicher Generationen reden und argumentieren kann, setzt die Anerkennung der Rechte der bereits jetzt und noch jetzt lebenden Menschen, auch und gerade in ihrem hilflosesten Zustand, voraus.

Die angesichts eines auch logischen Sachverhalts der rechtlichen Notwendigkeit der Priorität des Schutzes existierenden, menschlichen Lebens sich zu stellende Frage ist freilich die, wie angesichts einer individualistisch und rationalistisch geprägten Umformung des Rechtsbegriffs in willensabhängige Bezugsberechtigung, eines Gesetzespositivismus bei gleichzeitig immer wachsender politischer Gesetzesflut und eines auch trotz neuer naturwissenschaftlicher Erkenntnisse geschrumpften Personenbegriffes eine entsprechende Begründung eines umfassenden Schutzes menschlichen, hilflosen Lebens von einer auch wissenschaftlichen Allgemeinheit noch als rational und rechtlich verbindlich anerkannt werden kann.

Wenn etwa Karl Raimund Popper sich zur Begründung der „offenen Gesellschaft“ und der heutigen westlichen politischen Kultur auf die „Standards und Werte, die auf uns gekommen sind durch Vermittlung des Christentums, aus Griechenland und aus dem heiligen Land, von Sokrates und vom alten und neuen Testament“, beruft, so sind zwar „solche Wertentscheidungen für Popper nicht hypothetischer Natur. Sie sind unbedingt, aber ihre Unbedingtheit ist letztlich nur subjektiv. Sie haben nichts mit Erkenntnis zu tun und können daher nicht Gegenstand einer rationalen Mitteilung sein“[122]. Was sich hier und auch auf dem Boden einer

Diskussion siehe vor allem den in diesem Band abgedruckten Beitrag von Heinz Kleger „Gerechtigkeit zwischen Generationen“.

121 Robert Spaemann, Verantwortung, a.a.O., S. 40. Demgegenüber können „Menschenrechte auf bestimmte Leistungen anderer Menschen . . . immer nur bedingte Rechte sein, denn die Erfüllung setzt erstens immer voraus, dass es Subjekte entsprechender Pflichten gibt, die diese Leistungen zu erbringen auch imstande sind, und es setzt voraus, dass diese Subjekte nicht vielleicht durch vordringlichere Pflichten an der Erfüllung dieser Ansprüche verhindert sind. Abwehrrechte hingegen, die andere nur dazu verpflichten, bestimmte Handlungen zu unterlassen, sind jederzeit erfüllbar. Sie sind daher strikter als jene. Es ist sehr folgenreich, wenn man – wie es die Marxisten tun – diese Rangordnung umkehrt und die elementaren Freiheitsrechte des Menschen seinen Ansprüchen auf soziale Leistungsgarantien unterordnet“ (ebenda, S. 24).

122 Robert Spaemann, Überzeugungen in einer hypothetischen Zivlisation, a.a.O., S. 323. Der lutheranische „Neoliberale“ Wilhelm Röpke, dessen Position schon vor dreissig Jahren auffallende Parallelen zu den angelsächsischen „Neokonservativen“ (Kristol, Bell, Kirk etc.) aufweist, beantwortet die selbstgestellte Frage, worauf „der abendländische Freiheitsbegriff der Rechte der menschlichen Person, die dem Staate Schranken setzen und zum Rechte der einzelnen, der Familie, der Minderheit, der Opposition und der universellen Glaubensgemeinschaften führen“, beruhe, unter anderm folgendermassen: „In diesem Sinne darf man sich unterfangen, aus Ciceros Schriften, aus dem Corpus Juris und aus den Summen des Thomas von Aquin ein noch heute zu beherzigendes Kompendium des Liberalismus zusammenzustellen, und noch immer tritt uns diese ehrwürdige Erbmasse aus der naturrechtlichen Soziallehre der Kirche durch alle Brechungen hindurch entgegen“ (Liberalismus – Vergängliches und Unvergängliches, in: ders., Mass und Mitte, Erlenbach-Zürich 1950, S. 17).

sich selbst verabsolutierenden Aufklärungsphilosophie[123] ereignet, ist folgendes: Der aufklärerische und mit einem entsprechenden Liberalismus verbundene moderne Verfassungsstaat bedarf zur Begründung vieler seiner politischen Inhalte nicht-hypothetischer, ja teilweise metaphysischer Postulate, die selbst auf dem Boden von Aufklärung, Individualismus und Liberalismus allein nicht mehr begründbar sind. So werden auch fundamentale Menschenrechte zu blossen „Postulaten der Vernunft" und können nicht mehr als eigentliche natürliche und auch rational begründbare Rechte begriffen werden, so wie nun auch der „Eigenwert der menschlichen Person . . . als etwas Ausserrechtliches erscheint und keinen rechtlichen Standort"[124], sondern bloss noch einen rechtspolitischen hat.

Das Begründbarkeitsdefizit einer rein aufklärerischen und an der Französischen Revolutionstradition orientierten Menschenrechtstheorie wird pikanterweise gerade anhand einer gewissermassen nichtaufklärerischen Passage aus einer Vorlesung Kants über Ethik ersichtlich, wo er eine gleichsam angelsächsische, im Stile der amerikanischen Unabhängigkeitserklärung lautende Begründung für unabdingbare Menschenrechte und Menschenpflichten gibt: „Diese Pflichten entspringen nicht aus Neigung, sondern aus dem Rechte anderer Menschen. Hier wird nicht auf die Bedürfnisse der andern Menschen wie bei den vorigen gesehen, sondern auf das Recht . . . Die höchste unter all diesen Pflichten ist die Hochachtung für das Recht anderer Menschen. Es ist Pflicht für uns, das Recht anderer hochzuhalten und es als heilig hochzuachten. Es ist in der ganzen Welt nichts so heilig wie das Recht anderer Menschen. Dieses ist unantastbar und unverletzbar. Wehe dem, der das Recht anderer kränkt und es mit Füssen tritt. Das Recht der andern Menschen soll ihn für alles in Sicherheit halten, es ist stärker denn alle Wehr und Mauer. *Wir haben einen heiligen Regierer, und das, was er den Menschen als heilig gegeben hat, ist das Recht der Menschen*"[125]. Auf dem denkerischen Boden der französischen und kantisch-

123 Eine solche tritt uns im Gegensatz zu Popper bei Hans Albert – im Unterschied zu Popper kann er sich nicht auf den angelsächsischen Traditionshorizont stützen – entgegen, für den alle Überzeugungen suspekt sind, weil sie „die Tradition einer nichthypothetischen Überzeugung" verkörpern. „So steht Albert in Wahrheit näher bei dem amerikanischen Psychologen Skinner, der ‚Freiheit und Menschenwürde' als dogmatische Vorurteile ansieht, die dem im Wege stehen, was ihm – Albert – oberster Massstab des richtigen Lebens ist: „rationales Problemlösungsverhalten'" (Robert Spaemann, Überzeugungen, a.a.O., S. 323). Die Behauptung Spaemanns, dass die „propagierte Verwandlung aller Überzeugungen in Hypothesen zur Selbstaufgabe der freien Gesellschaft führen würde" und „dass eine humane, eine sinnvolle Lebensführung nicht-hypothetische Zugänge zur Wirklichkeit zur Voraussetzung hat" (ebenda), lässt sich auch noch mit einem Zitat von C. S. Lewis unterstreichen: „Man kann nicht endlos wegerklären, sonst wird man merken, dass man die Erklärung wegerklärt hat. Man kann nicht endlos die Dinge durchschauen. Durch sie hindurchzuschauen hat nur Sinn, wenn man durch sie hindurch etwas sieht. Es ist gut, dass ein Fenster durchsichtig ist, weil die Strasse vorm Garten dahinter undurchsichtig ist. Wie, wenn man auch durch den Garten hindurchsehen könnte? Es führt zu nichts, die Ersten Prinzipien durchschauen zu wollen. Wenn man durch alles hindurchschaut, dann ist alles durchsichtig. Aber eine völlig durchsichtige Welt ist unsichtbar geworden. Wer alles durchschaut, sieht nichts mehr" (C. S. Lewis, Die Abschaffung des Menschen, Einsiedeln 1978).

124 Peter Jäggi, a.a.O., S. 147.

125 I. Kant, Vorlesung über Ethik, Hrsg. Paul Menzer, Berlin 1924, S. 244/45. Innerhalb der Aufklärungssystematik der kantschen Rechtsphilosophie der Metaphysik der Sitten werden diese unveräusserlichen Rechte und Pflichten freilich nur noch als nichtjuridizierbare „innere" Tugendpflichten angesehen, denn „die Pflichten nach der rechtlichen Gesetzgebung können nur äussere Pflichten sein" (a.a.O., S. 21). Was eine christliche Grundlegung der Menschenrechte betrifft, so „liegt Ironie darin, dass die katholische Kirche, als sie sich im zweiten Vatikanum das Thema Menschenrechte vorbehaltlos zu eigen

systematischen Philosophie der Aufklärung können solche natürlichen Rechte des Menschen als geschaffenes Wesen, als Creatura, kaum mehr begründet werden, auch nicht folgender Satz des „aufgeklärten" Preussischen Allgemeinen Landrechts (I 1,10): „Die allgemeinen Rechte der Menschheit gebühren auch den noch ungeborenen Kindern schon von der Zeit ihrer *Empfängnis* an". Vielleicht hat aber auch Novalis in einem tiefern Sinne nicht gar so unrecht, wenn er vor bald 200 Jahren sagte: „Wenig Menschen sind Menschen, daher die Menschenrechte äusserst unschicklich als wirklich vorhanden aufgestellt werden. *Seid Menschen, so werden euch die Menschenrechte von selbst zufallen*"[126].

machte, jenen Text aus der alten Messliturgie strich, der die christliche Begründung und die christliche Feier der Menschenwürde aussprach: Das Gebet von der Gründung und Erneuerung der Würde der Menschen durch Gott, der selbst Mensch geworden ist und dem Menschen die Teilhabe an seiner Gottheit bietet: ‚Deus, qui *humanae substantiae dignitatem* mirabiliter condidisti et mirabilius reformasti: da nobis per huius aquae et vini mysterium, eius divinitatis essse consortes, qui humanitatis nostrae fieri dignatus est particeps, Jesus Christus. . .'" (Josef Isensee, op. cit., An. 39, a.a.O., S. 102).

126 Zitiert in: Werner Kägi, Die Menschenrechte und ihre Verwirklichung, Aarau 1968, S. 19.

EIGENSTÄNDIGE KAPITALISTISCHE ENTWICKLUNG UND DAS NATIONALE SELBSTBESTIMMUNGSRECHT ALS DAS ERSTE ALLER MENSCHENRECHTE: ZWEI HISTORISCHE BEISPIELE*[1]

VON NORMAN ELROD, ZÜRICH

> Unabhängigkeit ist das einzige B a n d , das uns verbinden und zusammenhalten kann. Wir werden dann . . . die richtige Grundlage haben, um mit England zu verhandeln; . . . Der handeltreibende und vernünftige Teil Englands wird noch immer auf unserer Seite stehen; denn Friede *mit* Handel ist besser als Krieg *ohne* Handel.
>
> (Paine, 1776, S. 121).
>
> Unsere Volksregierung wurde häufig ein Experiment genannt. Zwei ihrer Ziele hat unser Volk bereits erreicht – ihre erfolgreiche Gründung und ihre erfolgreiche Verwaltung. Eins bleibt noch zu tun – ihre erfolgreiche Aufrechterhaltung gegen einen gewaltigen Versuch im Innern, sie umzustürzen. . . .
>
> Dies ist im Wesentlichen ein Kampf des Volkes. Auf Seiten der Union gilt es dafür zu kämpfen, dass jene Regierung der Form und dem Wesen nach auf der Welt erhalten bleibt, deren Hauptziel darin besteht, die Lage der Menschen zu verbessern, – die Schultern aller von künstlich auferlegten Lasten zu befreien; allen die Wege für ein löbliches Streben zu ebnen; allen zu einem ungehinderten Start und einer fairen Chance im Kampf des Lebens zu verhelfen. Wenn man auch, der Notwendigkeit gehorchend, zu teilweisen und vorübergehenden Abweichungen bereit sein muss, bleibt dies das Hauptziel der Regierung, für deren Existenz wir kämpfen. . . .
>
> (Lincoln, 1861, in Commager, 1973, S. 395).
>
> Nicht die Moral, die Geschichte ist die Grundlage des Rechts.
>
> (Klenner, 1982a, S. 176).

Menschenrechte, d.h. Rechte, die vor allem für die Menschen selbst gedacht sind und im Verkehr zwischen den Menschen gelten sollten, wurden als gesellschaftliche, kollektive und individuelle Forderung relativ spät in der Mensch-

* Vorabdruck einer Fassung, die, durchgesehen und durch weitere Anmerkungen ergänzt, unter dem Titel „Das Recht auf nationale Selbstbestimmung als das erste aller Menschenrechte: Zwei historische Beispiele" in das im Althea Verlag Zürich erscheinende Buch *Psychoanalyse im Rahmen der Demokratischen Psychiatrie* als Kapitel XXIV aufgenommen ist.

1 Der Autor ist sich bewusst, dass man heute immer weniger vom Recht der Nation und immer mehr vom Recht der Völker oder des Volkes auf Selbstbestimmung spricht. In einem 1970 erschienenen Buch werden die Begriffe Völker und Nation oder Nationen synonym verwendet. (Bokor-Szegö, 1970, S. 41). In einem anderen, 1982 erschienenen Buch schreibt der Autor vom „vagen Begriff ‚Nation'". (Klenner, 1982a, S. 187). In der folgenden Abhandlung passt allerdings die Bezeichnung Nation besser zu den historischen Ereignissen, die untersucht und erläutert werden, als Völker oder Volk.

heitsgeschichte formuliert und zwar im Zusammenhang mit der Entstehung der kapitalistischen oder, wie man auch sagt, der bürgerlichen Gesellschaft, in der der Mensch sich selbst immer häufiger und besser als treibende Kraft seiner Entwicklung und als Schöpfer seiner Werke erkannte. War es der Mensch selbst, der aktiv seine Geschichte machte, so war er es auch, der seine grundlegenden Rechte, die er anerkennt oder bestreitet, hervorbrachte. Brauchten die Menschen in den veränderten gesellschaftlichen Verhältnissen Menschenrechte, so mussten sie selbst diese formulieren, erringen und verteidigen. Es schien immer mehr Leuten unwahrscheinlich, dass Gott oder irgendeine Naturkraft dem Menschen diese Aufgabe abnehmen würde. John Lockes Postulat „die Sorge für die Seele jedes einzelnen Menschen ist seine eigene Sache" brachte diese neue Haltung zum Ausdruck. (Nye und Morpurgo, 1955a, S. 276)[2].

Aus verschiedenen Gründen benötigten die Wegbereiter der im Entstehen begriffenen kapitalistischen Gesellschaft eine neue gesellschaftliche Entwicklungsform zur optimalen Entfaltung ihrer Bedürfnisse und Sicherung ihrer Interessen. Es galt neue Eigentumsrechte zu schaffen, die im Zusammenhang mit der Entwicklung des inneren Marktes Aufschwung und Effektivität in der Wirtschaft fördern und den Unternehmern und der Regierung optimalen Gewinn ermöglichen sollten. Anscheinend bestanden in den Anfängen des Kapitalismus bereits im 14. und 15. Jahrhundert Ansätze, eine neue Körperschaft in der Form eines Nationalstaates zu bilden. Waren bisher die Loyalitäten gegenüber der Verwandtschaft, den Feudalherren, den lokalen Fürstentümern und kleinen Königreichen oder dem Stadtstaat massgeblich, entstand jetzt die Forderung nach Treue zum Staat, z.B. zu England, Frankreich, Spanien oder Holland. Um sowohl die Finanzpolitik der jeweiligen Regierung durchzusetzen als auch das Profitstreben der einheimischen Unternehmer zu unterstützen, war, wie die Formgeber des Nationalstaates erkannten, die nationale Selbstbestimmung notwendig. War diese errungen, war grundsätzlich der Weg frei für die Entfaltung der kapitalistischen Ansätze.

Diese Entwicklung ging natürlich nicht störungsfrei und überall gleichmässig vor sich. Länder wie Italien und Deutschland bildeten erst gegen Ende des 19. Jahrhunderts einen bürgerlichen Nationalstaat im obigen Sinn. Frankreich und Spanien hatten hingegen bereits seit langem eine Zentralregierung, aber keine, die relativ anhaltend günstige Vorbedingungen für eine dynamische kapitalistische Entfaltung schuf. Holland und England waren in dieser Hinsicht führend.

*

Nun möchte ich kurz darstellen, wie es zwischen 1776 und 1861 in Nordamerika zweimal zu einem Krieg kam, der jedesmal mit dem Anspruch der meisten der ursprünglich aus Europa kommenden Menschen zusammenhing, eigenständig einen Nationalstaat zu bestimmen, zu schaffen und zu bewahren, der den Bedürfnissen und Interessen der kapitalistischen Unternehmer optimal entgegenkam. In beiden Fällen wurde der Krieg zugunsten derjenigen entschieden, die sich am konsequentesten für die unverzügliche, volle Entfaltung der kapitalistischen Produktionsweise einsetzten. Im Zusammenhang damit soll klar werden, warum man sagt, dass das erste Menschenrecht das nationale Selbstbestimmungsrecht sei. Historisch gesehen, war eben das Recht der Nation auf Selbstbestimmung die erste notwendige Voraus-

2 Zur Erläuterung dieser These siehe Klenner (1982b), S. 909–920.

setzung für die Entwicklung und Aufrechterhaltung einer einheimischen kapitalistischen Produktionsweise. In der Neuzeit haben sich eben sowohl die bürgerliche Gesellschaft als auch das Bewusstsein von Menschenrechten, also Rechten, die nur Menschen betreffen, herausgebildet, und einer der Eckpfeiler dazu war die nationale Selbstbestimmung. Das Recht der Nation auf Selbstbestimmung hat allerdings eine viel ältere Geschichte, scheint es doch in der Urgesellschaft sehr zentral gewesen zu sein, d.h. in der Form eines Volksrechts auf Selbstbestimmung. Auf diesen Aspekt des Themas kann ich leider aus Zeitgründen nicht eingehen.

Nun, im ersten der hier untersuchten Fälle, in der von 1776 bis 1783 dauernden Revolution gegen England, errangen 13 bisherige Kolonien ihre gemeinsame Unabhängigkeit und bekundeten vor der ganzen Welt, dass man in Zukunft mit einem neuen, souveränen bürgerlichen Nationalstaat zu rechnen hatte. Die Unterdrückung von jenseits des atlantischen Ozeans, die alle Bereiche des Lebens betroffen hatte, war nun von den Patrioten Amerikas beseitigt worden. Auf der Grundlage des nationalen Selbstbestimmungsrechts konnten die Amerikaner anfangen, sich nach eigenem Ermessen für sich zu entwickeln.

Im zweiten Fall, in dem von 1861 bis 1865 ausgetragenen Bürgerkrieg, handelte es sich um die Beseitigung einer Unterdrückung im Innern, die wie bei der soeben erwähnten Unterdrückung von aussen sowohl viele Menschen in ihren persönlichen Entwicklungsmöglichkeiten einengte, als auch die Entwicklungsmöglichkeiten des gesamten Gesellschaftssystems schmerzhaft behinderte. Es waren die Neger, die weitaus am meisten unter der internen Unterdrückung zu leiden hatten, einer Unterdrückung, die als Sklaverei im Lande institutionalisiert war und die die Ausübung des nationalen Selbstbestimmungsrechts störte, ja oft einschränkte und somit die bestmögliche Entwicklung dieses bürgerlichen Nationalstaats hemmte.

*

Schauen wir uns den ersten Fall etwas näher an: Ich vermute, die These braucht heute kaum belegt zu werden, dass England als expandierende kapitalistische Kolonialmacht nicht besonders gewillt war, die Bedürfnisse und Interessen der amerikanischen Unternehmer zu berücksichtigen. Zu erinnern wäre hier an die verschiedenen diskriminierenden Gesetze, deren Erlassung Georg III. nach dem siebenjährigen Krieg und dem Frieden zu Paris 1763 erzwang.

Diese Politik konnte bei den Kolonisten, die bereits eine beachtliche Stärke erreicht hatten, nicht gut ankommen[3]. Es gab in den Kolonien schon ab etwa 1760 einheitliche Warenpreise, generell akzeptierte Handelsgesetze und einander angeglichene Praktiken im kommerziellen Sektor. (Wibich und Winter, 1976, S. 14). 1772/73 nahmen die Kolonien bereits eine wichtige Stellung im englischen Handel ein. In diesen Jahren betrug ihr Anteil am Gesamtvolumen der englischen Exporte 37% und am Gesamtvolumen der englischen Importe 36%. Von zirka 1775 an produzierten die 13 amerikanischen Kolonien mehr Roheisen und Stahl als England und Wales zusammen. (Aptheker, 1959, S. 139)[4].

Auf dieser Grundlage leuchtete es immer mehr Kolonisten ein, dass einseitig von England ausgehende „Beschränkungen, die der Produktion kolonialer Erzeug-

3 Adam Smith (1776) bemerkte diesen Zuwachs an Stärke und meinte, man müsse die Ansprüche, die die Führer der Kolonisten stellten, ernst nehmen (siehe S. 119).
4 Vgl. Wibich und Winter (1976), S. 14.

nisse auferlegt waren, und willkürliche Besteuerung des kolonialen Handels" beendet werden müssten.

> Das Recht der Kolonien, sich selbst zu besteuern, forderte der Rat von Massachusetts im Jahre 1773, ist so „grundlegend, dass es nicht genommen oder aufgegeben werden kann, ohne dass die Kolonien erniedrigt werden oder dass sie sich selbst erniedrigen wider die menschliche Natur"[5]. (Burrows und Wallace, 1972, S. 209).

Es bedurfte zunehmend eines staatlichen Zentrums, das sich ausschliesslich für die speziellen Interessen der einheimischen Unternehmer einsetzte. London lag diesen Interessen zu fern. Thomas Paine (1776) schrieb:

> Die ständige Lauferei mit einem Bericht oder einer Petition über drei- oder viertausend Meilen, das Warten von vier oder fünf Monaten auf eine Antwort, die, wenn man sie erhalten hat, zur Erklärung nochmals fünf oder sechs Monate benötigt, wird man in ein paar Jahren als töricht und kindisch ansehen. Es gab einmal eine Zeit, da war das angemessen, und es gibt eine Zeit, damit Schluss zu machen. (S. 90)[6].

Es gab genügend Leute, die fähig sein würden, den benötigten unabhängigen Staatsapparat zu verwalten, und es waren hervorragende Männer vorhanden, die den zukünftigen Staat führen könnten, wie z.B. Benjamin Franklin, John Adams, Alexander Hamilton, Thomas Jefferson, James Madison, Samuel Adams und noch viele mehr, wobei man George Washington besonders erwähnen sollte.

Sowohl England als auch die amerikanischen Kolonisten vertraten kapitalistische Standpunkte, aber nur die letzteren das nationale Selbstbestimmungsrecht der Kolonien. Für England war Amerika ein Kolonialgebiet, das dem Mutterland zu gehorchen hatte. So erschien es immer mehr Kolonisten angesichts ihrer eigenen wachsenden sozialökonomischen Stärke und der zunehmenden englischen Unterdrückung sinnwidrig, länger den Status eines Unmündigen beizubehalten. Paine (1776) verglich die Lage der Amerikaner mit der eines Kindes und benutzte verschiedene Bilder, um die Absurdität fortgesetzter Abhängigkeit von England zu verdeutlichen. Er sagte z.B., es sei lachhaft, wenn man behaupte, ein Kind solle nie Fleisch essen, weil es mit Milch kräftig gedeiht. (S. 83). Paine argumentierte naturrechtlich und sagte, Amerika müsse sein Recht auf Selbstbestimmung durchsetzen, weil ein Kind das natürliche Recht habe, den Wechsel von der Unmündigkeit zur Mündigkeit zu vollziehen. Er schrieb: „Das Naturrecht des Kontinents auf Unabhängigkeit ... steht ausser Diskussion. Dieses Recht zu leugnen, wäre eine Art Atheismus gegen die Natur. ..." (Foner, 1945, S. 78)[7]. Zusammenfassend meinte Paine:

> Um zu wissen, ob es im Interesse des Kontinents liegt, unabhängig zu werden, brauchen wir nur diese leichte, einfache Frage zu stellen: Liegt es im Interesse eines Mannes, sein Leben lang ein Bub zu bleiben? (Ebd., S. 79).

Der Friedensvertrag von Paris mit England 1783 und die Konstituierung der Vereinigten Staaten von Amerika mit George Washington als Präsident 1789 zeigten allen anderen Nationen, dass man von nun an mit einem mündig gewordenen Volk rechnen müsse, das bereit sei, geschlossen „für die gesamte Landesverteidigung zu sorgen". (Schlief, 1880, S. 458)[8]. Ihren Anspruch auf nationale Selbstbestimmung

5 Zitiert aus Gipson (1954), S. 221.
6 Vgl. Burrows und Wallace (1972), S. 213.
7 Zitiert in Burrows und Wallace (1972), S. 215.
8 Für das englische Original siehe E. C. Smith (1936), S. 37.

legten die Amerikaner schriftlich fest, und zwar in einer von ihnen selbst ausgearbeiteten Verfassung, die sie sich nach eigener Aussage gaben, um

> ... Gerechtigkeit walten zu lassen, häuslichen Frieden zu sichern, ... die allgemeine Wohlfahrt zu fördern und die Segnungen der Freiheit uns und unserer Nachkommenschaft zu sichern, ... (Ebd.).

Es fällt auf, dass eigentlich keiner der erwähnten Punkte garantiert wird. Das Volk der Vereinigten Staaten setzte sich diese Punkte lediglich zum Ziel, und die Verfassung sollte als Mittel dienen, dieses Ziel zu erreichen.

*

Nun zum zweiten Fall: Nicht einmal zwei Monate waren seit dem Antritt der neuen Regierung am 30. April 1789 verstrichen, als Madison einige Ergänzungsartikel zur Verfassung vorschlug, die später Bill of Rights genannt wurden und z.B. das Recht auf Glaubens-, Rede-, Presse- und Versammlungsfreiheit garantieren sowie Leben, Freiheit und Eigentum absichern und die Einschränkung zentralisierender Tendenzen der Regierung gewährleisten sollten.

Dass die amerikanischen Frauen keine politischen Rechte erhielten und dass die etwa 750 000 schwarzen Sklaven im Lande, d.h. zirka 19 % der fast vier Millionen Menschen umfassenden Gesamtbevölkerung, nicht einmal als vollwertige Menschen zählten – jeder galt als 3/5 eines Weissen[9] –, wussten alle Gründerväter.

Aus der heutigen Perspektive können wir sagen, die Gründerväter der USA zeigten schon grosses Interesse an der Einführung, Absicherung und Erweiterung der Menschenrechte für das eigene Volk, nur legten sie unterschiedliche Startbedingungen fest. Für sie selbst, die Formgeber der Verfassung, sollte die Ausgangslage optimal sein. Diejenigen, die sich 1787 in Philadelphia versammelten, um die Verfassung auszuarbeiten, vertraten die Gruppen, die die Kolonien seit Beginn des 18. Jahrhunderts weitgehend politisch gelenkt hatten: die Landbesitzer, Pflanzer, Grosskaufleute, Transportunternehmer, Finanziers und Anwälte.

Unter diesen bevorzugten Männern gab es diejenigen, die vor allem in den Nordstaaten wohnten und arbeiteten und ihre Geschäfte ganz oder vorwiegend nach dem Grundsatz der Profitmaximierung auf der Basis der Lohnarbeit abwickelten und diejenigen, die vor allem in den Südstaaten wohnten und arbeiteten und deren kapitalistische Unternehmertätigkeit deutlich mit vorkapitalistischen Organisationsformen kombiniert war, z.B. mit der Sklaverei. Beide Gruppen gehörten zur Oberschicht der dominierenden Klasse im ganzen Lande und vertraten somit letztlich dieselben Klassenbedürfnisse und -interessen. Sie orientierten sich z.B. an John Locke und setzten Jeffersons Postulat, dass jedermann ein Recht auf Glücksstreben besitze, mit dem Recht auf Eigentum gleich. So konnten sie sich zwar bei der Gründung der Nation einigen – jeder meinte natürlich, „seiner" Sache werde damit am besten gedient –, aber im Laufe der Jahre bekamen sie die von Anfang an bestehenden Differenzen in der Auslegung des Rechts auf Entwicklung immer schlechter in den Griff. Die Differenzen verschärften sich, bis schliesslich die Union platzte und ein grässlicher Bürgerkrieg ausbrach, der u.a. damit endete, dass die alte Union wieder aufgerichtet und die Sklaven ohne Entschädigung ihrer Eigentümer befreit wurden.

9 Zur Erläuterung dieser Bestimmung siehe Artikel I, Absatz 3 der Verfassung der Vereinigten Staaten.

Die hier gemeinten Differenzen unter den Männern, die die Kommandoposten der Nation in der Hand hatten, äusserten sich u.a. in der Loyalität gegenüber dem jeweiligen einzelnen Bundesstaat, z.B. South Carolina, sowie gegenüber der jeweiligen Region, dem Norden oder dem Süden, mit deren Bedürfnissen und Interessen die Staatsführer sich jeweils am meisten identifizierten.

Es ist allgemein bekannt, dass die Vertreter der Südstaaten den Teil ihrer Landwirtschaft verteidigten und soweit wie möglich vergrösserten, der weitgehend mit schwarzen Sklaven betrieben wurde, meist relativ hohe Erträge einbrachte und ihnen somit eine Entwicklung ermöglichte, die ihnen passte, z.B. den „Southern Way of Life". Sie argumentierten, jeder Amerikaner hätte ein Recht auf Eigentum, und die Sklaven wären schlicht und einfach als Eigentum aufzufassen, ja sie stellten enorme Investitionen dar. Wenn die Bauern im Norden Pferde brauchten, um das Feld zu pflügen, so brauchten die Plantagenbesitzer im Süden Sklaven, um die Baumwollfelder zu bewirtschaften. Das wäre doch nicht etwas Schlechtes! Jeder Unternehmer, ob gross oder klein, jeder einzelne Bundesstaat und darüberhinaus die beiden Regionen, der Süden oder der Norden, alle hätten ihre speziellen Bedürfnisse und Interessen, die nur sie selbst berücksichtigen könnten und die vor uneinfühlsamer Einmischung der Zentralregierung geschützt werden müssten. Ulrich B. Phillips (1902) schilderte die allgemeine Lage in Georgia drei Jahre vor Beginn des Bürgerkrieges wie folgt:

> Vom Standpunkt der Südstaaten aus war die Institution der einheimischen Sklaverei im Jahre 1858 besser abgesichert als je zuvor. Der Einwand, dass Sklaverei moralisch nicht rechtens sei, wurde missbilligt, man durfte nicht darüber reden. Die Anzahl an Sklaven in Georgia entsprach beinahe der Anzahl an weissen Personen, und ihr Eigentumswert war beträchtlich grösser als der des ganzen Landes im Bundesstaat einschliesslich des Besitzes der Land- und Stadtgemeinden. Der Marktwert von Sklaven stieg in den letzten Jahren vor der Sezession rasch an. Während der vorausgegangenen ein oder zwei Jahrzehnte galt bei der Feststezung des Preises für Sklaven die Regel, den Preis für ein Pfund Baumwolle mit 10 000 zu multiplizieren – d.h. wenn Baumwolle für 12 Cents verkauft wurde, war ein kräftiger Neger 1 200 Dollar wert. Aber diese Regel war jetzt aufgegeben worden. Der Preis für Sklaven stieg in drei Jahren um 25 %. Im Jahr 1860 wurden gut gewachsene Negerknaben in Milledgeville für jeweils 2 000 Dollar verkauft. (S. 184)[10].

Staatsrechtlich wurde auf mindestens zwei Ebenen argumentiert. Mehrere Vertreter der Südstaaten gingen vom zehnten Ergänzungsartikel der Verfassung aus. Dieser besagt, dass die Verfassung die Zentralregierung einschränke und „den einzelnen Bundesstaaten alle Rechte, die nicht ausdrücklich delegiert wurden, einräumte." (Phillips, 1902, S. 121). Hier standen die Staatsrechte im Vordergrund. Andere Südstaatler, die Radikalen, pochten auf die Staatssouveränität. Phillips schilderte den Unterschied:

> Während die Doktrin der Staatsrechte besonderen Wert auf die Befugnisse legte, die den Bundesstaaten von der Bundesverfassung als dem grundlegenden Gesetz eingeräumt wurden, legte die Theorie der Staatssouveränität grössten Nachdruck auf die Unabhängigkeit und den souveränen Charakter der ursprünglichen Bundesstaaten, bevor sie die Union gegründet hatten oder die Verfassung angenommen hatten, und auf die Fortsetzung ihrer Souveränität als Mitglieder der Union oder Föderation. Die zentrale Frage war nicht

10 Vgl. Stampp (1956), S. 388, 402–404, 414–417. Stampp schreibt dazu: „. . . es gibt genügend Belege, dass der durchschnittliche Sklavenhalter auf seine Investitionen einen angemessenen, zufriedenstellenden Gewinn [mindestens 5 %] erzielte." (S. 404, siehe auch S. 390, 408–414, 417–418; vgl. Conrad und Mayer, 1964).

> mehr, in welcher Auslegung die Verfassung gelten sollte, sondern, wo die zuständige Autorität lag, die dem Dokument seine offizielle und endgültige Fassung geben sollte. Ausgehend von der Prämisse der Souveränität der Staaten, die im Jahr 1787 auf einem Kongress zusammengekommen waren und im Jahr 1789 eine Bundesregierung gegründet hatten, wurde argumentiert, dass die Bundesstaaten die Zentralregierung als ihr ausführendes Organ zur Ausübung bestimmter, umschriebener Funktionen, ausgestattet mit bestimmten, delegierten Befugnissen, ernannten; dass diese bevollmächtigte Instanz, da sie den Souveränitäten, die sie ernannten, untergeordnet war, nicht befugt war, ihre eigene Autorität zu vergrössern; im Falle eines Versuches, sich eine solche Befugnis anzumassen, könnte sie von den souveränen Bundesstaaten oder jedem einzelnen von ihnen daran gehindert werden. (S. 122).

Bis etwa 1830, also während der ersten 40 Jahre der Union, bestand selten oder nie ein Anlass, die Rechte oder die Souveränität der Bundesstaaten auszubuchstabieren. Die Souveränität der einzelnen Bundesstaaten nahm man einfach als gegeben an, lässt Phillips seine Leser denken, wobei man meinen könnte, dass Phillips die Position formulierte, die John C. Calhoun vertrat. Calhoun (1853) verfocht bekanntlich den Standpunkt, dass es freie, unabhängige und souveräne Staaten waren, die die Vereinigten Staaten von Amerika bildeten. (S. 85–100). „Selbst John Quincy Adams sprach von der Autorität und Würde der souveränen Bundesstaaten der Union als einer Selbstverständlichkeit", erwähnte Phillips (1902, S. 121).

Nach 1830 und bis zum Kriegsausbruch polarisierten sich die Bedürfnisse und Interessen der einzelnen Bundesstaaten immer mehr zu regionalen Bedürfnissen und Interessen, zu denen der Südstaaten, die als Sklavenhalterstaaten, und denen der Nordstaaten, die als Freie Staaten galten. Die Bedürfnisse und Interessen der Südstaaten hingen so sehr mit der Baumwollproduktion zusammen, dass man von den „Baumwollstaaten" sprach, wenn man den Süden meinte. Im Jahr 1791 produzierten die USA etwa 9 000 Ballen Baumwolle, im Jahr 1800 bereits 79 000 Ballen; man zählte im Jahr 1822 schon etwa 500 000 Ballen und im Jahr 1831 eine Million Ballen Baumwolle; im Jahr 1860 erzeugten die USA schätzungsweise 87 % der gesamten Weltproduktion an Baumwolle oder 5,3 Millionen Ballen. (Du Bois, 1935, S. 4; Harlow, 1949, S. 319).

Die Bedürfnisse und Interessen der Nordstaaten waren bekanntlich nicht mit der Landwirtschaft, sondern vor allem mit dem Industrie-, Handels- und Bankkapital gekoppelt, das im Vergleich zu der Plantagenwirtschaft im Süden viel stärker vom Ausbau des inneren Marktes und damit dem optimalen Funktionieren der Union abhängig war. Die Südstaaten konnten z.B. viele ihrer regionalen Bedürfnisse und Interessen befriedigen, indem sie einen regen Warenaustausch mit England betrieben, Baumwolle gegen Fabrikgüter tauschten, unter zum Teil deutlicher Ausserachtlassung des Warenangebots aus dem Norden. Dagegen verlangten die Formen der Kapitalverwertung der Nordstaatler die vollständige Kontrolle über den ganzen nationalen Markt in ihrem ganzen Territorium.

Unter diesen Umständen sahen sich beide Regionen immer mehr genötigt, möglichst viel von dem Land, das die Nation durch den Marsch nach dem Westen eroberte, unter ihre Kontrolle zu bringen. Politisch äusserte sich dieses Ringen um Vorherrschaft im Lande u.a. darin, dass beide Regionen die neu zur Union hinzukommenden Bundesstaaten für sich gewinnen wollten. Lange Zeit gab es ein relatives Gleichgewicht im Kongress zwischen Sklavenhalter- und Freien Staaten, aber gegen 1860 zeichnete sich immer mehr ein Übergewicht der Freien Staaten ab.

Als dann ab Mitte Dezember 1860 der Austritt der Baumwollstaaten feststand, verlangten die Vertreter des Südens eine Neubestimmung des ersten der Menschenrechte, des Rechts auf nationale Selbstbestimmung. Ausgehend von der Souveränität ihrer einzelnen Bundesstaaten, die, nach ihrer Auffassung älter als die Zugehörigkeit zur Union, der Zentralregierung der USA nur delegiert worden war, beabsichtigten sie, eine Konföderation zu bilden mit der Verfassung der Vereinigten Staaten als Grundlage, die den Bedürfnissen und Interessen der Baumwollstaaten angepasst werden sollte. (Phillips, 1902, S. 198, 210).

Am 4. Februar 1861 versammelten sich sechs Vertreter von bereits sieben ausgetretenen Staaten in Montgomery, Alabama. Sie nahmen am 8. Februar 1861 eine provisorische Verfassung für die konföderierten Staaten von Amerika an und wählten einen Tag darauf Jefferson Davis und Alexander H. Stephens zum vorläufigen Präsidenten und Vizepräsidenten. Die Verfassung war fast wörtlich eine Kopie der Verfassung der Vereinigten Staaten von Amerika, nur wurde der Schutztarif, der seit mehr als 30 Jahren Anlass zu schwerwiegenden Spannungen mit der Bundesregierung gewesen war, verboten und das Sklavenhalten im ganzen Land legalisiert. Zum letzteren Punkt erklärte diese Verfassung, dass „kein . . . Gesetz, welches das Recht auf Besitz von Negersklaven verweigert oder nachteilig beeinflusst, verabschiedet werden soll." (Commager, 1973, S. 379).

Wir erinnern uns: Einen Monat später, am 4. März 1861, übernahm Abraham Lincoln das Amt des Präsidenten der bereits gespaltenen Vereinigten Staaten von Amerika. Lincoln war, wie man weiss, kein Abolitionist, und er bemühte sich um die Wiederherstellung der Union auf friedlichem Weg. Er zeigte grosse Bereitschaft, dem Anliegen der Baumwollstaaten entgegenzukommen. So bekundete er in seiner Antrittsrede als Präsident der Vereinigten Staaten von Amerika seine Geneigtheit, einen Ergänzungsartikel zur Verfassung anzunehmen, der dem Kongress für ewig verboten hätte, die Sklaverei in den einzelnen Bundesstaaten abzuschaffen. (Commager, 1973, S. 388).

Für die Führer der Südstaaten war aber die Auflösung der alten Union nicht mehr rückgängig zu machen, und sie steuerten auf die militärische Konfrontation zu. Sie meinten, sie hielten den stärksten Trumpf in der Hand. Der Süden war das Reich des Königs aller Waren, der Baumwolle.

Zwar war es den Führern der Südstaaten durchaus klar, dass sie dem Norden auf verschiedenen Gebieten unterlegen waren, z.B. was die Bevölkerungszahl, Industrieentwicklung und den gesellschaftlichen Reichtum anging. Sie glaubten aber, die Macht der Baumwolle werde letztlich die Nordstaaten in die Knie zwingen.

> Um Baumwolle zu erhalten, würde der Norden vermutlich innerhalb von sechs Monaten gezwungen sein, zu den von der Konföderation gestellten Bedingungen um Frieden nachzusuchen. Sie [die Führer der Südstaaten] nahmen auch an, England würde gegen die Vereinigten Staaten Krieg führen, bevor es zuliesse, dass seine grosse Textilindustrie aus Mangel an Baumwolle stillstände. Senator J. H. Hammond aus South Carolina brüstete sich damit, dass der Süden so gross wie Grossbritannien, Frankreich, Österreich, Preussen und Spanien zusammen sei. „Ist das nicht Land genug", sagte er, „um ein Reich zu gründen, das die Welt beherrschen wird? . . . Du darfst nicht gegen die Baumwolle Krieg führen. Die Baumwolle ist König." Er erklärte, wenn drei Jahre lang keine Baumwolle produziert würde, „würde England kopfüber hinabstürzen und die ganze zivilisierte Welt, ausgenommen den Süden, mit sich reissen." (Foster, 1954, S. 211)[11].

Präsident Lincoln verweigerte im Namen der Vereinigten Staaten von Amerika den Staaten im Süden, die bestimmt hatten, sie seien aus der Union ausgetreten, die Anerkennung als freie, souveräne Mitglieder einer neuen, unabhängigen Konföderation. Diese Staaten bildeten keine Nation, sagte Lincoln, also hätten sie auch kein

11 Ein weiteres, sehr eindrucksvolles Zitat von Senator Hammond findet man in Harlow (1949), S. 331; vgl. Nye und Morpurgo (1955b), S. 531.

Recht auf nationale Selbstbestimmung. Nach Lincoln stellten die Vereinigten Staaten von Amerika eine Einheit dar, die nicht mehr rückgängig gemacht werden konnte.

> Man kann sicher davon ausgehen, dass niemals eine Regierung in ihrem organischen Recht eine Vorschrift für ihre eigene Aufhebung hatte. Kein Bundesstaat kann von Rechts wegen bloss aus eigenem Antrieb aus der Union austreten. Ich betrachte deshalb die Union als ungebrochen und werde Sorge tragen, dass die Gesetze der Union in allen Bundesstaaten gewissenhaft eingehalten werden. (Nye und Morpurgo, 1955b, S. 472)[12].

12 Dieses Zitat ist eine Montage einzelner Sätze von Lincoln, die man in seiner „Antrittsrede" als Präsident der Vereinigten Staaten von Amerika am 4. März 1861 finden kann. (Siehe Commager, 1973, S. 385, 386). Lincoln machte seine Auffassung über die den Bürgerkrieg betreffende Rechtslage besonders deutlich in seiner „Botschaft an den Kongress in einer Sondersitzung am 4. Juli 1861". In dieser Rede stellt er unter anderem fest:

> Auf den ersten Blick könnte es so aussehen, als sei es kein grosser Unterschied, ob die gegenwärtige Bewegung im Süden „Sezession" oder „Rebellion" genannt wird. Die Urheber dieser Bewegung erfassen jedoch den Unterschied sehr wohl. Anfänglich wussten sie, dass sie ihrem Verrat niemals respektvolle Grösse verleihen könnten durch eine Bezeichnung, die eine Verletzung der Gesetze beinhaltet. Sie wussten, ihr Volk besass genausoviel moralisches Bewusstsein, genausoviel Ergebenheit in Recht und Ordnung und genausoviel Stolz und Ehrfurcht in bezug auf Geschichte und Regierung ihres gemeinsamen Landes wie jedes andere zivilisierte und patriotische Volk. Sie wussten, sie könnten angesichts dieser starken und edlen Gefühle keinen direkten Fortschritt erreichen. Folglich begannen sie mit einer gemeinen Verführung der öffentlichen Meinung. Sie erfanden ein geniales Scheinargument, das, wenn angenommen, durch alle Geschehnisse hindurch von vollkommen logischen Schritten bis hin zur Zerstörung der Union gefolgt war. Das Scheinargument selbst besteht darin, dass jeder Staat der Union in Übereinstimmung mit der nationalen Verfassung und daher rechtmässig und friedlich sich ohne Einverständnis der Union oder irgendeines anderen Staates von der Union trennen könne. ...
>
> Dieses Scheinargument leitet seine Glaubwürdigkeit teilweise, wenn nicht ganz, von der Annahme ab, dass es eine allmächtige und heilige höchste Gewalt gibt, die einem Staat – jedem Staat in unserer Union – zu eigen ist. Unsere Staaten haben weder mehr noch weniger Macht als die, die ihnen in der Union durch die Verfassung gegeben wird – keiner von ihnen war jemals ein Staat ausserhalb der Union. Die ersten traten sogar, noch ehe sie sich ihrer britischen kolonialen Abhängigkeit entledigten, in die Union ein; und die neuen traten alle in einem Zustand der Abhängigkeit in die Union ein, mit Ausnahme von Texas. Und selbst Texas wurde während seiner vorübergehenden Unabhängigkeit nie als Staat bezeichnet. Die neuen wurden erst mit ihrem Eintritt in die Union als Staaten bezeichnet, während für die alten diese Bezeichnung erst in der und durch die Unabhängigkeitserklärung galt. ... Wenn sie weder dem Inhalt noch dem Namen nach jemals Staaten ausserhalb der Union waren, woher dann diese magische Allmacht von „Staatsrechten", durch die ein Anspruch auf die Macht behauptet wird, die Union selbst auf rechtlichem Wege zu zerstören. Man redet viel von der „Souveränität" der Staaten; aber das Wort selbst ist weder in der nationalen Verfassung noch ist es vermutlich in irgendeiner der Verfassungen der Staaten enthalten. Was ist „Souveränität" im politischen Sinne des Wortes? Wäre es sehr falsch, sie als „eine politische Gemeinschaft ohne übergeordnete politische Instanz" zu definieren? Demgemäss besass keiner unserer Staaten mit Ausnahme von Texas jemals Souveränität. ... Die Staaten haben ihren Status im Rahmen der Union, und sie haben keinen anderen Rechtsstatus. Wenn sie daraus ausbrechen, können sie das nur gegen das Gesetz und durch Revolution tun. Die Union und nicht sie selbst als einzelne errang ihre Unabhängigkeit und ihre Freiheit. Auf Grund von Eroberung oder Erwerb gab die Union jedem von ihnen die Unabhängigkeit und Freiheit, die sie besitzen. Die Union ist älter als jeder der Staaten, und in der Tat, sie hat sie ins Leben gerufen. Ursprünglich bildeten einige abhängige Kolonien die Union, und die Union ihrerseits entledigte sich für sie ihrer alten Abhängigkeit und machte sie zu Staaten, wie sie es heute sind. Keiner von ihnen hatte jemals eine Staatsverfassung unabhängig von der Union. Dabei vergessen wir natürlich nicht, dass alle neuen Staaten ihre

Der Bürgerkrieg brach aus, nachdem ein militärischer Vertreter der Konföderation den Kommandanten eines auf südstaatlichem Hoheitsgebiet gelegenen Forts, in dem Truppen der Union stationiert waren, erfolglos aufgefordert hatte, ihm, dem General der Konförderation, das Kommando zu übergeben. Beide Parteien wollten ihre Auslegung des nationalen Selbstbestimmungsrechts durchsetzen. Für die Mitglieder der Konföderation, deren Kabinett die Angelegenheit gründlich überdacht hatte, bevor geschossen wurde, stand das Fort unter ihrem Hoheitsrecht. (Das Fort hiess Sumter und lag in South Carolina; es befand sich also innerhalb der Staatsgrenzen jenes Staates, der als erster die Union verlassen hatte.) Für Präsident Lincoln stand das Fort auf bundesstaatlichem Gebiet und musste auf den Schutz der Union zählen können, wenn nötig, auf Militäreinsatz.

So kam es, dass am 12. April 1861 der Brigadegeneral der Südstaaten, Pierre Gustave Toussaint Beauregard, den Befehl gab, das Feuer auf das Fort zu eröffnen und somit den Bürgerkrieg zu beginnen, nachdem sein persönlicher Freund, Major Robert Anderson, Kommandant des Forts, selbst Südstaatler und kein Abolitionist, auf dem Verfügungsrecht der Union über das Fort bestanden hatte.

Es dauerte nur wenige Stunden, bis das Fort in die Hände der Rebellen fiel. Es wird berichtet, dass L. P. Walker, Kriegsminister der Konföderierten Staaten von Amerika, nach diesem „guten" Start prophezeite, „dass die Flagge der südlichen Konföderation noch vor dem ersten Mai vom Dome des alten Kapitols zu Washington und binnen kurzem vielleicht auch von der Faneuilhalle zu Boston herabwehen werde." (Marx, 1861, S. 331).

Zunächst blieb Washington dabei, weder die Südstaaten als Mitglieder eines fremden, unabhängigen Staates anzuerkennen noch zuzugeben, dass Krieg gegen diese Staaten geführt wurde. Es gab definitionsgemäss, wie wir aus Lincolns in Anmerkung 12 wiedergegebener Rede entnehmen können, keinen Krieg, sondern nur Menschen im Aufstand, Rebellen, die mit Waffen kämpften, Kriminelle. Später aber, nachdem ein Unionsschiff ein englisches Schiff, das im Verkehr mit der Konföderation stand, erobert hatte, entschied der Oberste Gerichtshof in Washington, die Bundesregierung müsse den Konflikt mit den Südstaaten so auffassen, dass die Vereinigten Staaten von Amerika mit einer fremden Regierung Krieg führten. Nur so habe Washington das Recht, eine Seeblockade zu errichten und fremde Schiffe,

> Verfassung entwarfen, bevor sie in die Union eintraten – nichtsdestoweniger in Abhängigkeit von und in Vorbereitung auf den Eintritt in die Union. . . .
>
> Was jetzt bekämpft wird, ist die Einstellung, dass Sezession mit der Verfassung vereinbar ist – rechtmässig und friedlich. Es wird auch nicht [von den Sezessionisten] behauptet, dass es dafür irgendein besonderes Gesetz gibt; und niemals sollte etwas als Gesetz gelten, was unrechtmässige oder absurde Konsequenzen nach sich zieht. . . .
>
> Die Sezessionisten bestehen darauf, dass unsere Verfassung Sezession zulässt. Sie haben sich angemasst, sich eine eigene nationale Verfassung zu geben, in welcher sie zwangsläufig das Recht auf Sezession entweder abschaffen oder es beibehalten, wie sie das hartnäckig von unserer Verfassung behaupten. Wenn sie es abschaffen, dann geben sie damit im Prinzip zu, dass es nicht in unserer Verfassung sein sollte. Wenn sie es gemäss ihrem Verständnis unserer Verfassung beibehalten, zeigen sie, dass sie sich folgerichtig voneinander trennen müssen, wann immer sie es für den einfachsten Weg halten, um sich ihrer Pflichten zu entledigen oder um irgendein anderes eigennütziges oder unrechtmässiges Ziel zu erreichen. Das Prinzip selbst ist das der Desintegration, und darauf kann keine Regierung aufbauen. . . . (Commager, 1973, S. 294–295).

Der Historiker Harlow (1949) bestritt einige der Thesen Lincolns anhand seiner Informationen über die Geschichte der USA vor dem 4. Juli 1861. (Siehe S. 332).

die die Blockade missachten sollten, zu kontrollieren. (Nye und Morpurgo, 1955b, S. 530, 531)[13].

Am 9. April 1865 anerkannte bekanntlich Robert E. Lee, Kommandeur der gesamten Streitkräfte der Konföderation, in Appomattox das Scheitern des Versuchs, eine Konföderation amerikanischer Staaten aufzurichten, eine Konföderation, die nicht mehr zu den Vereinigten Staaten von Amerika gehörte und die mit dem eigenen Anspruch auf nationale Selbstbestimmung kundtat, dass die Sklaverei unangefochten fortgesetzt werden sollte.

Als die Einheit der Union grundsätzlich wieder gesichert, das nationale Selbstbestimmungsrecht der Vereinigten Staaten von Amerika in allen Gegenden, die bis zum Ausbruch des Bürgerkrieges der Union angehört hatten, im Prinzip wieder voll wirksam war, wollte Präsident Lincoln Nachsicht mit den Leuten üben, die sich militärisch und politisch gegen die Union aufgelehnt hatten. Er schrieb: „Ich werde nichts aus Groll tun. Was ich in Angriff nehme, ist zu gewaltig für eine böswillige Handlungsweise." (Nye und Morpurgo, 1955b, S. 563). Bei der Rekonstitution der Subjektkörperschaft USA ging es Lincoln, so schreiben Nye und Morpurgo, um drei grundlegende Punkte:

> Die Südstaaten sollten in vernünftigem Rahmen ihre eigenen Regeln für den Wiedereintritt in die Union aufstellen; die Wiederherstellung der Union sollte so schnell wie möglich erreicht werden; dem weissen Südstaatler sollte ein Minimum an Bürgerrechten entzogen werden und dem befreiten Neger sollte das Stimmrecht langsam und schrittweise gewährt werden, während er jedoch andere Bürgerrechte sofort haben sollte. (S. 563).

Obwohl Präsident Lincoln fünf Tage nach Appomattox an den Folgen einer Schussverletzung starb, wurde seine Politik der Milde den Südstaaten gebenüber von seinen Nachfolgern verwirklicht. Kenneth M. Stampp (1956) bemerkt:

> Selten in der Geschichte haben die Teilnehmer an einer erfolglosen Rebellion so milde Strafen erhalten, wie sie der Kongress den Südstaatlern und insbesondere ihren Führern auferlegte[14].

Was die schwarzen Sklaven betraf, waren sie bereits seit dem 1. Januar 1863 durch Proklamation des Präsidenten der USA befreit. Im Jahr 1865 wurde die Sklaverei mit dem 13. Ergänzungsartikel zur Verfassung verboten; 1868 gab der 14. Ergänzungsartikel zur Verfassung den Schwarzen das Bürgerrecht der USA, und 1870 erhielten die schwarzen Männer durch den 15. Ergänzungsartikel zur Verfassung das Stimmrecht. (Smith, E. C., 1936, S. 51–53)[15].

Es kann an dieser Stelle nicht dargelegt werden, wieso die Neger, vor allem in den Südstaaten, kaum in den Genuss dieser Verfassungsergänzungen kamen. Bekanntlich entwickelten die ehemaligen Sklavenhalter neue Formen der Unterdrükkung, um die befreiten Sklaven weiterhin unter Kontrolle zu halten; z.B. zeigte sich in der Schuldknechtschaft die Abhängigkeit der ehemaligen schwarzen Sklaven von den ehemaligen Sklavenhaltern. Landbesitz wurde den schwarzen Mitbürgern verweigert oder nur selten gestattet.

Versuchten die Schwarzen sich zivilrechtlich zu behaupten, wurden sie von den Terroristenverbänden wie dem Ku Klux Klan, den Pale Faces und den Knights of the White Camelia überfallen, oftmals gefoltert und getötet, wurden ihre Kirchen

13 Marx (1861–1862) schenkte dieser Episode seine Aufmerksamkeit. (Siehe S. 76–109, 237, 239).
14 Zitiert in Nye und Morpurgo (1955b), S. 564–565.
15 Vgl. Nye und Morpurgo (1955b), S. 565.

und Schulen zerstört. Die Regierung in Washington übte gegenüber den weissen Terroristen Milde aus, die Neger im Süden steckten ein. So sagte Frederick Douglass, damals einer der Fürsprecher der schwarzen Amerikaner:

> Im Süden . . . ist der Neger mit seinem täglichen Brot von seinem Feind abhängig, und er kann nicht lange gegen den Willen jener stimmen oder handeln, auf die er notwendigerweise angewiesen ist, was die Nahrung und Kleidung, die er braucht, angeht. . . .
>
> Es ist grossartig, verfassungsmässig und gesetzlich garantierte Rechte zu besitzen, . . . aber ohne öffentliche Meinung und Regierung, die sie durchsetzen, sind sie eine Farce. Halb frei und halb Sklave zu sein, Bürger zu sein und doch wie ein Fremder behandelt zu werden, ein Mensch zu sein und doch nicht ein Mensch unter Menschen, das mag für ein Monster taugen, nicht aber für wahres Menschentum. Solange der neue Bürger nicht in jedem Staat dieser Union zur Wahlurne schreiten und seine Stimme abgeben kann mit dem Gefühl, dass jedes Bajonett der Republik seinem Schutz verpflichtet ist und dass diese Verpflichtung gewissenhaft eingelöst wird, solange ist das Werk des Krieges nicht vollendet und die Freiheit nicht gesichert. (Foner, 1955, S. 53).

*

Kehren wir zu den Ausgangspunkten zurück: Die seit dem 14. und 15. Jahrhundert sich herausbildende kapitalistische Produktionsweise benötigte eine gesellschaftliche Entwicklungsform, die den Produktionsverhältnissen der neuen Produktionsweise entsprach, wobei es in erster Linie auf die Förderung und Verteidigung der Eigentumsrechte auf der Grundlage der Entstehung und Festigung beständiger ökonomischer Beziehungen durch die Entwicklung des inneren Marktes ankam, auf denen das neue System beruhte. Aus diesem Bedürfnis heraus entstand am einen Ort früher, am anderen später der bürgerliche Nationalstaat.

Zur Ausformung des Nationalstaates gehörte nicht nur die Fähigkeit, die Landesgrenzen zu verteidigen oder nach eigenem Ermessen zu verändern, sondern auch das Recht auf nationale Selbstbestimmung. War dies gefestigt, konnte man viel eher die im Lande bereits in Gang gekommene kapitalistische Entwicklung in eigener Regie in Angriff nehmen, und zwar zur Entwicklung des gesellschaftlichen Systems und seiner Individuen zugleich.

John Locke, Adam Smith und andere formulierten, wie diese Koppelung des Allgemeinwohls mit dem individuellen Wohl Hand in Hand gehen sollte. War der einzelne Mensch fleissig und vernünftig, so hatte er z.B. nach John Locke (1679–1689a) das ihm von Gott gegebene Recht, die Welt zu nutzen (S. 120)[16]. Lohn dieses Einsatzes war zunächst der Privatbesitz (S. 121)[17]. John Locke postulierte „kühn", wie er selbst meinte, dass es eine „Eigentumsregel" gäbe, „wonach jeder Mensch so viel haben soll, wie er verwenden kann . . ." (S. 122)[18]. Er schrieb:

> Wer hundert Scheffel Eicheln oder Äpfel auflas, erwarb sie sich dadurch als Eigentum; einmal aufgelesen, waren sie sein geworden. Er musste lediglich achtgeben, dass er sie verbrauchte, bevor sie verdarben, denn sonst hatte er sich mehr als seinen Anteil genommen und andere beraubt. Tatsächlich war es sowohl töricht als auch unehrenhaft, mehr zu horten, als er brauchen konnte. (S. 129)[19].

16 In der englischen Ausgabe, Locke (1679–1689b), S. 333, vgl. S. 335.
17 Vgl. englische Ausgabe, S. 334.
18 Vgl. englische Ausgabe, S. 335, siehe auch z.B. S. 342.
19 Vgl. englische Ausgabe, S. 342.

Der Mensch beging kein Unrecht, meinte John Locke,

> wenn er Pflaumen, die binnen einer Woche verschimmelt wären, gegen Nüsse eintauschte, die er sich ein ganzes Jahr zum Essen aufheben konnte, denn solange nichts ungenutzt in seiner Obhut verkam, vergeudete er nichts von dem gemeinschaftlichen Vorrat und vernichtete kein Quentchen von dem Anteil an den Gütern, der anderen zustand... (Ebd.)[20].

Sonst gab es keine Grenzen bei der Aneignung des Privatbesitzes. So schrieb John Locke über den Menschen:

> ... wenn er [der Mensch] seine Nüsse für ein Stück Metall hergab, dessen Farbe ihm gefiel, oder seine Schafe gegen Muscheln, Wolle gegen einen glitzernden Kiesel oder Diamanten tauschte und diese Dinge auf Lebenszeit für sich behielt, so vergriff er sich nicht an den Rechten anderer, mochte er auch so viele von diesen dauerhaften Dingen anhäufen, wie ihm beliebte, da die Überschreitung der Grenzen rechtmässigen Eigentums nicht in der Grösse seines Besitzes bestand, sondern darin, dass irgend etwas davon ungenutzt verkam. (Ebd.)[21].

Diese Auffassung passte ausgezeichnet zu der im Entstehen begriffenen kapitalistischen Produktionsweise. Mit der Anhäufung grosser Kapitalien, deren Nutzung im Sinne der Kapitalverwertung das grösste Interesse galt, waren die grossen Produktionsmittelbesitzer eifrig bemüht, einen Nationalstaat aufzubauen, der ihr Leben, ihre Freiheit und ihr Eigentum schützen würde. So kam es, dass John Lockes Überlegungen spätere Generationen, wie wohlhabende, amerikanische Patrioten vom Schlage eines Jefferson in Virginia, stark beeinflussten. Diese Männer brachten die von John Locke für den Eigentümer postulierten Rechte mit den Rechten aller Menschen in Verbindung. Vergessen wir nicht, wie die Unabhängigkeitserklärung der 13 Kolonien Englands in Nordamerika, die vor allem Jefferson schrieb, lautete:

> Wir halten diese Wahrheiten für in sich einleuchtend: dass alle Menschen gleich geschaffen sind; dass sie von ihrem Schöpfer mit gewissen (angeborenen und) unveräusserlichen Rechten ausgestattet sind, darunter Leben, Freiheit und Streben nach Glück. (Goetz, Hrsg., 1931, S. 2 [nach S. 464])[22].

John Locke inspirierte aber auch Patrioten aus dem Volk wie Paine, der vermutlich auf eine Stelle im Vorwort von John Lockes „Abhandlung über den Staat" bezogen (John Locke, 1679–1689b, S. 172), sein 1776 anonym erschienenes Pamphlet „Common Sense", gesunder Menschenverstand, nannte. John Lockes Gedanken wirkten, mit andern Worten, beflügelnd auf Menschen, die echtes Interesse an der Verwirklichung der Menschenrechte im engeren Sinne (Jefferson) und im weiteren Sinne (Paine) hatten und zur Gleichsetzung der Rechte der bevorzugten Bürger im kapitalistischen Staat mit den Menschenrechten schlechthin beitrugen.

In beiden Beispielen habe ich darauf hingewiesen, dass es bei der Durchsetzung und Verteidigung des Rechts auf nationale Selbstbestimmung in den USA andere Probleme zu lösen galt als die, die man bei uns heute ganz selbstverständlich mit den elementaren Menschenrechten in Zusammenhang bringt. So erstaunt es nicht, dass das Frauenstimmrecht bei der Konstituierung der USA 1789 fehlte und ein Schutz für die befreiten Sklaven vor allem nach dem Bürgerkrieg 1865 nicht oder kaum existierte. Doch wie wir in der Präambel der Verfassung der USA gesehen haben, ging es den Wortführern um das Ziel, eine humane Gesellschaft zu verwirklichen. Und man kann feststellen, dass die Frauen der USA, die weissen und schwar-

20 Vgl. englische Ausgabe, S. 342.
21 Vgl. englische Ausgabe, S. 342.
22 Der englische Text ist abgedruckt in E. C. Smith (1936), S. 24.

zen, seit 1920, mit dem Inkrafttreten des 19. Ergänzungsartikels zur Verfassung, stimmberichtigt sind und dass die schwarzen Menschen in den Südstaaten heute reellere und grössere Entwicklungsmöglichkeiten haben als im Jahr 1865. Die Amerikaner sind den Zielen, die sie sich feierlich in der Verfassung setzten, näher gekommen.

Das Material, das mir zur Verfügung steht, zeigt allerdings in aller Deutlichkeit, dass das Stimmrecht der weissen Frauen und die Anerkennung der Schwarzen als gleichberechtigte Mitmenschen nicht vorrangig war. Nach meinen Quellen sieht es wirklich so aus, als hätte die Sorge um die Erringung und Ausübung des Rechts auf nationale Selbstbestimmung den ersten Rang eingenommen. Als Washington 1789 auf Grund der Verfassung imstande war, sich selbst nach eigenem Gutdünken oder nach eigenen Gesetzen zu regieren, unabhängig vom Belieben des Auslandes oder von einem fremden Willen oder einer fremden Macht, konnten die Vertreter der Landbesitzer, Pflanzer, Grosskaufleute, Transportunternehmer, Finanziers und Anwälte, die das Land bereits unter den Engländern faktisch regiert hatten, sich und ihren Interessengruppen die bestmöglichen Startchancen einräumen. Gegen 1861 störten, wie wir gehört haben, die Baumwollstaaten mit ihrer Art, ihre regionalen Bedürfnisse und Interessen zu befriedigen, immer mehr Washingtons Handhabung des Rechts auf nationale Selbstbestimmung. Hier war kein externer Wille, keine Macht von aussen am Werk, sondern ein wachsender Protest unter den Grosseigentümern selbst, die der Bundesregierung vorwarfen, die Zukunft der Amerikaner im Süden gröblichst zu missachten. Washington unter Lincoln hatte kaum Zeit, das Recht der Bundesregierung auf die Ausübung der nationalen Selbstbestimmung zu vertreten und zugleich die militanten Staatsführer der Baumwollstaaten zu befrieden, bevor die letzteren zu den Waffen griffen. Erst mit militärischen Machtmitteln gelang es Washington, die vorherige nationale Einheit wieder abzusichern und somit eine Situation zu schaffen, in der die Selbstinteressen der Bürger mit denen des Nationalstaats in den entscheidenden Punkten, z.B. betreffend Eigentumsrechte, als ausreichend übereinstimmend aufgefasst werden konnten. Das Vorrangige in diesem Verhältnis blieben natürlich die Eigentumsrechte des Bürgers.

Und welche Bürger profitierten im ersten Fall am meisten vom Arrangement mit den unterschiedlichen Startbedingungen und im zweiten Fall vom Sieg der Unionstruppen über die Streitkräfte der Konföderation? In den ersten 50 Jahren der nationalen Geschichte erlebten Industrieunternehmer, Finanziers, bedeutende Handelsleute und Transportunternehmer sowie Grosspflanzer eine mächtige Entwicklung. (Nye und Morpurgo, 1955b, S. 384, 385). Nach Nye und Morpurgo waren die Grosspflanzer oder, wie man auch sagt, die Pflanzeraristokraten nie zahlreich, wahrscheinlich gab es weniger als 5 000 bei einer Bevölkerung, die schätzungsweise acht Millionen zählte. (S. 387). Die Grosspflanzer

> besassen 50 oder mehr Sklaven, eine oder mehrere Plantagen, den grössten Teil des besten Landes des Südens und Dreiviertel seines Reichtums. . . Nur 300 Pflanzer hielten jeder mehr als 200 Sklaven; es gab natürlich wenige Ausnahmen, wie Wade Hampton aus South Carolina (der 3 000 besass) oder Nathaniel Hayward aus South Carolina (der 14 Plantagen und 2 500 Neger besass). Die Plantagen umfassten durchschnittlich vielleicht 2 000 ha; einige wenige Pflanzer besassen nicht weniger als 6 000 ha. (Ebd.)[23].

Beim Kampf um die Rettung der Union legten die Kommandeure der Industrie eine enorme Entwicklung zurück. Nye und Morpurgo schrieben wie folgt darüber:

23 Siehe ferner S. 547.

Der Bürgerkrieg verhalf der industriellen Revolution voll zum Durchbruch, und als er zu Ende ging, stand der Industrialismus als wichtigster Tatbestand der nationalen Wirtschaft auf festem Grund. Das wäre auch ohne Krieg geschehen, aber der militärische Konflikt beschleunigte den Prozess und trieb die Verschiebung von der Landwirtschaft zum „business" als dem Hauptanliegen der Nation voran. Die Industriellen zogen vollen Vorteil aus den durch den Krieg geschaffenen glänzenden Gelegenheiten, fast alles zu erreichen, was sie sich überhaupt wünschen konnten: Schutzzölle, leichten Zugang zu den Naturschätzen, Steuersenkungen, Subventionen, monopolartige Strukturen in bestimmten Wirtschaftsbereichen. Nach 1865 ersetzten „Industriekapitäne" die Farmer als die souveräne politische Klasse. Die Unternehmensphilosophie – das Ideal der Selbsthilfe, die Vormachtstellung des Unternehmens, der wohltätige Industrialismus – wurde das herrschende Ideal der amerikanischen Lebenweise. Die Vertreter der landwirtschaftlichen Interessen im Nordwesten waren weder stark noch gut genug organisiert, um gegen die Vormachtstellung des Unternehmens Einwendungen zu machen; die Agrarier im Süden, geschlagen und in Misskredit gebracht, konnten nicht mehr den Widerstand leisten, den sie 50 Jahre lang aufrechterhalten hatten. So tauchte das „big business" auf. „Die führenden Kapitalisten", schrieb John Sherman seinem Bruder, dem General, „. . . sprechen von Millionen ebenso zuversichtlich wie früher von Tausendern." (S. 549–550).

Gewisse Farmer gingen natürlich mit der Zeit, nutzten die Vorteile der mechanisierten Landwirtschaft aus, suchten gewinnversprechende Verträge mit den Banken, die ihnen Geld und Kredit gaben, und bedienten sich der Eisenbahnen, um ihre reichlichen Produkte zu minimalen Transportkosten zum Markt zu bringen. Mit anderen Worten:

Ackerbau wurde zu einem kaufmännischen Unternehmen mit grossen Investitionen in Boden und Maschinerie und mit der Massenproduktion von Getreide zum Verkauf auf einem Konkurrenzmarkt. Der selbstgenügsame Landwirt, der alles anbaute, was er benötigte, verschwand; an seine Stelle trat der Agrarkapitalist, der sich in komplexe nationale und internationale ökonomische Gesetzmässigkeiten einfügte, . . . (Ebd., S. 588)[24].

Schliesslich soll erwähnt werden, dass im Laufe der 70er Jahre, vor allem ab 1776, die Vertreter der weiterhin enorm expandierenden Grossunternehmen im Norden handfeste Arbeitsbündnisse mit den seit dem Bürgerkrieg relativ kaltgestellten Trägern der südstaatlichen Wirtschaft und Politik eingingen, so dass sich offen und gemeinsam die Grosseigentümer im Norden und Süden entwickelten, und zwar in der Hauptsache unter der Herrschaft des Industriekapitals. (Du Bois, 1935, S. 690 –710)[25].

Dieser Zusammenschluss zur gegenseitigen Entwicklung geschah auf Kosten der Neger in den Südstaaten. Wie wir bereits gehört haben, stand die Regierung sowieso nicht mit anhaltendem Druck hinter den 14. und 15. Ergänzungsartikeln zur Verfassung, und die einheimischen Machthaber der Südstaaten handelten meistens, als existierten diese Verfassungsänderungen nicht. Der Oberste Gerichtshof entschied dann 1876 in den Fällen „United States v. Reese" und „United Staates v. Cruikshank", dass Teile des Federal enforcement acts, von denen der erste im Mai 1870 rechtskräftig wurde und die dazu bestimmt waren, die 14. und 15. Ergänzungsartikel durchzusetzen, verfassungswidrig seien (Dunning, 1897, S. 366–367; Davis, 1914, S. 205), ein Entscheid, der vor allem den Rechtsschutz der Neger betraf und „die Bundesgesetze für den Schutz des Negers fast völlig unwirksam" liess. (Warren, 1922, S. 604).

Die Rechtspraxis der einzelnen Bundesstaaten im alten Stil, d.h. eine Rechtspflege zum deutlichen Nachteil der schwarzen Bevölkerung, vor allem in den Südstaa-

24 Vgl. S. 614–618.
25 Siehe Nye und Morpurgo (1955b), S. 606–607, Foner (1955), S. 97, 107.

ten, konnte, nun vom Obersten Gerichtshof legitimiert, deutlich in Erscheinung treten, wobei, wie der grosse Verfassungsrechtler Charles Warren (1922) schrieb, galt:

> Die Entscheidungen ... hielten alle ausser den radikalen Gegnern des Südens für weise und geeignet, gesünderen und liberaleren Methoden des Umgangs mit dem Negerproblem im Süden die Tür zu öffnen. (S. 604–605).

Im Falle „United States v. Cruikshank" erklärte der Oberste Gerichtshof u.a., dass

> das Wahlrecht kein notwendiges Merkmal nationaler Bürgerschaft ist. [Man denke an die Frauen in den USA damals, die schwarzen und die weissen, die die Staatsangehörigkeit genossen, aber kein Stimmrecht hatten.] Das Wahlrecht in den Bundesstaaten kommt von den Bundesstaaten. ... Der 14. Ergänzungsartikel untersagt es einem Bundesstaat, irgendeiner Person innerhalb seiner Rechtsprechung den gleichen Schutz durch die Gesetze zu verweigern, aber diese Klausel fügt ebenso wie die vorhergehende nichts an Rechten hinzu, die ein der Verfassung unterstehender Bürger gegenüber einem anderen besitzt. Die Gleichberechtigung der Bürger ist ein Prinzip der republikanischen Staatsform. Jede republikanische Regierung ist verpflichtet, alle ihre Bürger bei der Ausübung dieser Privilegien zu schützen, sofern es in ihrer Macht steht. Diese Pflicht hatte ursprünglich der einzelne Bundesstaat übernommen, und dabei bleibt es auch heute. Die einzige Verpflichtung, die auf den Vereinigten Staaten lastet, ist, darauf zu achten, dass die einzelnen Bundesstaaten das Recht nicht verweigern. Dies garantiert der Ergänzungsartikel, aber nicht mehr. Die Macht der nationalen Regierung ist auf die Durchsetzung der garantierten Rechte beschränkt. (Davis, 1914, S. 226–227; Du Bois, 1935, S. 691).

Washington hatte sich bei seinem Anspruch auf Ausübung der nationalen Selbstbestimmung durchgesetzt, und die Regierung und die Interessengruppen, die hinter ihr standen, zeigten sich wegen wenig effekiver Kontrolle von seiten des Kongresses und der Judikative (Dunning, 1897, S. 364) weiterhin fähig, die kapitalistische Entwicklung des Landes mächtig voranzutreiben und dazu zum eigenen Nutzen die Bedürfnisse und Interessen der weissen Südstaatler mit Einschränkungen zu berücksichtigen. Dass es dabei den befreiten Schwarzen, den neuen Bürgern der USA, deren Männer das Stimmrecht erhalten hatten, dreckig ging, hatte keine besondere Bedeutung für die faktischen Führer des Landes.

*

Mir scheint folgendes evident geworden zu sein: Bei der gegenwärtigen Diskussion über die Menschenrechte sollte man die Frage nach dem Recht auf nationale Selbstbestimmung im Auge behalten. In diesem Fall kann man sich fragen: Wessen Selbstbestimmung gilt im jeweiligen Land und wie wird sie begründet? Wer bestreitet diese Auslegung des Rechts auf nationale Selbstbestimmung und warum? Erreicht man Klarheit über diese Punkte, so hat man eine solide Basis für die Diskussion über die Menschenrechte geschaffen.

*Bibliographie**

Aptheker, Herbert (1959), The Colonial Era. New York: International Publishers, 1970.

Bokor-Szegö, Hanna (1970), New States and International Law. Budapest: Akadémiai Kiadó.

Burrows, Edwin G. und Michael Wallace (1972), „The American Revolution: The Ideology and Psychology of National Liberation", in: Perspectives in American History, Band VI, herausgegeben von Donald Fleming und Bernard Bailyn. Cambridge: Harvard University, S. 167–306.

Calhoun, John C. (1853), A Disquisition on Government and Selections From the DISCOURSE. Indianapolis – New York: The Bobbs-Merrill Company, 1953.

Commager, Henry Steele, Hrsg. (1973), Documents of American History, Band I, bis 1898. Englewood Cliffs, New Jersey: Prentice-Hall.

Conrad, Alfred H. und John R. Meyer (1964), The Economics of Slavery and Other Studies in Econometric History. Chicago: Aldine Publishing Company.

Davis, W. W. (1914), „The Federal Enforcement Acts", in: Studies in Southern History and Politics, William Archibald Dunning gewidmet. New York: Columbia University Press, S. 205–228.

Du Bois, W. E. B. (1935), Black Reconstruction in America. New York: Atheneum, 1970.

Dunning, William Archibald (1897), Essays on the Civil War and Reconstruction and Related Topics. New York – London: The MacMillan Company, 1910.

Foner, Philip S., Hrsg. (1945), The Complete Writings of Thomas Paine, Band I. New York: The Citadel Press.

Foner, Philip S. (1955), The Life and Writings of Frederick Douglass, Band IV, Reconstruction and After. New York: International Publishers, 1975.

Foster, William Z. (1954), The Negro People in American History. New York: International Publishers, 1982.

Gipson, Lawrence Henry (1954), The Coming of the Revolution. New York.

Goetz, Walter, Hrsg. (1931), Propyläen Weltgeschichte, Band VI: Das Zeitalter des Absolutismus, 1660–1782. Berlin: Propyläen Verlag, Beilage Nr. 33.

Harlow, Ralph Volney (1949), The United States: From Wilderness to World Power. New York: Henry Holt and Company.

Klenner, Hermann (1982a), Marxismus und Menschenrechte. Studien zur Rechtsphilosophie. Berlin: Akademie Verlag.

Klenner, Hermann (1982b), „Jahrgang 1632: Spinoza, Pufendorf, Locke. Dem Rat der Stadt Flöha und seinem Pufendorf-Komitee gewidmet", Staat und Recht, 10, S. 909–920.

Locke, John (1679–1689a), „Abhandlung über den Staat", in: Bürgerliche Gesellschaft und Staatsgewalt. Sozialphilosophische Schriften, herausgegeben von Hermann Klenner, aus dem Englischen übersetzt von Klaus Udo Szudra. Leipzig: Verlag Philipp Reclam jun., 1980, S. 95–268.

Locke, John (1679–1689b), Two Treatises of Government, herausgegeben von Peter Laslett. London: Mentor Book, 1965.

Marx, Karl (1861), „Der nordamerikanische Bürgerkrieg", in: Karl Marx und Friedrich Engels, Werke, Band XV. Berlin: Dietz Verlag, 1974, S. 329–338.

Marx, Karl (1861–1862), in: Karl Marx und Friedrich Engels, Der Bürgerkrieg in den Vereinigten Staaten, zusammengestellt und eingeleitet von Günter Wisotzki und Manfred Tetzel. Frankfurt am Main: Verlag Marxistische Blätter, 1976, S. 76–110, 237–240.

Nye, Russel B. und J. E. Morpurgo (1955a), A History of the United States, Band I: The Birth of the U.S.A. Harmondsworth: Penguin Books, 1970.

Nye, Russel B. und J. E. Morporgo (1955b), A History of the United States, Band II: The Growth of the U.S.A. Harmondsworth: Penguin Books, 1970.

Paine, Thomas (1776), Common Sense, herausgegeben von Isaac Kramnick. Harmondsworth: Penguin Books, 1976.

Phillips, Ulrich B. (1902), Georgia and State Rights. Yellow Springs, Ohio: The Antioch Press, 1968.

Schlief, Eugen (1880), Die Verfassung der Nordamerikanischen Union. Leipzig: F. A. Brockhaus.

Smith, Adam (1776), The Wealth of Nations, Band II, London: J. M. Dent & Sons, 1971.

* Die im Text angeführten Zitate aus englischsprachigen Schriften wurden, sofern in der Bibliographie nicht anders angegeben, von mir übersetzt (N.E.).

Smith, Edward Conrad, Hrsg. (1936), The Constitution of the United States with Case Summaries. New York: Barnes & Noble Books, 1975.
Stampp, Kenneth M. (1956), The Peculiar Institution. Slavery in the Ante-Bellum South. New York: Vintage Books.
Warren, Charles (1922), The Supreme Court in United States History, Band II, 1836–1918. Boston: Little, Brown, and Company, 1928.
Wibich, Manfred und Urs Winter (1976), Kapitalismus und Indianer in den USA. Frankfurt am Main: Verlag Marxistische Blätter.

GERECHTIGKEIT ZWISCHEN GENERATIONEN

VON HEINZ KLEGER, ZÜRICH

Übersicht

I. *‚Künftige Generationen': Ebenen der Diskussion und inhaltliche Problemdimensionen*

Die gegenwärtige Entwicklung technischer Möglichkeiten durch den Menschen vergrösserte Reichweite und Eingriffstiefe menschlichen Handelns so sehr, dass Moral und Ethik heute aufs neue herausgefordert sind. Schädliche Nebenfolgen einerseits und eine Überkomplexität der gesellschaftlichen Entwicklung anderseits, die der demokratischen Steuerung zu entgleiten droht, haben nachdenklich gestimmt und Reaktionen provoziert.

Dass diese Tatsache lange Zeit kaum zur Kenntnis genommen wurde, liegt wohl daran, dass sich Entscheidungsträger und Öffentlichkeit auf jene Erfolge konzentrierten, die sie durch Ausrichtung auf allgemein anerkannte und wohlstandssteigernde Ziele erreichen konnten. Erst anfangs der siebziger Jahre drangen auch die Nebenfolgen solcher Praxis ins Bewusstsein breiter Bevölkerungsschichten: Man musste immer wieder erfahren, dass bei weitem nicht alles so unter Kontrolle war, wie man es zuvor geglaubt hatte, mehr noch: man sieht sich heute direkt in seiner eigenen Existenz bedroht, weil nur schwer kontrollierbare Nebenfolgen überhandnehmen.

Dies ist auch der Grund, weshalb die Moral vor allem die *Folgenkontrolle* in den Blick nimmt. Der Verpflichtungsgehalt moralischer Normen konzentriert sich denn auch auf *Zumutbarkeitserwägungen.* Sie werden gleichsam zum Hebel, der die *ziellose* evolutionäre Dynamik der wissenschaftlich-technischen Zivilisation, der sie den zumindest kognitiven Zwang zum Fortschritt verdankt, wenn nicht stoppen, so doch bremsen soll.

Der Begriff des Fortschritts ist mithin nicht mehr selbstverständlich. In seiner neuzeitlichen Ausprägung bedeutet er ein spezifisches Bewusstsein historischer Zeit, wonach „alle bisherige Erfahrung kein Einwand gegen die Andersheit der Zukunft sein kann. Die Zukunft wird anders sein, und zwar besser"[1]. Dieses letzte „und zwar besser", der Glaube an einen *unaufhaltbaren* Fortschritt – wie ihn z.B. Kant als Fortschritt der Menschheit zum ewigen Frieden[2] oder Condorcet in seinem Entwurf[3] noch vor jeder ‚Dialektik der Aufklärung' ausarbeitete – wird heute deutlich in Frage gestellt: Die Zukunft kann anders sein als die Vergangenheit, und zwar schlimmer, wenn etwa das Öko-System in die Entropie gerät oder der nukleare Krieg zur ungewollten Wahrscheinlichkeit wird[4].

‚Verantwortung gegenüber künftigen Generationen' ist denn auch ein Thema, das vom Nachdenken angesichts antizipierter Katastrophen (kata-strophé = Wendezeit) geprägt ist. Bei dieser ‚Heuristik der Furcht', wie Hans Jonas sie nennt[5], handelt es sich um ein Erschrecken darüber, dass es sich um von uns in Gang gesetzte und entwickelte Prozesse (technische und politische) handelt, die wir allein schon wegen ihrer Grössenordnung gar nicht mehr verantworten können. Was in den Debatten um Kernenergie und Umwelt bedeutsam ist, lässt sich nicht mehr so ohne weiteres auf die Masse üblicher Risiko-Analysen[6] bringen. Vielmehr spielt die Wahr-

1 R. Koselleck, Vergangene Zukunft, Frankfurt/M. 1979, S. 364. Vgl. ders., Art. „Fortschritt", in: Geschichtliche Grundbegriffe (Hg. O. Brunner, W. Conze, R. Koselleck), Bd. 2, S. 363–423.

2 I. Kant, Zum ewigen Frieden, Werke Bd. VI (Weischedel). Kant ist immer wieder, vor allem aber in der fortschrittseuphorischen Wende vom 19. ins 20. Jh., als Philosoph des aus moralisch-praktischen Gründen förderungsberechtigten Fortschritts in Anspruch genommen worden. Ein Beispiel hierfür: „die metaphysische Ansicht vom Fortschritt der Geschichte ist umgeschlagen in das Pflichtgebot der Arbeit für den Fortschritt der Geschichte" (F. Medicus, Kants Philosophie der Geschichte. In: Kant-Studien 7, 1902, S. 22). Diese Allianz von Aufklärungsphilosophie und industriellem Fortschritt, wie sie hier angekündigt wird, sodann von Aufklärung und Sozialismus mit dem industriellen Fortschritt, wie sie für die II. Internationale programmatisch war, wird heute desto lockerer, je mehr es um Prozesse einer Neusymbolisierung gesellschaftlichen Fortschritts und Neuerfindung des Sozialismus geht. In diesem Zusammenhang gewinnen bei Kant Intentionen an Aktualität, die über Fortschritt hinausschiessen.

3 Condorcet, Entwurf einer historischen Darstellung der Fortschritte des menschlichen Geistes, hg. von W. Alff, Frankfurt/M. 1976 (stw).

4 D. Frei, Der ungewollte Atomkrieg. Eine Risiko-Analyse, München 1983.

5 H. Jonas, Das Prinzip Verantwortung, Frankfurt/M. 1979, S. 63 f. Jonas' „Versuch einer Ethik für die technologische Zivilisation" mündet in einer *Erweiterung des Verantwortungskonzepts*: ‚Treuhänder'- oder ‚Heger'-Verantwortung – Zukunftsethik mit im Kern defensiv ausgerichteten Unterlassungsnormen, eine Präventionsverantwortlichkeit, auferlegt durch technologische Machtverfügbarkeit. Darauf kommen wir zurück im Teil IV., siehe dort auch die Aufnahme dieser Begrifflichkeit durch H. Lenk (Anmerkung 98). Vgl. ferner: H. Jonas, Responsibility today: The ethics of an endangered future, in: Social Research 43, 1976, sowie ders., Werte von gestern für die Welt von morgen?, in: Wandlung von Verantwortung und Werten in unserer Zeit, Deutsche UNESCO-Kommission, Bonn 1983, S. 22–35.

6 Zu den Konzepten des ‚risk assessment': W. D. Rowe, An Anatomy of Risk, London 1975;

nehmung von Problemen und Folgelasten eine Rolle, die den eigenen Verantwortungsraum *übersteigen* (z.B. das Problem der Endlagerung), was wiederum ein Gespür für *intergenerationelle Fairness* voraussetzt. (Ausserdem spielt in den Wertungen eine zentrale Rolle, dass ‚Natur', indem sie als Grenze – knappe Ressourcen – erfahren wird, als Ganze Gegenstand menschlicher Verantwortung wird.) Parallel zu mannigfachen Versuchen der Systemsteuerung durch ‚muddling through' ist deshalb auch eine *Re-Moralisierung* zu beobachten, die allerdings nicht frei ist von beschwörender Metaphorik. Der moralisierende Eingriff ‚im Namen künftiger Generationen' jedoch[7], der im begrüssenswerten Versuch zumutbarer Folgenherrschaft zum Ausdruck kommt, wendet sich gegen eine Systementwicklung, die die vorhin genannten Folgelasten und eine neue (von vornherein verantwortungsethisch nicht mehr tragbare) Art von Risiken hervorbringt.

Schonender Umgang mit der Natur, Ethik des Sein-Lassens, Fortschritte im Plural statt des grossen Fortschritts im Singular, Primat der Katastrophenverhinderung und Vorrang der pessimistischen Prognose sind zu Stichworten einer durch Realängste in Bewegung gekommenen *Lebenswelt* geworden, die das *sektorielle* Problemlösungsverhalten sprengen.

Das Wissen um den langen Arm moderner Handlungsmacht kann nicht mehr überspielt werden, denn es verändert die Bedingungen, unter denen zukunftsrelevante Entscheidungen gefällt werden, d.h. es fliesst vorerst unbestimmt in diese ein. Im Sinne optimaler Lösungen sowohl in sozio-politischer wie auch in ökonomischer Hinsicht gilt es deshalb, solches Wissen diskursiv zu vertiefen und zu komplettieren: Menschliches Forschen muss sich demnach mit unseren ‚Nachbarn in der Zeit' (G. Anders), also mit den künftigen Generationen befassen.

Die *‚Nachbarn in der Zeit'*, das sind die Jugendlichen, die in dieser Welt als unsere Zeitgenossen aufwachsen, und es sind die entfernteren („distant") Generationen, von den wir jetzt noch nichts wissen, ja kaum eine Vorstellung haben können. Mit „künftigen Generationen" meinen wir durchgängig die Gesamtheit der Menschen, die nach uns die Erde bevölkern werden und an heute gefällten, zukunftsrelevanten Entscheidungen nicht partizipieren können, worunter natürlich auch ‚unsere' unmittelbaren Nachkommen, die gegenwärtig Heranwachsenden, fallen. Die Rede von einer ‚Verantwortung für künftige Generationen' geht indes über sie und den Familialismus mit seinem Effekt, für die ‚Seinigen' ein Plätzchen abzuzäunen, weit hinaus: Der Schwerpunkt der Diskussion, wie sie gegenwärtig in der amerikanischen Moralphilosophie geführt wird und die hier ausschnittsweise referiert und kommentiert werden soll, liegt bei den ‚entfernteren' Generationen.

Dass unsere Verantwortung auch das Geschick künftiger Generationen umfassen soll, scheint mir in *Inhalt* und Methode das eigentlich ökologische Anliegen zu sein. In ihm geht es um eine neue Verbindung von technischer und ethischer Rationalität (wie immer man diese auffasst), in der die praktisch-gesellschaftlich-politische Ver-

W. Lowrance, Of Acceptable Risk, Los Altos, California 1976; Ch. Starr, R. Rudman, C. Whipple, Philosophical Basis for Risk Analysis, in: Annual Review of Energy 1, 1976.

7 Sich *vor* einer Zukunft, die man in der Jetztzeit *für andere* erhofft, verantwortlich fühlen, ist vor dem Hintergrund griechischer Philosophie eine ungewöhnliche, singuläre Gedankenfigur. Es handelt sich dabei wohl um eine Version von Eschatologie, die der hebräische Humanismus erfunden hat. Der Impuls, dermassen für andere, die noch gar nicht existieren, einzustehen, der neue moralische Ideale (z.B. des Sicheinschränkens) gebiert, wird von einem messianischen Kern getragen. Solange sich dieser Impuls nicht als allgemeinverbindliche Norm missversteht, hat *der Messianismus einer präsentischen eschatologischen Ethik* nichts Eiferndes an sich; er führt im Gegenteil dazu, *bewusst* ein Engagement im Jetzt für eine lebenswerte Zukunft von morgen, das sich nicht von selbst versteht, einzugehen.

nunft wieder jene Reichweite zu gewinnen sucht, welche die technische Rationalität, die den Gedanken der Legitimierbarkeit an den gesellschaftlichen Rand zu drängen droht, schon längst erreicht hat. Die ist auch der Grund, weshalb Technikfragen heutzutage so überaus scharfe politische Kontroversen hervorrufen können. Demgegenüber schien es aber lange so, dass der technische Charakter von Fragen automatisch ihren nicht-politischen Charakter indizierte[8].

Ob für den Vernunfteinspruch gegen die herrschende Vernunft[9] eine Theorie der *Vernunftmoral*, die sich mit gesellschaftstheoretischen Überlegungen verbindet, als Basis ausreicht oder ob darüber hinaus *moralische Ideale*[10], die als Movens unersetzbar sind, aber nicht allgemeinverbindlich sein können und dürfen, oder ob – ‚idealistischer' noch – der *‚Idealismus neuer Weltbilder'*[11] nötig ist, ist kontrovers und verlangt eingehendere Erörterungen auf den nachfolgend unterschiedenen Ebenen (1), (2) und (6).

Zunächst soll die Frage untersucht werden, inwieweit wir, die lebende Generation, verpflichtet sind, den künftigen Generationen intakte Lebensbedingungen zu hinterlassen (z.B. nicht erneuerbare Ressourcen zu erhalten, keine irreversiblen Eingriffe ins Ökosystem zu unternehmen, keinen atomaren Müll zu lagern, keine Atomwaffen zu produzieren) oder gar „bessere" Grundlagen zu schaffen (wie Bevölkerungskontrolle, höhere und effizientere Technisierung), und inwieweit anderseits künftige Generationen aufgrund moralischer Verpflichtung (Gerechtigkeitskriterien) und/oder Rechtsordnung Rechtsansprüche besitzen, die uns solche Pflichten ‚auf-

8 So noch die These von H. Schelsky, Der Mensch in der wissenschaftlichen Zivilisation, Köln/Opladen 1961.

9 Dabei ist die Grenzlinie zwischen vernünftiger Vernunftkritik und Irrationalismus nicht immer leicht zu ziehen. Die keineswegs neue Kulturkritik an der technischen Rationalität, die schon in der Zwischenkriegszeit, inspiriert durch Nietzsche und Lebensphilosophie, in mindestens ebenso bunten Kleidern wie heute ihren Auftritt hatte, müsste in einen Prozess der *selbstkritischen Differenzierung der Vernunft* übergehen. Da sich innerhalb der Vernunft der *kognitive* Zwang von Lernprozessen nicht einfach abschütteln lässt, müsste sich daraus im weiteren eine Flexibilisierung der Fortschrittsziele ergeben – mithin eine komplexere Fortschrittsorientierung, die dafür Sorge trägt, dass die für das Gesellschaftssystem insgesamt gewonnene Flexibilität nicht wieder technokratisch oder korporatistisch vereinnahmt wird. Das hat natürlich Auswirkungen auf den Politikbegriff, die wir hier nicht diskutieren können.

10 Moralische Ideale – z.B. Ideale verschiedener Lebensreformbewegungen, Ideale der christlichen Ethik, anarchistische Ideale usw. – prägen das Selbstverständnis von Gruppen und Personen. Sie sind im *Vergesellschaftungsmodus des kommunitären Lebens* beheimatet und dort in Lebensentwürfe eingebettet, in denen noch nicht ipso facto ein allgemeines oder verallgemeinerbares Interesse zum Zuge kommt. Sie sind *arational* insofern, als sie in utopischen Perspektiven Werte als Folie der Kritik setzen, und gehen in die Selbstverständigung der Zeit, auf deren allgemeine Vernünftigkeit zu hoffen ist, als *Inhalte* ein; versiegt diese Quelle, kann erst die Drohung des Nihilismus entstehen. In solchen Lebensentwürfen kann ein Altruismus lebendig sein, der die Gültigkeit von moralischen Verpflichtungen in einem weiteren Sinn ‚zwanglos' (unter Wegfall des Selbstzwangs: Pflicht gegen Neigung/Sinne) begründet, ohne dass es dazu der Vrerallgemeinerung in Strukturanalogie zum Recht – dass es sich dabei auch um legitime institutionalisierbare Forderungen handelt – bedarf. Die heutigen Argumente zur Verallgemeinerung in der Ethik und der Begründung einer Vernunftmoral lehnen sich dagegen häufig an Kants Rede von der moralischen Gesetzgebung an (M. G. Singer, Verallgemeinerung in der Ethik, Frankfurt/M. 1975; R. Wimmer, Universalisierung in der Ethik, Frankfurt/M. 1980).

11 Die Anempfehlung alternativer Weltbilder, die heute publizitätsträchtig im Schwange ist, beruht häufig auf einer Herleitung bar von allen soziologischen Einsichten, die in der Folge allein dem mechanistischen Weltbild die Schuld für die gegenwärtigen Krisen anlasten kann. Diesbezüglich sprechen wir hier von ‚Idealismus'.

erlegen', und inwieweit wir solchen Rechtsansprüchen stattgeben *können, sollen* oder *müssen.*

Die Diskussion zu diesem Thema bewegt sich auf *unterschiedlichen Ebenen* und in verschiedenen inhaltlichen Problemdiskussionen:

(1) Zum einen auf der Ebene der *Begründung von Gerechtigkeitskriterien*, auf welcher Fragen nach der moralischen Rechtsbegründung und insbesondere die Frage, was *Gerechtigkeit* zwischen Generationen heissen soll, in den Vordergrund treten.
Eine ausdifferenzierte *Ebene der ethischen Rechtfertigungsproblematik* gibt es erst, seit die Übereinstimmung von Handlungen mit den faktisch geltenden Normen einer Gesellschaft nicht mehr als letzte legitime Instanz einer Rechtfertigung dieser Handlungen angesehen wird. Im Verlauf der abendländischen Geschichte ist die Rechtfertigungsproblematik nach zwei Richtungen hin radikalisiert worden: a) in die Richtung der Gerechtigkeit der Normen selbst und b) in die Richtung eines autonomen Gewissens. Die philosophische Ethik wird angesichts unseres Themas ‚Gerechtigkeit zwischen Generationen' zu einer *Theorie der gerechten Gesellschaft* und zu einem erweiterten *Verantwortungsbegriff* (sowie vielleicht zu Hinweisen auf eine *veränderte Lebensform*) herausgefordert.

(2) Zum andern auf der Ebene der *Moral:* Wenn wir Ethik als Theorie der Rechtfertigung moralischer Normen verstehen (Metaethik und normative Ethik mitumfassend), so ist davon die konventionelle Moral als Menge der eingelebten sozialen und individuellen Handlungsnormen, nach denen man sich richtet oder von denen man vorgibt, dass sie befolgt werden, zu unterscheiden. Diese konventionelle Moral ($Moral_1$) unterliegt ihrerseits den evaluativen Kriterien guten Lebens (Lebenskultur/Lebensform: $Moral_2$) sowie – unter gewissen Aspekten – den streng normativen Kriterien der Verallgemeinerbarkeit (Gerechtigkeit: $Moral_3$). Ursprünglich meint der lateinische Ausdruck für ‚Moral' ja dasselbe, was griechisch ‚Ethos' bedeutet. Das Auseinanderfallen der beiden Begriffe hingegen dokumentiert, was vorstehend als Prozess zunehmender Reflexivität der Ethik angedeutet worden ist.
Für den *traditionellen* Moralbegriff ist das, was wir künftigen Generationen zufügen, darum so schwer zu fassen, weil es aufgrund von Unterlassungen, die in einer ungerechten Gesellschaft oder Lebensform inkorporiert sind, geschieht und nicht aufgrund schlechter Absichten; zudem sind die Opfer der Unterlassung in der Optik dieses Moralbegriffs nicht unmittelbar und direkt identifizierbar.

(3) Sodann werden wir auch auf die Ebene einer Art von ‚legal philosophy', die sich mit dem positivierten Recht befasst, geführt werden. Hier geht es um die Frage, wie *Rechte* in einer *für die juristische Praxis praktikablen Art* eingeführt werden können. Dabei spielen ebenso Begründungen eine Rolle, wie sie auf Ebene (1) entwickelt werden, wie auch zusätzliche Gesichtspunkte der Konsistenz, Kohärenz und Implementation unter Anwendungsbedingungen.

(4) Ferner stellen *Ökonomen* die Frage nach *Präferenzordnungen* und ihrer Reflexion in den heutigen Präferenzordnungen.

(5) Schliesslich die nicht nur argumentativ umstrittene *gesellschafts-politische* Ebene, auf der es darauf ankommt, wie erweiterte Verantwortung *realisiert* werden kann.

(6) Nicht ganz so aufgehellt bleiben zumeist die *‚Hintergrundauffassungen über Mensch, Natur und Vernunft'*, die Urteile auf anderen Ebenen der Diskussion

präjudizieren können. Rationalitätskritische Überlegungen zum Beispiel spielen in die erste Ebene hinein, wenn es darum geht, was in der Ethik wie begründet werden kann und welcher Raum ihr überhaupt gewährt werden soll[12].

Die Diskussion über Gerechtigkeit zwischen Generationen weist im einzelnen *inhaltlich* unterschiedliche *Problembezüge* auf. Sie kann sich beziehen:

(1) auf das Problem des Umgangs mit der Atomkernveränderung als Kriegstechnologie, die der optimistischen Geschichtsbetrachtung den Boden entzieht und die die Zukunft radikal kontingent hat werden lassen,

(2) auf rsikante Grosstechnologien im allgemeinen (darunter der Streit um die friedliche Nutzung der Kernenergie als auffälligster Konflikt in den westlichen Metropolen),

12 Exemplarisch hierfür ist die Kontroverse zwischen F. Fraser-Darling, der einen nicht-anthropozentrischen Entwurf für eine neue Umweltethik nötig hält, und J. Passmore, der von einem anthropozentrischen Standpunkt aus argumentiert. Beide Aufsätze sind abgedruckt in: Ökologie und Ethik, hg. von D. Birnbacher, Stuttgart 1980, S. 9–19 und S. 207–246. Ähnlich unterschiedliche Einschätzungen werden hervorgebracht von einer ‚Ethik mit Metaphysik' und einer ‚Ethik ohne Metaphysik', wie sie in der Ökologie-Debatte im deutschsprachigen Bereich R. Spaemann und H. Jonas auf der einen Seite, G. Patzig und D. Birnbacher auf der anderen Seite verfolgen (vgl. G. Patzig, Ethik ohne Metaphysik, Göttingen 1971, sowie ders., Ökologische Ethik – innerhalb der Grenzen blosser Vernunft, Göttingen 1983, kritisch zu Spaemann, S. 18 f., 20 f.; D. Birnbacher, Sind wir für die Natur verantwortlich?, in: Ökologie und Ethik, a.a.O., S. 103–139). Spaemann teilt mit Jonas „die Einsicht, dass die Selbstbehauptung der Menschlichkeit des Menschen nicht unabhängig davon ist, wie wir die Natur und insbesondere die organische Natur denken. Dass der Mensch ein natürliches Wesen ist, dass er zum Reich der lebendigen Organismen und in die Geschichte ihrer Evolution gehört, diese Sicht bestimmt das heutige Bewusstsein. Diese Sicht bedroht gleichzeitig das menschliche Selbstverständnis auf eine fundamentale Weise, aber nur deshalb, weil sie mit einem Naturbegriff verbunden ist, welcher zuvor Natur auf Kategorien der Objektivität reduziert und aus ihr alle Züge der Menschlichkeit entfernt hat. Unter diesen Voraussetzungen heisst: den Menschen natürlich verstehen, ihn unmenschlich verstehen – beyond freedom and dignity. *Diesem mächtigen Trend unserer Zivilisation gegenüber bleibt eine ‚Ethik ohne Metaphysik' ebenso ohnmächtig wie eine konservative oder kritische Theorie der Gesellschaft* (Hervorhebung, H.K.). Hans Jonas' Entwurf einer philosophischen Biologie ist deshalb so wichtig, weil sie erstmals seit langem – Whitehead vielleicht ausgenommen – lehrt, die Welt des Lebendigen so anzusehen, dass wir selbst der mörderischen Alternative enthoben werden, uns als schlechthin ausserweltliche Wesen verstehen oder uns als Freiheitssubjekte aufgeben zu müssen" (R. Spaemann, Zum 80. Geburtstag von Hans Jonas, in: Scheidewege, 13 (1983), S. 104 f.; zur Affinität von Spaemann und Jonas vergleiche man: H. Jonas, Organismus und Freiheit, Göttingen 1973 und R. Spaemann/R. Löw, Die Frage Wozu?, München 1981). Präjudizieren derlei Hintergrundauffassungen auch auf den anderen oben beschriebenen Ebenen Urteile in der Weise, dass daran Auseinandersetzungen sich entzünden, werden sie erst auffällig und in einen Sog der Problematisierung hineingezogen, der zumeist anderen, externen Kriterien folgt. Daraus wird in der Folge, was den einen ernsthaft betriebene Metaphysik ist, den anderen zur fatalen Strategie auf den Ebenen (1), (2) und (5). Was dabei als fatal oder nicht eingeschätzt wird – das hängt freilich wiederum von der *Zivilisationstheorie* insgesamt ab, die gleichsam im Hintergrund der Hintergrundauffassungen der Ethik steht: die jeweilige *Lesart der ‚Dialektik der Aufklärung'* dürfte in der heutigen Philosophie dafür den Ausschlag geben. Hierzu sei vorläufig nur soviel angemerkt: Die nötige *Flexibilisierung* der Fortschrittsziele im Dienst einer *polymorpher* werdenden Gesellschaft – und dies darf man vielleicht als *die* chancenreiche *und* zugleich Schwierigkeiten bereitende Struktur moderner Gesellschaften bezeichnen – zieht jedenfalls insofern eine *Entzentrierung der Ethik* nach sich, als nicht von *mythomorphen Zentren* – und sei es Natur, Schöpfungsordnung, letztlich Gott – als Orientierungspunkten ausgegangen werden kann (und sollte, weil bei einem Aufblähen von Mythen nachträgliche rationale Bremsversuche immer zu spät kommen).

(3) auf „Spätzünder-Probleme", die den Vorrang der pessimistischen Prognose rechtfertigen,
(4) auf das Problem des sparsamen Umgangs mit Ressourcen,
(5) auf die strukturell (schreiend) ungerechte Verteilung von Nahrungsmitteln und Reichtum allgemein,
(6) auf das Verhalten gegenüber Umwelt und Natur (Probleme der Humanökologie und das Problem der urbanen Zivilisation im besonderen)
(7) sowie auf das Problem der Bevölkerungsexplosion u.a.m.

Das Folgende hat den *Status eines kommentierenden Berichts*; es geht dabei nicht eigentlich um die analytisch durchstrukturierte Entwicklung *einer* These, wenngleich Thesen zur Diskussion gestellt werden (so vor allem II.8 und IV). Wir hoffen, die Ebene der Diskussion und die inhaltliche Problemdimension jeweils genügend klar bezeichnet zu haben. Es versteht sich von selbst, dass längst nicht alle Problembezüge auch nur angesprochen werden können; überdies wollen wir auf die rechtliche und ökonomische Diskussion im engeren Sinne nicht mehr als Verweise geben.

II. *Inwiefern haben künftige Generationen Rechte?*

II. 1. *Nachwelt und Verfassung*

Im Artikel „Langzeitrisiko und Verfassung" untersucht Hasso Hofmann am Beispiel der Lagerung atomaren Mülls die Pflichten, die der Regierung der Bundesrepublik gegenüber der Nachwelt aus dem Grundgesetz heraus erwachsen[13]. Hofman geht dabei vom Grundrecht auf Leben und körperliche Unversehrtheit aus und hält die Bedingungen einer Verpflichtung des Staates, dieses Recht zu schützen, auch hinsichtlich der Zukunft für gegeben. Zwar – so meint er – könne der „Staat nicht über seine Zeit hinaus Träger irgendwelcher Verpflichtungen" sein[14], dies schliesse jedoch nicht aus, „dass der Staatsgewalt in ihrer Zeit, aber nicht nur für ihre Zeit, nicht nur zugunsten der gegenwärtigen Summe aller Deutschen (. . .) objektiv Schranken gezogen sind"[15]. Denn wir müssen heute von der Annahme ausgehen, „dass es auch in Zukunft Menschen geben wird und im besonderen Deutsche, deren Leben und Gesundheit folglich zu schützen ist"[16].

13 H. Hofmann, Langzeitrisiko und Verfassung. Eine Rechtsfrage der atomaren Entsorgung, in: Scheidewege, Heft 4, 10 (1980), S. 448–479. Vgl. auch: ders., Ist die Festlegung auf Kernenergie mit einer freiheitlich-demokratischen Verfassung vereinbar?, in: Atomkraft – ein Weg der Vernunft?, hg. von Ph. Kreuzer, P. Koslowski, R. Löw, München 1982, S. 327–338. Die Bedenken von W. Lieb zielen in dieselbe Richtung: Kernkraftwerke – eine Überforderung des polizeirechtlichen Gefahrenbegriffs?, in: Zeitschrift für Umweltpolitik 1, 1978.
Heftig diskutiert wird zur Zeit das materialreiche Buch des Heidelberger Verfassungsrechtlers A. Rossnagel, Bedroht die Kernenergie unsere Freiheit?, München 1983. Im Auftrag der Vereinigung Deutscher Wissenschaftler recherchierte Rossnagel im Rahmen des Forschungsprojekts ‚Sozialverträglichkeit von Energiesystemen', dem C. F. von Weizsäcker, B. Schefold und K. M. Meyer-Abich vorstehen. Lange Zeit haben die Zweifel in die Umweltverträglichkeit AKW-Gegner mehr umgetrieben als die Sorge um Sozial- und Demokratieverträglichkeit, obgleich Georg Picht und Robert Jungk schon früh auf die politischen Gefahren, die in einem ‚Plutoniumstaat' lauern, aufmerksam gemacht haben.

14 H. Hofmann, Langzeitrisiko, a.a.O., S. 450.

15 A.a.O., S. 451.

16 A.a.O., S. 452. An dieser Stelle besteht freilich die Inkonsistenz, dass ein Rechtsgut (Leben) angesprochen wird, das nicht national eingrenzbar ist.

Diese Interpretation der staatlichen Schutzpflicht erklärt Hofmann aus seinem Volksbegriff (a) und der unverjährbaren Geltungskraft der Menschenrechte (b) heraus. (a) Ein nationales Selbst-Bewusstsein basiert nicht nur auf einem kollektiven Geschichtsbewusstsein. Die nationale Identität hängt ebenso an der Dimension der Zukunft, oder konkreter: an den Zukunftsperspektiven, die ja staatliches Handeln massgeblich mitbestimmen. In diesem Sinne bekenne sich das deutsche Grundgesetz zur staatlichen Kontinuität, d.h. die künftigen Bewohner des geographisch definierten Raumes Deutschland müssten aus der heutigen Sicht auch politisch-rechtlich als Deutsche betrachtet werden. (b) Die Deputierten der französischen Nationalversammlung immunisierten 1789 die Menschenrechte durch die Prädikate „inaliénables" und „sacrés" gegen Übergriffe aus der Vergangenheit, aber auch in bewahrender Absicht gegen den Veränderungswillen der Zukunft. Dieser Gedanke lebt in unseren Institutionen weiter, ist sogar als eigentliche Ursache der Staatsgründung festgehalten (Schweizerische BV, Art. 2). Danach darf es auch in Zukunft keinem Staat erlaubt sein, ein „geschichtlich vorgegebenes Niveau der Humanität" zu unterschreiten[17], was wiederum impliziert, dass ein Staat hier und heute die menschenrechtlichen Schutzverpflichtungen sich nicht zeitlich beschränkt denken darf. Fazit: Hofmann fordert vom Staat umfassenden Nachweltschutz (und sieht im konkreten Fall die rechtliche Grundlage für die Lagerung atomaren Mülls als nicht gegeben). Eine weitere Verfassungsschranke, die uns künftigen Generationen gegenüber bindet, sieht Hofmann im Gleichheitsgrundsatz (in der Schweiz: Art. 4 BV), verstanden als Verbot willkürlicher Differenzierung. Akzeptieren wir den nationalen Fortbestand in der Zukunft, so gelte: „Was im räumlichen Nebeneinander der Menschen unter das Verbot der willkürlichen Ungleichbehandlung fällt, das ist im Zweifel, d.h. wenn ausreichende Gründe für die Rechtsänderung fehlen, auch in ihrem zeitlichen Nacheinander nicht zulässig"[18].

Schliesslich weist Hofmann darauf hin, dass über die Verfassung hinaus ein Selbstbestimmungsrecht der Völker existiert, das von allen UN-Mitgliedstaaten respektiert werden muss. Wenn es auch kein „Selbstbestimmungsrecht der Generationen" (Jefferson) beinhalte, so müsse doch berücksichtigt werden, wie stark die weitreichenden Konsequenzen des eigenen Handelns fremde Völker in der Zukunft behindere. Diese Völker hätten aber Anspruch auf eine wirtschaftliche, soziale und kulturelle Entwicklung ohne Beschneidung der Möglichkeiten von aussen[19].

Hofmann sieht die künftigen Generationen im Vollbesitz der geltenden Grundrechte und leitet daraus eine staatliche Schutzpflicht ab, die Rücksicht auf den Grundsatz der Gleichbehandlung und des Selbstbestimmungsrechts der Völker zu nehmen hat. Weil er „nur" den konkreten Fall der Lagerung atomaren Mülls untersucht, lässt er einen grossen Bereich ausser acht: Mit der gleichen Berechtigung, mit der Hofmann von der staatlichen Schutzpflicht spricht, kann man von einer Pflicht des Staates – freilich nur im Sinne eines Programmpunktes[20] – sprechen, auch

17 A.a.O., S. 459. Das wäre dann eine völkerrechtliche Verpflichtung.

18 A.a.O., S. 471. Im übrigen hält Hofmann das Recht nicht für unabänderlich, sondern durch Rechtssetzung und Gesetzesvollzug veränderten Bedingungen der Zeit anpassbar. Sein Gleichheitsprinzip gerät so nicht in Widerspruch zum Prinzip der Volkssouveränität.

19 A.a.O., S. 473.

20 Vom Artikel 2 der CH–BV lassen sich keine Rechtsansprüche ableiten; die Einführung eines entsprechenden ‚Wohlfahrts-Artikels' ist seinerzeit in einer Volksabstimmung verworfen worden. Der Artikel 2 ist demzufolge ein reiner Zweck- oder Programmparagraph geblieben, auf den in der Rechtssprechung nicht so wie auf Art. 4 (Gleichbehandlung) und andere rekurriert werden kann. Zur grundsätzlichen Diskussion über die Konzeption von Rechten in diesem Zusammennang: C. Wellman, Welfare Rights, New Jersey 1982, bes. S. 7–41.

die Wohlfahrt künftiger Generationen zu fördern (vgl. CH–BV, Art. 2). Man wäre gezwungen, auch von solchen Denkfiguren auszugehen, die sich gerade von der Förderung z.B. der atomaren Energieproduktion eine Wohlstandsvermehrung künftiger Generationen versprechen. Anders steht es mit seinem Argumentationsfundament: Der an sich schwachen Behauptung, „Volk" werde auch zukunftsgerichtet verstanden, lässt sich durch die Feststellung, man wisse nicht, was die Zukunft bringe, nicht beikommen, legen doch heute die Regierungen (zumindest der hochindustrialisierten Staaten) ein Planungsverhalten an den Tag, das auf einer Fortexistenz „ihres" Volkes während der nächsten dreissig bis fünfzig Jahre basiert.

II. 2. *Hayeks Kritik am Begriff der sozialen Gerechtigkeit*

Hofmanns Konzeption des Nachweltschutzes und der überzeitlichen Gleichheit lässt sich durchaus in die bestehenden Vorstellungen von sozialer Gerechtigkeit einreihen – gewissermassen als soziale Gerechtigkeit in der Zeit. Wir können sie als positiv formulierten Rechtsanspruch künftiger Generationen an die heutige Gesellschaft verstehen: Die heutige Gesellschaft müsste demzufolge Vorkehrungen treffen, um die Rechte der Nachwelt vor und damit zu Lasten der lebenden Generation zu schützen.

An diesem Punkt müsste die ‚neoliberale' Kritik einsetzen. Obwohl von dieser Seite zur Frage des intergenerationellen Rechts noch kaum etwas beigesteuert worden ist, reduziert sich aus dieser Sicht das Problem grundsätzlich auf die Forderung nach sozialer Gerechtigkeit an einen liberalen Staat und auf die formalrechtlichen Implikationen. F. A. von Hayek versucht im Band „Die Illusion der sozialen Gerechtigkeit"[21] die Möglichkeit einer Realisierung sozialer oder distributiver Gerechtigkeit an sich zu widerlegen: „Natürlich muss zugegeben werden, dass die Art und Weise, in der die Wohltaten und Lasten durch den Marktmechanismus verteilt werden, in vielen Fällen als sehr ungerecht angesehen werden müsste, wenn sie das Resultat einer absichtlichen Zuteilung an bestimmte Leute wäre. Aber dies ist nicht der Fall. Diese Anteile sind das Ergebnis eines Prozesses, dessen Auswirkung auf bestimmte Leute weder beabsichtigt noch von irgendjemandem vorgesehen war, als diese Institutionen entstanden – Institutionen, die man beibehielt, weil man fand, dass sie für alle oder die meisten die Aussichten auf Bedürfnisbefriedigung verbessern. Gerechtigkeit von einem derartigen Prozess zu verlangen, ist offensichtlich absurd, und in einer solchen Gesellschaft bestimmte Leute dadurch auszusondern, dass man ihnen einen Rechtsanspruch auf bestimmte Anteile zubilligt, augenscheinlich ungerecht"[22]. Gerechtigkeit könne, so Hayek, nur von in ihren Wirkungen klar

21 F. A von Hayek, Recht, Gesetzgebung und Freiheit (Bd. 2: Die Illusion der sozialen Gerechtigkeit), Landsberg am Lech 1981. Radikalkritik, wie sie Hayek durchführt, ist freilich auch innerhalb des ökonomischen und politischen Liberalismus ausgesprochen sein Spezialthema. Sie ist in dieser Schärfe weder bei W. Röpke noch etwa bei F. Böhm zu finden, obschon es verwandte Argumentationsstrukturen gibt (W. Röpke, Ausgewählte Werke, Bern 1979; F. Böhm, Freiheit und Ordnung in der Marktwirtschaft, hg. von E.-J. Mestmäcker, Baden-Baden 1980); schon gar nicht wird sie von einem Liberalismus der Lebenschancen, wie ihn etwa R. Dahrendorf vertritt, geteilt. Dahrendorf spricht vom *Ultraliberalismus* von Hayeks als einer fast zynischen Verteidigung der Bewegung um ihrer selbst willen und stellt dem als Zentralbegriff eines ethischen Liberalismus die aktive Freiheit entgegen, die sich nicht mit den Lebenschancen bescheidet, die sie strukturell vorfindet (R. Dahrendorf, Lebenschancen, Frankfurt/M. 1979, S. 41 und 133); von Hayeks Ultraliberalismus drückte sich jüngst wieder in einem Interview aus, das er „Le Monde" gegeben hat (12. März 1984, S. 15).

22 Hayek, a.a.O., S. 95.

bestimmbaren menschlichen Handlungen, die eine ebenso klar definierbare Gruppe von Individuen schädige, gefordert werden. Die Regeln des gerechten Verhaltens seien in allgemeinen Verboten ungerechten Verhaltens, also negativ formuliert. Die Forderung nach sozialer Gerechtigkeit an die Gesellschaft sei diffus, weil Urheber, Geschädigte und Lösungsrezepte nicht objektiv bestimmbar, sondern – gemäss Hayek – nur doktrinär, also interessengebunden-falsch eruierbar seien. Der Staat als Sachverwalter könne nun die soziale Gerechtigkeit willkürlich interpretieren und zum Werkzeug des Sozialismus werden, indem er immer stärker ins Spiel individueller Kräfte regulierend eingreife, bestimmte gesellschaftliche Gruppen unter Zwang stelle und via Besteuerung (!) die Umverteilung in seinem Sinne vollziehe. Welche Gerechtigkeit aber dadurch entstehe, zeige das Beispiel der Sowjetunion: nämlich keine[23].

Dass diese Radikalkritik der sozialen Gerechtigkeit auf mancherlei konzeptuellen Kontaminationen beruht, wird andernorts weiterdiskutiert werden. Die Konzeption von Recht und Gerechtigkeit, die dahinter steht, soll indes schon hier herausgestellt werden. Im Sinne Hayeks lässt sich ja verkürzt argumentieren: Ein intergenerationelles Rechtsverhältnis darf nicht eingegangen werden, weil es zwischen nicht individualisierbaren Generationen keine Gerechtigkeit geben könne und weil zusätzliche Gesetzesschranken eine Nutzenverminderung bewirken würden. Wann und wie aber kann Gerechtigkeit entstehen?

II. 3. *Humes „Circumstances of justice"*[24]

Hayeks Gerechtigkeitsbegriff geht auf Humes Ausführungen über die Bedingungen („circumstances") der Gerechtigkeit in „A Treatise of Human Nature" (1739/40) und in „An Enquiry Concerning the Principles of Moral" (1751) zurück. Rawls fasste diese Bedingungen als Anwendungsverhältnisse der Gerechtigkeit zusammen: „moderate scarcity", „moderate selfishness" und „relative equality"[25]. Nach Hume könne ein Zustand gerecht genannt werden, wenn diese drei Bedingungen gleichzeitig erfüllt seien; ansonsten seien Regeln der Gerechtigkeit „perfectly useless", weil die Menschen dann einer Gerechtigkeit „as rational co-operation" niemals zustimmen[26].

23 A.a.O., S. 97.

24 B. Barry, Circumstances of Justice and Future Generations, in: Obligations to Future Generations, hg. von R. I. Sikora und B. Barry (Philosophical Monographs), Philadelphia 1978.

25 J. Rawls, Eine Theorie der Gerechtigkeit, Frankfurt/M. 1975, S. 148 ff.

26 Hume überführt den Rationalismus der Aufklärung in eine moderat-akademische Variante des aufgeklärten Skeptizismus, der an die Grenzen menschlicher Erkenntnisfähigkeit erinnert, nicht aber übertriebene Zweifelsprinzipien proklamiert. Diese Art der Skepsis wird selbst Positionen der *Kritik* nie gänzlich unbekannt sein. Sie prädisponiert indessen auch dazu, die jeweilige gesellschaftliche Gegenwart, wiewohl mit innerer Reserve, so doch unverändert gelten zu lassen. Dem wäre entgegenzuhalten, dass sich *Skepsis als vernünftige Denkweise* nur dann bewahren kann, wenn „sie sich aufhebt und bewusst zu ihrem eigenen Anderen, zum Glauben an die konkreten Möglichkeiten des Menschen wird, . . . " (M. Horkheimer, Montaigne und die Funktion der Skepsis, in: ders., Kritische Theorie II, Frankfurt/M. 1968, S. 234). Würde sich die Skepsis hingegen mit Hayeks Kritik an der Idee sozialer Gerechtigkeit verbünden können, würde sie zur liberalen Restauration beitragen und *aufgeklärter* Skeptizismus wäre nahe daran, in *zynische* Rede umzukippen, die zwar weiss, was moralisch geboten ist, aber gleichwohl Macht wie eine Naturkategorie ins Spiel bringt und damit das Spiel belässt, wie es nun einmal gespielt wird.

1. Bedingung: Mässige Knappheit

Wären alle Güter frei verfügbar wie beispielsweise Luft, so gäbe es nach Hume keinen Neid, aber auch nicht die Tugend, nach Gerechtigkeit zu streben, denn sie wäre ‚nutzlos'. Erst die Knappheit an Gütern, d.h. ein relativ beschränktes Angebot bei partiell unbegrenzter Nachfrage könne Zwietracht zwischen den Menschen säen, weil nicht genug Güter vorhanden sind, welche die Wünsche aller zu befriedigen vermöchten: Im gesetzlosen Zustand würden die Verteilungskämpfe anarchisch ausgetragen. Die Menschen drängen aber nach Sicherheit und Stabilität. Durch Konvention akzeptieren die meisten das Eigentum als Schlüssel der Verteilung, da es ihnen am meisten Nutzen verspricht. Wer ein Gut erwirbt, ohne andere direkt oder bewusst zu schädigen, dürfe es sein eigen nennen und werde in seinen Ansprüchen auf das Eigentum durch die Regeln der Gerechtigkeit geschützt. Diese Regeln der der Gerechtigkeit, die Gesetze, basieren ebenfalls auf der Zustimmung der Gesellschaftsmitglieder.

2. Bedingung: Mässige Selbstsucht

Der zweiten Bedingung legte Hume das noch heute weithin gängige Menschenbild des „homo oeconomicus"[27] zugrunde. Der Mensch verfolge sein eigenes Interesse und nicht das Wohl der Allgemeinheit im engeren Sinne; er achte dabei aber die Vorsichtsmassregeln, um nicht in Grausamkeit und Unrecht zu verfallen, denn dies würde letztlich ihm selbst nur Schaden eintragen. Der menschlichen Natur ist universell der Charakter eigen, das rationale Streben nach materiellem Besitz auszubilden: Der Mensch verhalte sich – so Hume – als einfühlsamer Schurke („sensible knave"). Aufgrund einer solchen Veranlagung begründeten die Menschen die Gerechtigkeit auf gegenseitigem Eigeninteresse: Von den Gesetzen versprechen sie sich einen wechselseitigen Vorteil („universal benefit"). Deshalb liege es im Wesen solcher Rechtsverhältnisse, dass jeder, der in seinen Rechtsansprüchen geschützt wird, sich verpflichten muss, die gleichen Rechtsansprüche anderer zu respektieren. Rechte und Pflichten seien infolgedessen reziprok und symmetrisch.

3. Bedingung: Relative Gleichheit

Damit in einer Gesellschaft die Rechtsverhältnisse überhaupt als gerecht bezeichnet werden können, muss nach Hume ein bestimmtes Mass an Gleichheit unter den Gesellschaftsmitgliedern bestehen – verstanden als Gleichheit in den Möglichkeiten, andere zu beherrschen, nicht aber als generelle Gleichheit ihrer persönlichen Fähigkeiten oder ihrer sozio-politischen Stellung. Erst eine Gleichheit, wie sie Hume for-

27 Die Diskussionslage um den „homo oeconomicus" erscheint heute jedoch als äusserst differenziert und als nicht leicht einzuschätzen: D. Aldrup, Das Rationalitätsproblem in der politischen Ökonomie, Tübingen 1971. M. Hollis/E. J. Nell, Rational Economic Man, London 1975. M. Godelier, Rationalité et Irrationalité en Économie, Paris 1966. J. G. Mercier, Mort à l'homo oeconomicus?, in: Archives européennes de sociologie, XXI (1980), S. 372–394. Zwar fand der Nutzen maximierende und Kosten minimierende „homo oeconomicus" in der Philosophie des Utilitarismus (in einem weiten und doch groben Sinn dieses Begriffs) zweifellos seine theoretische Einbettung und Begründung, doch bedeuten z.B. Argumente gegen Marktlösungen noch nicht per se Argumente gegen utilitaristische Positionen.

dert, garantiert, dass alle Gesellschaftsmitglieder ein Rechtsverhältnis bejahen, weil sie ja alle verletzbar sind und deshalb des Schutzes durch das Gesetz bedürfen. Die zweite Konsequenz, die sich aus dem Gleichheitspostulat ergibt, ist für den gesellschaftlichen Alltag relevant: Nur wer in der Lage ist, Rechtsverletzungen an der eigenen Person wahrzunehmen, einzuklagen und vor Gericht zu vertreten, kann Gerechtigkeit, d.h. Anwendung der Gesetze innerhalb der Bedingungen der Gerechtigkeit erwarten[28].

II. 4. *„Circumstances of justice" und intergenerationelle Gerechtigkeit*

Es bedarf nun keiner besonderen interpretatorischen Fähigkeit, um klarzustellen, dass wenigstens die beiden letzten Bedingungen im intergenerationellen Verhältnis nicht bestehen, folglich Gerechtigkeit nach Humes Konzeption zwischen Generationen unmöglich ist.

Rechtsansprüche künftiger Generationen könnten in der Praxis niemals aufrechterhalten werden, und, würde ihnen auch nur partiell stattgegeben, so hätte dies eine Nutzenverminderung für alle zur Folge, die innerhalb des Rechtssystems stehen.

Hubin wies u.E. überzeugend die Anwendungsmöglichkeit der Humeschen „circumstances" auf die Beziehung lebender Generationen zur Nachwelt zurück[29]:

- Ob Knappheit an Gütern im intergenerationellen Verhältnis bestehe, sei nicht abzuschätzen. Neue Entdeckungen an grossen Ressourcen-Lagern oder technische Neuentwicklungen im Bereich der Energiegewinnung, Nahrungsmittelproduktion und Umwelttechnologie lägen im Bereich des Wahrscheinlichen.
- Künftige Generationen seien nicht in der Lage, einem gegenwärtigen Rechtsverhältnis ihre eigenen Interessen zugrunde zu legen. Es fehlt also die notwendige Bedingung des „„mutual benefit", da die heutigen Generationen von einem intergenerationellen Rechtsverhältnis nicht profitieren können.

28 Hume argumentiert hier im ausserpositiven Bereich. Er spricht nicht vom positiven Recht, so dass es scheint, er vermenge Gerechtigkeits- und Rechtsbegriff. *Positives Recht* kann definiert werden als die von einer sozialen Autorität gesetzte Zwangsordnung oder im Gefolge von Max Weber und Theodor Geiger mehr soziologisch: als durch einen spezialisierten Rechtsstab (Gerichte, Beamte) durchgesetzt; der Gesetzespositivismus lässt sich an verschiedenen Instanzen aufzäunen: H. L. A. Hart z.B. schränkt die Anerkennung auf Amtspersonen ein (The Concept of Law, Oxford 1961). Neben dem positiven Recht gibt es *Kriterien der Gerechtigkeit*, die man wiederum auf verschiedene Weise begründen kann. Während die Positivisten zwischen beiden Sphären scharf trennen, lässt man in der Nachfolge Gustav Radbruchs minimale Gerechtigkeitsanforderungen als Massstab für positives Recht gelten (G. Radbruch, Rechtsphilosophie, Hg. E. Wolf, Stuttgart 1970, im Aufsatz „Gesetzliches Unrecht und übergesetzliches Recht" (1946), S. 347 ff., a.a.O.). Die Trennung von Recht und Moral anerkennt auch H. L. A. Hart (Recht und Moral, Göttingen 1971), der im übrigen als ‚Rechtspositivist' angesehen werden muss.
Humes Annahme hier ist aber gleichwohl problematisch – ähnlich wie bei Hans Kelsen. Auch ein Säugling kann subjektive Rechte haben, die durch den gesetzlichen Vertreter vor Gericht geltend gemacht werden (Schweizerisches Zivilgesetzbuch, fortan abgekürzt: Sch ZGB Art. 296 ff., 368 ff., 392 ff.; für die Hinweise auf das Schweizerische Recht sowie die Diskussion dieser und ähnlicher Probleme danke ich Prof. W. Ott.). Bereits an dieser Stelle möchte ich auf Joel Feinberg hinweisen, welcher die erweiterte Rechtsträgerschaft im Recht als *Paradigma* für die Möglichkeit der Zuschreibung *moralischer* Rechte zu betrachten scheint. Ausführlicher dazu: Kap. II.8 sowie die Anmerkungen 48 und 49.

29 Clayton D./Hubin, Justice and Future Generations, in: Philosophy & Public Affairs, Nr. 1, 6 (1976), S. 70–84, hier S. 71, 73 und 79–80.

– „Even the strongest must be vulnerable of the weakest“: Künftige Generationen hätten keine Möglichkeiten, selbst die Schwächsten der heute Lebenden zu treffen.

II. 5. *Argumente einer formalen Gerechtigkeitskonzeption*

Die Diskussion um die Rechte künftiger Generationen wird in den USA – das einzige Land, wo dieses Problem akribisch abgehandelt wird – in quantitativer Hinsicht dominiert von Autoren, die explizit oder implizit von Humes „circumstances of justice“ ausgehen. Die zentrale Frage für sie ist, ob wir künftigen Generationen Rechte zugestehen können, ohne den für sie heute gültigen, auf Hume zurückgehenden Gerechtigkeitsbegriff (justice) umzustossen. Die Frage nach einer intergenerationellen Gerechtigkeit tritt zugunsten einer Überprüfung anhand formaler Gerechtigkeitskriterien in den Hintergrund. Eigentlich alle Argumente, die von dieser Seite ins Feld geführt werden, sprechen künftigen Generationen Schutzrechte ab. Sammeln wir sie:

1. Künftige Generationen sind nicht als Individuen identifizierbar; Rechtsträger können aber nur eindeutig bestimmbare Personen oder Personengruppen sein – dies analog zur Berechtigung aus dem Eigentum[30].
2. Künftige Generationen sind „possible persons“; weil es kein Recht gibt, geboren zu werden, besteht durchaus die Möglichkeit, dass die Menschheit ihre Art durch freiwilligen Fortpflanzungsverzicht oder Atomkrieg auslöscht. Wenn also die nachmalige Existenz künftiger Generationen nicht feststeht, kann ihnen kein Recht zugesprochen werden[31].
3. Künftige Generationen sind nicht in der Lage, Pflichten zu übernehmen; wer aber keine Pflichten übernimmt, kann keine Rechte beanspruchen[32].
4. Sie können einem Rechtsverhältnis nicht zustimmen, also kann auch keines entstehen; weil wir ihre Bedürfnisse nicht kennen, können wir ihnen stellvertretend keine Rechte ausgrenzen[33].

Konfrontieren wir diese Argumente mit der impliziten Philosophie der Gesetzgebung, so ergibt sich vorerst folgendes Bild:

ad 1. Dieses Argument ist *akzeptierbar*.

ad 2. Dieses Argument erscheint zumindest *problematisch*, lässt sich aber auch widerlegen. Grundsätzlich hindert uns gedanklich nichts daran, Rechte – wo und wem auch immer – zuzusprechen. Wir müssen das freilich in einer praktikablen Art tun. Das Argument wird durch die juristische Praxis widerlegt, da z.B. der nasciturus schon nach heutigem schweizerischem Recht unter der Voraussetzung rechtsfähig ist, dass er lebend geboren wird (Sch ZGB Art. 31 Abs. 2).

ad 3. Dieses Argument *gilt nicht generell*: Ein Säugling z.B. bekommt allein von Gesetzes wegen die Erbschaft, es braucht dazu keinen Vertrag (Sch ZGB Art. 560 Abs. 1).

30 Richard T. De George, The Environment, Rights, and Future Generations, in: Responsibilities to Future Generations, hg. von E. Partridge, Buffalo, N.Y. 1981, S. 159.

31 Ruth Macklin, Can Future Generations Correctly Be Said to Have Rights?, in: Responsibilities to Future Generations, a.aO., S. 151.

32 A.a.O., S. 152.

33 Martin Golding, Obligations to Future Generations, in: Responsibilities to Future Generations, a.a.O., S. 64.

a) Der Säugling, der Erbe wird, übernimmt die Schulden des Erblassers und damit Pflichten. Er haftet mit seinem Vermögen für Schulden, die er geerbt hat (Sch ZGB Art. 603).

b) Und umgekehrt gilt auch: Wenn jemand keine Pflichten hat, kann er dennoch Rechte haben, z.B. ‚Geisteskranke' in Anstalten.

ad 4. Dieses Argument ist vor dem Hintergrund der Gesetzgebungspraxis eindeutig *falsch*: So entsteht z.B. das Kindesverhältnis zur Mutter durch blosse Geburt von Gesetzes wegen (Sch ZGB Art. 252 Abs. 1).

Wir werden auf die Gegenargumente (ad 2–4) in den systematischeren Zusammenhängen von *‚Zustimmung'* und *‚Stellvertretung'* zurückkommen. In den Diskussionen und Verschiebungen der Grundrechtstheorie wird die implizite Philosophie der Gesetzgebung wieder akut[34].

II. 6. *Lässt sich Humes Gerechtigkeitsbegriff aufrechterhalten?*

Es lohnt sich u.E. nicht, direkt auf die Argumentation einzusteigen, die auf Hume aufbaut. Vielmehr soll zuerst Humes Gerechtigkeitsbegriff hinterfragt werden, bevor wir den eher auf die politisch-praktische Ebene abzielenden formalistischen Argumenten antworten. Gelingt es nämlich, Humes Konzeption der „circumstances of justice" als unvollständig einzuordnen, so dürfen wir Humes ausschliessliche Gerechtigkeitskonzeption zurückweisen und können diese formalistische Argumentation diskutieren, ohne uns dem Vorwurf auszusetzen, geltende Rechtsauffassung anzutasten.

Im Falle äussersten materiellen Notstands – wenn also die Bedingung der „moderate scarcity" nicht gegeben ist – hält Hume Gerechtigkeit für unmöglich. Interessant ist seine Begründung: Dann nämlich würden die hungernden Massen den Besitzenden Nahrungsmittel ohne deren Einwilligung nehmen, um ihr Leben zu sichern. „The strict laws of justice are suspended in such a pressing emergency, . . ."[35]. Hume hält also, wenn Gerechtigkeit und ein partielles öffentliches Interesse (der Hungernden) divergieren, die Berechtigung für gegeben, die institutionalisierte Gerechtigkeit umzustossen. Aber aufgrund welcher Prämissen? Hier schweigt sich Hume aus. Implizit lässt sich indessen darauf schliessen, dass er in der genannten Notsituation das Leben höher einschätzt als das Eigentum. Er zieht jenseits seiner „circumstances of justice" externe Kriterien zur Beurteilung der Gerechtigkeit heran. Um sich jedoch diesem Vorwurf nicht auszusetzen, nannte er denn auch den Mundraub der Hungernden nicht gerecht, was seinen Gerechtigkeitsbegriff aufgelöst hätte, sondern versteckte sich hinter einem empiristischen Naturgesetz: „it will . . . be admitted that the strict laws . . . give place to the stronger motives of necessity and self-preservation"[36]. Der menschliche Selbsterhaltungstrieb sei eben stärker als die Gerechtigkeit, was nicht bedeutet, dass etwa die Kriterien ausser Kraft gesetzt wären: Man hält sich nur nicht daran[37].

34 E.-W. Böckenförde, Grundrechtstheorie und Grundrechtsinterpretation, in: ders., Staat, Gesellschaft, Freiheit, Frankfurt/M. 1976, S. 221–252; P. Saladin, Grundrechte im Wandel, Bern ^{3}1982; J. P. Müller, Elemente einer schweizerischen Grundrechtstheorie, Bern 1982.

35 B. Barry, a.a.O., zitiert Hume „Enquiry" S. 210, nach der Ausgabe von H. D. Aiken (Hg.), Hume's Moral and Political Philosophy, New York 1949, S. 187 f.

36 B. Barry, a.a.O., zitiert Hume „Enquiry" S. 210, nach a.a.O.

37 Bekannt ist Humes These, dass sich ethische Prinzipien nicht aus Prinzipien der Tatsachenerkenntnis ableiten lassen (die Sein-Sollen-Metabasis). Als Grund unserer Unterscheidungen

Eine solche Beurteilung wird dann möglich, wenn der Gerechtigkeitsbegriff von vornherein mit dem Eigentumsrecht besetzt wird. Die Konsequenzen eines solchen auf der Eigentumsverfassung basierenden Gerechtigkeitsverständnisses sind heute folgenschwer: Sie ermöglichen es den Entscheidungsträgern multinationaler Firmen und westlicher Regierungen, ihr Vorgehen gegenüber Staaten der Dritten Welt und letztlich künftigen Generationen gegenüber ‚zynisch' – nach dem Argumentationsmuster des Kallikles – damit zu rechtfertigen, dass in solchen Sonderfällen Gerechtigkeit ohnehin nie realisierbar sei, die unter diesem Vorwand aber alles tun, um ihre handfesten Eigentumsinteressen zu schützen.

Mit den Bedingungen „moderate selfishness" und „relative equality" verhält es sich ähnlich[38] : Man kann sie höchstens als notwendige Kriterien für Gerechtigkeit betrachten, nicht aber als ausschliessliche. So lassen sich in einer Gesellschaft, in der die Diskussion um Lebensqualität ebenso verankert ist wie Diskussionen um Lebensstandard, die Interessen der Menschen nicht mehr nur auf ein rein privates Streben nach materiellen Gütern reduzieren. Auch hat sich gezeigt, dass heute, wo Kinder, körperlich Invalide, geistig Behinderte und Alte – also alles Gruppen, die sich kaum wehren können – Schutzrechte besitzen[39], Humes Gerechtigkeitsbegriff auch in der impliziten Philosophie der Gesetzgebung selbst überholt ist. Eine Gerechtigkeitskonzeption lässt sich heute nicht dadurch legitimieren, dass man sie als wohlstandsmaximierend und hundertprozentig einlösbar vorgibt.

II. 7. *Geltende Rechtspraxis und Rechte der Nachwelt*

Zutreffender umschreibt wohl Joel Feinberg einen praxisrelevanten Gerechtigkeitsbegriff: Er geht davon aus, dass wir heute prinzipiell all diejenigen Interessen für gerecht, d.h. rechtsfähig halten, deren Berücksichtigung für die physische Existenz und für ein Minimum an sozialer Selbstverwirklichung grundlegend sind. Er gesteht allen Wesen Rechtsansprüche zu, die Triebe und Strebungen oder ansatzweise Wünsche haben, deren umfassende Befriedigung ihr Wohlergehen ausmacht[40]. Hinreichende Bedingung für die Rechtsfähigkeit ist somit das Empfinden von Wünschen und deren Bewusstwerden, so dass man von Interessen des Wesens sprechen

in Gut und Böse können lediglich Lust- oder Unlustgefühle angeführt werden – ein Absatz, den Ch. L. Stevenson zu einer ‚emotivistischen' Ethik fortgebildet hat (ders., Ethics and Language, New Haven 1941). Die Interpretation von Humes eher beiläufiger Notiz zum bisher unbeachteten Problem des Übergangs von Ist-Sätzen zu Sollens-Sätzen ist allerdings heftig umstritten. – vgl. W. D. Hudson (Hg.), The Is/Ought-Question, London/Basingstoke 1969, S. 35–80 sowie W. D. Hudson, Modern Moral Philosophy, 2nd Edition, New York 1983, S. 249–265. Hume wendet sich nicht nur dagegen, Normen als geschichtsenthobenewig auszugeben, sondern ebensosehr dagegen, dass die Motive moralischen Handelns natürliche Gegebenheiten seien. Neben die natürlichen Tugenden treten die *künstlichen* Tugenden, deren Prototyp die Gerechtigkeit ist (A Treatise of Human Nature, Bd. II, S. 219, deutsch von Th. Lipps). Indem Hume solche *Kunstgriffe* in die Gesellschaftstheorie einführt, fügt er dem kontraktualistischen Denken der Aufklärung zusätzlich etwas Neues hinzu.

38 Vgl. B. Barry, a.a.O., S. 215–223 (eine detaillierte Darstellung würde hier zu weit führen).

39 Dagegen haben wir Tieren gegenüber noch immer nur Schutzpflichten. Vgl. dazu aber die subtile Diskussion über „animal rights": Ch. R. Magel, A Bibliography of Animal Rights and Related Matters, Canham, Md. 1981. Zum Recht des hilflosen Lebens vgl. den Beitrag in diesem Band; eine Fülle von Argumentationen von schweizerischer Seite finden sich ausserdem in der Botschaft des Bundesrates zur Volksinitiative „Recht auf Leben" vom 28. Febr. 1983, die die Handschrift von J. P. Müller trägt (vgl. Anmerkung 34).

40 J. Feinberg, Die Rechte der Tiere und zukünftiger Generationen, in: Ökologie und Ethik, a.a.O., S. 140–179.

kann. Pflanzen, so Feinberg, sind nicht fähig, Interessen zu entwickeln; sie verfügen bloss über dumpfe, biologische Strebungen. Künftige Generationen aber erwerben die Fähigkeit, Interessen zu haben und wahrzunehmen. Obwohl eine sehr grosse Zeitspanne zwischen ihren Interessen und der Gegenwart liegt, folgt aus der Gewissheit, dass sie existieren werden – wenn wir nicht so interferieren, dass sie nicht mehr existieren können –, die Gewissheit, dass sie Interessen haben werden[41]. Diese Moralauffassung muss den Widerspruch der heute zu einem gewissen Teil gängigen Argumentationen aus formalen Gerechtigkeitskriterien im Sinne Humes geradezu provozieren. Die Einwände sind im folgenden einzeln zu prüfen.

Ein Rechtsverhältnis mit künftigen Generationen ist asymmetrisch, d.h. den Rechten entsprechen keine Pflichten künftiger Generationen uns gegenüber. Dies tut indes der geltenden Rechtsvorstellung durchaus keinen Abbruch, besitzen doch heute lebende Bevölkerungsgruppen allgemein anerkannte Schutzrechte, ohne andern die reziproken Pflichten zu schulden.

Problematischer werden die Rechte künftiger Generationen, wenn wir davon ausgehen, dass Zustimmung für ein Rechtsverhältnis notwendig ist. Zwar können wir darauf hinweisen, dass die Institutionalisierung der Volksrepräsentation die Identität von Volkswille und Gesetz beseitigt; denn der Parlamentarier ist erfahrungsgemäss erst in zweiter Linie Mandatsträger, in erster Linie aber Träger einer ihm oder seiner Partei eigenen Vorstellung von Staatsräson, deren praktische Wirksamkeit für seine Interessen der Wähler nur schwer abschätzen kann. Ebenso beanspruchen Gesetze auch von allen Gehorsam, die an ihrem Zustandekommen in keiner Weise teilhatten: Sie gelten ebenso für die später Hinzugeborenen, politisch mündig Gewordenen, Eingebürgerten und Entmündigten. Das *Postulat der Zustimmung* an sich ist insofern kaum erfüllbar, woran auch die sogenannten „Anerkennungstheorien" scheitern[42], und trotzdem besteht die Gefahr, dass soziale Mächte, wenn wir das Postulat der Zustimmung ausklammern, die Bürger hinter dem Schleier empirisch nicht verifizierbarer Zukunftsinteressen entmündigen.

Eine Interessenabwägung zwischen den Ansprüchen der gegenwärtigen und der zukünftigen Generation bleibt grundsätzlich immer *problematisch*, was jedoch *nicht undurchführbar* heisst.

Das Problem der Einforderung von Rechtsansprüchen künftiger Generationen kann *durch Stellvertretung* gelöst werden. Zwar sind es z.Z. meistens vertraglich bestimmte Fürsprecher oder Angehörige des Rechtsträgers, die die Interessen des Rechtsträgers vor Gericht vertreten; es kann aber auch ein von der Vormundschaftsbehörde ernannter Beistand sein. Im Falle künftiger Generationen könnte durchaus der Staat im Rahmen klar definierter Ausführungsbestimmungen dieselbe Aufgabe erfüllen. Neue Wege in der Frage der Stellvertretung hat die gegenwärtige Diskussion um den Umweltschutz und seine politische Durchsetzung in der Schweiz eröffnet: Mit der vom Parlament akzeptierten „Verbandsbeschwerde" wurden transparent strukturierte Interessenverbände legitimiert, die Umweltschutzanliegen der Öffentlichkeit zu vertreten; ein Verfahren, das auch im Fall künftiger Generationen gangbar wäre.

Niemand behauptet, dass künftige Generationen als Individuen identifizierbar seien; wir können sogar die an sich fragwürdige Bezeichnung „possible persons"

41 A.a.O., S. 171.
42 Z.B. Georg Jellinek und bedingt auch H. L. A. Hart. Dazu W. Ott, Der Rechtspositivismus, Berlin 1976: Darstellung der „Anerkennungstheorien", S. 57 ff. und kritische Würdigung, S. 207 ff.

gelten lassen[43]. Nun sind aber keineswegs alle gültigen Pflichten an eindeutig identifizierbare Personen oder Personengruppen gebunden. Feinberg schreibt in seiner „Social Philosophy“ im Abschnitt „Legal Rights“, dass sich die gesetzlich verankerten Rechtsansprüche in zwei Gruppen teilen: in die „in personam rights“ und in die „in rem rights“[44]. „In personam rights“ definieren das Rechtsverhältnis von genau identifizierbaren Personen (ein einfaches Beispiel: A schuldet B Geld, B hat das Recht, bei A die Schulden einzufordern). Der Entstehungsgrund für das Rechtsverhältnis liegt im einmaligen Verhältnis der involvierten Personen (Vertrag, Gesetz). Bei den „in rem rights“ liegt der Entstehungsgrund dagegen in der Sache an sich, ungeachtet der Individualität der Betroffenen (z.B. kann ein Hausbesitzer allen anderen Menschen den Aufenthalt in seinem Haus untersagen), besser: „in rem rights“ richten sich gegen jedermann, gegen eine unbestimmte Anzahl von Personen. Ein „in rem right“ ist meistens „a negative right“ im Gegensatz zu den meist, aber durchaus nicht immer positiven „in personam rights“. Das heisst: Während „in personam rights“ positive Handlungen identifizierbarer Personen nach sich ziehen, verlangen „in rem rights“ Pflichten der Unterlassung aller („the world at large“). Aus dieser Typologie lässt sich der Schluss ziehen, dass künftige Generationen „in rem rights“ beanspruchen können, was zur Folge hat, dass die heute Lebenden den künftigen Generationen nur Pflichten negativer Art schulden. Wobei wir jetzt mit dem Ausdruck ‚künftige Generationen‘ deutlich eine Kluft unterstellen („distant“): entfernte Generationen, nicht Zeitgenossen.

II. 8. *Einige Bemerkungen zum Diskurs über moralische Rechte*

Ist die Frage nach *Rechten* zukünftiger Generationen überhaupt relevant, wenn wir bestimmen wollen, welche Pflichten wir in bezug auf die Gestaltung der Zukunft haben? Lassen wir uns trotz diesem skeptischen Vorbehalt auf die Frage nach den Rechten ein, so müssen wir auf folgende Fragen eine Antwort zu geben versuchen:

1. Für welche *Moraltheorie* entscheiden wir uns?
2. Welches *Kriterium* für die Zuschreibung moralischer Rechte wählen wir?
3. Welche *Intuitionen* möchten wir nicht aufgeben? (dass es z.B. keine moralische Pflicht gibt, Kinder zu zeugen, dass bestimmte Formen von Verhütung und Abtreibung moralisch erlaubt sind, dass der Unterschied zwischen Handlungen und Unterlassungen als solcher nicht moralisch relevant ist, dass es schuldbare Formen von Fahrlässigkeit gibt, die keine Absicht zu schaden und keine Identität der Opfer voraussetzt, dass es moralische Pflichten gibt, die keine Reziprozität zwischen Pflichtigem und Adressaten voraussetzen. . .).

43 Fragwürdig deshalb, weil zwar niemand Recht hat, geboren zu werden, eine Vernichtung der Menschheit mittels atomarer Waffen aber ‚Mord‘ wäre.
Für eine weitergehende Analyse des Potentialitätsbegriffs: M. Tooley, Abortion and Infanticide, Oxford 1983, S. 165–169. Tooley unterscheidet 3 Typen von Potentialität: aktive, latente und passive, die er auf Entwicklungsgrade von Personen appliziert.

44 J. Feinberg, Social Philosophy, Englewood Cliffs, N.J. 1972, S. 59 f. Diese Unterscheidung entspricht in etwa der in ‚relative Rechte‘ und ‚absolute oder dingliche Rechte‘ wie Eigentum und Patente. Vgl. ferner J. Feinberg, Rights, Justice, and the Bounds of Liberty. Essays in Social Philosophy, Princeton, N.J. 1980, speziell S. 130 ff. Im Aufsatz „Duties, rights and claims“ treibt Feinberg die obigen Unterscheidungen noch ins feine, indem er z.B. positive „in rem rights“ (Eigentumsrechten nachgebildet, dann ausgedehnt auf die Listen von Naturrecht) unterscheidet (a.a.O., S. 134–135).

ad 1.:

Hieran schliessen sich Fragen, die auf ein weites theoretisches Feld von Antwortmöglichkeiten verweisen: Welche *Spielarten des Utilitarismus* wollen wir in Betracht ziehen?[45] Und: Welche *Alternativen zum Utilitarismus* ziehen wir in Betracht?

– exklusive Positionen (die reine „deontological theory"[46]).
– Mischformen bzw. ergänzte oder erweiterte Positionen (wobei sich die Anschlussfrage stellt, inwiefern eine utilitaristische Theorie, die mit moralischen Rechten operiert, bereits eine Mischform oder lediglich eine elaborierte, rein utilitaristische Theorie ist; zur Diversifikation des Utilitarismus bis zum „cooperative utilitarianism" eines Donald H. Regan vgl. Anmerkung 45).

45 Für Utilitaristen selber ist es wichtig, *welche Art Utilitarismus* sie vertreten. Kritiker indes greifen meist *nur* eine Form an, die mutatis mutandis für die anderen Formen auch gelten soll. Vor allem die Diskussionen im Anschluss an *John Stuart Mills' Essay „Utilitarianism"* (London 1863) haben aber zu einer Weiterentwicklung und internen Differenzierung des Utilitarismus geführt, die diesen als ein erheblich komplexeres Gebilde erscheinen lassen. Sechs Spielarten des Utilitarismus, die untereinander wieder verknüpft werden können, einander jedenfalls nicht ausschliessen müssen, wollen wir unterscheiden:
– *Summennutzen-Utilitarismus.*
– *Durchschnittsnutzen-Utilitarismus.*
– *Handlungs-Utilitarismus* (G. E. Moore, Principia Ethica 1903 und Ethics 1912; H. Sidgwick, The Methods of Ethics 1874).
– *Regel-Utilitarismus* (zur Einführung dieses Terminus in Absetzung zum Handlungsutilitarismus: R. B. Brandt, Ethical Theory, Englewood Cliffs 1959, S. 380; zur neuesten Entwicklung und Definition dieser Position: R. B. Brandt, Problems of Contemporary Utilitarianism: Real and Alleged, in: Ethical Theory, ed. N. E. Bowle, Indianapolis/ Cambridge 1983, S. 81–105.
– *Interessen-Utilitarismus* (P. Singer, Practical Ethics, Cambridge University Press 1979).
– *Präferenzen-Utilitarismus* (J. C. Harsanyi, Essays on Ethics, Social Behavior, and Scientific Explanation, Dordrecht 1976).

Ferner ist die utilitarismusinterne Differenzierung der Aspekte *„Totalansicht"* oder *„vorausgesetzte Existenz-Sicht"* von Bedeutung (P. Singer, a.a.O., S. 86 ff.). Während es der vorausgesetzten Existenz-Sicht um eine Situationsverbesserung bereits existierender Wesen geht, ist die Totalansicht prokreativ, was für die in unserem Zusammenhang spezielle Diskussion des Bevölkerungsproblems natürlich nicht folgenlos bleibt. Drei Werke seien wegen ihrer besonderen, Diskussionen inaugurierenden Rolle zusätzlich noch erwähnt: D. Lyons, Forms and Limits of Utilitarianism, Oxford 1965; J. J. C. Smart und B. Williams, Utilitarianism. For and against, Cambridge University Press 1973; R. B. Brandt, A Theory of the Good and the Right, Oxford 1979. Schliesslich zu den neuesten Debatten: Utilitarianism and beyond, eds. A. Sen and B. Williams, Cambridge University Press 1982. Die Entwicklung findet gewissermassen ihren vorläufigen Abschluss bei Donald H. Regan, wo die klaren Grenzziehungen in der Moraltheorie zu verschwimmen scheinen: Utilitarianism and Cooperation, Oxford 1980.

46 Eine rein deontologische Theorie würde besagen, dass sich *alle* moralischen Normen in letzter Instanz *nicht* durch Bezugnahme auf Handlungsfolgen begründen lassen. Eine solche Position ist vermutlich de facto gar nie vertreten worden. Zur Einführung und Diskussion der Unterscheidung deontologisch–teleologisch siehe: C. D. Broad, Broad's Critical Essays in Moral Philosophy, ed. by D. R. Cheney, London/New York 1971, darin bes. „The Doctrine of Consequences in Ethics" (1914), S. 17–42. Ferner: C. D. Broad, Five Types of Ethical Theory, London 1930 (in der Ausgabe von Routledge & Kegan Paul, London and Henley [11] 1979 werden auf S. 206 f. deontologische und teleologische Theorien unterschieden); sowie W. D. Ross, The Right and the Good, Oxford 1930 und ders., Foundations of Ethics, Oxford 1939. Systematisch, wenn auch nicht ausdrücklich, findet sich die Scheidung in Konsequentialismus und normativ-deontologische Ethik bereits bei Friedrich Paulsen, System der Ethik mit einem Grundriss der Staats- und Gesellschaftslehre, Berlin 1889 (2 Bde).

Schliesslich stossen wir auch auf Grenzen der Anwendbarkeit des *Fairness-Prinzips* – oder aller Ethikkonzeptionen, für die Vorstellungen von ‚Gegenseitigkeit' oder ‚Ebenbürtigkeit' massgebend sind nicht nur für die Bestimmung von möglichen Trägern von Pflichten, sondern auch für die Bestimmung der Klasse möglicher direkter Adressaten einer moralischen Beachtung bzw. Behandlung: bei Wesen nämlich, die keine Interessen haben, oder bei Wesen, die zwar von unseren Leistungen profitieren, aber keine Gegenleistungen erbringen können.

ad 2./3.:

Die Frage nach den *Rechten* zukünftiger Generationen kanalisiert die moralische Problemstellung: Sie richtet unsere Aufmerksamkeit auf mögliche *Pflichten gegenüber* zukünftigen Menschen; vielleicht würde es aber genügen, *Pflichten in bezug auf* zukünftige Menschen zu begründen. A kann z.B. Pflichten in bezug auf das Haus von B haben, weil er B versprochen hat, sein Haus zu verwalten. Seine Pflichten in bezug auf das Haus von B sind abgeleitete Pflichten; sie sind für A moralisch verbindlich, weil er B versprochen hat, das Haus zu verwalten. Diese Pflichten zu erfüllen, schuldet er B, denn er hat B gegenüber die Pflicht, sein Versprechen zu halten. Ähnlich könnten wir die Pflichten in bezug auf künftige Generationen konstruieren. Wir gehen davon aus, dass die meisten Menschen den vernünftig vielleicht nicht begründbaren, aber auch nicht offensichtlich unvernünftigen Wunsch haben, die Menschheit möge ad infinitum weiterbestehen und dabei möglichst glücklich sein. Sie glauben, dass sie moralische Pflichten in bezug auf künftige Zustände der Natur, der Gesellschaft und der in ihr lebenden Menschen haben. Sie übertragen z.B. Politikern oder einer Umweltbehörde Aufgaben, um diese Ziele zu sichern. Indem sie diese Politiker oder Behörden wählen, haben diese Behörden Pflichten gegenüber ihren gegenwärtigen Wählern, und die Wähler haben vice versa Pflichten gegenüber den Politikern und Beamten. Inhaltlich betrachtet sind diese Pflichten, die sich lebende und gegenwärtige Menschen gegenseitig schulden, Pflichten in bezug auf künftige Generationen, aber es sind keine Pflichten gegenüber nicht-existierenden, bloss möglichen Menschen. Falls sich diese Konzeption als tragfähig erweisen sollte, eine akzeptable Bevölkerungs- und Umweltschutzpolitik zu begründen, liessen sich im Ansatz alle Probleme vermeiden, die sich aus der Zuschreibung von moralischen Rechten im Blick auf nicht-existierende oder potentielle Personen ergeben. Eine solche Argumentationsstrategie würde einzig und allein die Rechte *gegenwärtig lebender* Menschen voraussetzen, und nicht die Rechte nicht existierender und vielleicht nie existierender Wesen. Gegen diese Überlegung kann man einwenden, dass der Wunsch nach dem Überleben der Menschheit im Vergleich mit anderen Wünschen, welche heutige Menschen haben, sehr schwach ist und vielleicht eines Tages völlig verschwinden könnte. Der Wunsch, am eigenen Lebensstandard festzuhalten und ihn für sich und seine Angehörigen zu verbessern, ist zweifellos ungleich intensiver als der Wunsch, eine weit entfernte Zukunft mitzugestalten. Dieser Einwand scheint aber vorauszusetzen, dass die *Intensität* von faktischen Wünschen moralisches Gewicht hat. Moral kann jedoch nicht verstanden werden als ein Plädoyer für die unterschiedslose Erfüllung und Durchsetzung der intensivsten Wünsche der Menschen. Der genannte Einwand erweist sich somit als hinfällig.

Weit ernster ist jedoch die prinzipielle Frage, nach welchen Kriterien die verschiedenen Interessen der Menschen moralisch gewichtet werden sollen. Selbst wenn wir davon ausgehen, dass die meisten Menschen eine künftige Eliminierung der Menschheit nicht möchten und dass sie auch künftigen Generationen ein glückliches Leben gönnen, so wissen wir nur, dass dies *ein* Interesse gegenwärtiger Menschen unter anderen ist. Ist es ein Interesse, das besonderes moralisches Gewicht hat? Kann man das begründen, ohne wiederum auf angeblich moralische Rechte künftiger Generationen zu rekurrieren? Oder ist es z.B. lediglich ein Wohlgefallen an der Vorstellung einer Zukunft, die schöner und interessanter ist, weil die Erde von frohen Menschen erfüllt sein wird? Diese und ähnliche Fragen sind das Resultat einer gewissen politischen Naivität. Fragen der Politik sind primär keine Fragen von der Art, wie man die Menschen glücklich machen könnte. Vielmehr sind es Fragen nach der Gewährung von Rahmenbedingungen des Lebens. Zufolge dieser *politischen* Konzeption bemisst sich dann gesellschaftlicher Fortschritt am Massstab der Verallgemeinerbarkeit von Gerechtigkeitsnormen. Da Politik, was die grossen Herausforderungen angeht, eher an ‚gesellschaftlichen' als an ‚gemeinschaftlichen' Lebensformen orientiert sein muss, ist ihr perspektivischer Horizont, in dem sie steht, der *gesellschaftlich gültige* Rahmen für Verwirklichungsweisen von ‚Menschheit', m.a.W. die Unterschiede des Glücks. Jede Etappe der Veränderung, die die systemische Integration von Gesellschaften berührt, sollte durch demokratische Willensbildung prinzipiell revidierbar sein und bleiben. Veränderungen auf dieser Ebene sind heute durch einen immens angestiegenen Problemlösungsbedarf herausgefordert und setzen überdies in den Metropolen wie vor allem auch in den Drittweltländern die permanente Erweiterung und Intensivierung partizipatorischen Handelns voraus: die soziale Integration durch Partizipation.

Probleme des Elends und der mangelnden Sicherheit bedrängen heute einen grossen Teil der gegenwärtig lebenden Menschen. Diese Probleme lassen sich nur schrittweise und mit langfristigen Strategien lösen. Es genügt, solche Strategien zu entwickeln und politisch zu verwirklichen. Künftige Generationen werden in einer Art „Kooperation über die Zeiten hinweg" an ihnen weiterarbeiten, und das gibt den Pflichten in bezug auf künftige Generationen ihr moralisches Gewicht. Die Frage, ob wir unseren Nachfahren bereits jetzt *moralische Rechte* auf unsere Leistungen zuschreiben können, erachten wir nicht nur als schwierig, sondern auch als überflüssig.

Ähnlich überflüssig erscheint uns die Frage, ob unsere Vorfahren, die längst tot sind, uns gegenüber Rechte haben. Dass wir ihnen gegenüber eventuell Dankbarkeitspflichten haben, heisst gerade nicht, dass wir diese Pflichten als Korrelate zu *Rechten* von Verstorbenen betrachten müssen. Es sind vier Beziehungen denkbar, die sich ihrer Art nach deutlich unterscheiden lassen.

1. Pflichten gegenüber X, wobei X ein moralisches Recht auf die betreffende Pflichterfüllung hat (diese Pflichten setzen eine (volle oder entstehende) Fähigkeit zu reziprokem Verhalten voraus – sie entstehen im Kontext von Versprechen, Verträgen, freiwilliger Zustimmung, Kooperation unter gewissen Bedingungen);
2. Pflichten gegenüber X, wobei X Bedürfnisse hat (sie setzen nicht notwendig die Fähigkeit zu reziprokem Verhalten voraus; wir denken an Kleinkinder und Tiere);
3. Pflichten gegenüber X aufgrund empfangener und akzeptierter Wohltaten (nicht nur aus irgendeiner Absicht erwiesenen Vorteilen): sog. Dankbarkeitspflichten, welche keine Rechte von X (dem Wohltäter) auf spezifizierbare Gegenleistungen involvieren;
4. Pflichten in bezug auf X, die wir Y schulden aufgrund von Pflichten des Typs 1, 2 oder 3.

Unsere Ansicht impliziert, dass (noch) nicht existierende Personen keinen moralischen Status haben, der sie von leblosen Dingen unterschiede. Wir können ihnen nicht direktes Unrecht zufügen. Wir verletzen nicht die Rechte künftiger Personen, wenn wir uns z.B. weigern, sie zu zeugen. Ebensowenig verletzen wir das Recht einer Person, wenn wir uns entscheiden, ein Kind zu zeugen, von dem wir wissen, dass es ein qualvolles Leben führen wird. Gegen den letztgenannten Fall lässt sich ohne Bezugnahme auf Rechte (noch) nicht existierender Personen plausibel argumentieren. Die Eltern, die sich entschliessen, ein Kind unter den genannten Bedingungen zu zeugen, machen sich durch wissentliche Inkaufnahme eines vermeidbaren Übels schuldig. Die Behauptung, es gebe ein Recht nicht-existierender Kinder, nicht geboren zu werden, oder ein Recht (noch) nicht existierender Personen, nicht verstümmelt oder verletzt zu werden, ist also nicht erforderlich, um die moralische Verantwortlichkeit von Handlungen mit Langzeiteffekt moralisch zu begründen.

Den unter 2. genannten Liebespflichten gegenüber bedürftigen Wesen korrelieren nicht eo ipso Rechte auf seiten der Bedürftigen. Anders sieht es aus, wenn es die Institution von Wohlfahrtsrechten oder eine institutionelle Zuweisung um Fürsorgepflichten z.B. gegenüber den eigenen Kindern gibt oder wenn uns, wie z.B. gegenüber den Menschen der Dritten Welt, deren Elend in einem kausalen Zusammenhang mit unserem Lebensstandard steht, quasi Wiedergutmachungspflichten auferlegt sind. . . (was über sogenannte Samariterpflichten hinausweist). Damit ist nicht gesagt, dass Liebespflichten weniger strikte moralische Forderungen oder sogenannte unvollkommene Pflichten seien. Wir halten die Auffassung, nach der man allen empfindenden Wesen moralische Rechte zuschreiben könne, für verfehlt. Nicht, dass diese Auffassung einen logischen Widerspruch enthielte, vielmehr scheint sie zwecklos. Die Zuschreibung von moralischen Rechten erfolgt nämlich in einer erzieherischen Absicht: Wir sollen lernen, dass wir moralisch legitime Ansprüche haben, um deren Beachtung wir nicht bitten müssen. Feinberg illustriert diese These[47] mit dem folgenden Gedankenexperiment: Man vergleiche zwei moralisch wohlgeordnete Welten A und B – in A gäbe es jedoch den Diskurs von moralischen Rechten nicht. Die Welt B würde sich nun insofern durch eine moralpsychologische Differenz auszeichnen, als ihre Mitglieder im Verlaufe ihrer Entwicklung lernen würden, dass es ‚Leistungen' gibt, für deren Empfang sie nicht einfach dankbar sein müssten, sondern die ihnen im strikten Sinne zukommen. Die Gültigkeit dieser Ansprüche liesse sich nur durch eine ausdrückliche Verzichtserklärung suspendieren. Die Kenntnis und Inanspruchnahme moralischer Rechte hat eine Rückwirkung auf die Selbstachtung von Personen; bei nicht (einmal potentiell) personalen Wesen spielt diese Perspektive der Entwicklung und Festigung der Selbstachtung also keine Rolle: Ihnen *moralische* Rechte zuzuschreiben wäre mithin zumindest *unzweckmässig*[48]. Dieser Lernprozess, dass wir moralisch legitime Ansprüche haben, um deren Beachtung wir nicht bitten müssen, ist jedoch nur möglich zwischen Menschen, die zu moralisch reziprokem Verhalten fähig sind oder dazu erzogen werden können. In diesem Sinne ist es zweckvoll, Kindern und allen übrigen Zeitgenossen moralische Rechte zuzusprechen. Wenn wir dagegen Tiere und nicht-existierende Personen vom Diskurs der moralischen Rechte ausschliessen[49], ist damit nicht gesagt, dass wir kei-

47 J. Feinberg, The Nature and Value of Rights, in: ders., Rights, Justice, and the Bounds of Liberty, a.a.O., S. 143–158.

48 Damit kommt allerdings auch eine Spannung, ja vielleicht eine Unstimmigkeit in Feinbergs Ausführungen zum Ausdruck, die bisher nicht hinreichend bemerkt worden ist. Kurz gesagt: Feinberg schlägt ein *semantisches* Kriterium (Interesseprinzip) *und* ein moralpsychologisches Kriterium (potentielle Selbstachtung) für die Zuschreibbarkeit von moralischen Rechten vor! (Für die Bereitschaft zur Diskussion von Feinbergs Thesen und manchen Hinweis danke ich Jean-Claude Wolf.)

49 Diese Schlussfolgerung stammt wieder von uns und nicht von Feinberg, der sich in der Frage nach der Zuschreibbarkeit von moralischen Rechten im Blick auf Tiere ausschliesslich vom

ne strikten Pflichten hätten, sowohl ihnen gegenüber (Liebespflichten) als auch in bezug auf sie. In bezug auf einen Hund können wir z.B. Pflichten haben, weil wir seinem Halter versprochen haben, sein Tier in Pflege zu nehmen. Diese Pflichten in bezug auf den Hund werden inhaltlich spezifiziert durch die Bedüfnisse desselben und sind somit zugleich Liebespflichten in bezug auf den Schützling; erwünscht ist eine Verbesserung des moralischen und rechtlichen Status von Tieren; müssig ist es, ihnen *moralische* Rechte zuzuschreiben.

III. *Das Prinzip intergenerationeller Fairness*

III. 1. *Der totale Utilitarismus*

Lassen sich die Aussagen über die Gerechtigkeit zwischen Generationen aus allgemein anerkannten ethischen Grundsätzen ableiten? Dem utilitaristischen Prinzip (Maximierung des Glücks, Minimierung des Leids aller Betroffenen) sind wir schon bei Humes formaler Gerechtigkeitskonzeption begegnet[50]. Hume ging es ja darum, ein Rechtssystem zu entwerfen, das die Summe aller Teilnutzen der Gesellschaftsmitglieder maximiert, wobei er stets die Folgen menschlichen Handelns vorwegnehmen und einschätzen musste, um überhaupt die „circumstances", innerhalb deren der Gesamtnutzen am grössten sei, bestimmen zu können. Kernstück der Humeschen Theorie sind also seine Annahmen über die Verhaltensweisen der Menschen bzw. die daraus zu erwartenden Folgen. Aus Hume liessen sich keine begründeten Aussagen zugunsten einer intergenerationellen Gerechtigkeit gewinnen; eine Kritik seines utilitaristischen Prinzips sollte deshalb mit einer Kritik an seinem Entwurf der menschlichen Psyche einsetzen, der zwei Thesen, nämlich egoistisches Streben und eingepflanzte Emotion der Sympathie enthält. Wir können jedoch

semantischen Kriterium und damit von einem etwas unklaren Verständnis von ‚conceptual analysis' leiten lässt. Unklar ist der Status der ‚conceptual analysis' bei Feinberg deshalb, weil er sich zum Teil von juristischen Begriffsbildungen inspirieren lässt, andernteils sie aber auch als nicht-paradigmatisch für die Theoriebildung in der Ethik resp. der ‚social philosophy' zurückweist. Für die kritische Würdigung des Beitrags von Feinberg scheint allerdings ein weiterer Gesichtspunkt bei der Einteilung von Moraltheorien wichtig zu sein, der bisher noch fehlt. Wir meinen die Unterscheidung von *auf-Pflichten-begründeten* und *auf (-moralischen)-Rechten-begründeten* Ansätzen. Die Schlussüberlegungen in II.8. scheinen nämlich nicht nur für eine pragmatische Beschränkung des Diskurses von moralischen Rechten auf (potentiell) zu Selbstachtung fähigen Wesen zu sprechen, sondern überhaupt auf eine Beschränkung dieses Diskurses auf den *Kontext der Paränese,* der ‚alltagsethischen' Aufforderungen. Im Kontext der kritischen Normierungstheorie scheinen moralische Pflichten grundsätzlicher, moralische Rechte dagegen nur abgeleiteter Natur zu sein. Betrachtet man hingegen Rechte (und Tugenden) als grundlegend, so führt dies zu einer Komplizierung und gewissen *Undurchsichtigkeit* der Begründungsmuster.

50 Inwieweit sich ein „utilitaristisches Prinzip" historisch genau identifizieren lässt, ist ein Problem der Klassiker-Exegese. Die Formel vom „grössten Glück der grössten Zahl" jedenfalls übernimmt Jeremy Bentham (An Introduction to the Principles of Morals and Legislation, London 1789); Anklänge davon finden sich bei Joseph Priestley, An Essay on the First Principles of Government, London 1771 (in: J. Priestley, The Theological and Miscellaneous Works, Vol. XXII. Reprint New York 1972, S. 30, 32, 48, 103). Die Formel ist bei Bentham auch nicht zentral; wichtiger ist das Prinzip, das Glück derer zu maximieren, die von den Handlungen betroffen sind: also nicht allround happiness (vgl. dazu W. R. Köhler, Zur Geschichte und Struktur der utilitaristischen Ethik, Frankfurt/M. 1979, bes. S. 69–91). Was man zu Unrecht Bentham zuschreibt, findet sich dann explizit in G. E. Moores zweitem Buch „Ethics" (1912). Aufschlussreich zu Bentham: H. L. A. Hart, Essays on Bentham, Oxford 1982.

ebensogut die Frage stellen, was einträte, wenn jede Generation nur auf die Maximierung des eigenen Nutzens bedacht wäre, wenn also Humes Konzeption universale Geltung erhielte. Nun, eine Extrapolation der derzeitigen Entwicklung ergibt, dass der Nutzen künftiger Generationen durch die vielseitigsten, von uns verursachten Umweltschäden stark vermindert würde. Die Nachwelt müsste mit dem Handicap von verschmutztem Wasser, verschmutzter Luft, überfischten Gewässern, vernichteten Wäldern, verseuchten Böden, aufgezehrten Bodenschätzen, strahlenverseuchten Gegenden etc. starten, ja die Existenz der Menschheit selbst stünde in Frage. Gestalten wir das Utilitätsprinzip um, und zwar so, dass die Maximierung des totalen Nutzens, d.h. des Nutzens der vergangenen und der gegenwärtigen und der zukünftigen Generationen[51] als Kriterium der Beurteilung dient, so müssen wir untersuchen, ob die skizzierten Entwicklungstendenzen in Widerspruch zum totalen Utilitarismus[52] stehen oder nicht.

Dieser Ansatz ist aber aufgrund der Unbegrenztheit des potentiellen Totalnutzens nicht spezifisch genug definiert. Eine naheliegende Erweiterung des utilitaristischen Prinzips liegt in der Annahme, dass die Wohlfahrt der unmittelbar nachfolgenden Generation Einfluss auf das Nutzenniveau der gegenwärtigen Generation hat. Der utilitaristische Ansatz liefert dann eine Klasse von Modellen zur Erklärung der Abbaurate einer Ressource für gegebene Präferenzstrukturen und gegebene technische Relationen (Kostenfunktionen) sowie bestimmte Annahmen über Marktstrukturen und Preisbildung. Denkbar ist insbesondere ein sehr einfaches Modell, in welchem eine zentrale Planungsinstanz auf Grundlage einer gegebenen, gesamtgesellschaftichen Präferenzstruktur[53] den Nutzen aus der Ressource über einen endlichen Zeithorizont maximiert, wobei unterstellt wird, dass in die Nutzenfunktion der t-Generation der gesparte und an die nächstfolgende Generation vererbte Ressourcenbestand miteingeht, also

(1) $U_t = U_t(C_t, X_t, S_t)$

mit C_t = Konsum der Ressource, X_t = Konsum an übrigen Gütern, S_t = Ressourcenbestand, welcher an die t+1-Generation vererbt wird. Man unterstelle ferner eine implizite Kostenfunktion, welche den Trade-off zwischen Ressourcenabbau und Produktion übriger Güter in Form einer Transformationskurve

(2) $H_t(C_t, X_t, Q_t) = 0$

darstellt, wobei gemäss dem Gesetz der abnehmenden Grenzerträge angenommen werden muss, dass die Abbaukosten für C_t umso grösser sind, je kleiner der Bestand Q_t der Ressource ist. Unter diesen Annahmen lässt sich U_t unter der Restriktion $Q_t = C_t + S_t$ bezüglich C_t maximieren. Eine weniger simplifizierende Modellversion lässt sich ableiten, wenn an Stelle von (1) unterstellt wird, dass in das Nutzenkalkül der t-Generation nicht S_t selbst, sondern eine erwartete Nutzengrösse $\tilde{U}_{t+1}(S_{t+1}, X_{t+1}, C_{t+1})$ eingeht, die dann über S_{t+1}, X_{t+1} und C_{t+1} von der er-

51 Mary B. Williams, Discounting versus Maximum Sustainable Yield, in: Obligations to Future Generations, a.a.O., S. 171.

52 Unter totalem Utilitarismus verstehen wir hier den Summennutzen-Utilitarismus, der die Maximierung von Lust unabhängig von der Verteilung anpeilt. Davon wäre, allerdings nicht in grundsätzlicher Hinsicht, der Durchschnittsnutzen-Utilitarismus zu unterscheiden.

53 Zur Fragwürdigkeit dieser Annahme vgl. die Arbeiten von Arrow, z.B. K. J. Arrow, Social Choice and Individual Values, New York 1951.

warteten Transformationsfunktion $\tilde{H}_t(\cdot)$ abhängt, wobei zusätzlich die Restriktion $S_{t+1} = S_t - C_{t+1}$ gilt. Über eine stochastische Modellierung kann zusätzlich versucht werden, die Ungewissheit bezüglich der zukünftigen Spezifikation der technischen Relation $\tilde{H}(\cdot)$ bzw. der Präferenzrelation $\tilde{U}(\cdot)$ zu berücksichtigen. Modelle dieser Art können in der Regel über die quantitative Grösse der endogenen Variablen C_t nichts aussagen, sondern lediglich allgemeine Aussagen machen über die Richtung der Veränderung von C_t als Folge vorgegebener Parameteränderungen, wobei bestimmte schwache Annahmen über die Funktionsverläufe wie Konvexität, Stetigkeit etc. gemacht werden müssen. Ferner liefern sie selbstverständlich keinerlei ethische Qualifikationen, etwa bezüglich der Gerechtigkeit der optimalen Lösung. Eine gewisse ethische „Falsifikation" des utilitaristischen Ansatzes ist indes denkbar, wenn es gelingt, für Spezialfälle eine ethisch ausgezeichnete Gerechtigkeitslösung zu definieren, und wenn gezeigt werden kann, dass diese Lösung nicht in der Lösungsmenge des utilitaristischen Modells enthalten ist. Man betrachte dazu den folgenden Spezialfall.

Q_t sei der Bestand an einer nicht-reproduzierbaren Ressource zum Zeitpunkt t_0, wobei der Konsum q^e für das Überleben eines Individuums absolut existenznotwendig ist. $N = Q_{t_0}/q^e$ definiert somit die maximale Anzahl potentiell lebensfähiger Individuen, die, vom Zeitpunkt t_0 ausgehend, jemals auf der Erde werden existieren können. Sei q_{it} der tatsächliche Konsum des i-ten Individuums der t-ten Generation, so liefert $q_{it} = q^e$ für alle i und alle t zugleich jene Verteilungsstruktur, welche die Zahl realisierter Existenzen maximiert und welcher demnach, nach dem Rawlsschen Prinzip, wohl die Qualifikation „gerechte Verteilungsstruktur" zukommt, da jede andere Verteilungsstruktur potentiellen Existenzen die Lebenschance nimmt. Unter üblichen Annahmen über die Präferenzstruktur, wie wir jetzt etwas unvermittelt – der Kürze wegen – sagen wollen, liefert das utilitaristische Modell die optimale Lösung q_t im Tangentialpunkt des Indifferenzkurvensystems der t-Generation mit der durch Q_t definierten Budgetrestriktion (Punkt A von Figur 1), wobei das optimale q_t *über* dem „gerechten" q^e liegt.

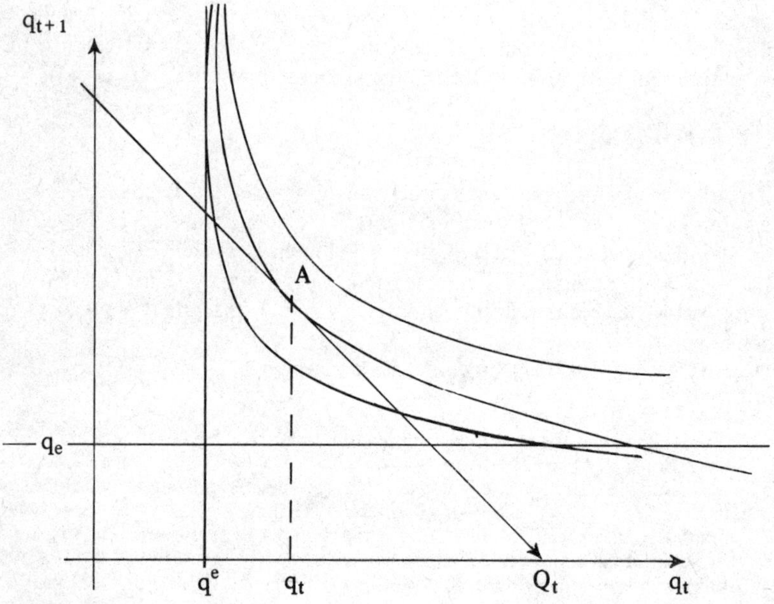

Figur 1

Eine annähernd „gerechte“ Verteilungsstruktur unter utilitaristischen Grundannahmen kann hingegen verwirklicht werden, falls ein monopolistischer Eigentümer des Ressourcenbestands Q_t unterstellt wird, welcher die Zuteilung nach dem Gewinnmaximierungsprinzip trifft, wobei angenommen werden soll, dass monopolistische Preisdiskriminierung möglich ist. Aus der Existenznotwendigkeit der Ressource folgt eine allgemeine Form der Nachfragekurve des i-ten Konsumenten gemäss Figur 2.

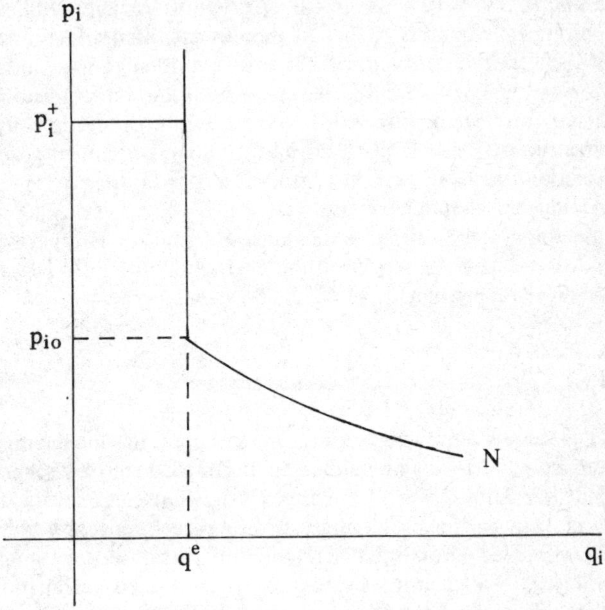

Figur 2

Zu einem Preis p_{io} wird nur noch q^e nachgefragt; steigt der Preis weiter, werden durch Verzicht auf übrige Güter Mittel freigemacht, um q^e zu sichern; p_i^+ sei der Preis, dem der i-te Konsument gerade noch gewachsen ist, bei höheren Preisen verschwindet er als Nachfrager. Unter gewissen Einschränkungen bezüglich der Elastizität der Nachfragefunktion im Bereich $q_i > q^e$ ist p_i^+ der optimale Preis des Monopolisten bezüglich des i-ten Konsumenten. Da p_i^+ abhängig ist vom Gesamtbudget des i-ten Konsumenten, findet als Folge der Preisdiskriminierung eine „soziale“ Preisabstufung zugunsten der Armen statt, allerdings aus dem unsozialen Motiv monopolistischer Gewinnmaximierung. Unter schwachen Restriktionen führt damit die monopolistische Lösung zur gerechten Verteilungsstruktur $q_{it} = q^e$ für alle i ausser den Monopolisten selbst. Da der Nutzen der t+1-Generation in die laufende Nutzenstruktur eingeht, hat der Monopolist eine Sparmotivation; dies und/oder die Annahme einer absoluten Sättigungsgrenze $q_{mt} < q^0 < \infty$ (m sei der Monopolist) führt zu

$$\lim_{n_t \to \infty} \frac{q_{mt}}{n_t \cdot q^e} = 0,$$

n_t = Bevölkerungszahl der t-Generation.

D.h. mit zunehmender Bevölkerungsgrösse geht der Konsumanteil des Monopolisten am Gesamtkonsum gegen Null, so dass das „Prassen“ des Monopolisten nicht mehr ins Gewicht fällt. Das „Prassen" des Monopolisten kann auch dadurch verhindert werden, dass beispielsweise der Staat zum Monopolisten erklärt wird mit der Auflage der Gewinnmaximierung und der Redistribution der monopolistischen Ausbeutungsgewinne.

Im Gegensatz zur monopolistischen Eigentumsspezifikation kann eine Marktlösung mit nichtmonopolistischer Angebotsstruktur nicht zur gerechten Verteilungsstruktur führen, da in diesem Fall nur *ein* Preis $P_{it} = P_t$ existieren kann und gewisse Individuen deshalb in der Lage sein werden, mehr als q^e zu konsumieren. Eine Marktlösung bei vollkommener Anbieterkonkurrenz führt erst recht zur Verschleuderung der Ressource, die, da die Grenzkosten annahmegemäss Null sind, als freies Gut nur zum Preis von Null gehandelt werden kann.

Soweit ein Vorschlag, dieses Denken, das aufs engste mit dem Utilitarismus verbunden ist, wenigstens zu problematisieren. Die Rede von einer „gewissen ethischen Falsifikation" ist freilich zu stark; anhand des eben gegebenen Beispiels lässt sich eine generelle ethische ‚Falsifikation' des Utilitarismus noch nicht nachvollziehen, da jeweils alles davon abhängt, mit welchem Nutzen man im Einzelfall rechnet. Im übrigen sind Argumente gegen Marktlösungen, wie wir sie hier innerhalb einer vorzuschlagenden Strukturethik (vgl. IV.) anklingen lassen, noch nicht schon per se Argumente gegen utilitaristische Positionen.

III. 2. *Nicht erneuerbare Bodenschätze*

Gegeben sei als Untersuchungsobjekt Erdöl, das mengenmässig nur begrenzt vorhanden ist. Wie sollen die endlichen Erdöl-Reserven zwischen den Generationen aufgeteilt werden? Das utilitaristische Prinzip macht aus sich selbst keine Angaben darüber, wie dieses Verteilungsproblem gerecht gelöst werden könnte. Also: Gerecht ist der Verteilungsschlüssel, der den Gesamtnutzen maximiert; der Verteilungsschlüssel jedoch wird begründet durch das zu verteilende Gut an sich und seine Wertschätzung, die es in Gegenwart und Zukunft erfährt. Ganz allgemein lässt sich sagen, dass eine utilitaristische Position nicht unbedingt an vorliegende bzw. verbreitete Nutzeneinschätzungen gebunden ist. Gerade in unserem Fall, wo es um die Schätzung der Nutzen künftiger Generationen geht, sind verschiedenste (utilitaristische) Positionsbezüge denkbar.

Erdöl ist heute die wohl wichtigste Quelle zur Erzeugung von kinetischer Energie sowie ein ganz bedeutender Rohstoff für die Wärmeproduktion und die chemische Industrie mit all ihrer Vielfalt an lebens(un)wichtigen Gütern. Sollen wir also Erdöl sparen?

(a) Unterstellt man fixe Technologie und fallenden Grenznutzen, so fällt die optimale Ausnutzungsrate monoton mit steigendem Zukunftshorizont. Die tatsächliche Ausnutzungsrate hängt neben Zukunftshorizont und Zeitpräferenz von der Marktform ab. Optimal ist ein monopolistisches Eigentumsrecht an der Ressource, da bei Konkurrenz die Abbaurate allein durch die Gleichung Grenznutzen = Preis = Grenzkosten des Abbaus bestimmt wird und daher Zukunftsnutzen überhaupt nicht eingeht.

(b) Wird in Zukunft der Effizienzgrad verbessert, stiftet der Erdölkonsum der Zukunft den grösseren Nutzen als der der Gegenwart – Sparen ist also ethisch gerecht.

(c) Wenn aber parallel zur Effizienzsteigerung alternative Wege der Energieerzeugung beschritten werden (z.B. Kernfusion), stellt sich das Problem ganz anders dar – ein Gesichtspunkt, der vom Monopolisten miteinbezogen wird. Dann nämlich könnte Erdöl als Quelle kinetischer und thermischer Energie von der neuen, effizienteren Technologie verdrängt werden, d.h. Erdöl verlöre in den Augen künftiger Generationen an Wert. Folglich hätte die Menschheit das höchste Nutzenniveau erreicht, wenn sie alles Erdöl zuvor aufgebraucht hätte.

Welche Erkenntnis lässt sich aus diesem Beispiel gewinnen? In der Frage, welche Entscheidung den (positiven) Nutzen über die gesamte Menschheit gesehen maximiere, bleibt der Utilitarismus am Beispiel nicht erneuerbarer Ressourcen zunächst einmal ratlos[54]. Daraus eine Vorhaltung zu machen, wäre allerdings insofern unrichtige, als *kontingente Entwicklungen* in gewisser Weise den Anspruch jedes Gerechtigkeitsansatzes, *konzise* Anweisungen geben zu können, unterminieren.

Nur von aussen, wenn man also gewisse, praktisch nicht folgenlose Modellierungskontexte als Erscheinungsformen des Utilitarismus nimmt, lässt sich sagen, dass der Utilitarismus an der Kontingenz der künftigen Ereignisse (z.B. Erfindung neuer Techniken) scheitert; und sodann zweitens – als direkte Folge davon und der Unbegrenztheit der Zukunft – an der Unmöglichkeit scheitert, den Nutzen eines Gutes in der Zeitdimension ‚objektiv' zu bestimmen; hängt doch der Wert eines Gutes ab von den jeweiligen volkswirtschaftlichen Rahmenbedingungen einerseits und den jeweiligen Bedürfnissen und Substituten anderseits. Solche Vorstellungen tragen jedoch an den Utilitarismus als ethische Position einen Präzisionsanspruch heran, wie wir ihn von anderen ethischen Ansätzen auch nicht verlangen. So muss annahmegemäss jedes Entscheidungsprinzip an der Kontingenz künftiger Ereignisse scheitern, es sei denn, es würden sich Wahrscheinlichkeiten für diese Ereignisse angeben lassen; und zudem ist in diesem Denken Nutzen ohnehin eine stets subjektive Grösse, die erst im Marktprozess eine objektivierende Transformation erfährt. Die oben angesprochene Kritik kann also mit Recht immer nur gewisse Modellierungskontexte und daran angelehnte ökonomische Praxis treffen und noch nicht den Utilitarismus als ethische Position. Denn dieser verlangt von seiner Handhabbarkeit lediglich ein korrektes Bilanzieren verschiedener Einflüsse resp. Bestände: saubere Komparatistik betreffend verschiedener zu evaluierender Szenarien. Und in dieser Funktion dürfte er für eine gerechte Praxis unverzichtbar sein.

Man könnte jetzt höchstens einen zeitlich progressiv sinkenden Parameter der Wertzuschreibung, der der Kontingenzproblematik Rechung trägt, einführen, was in der Literatur auch häufig vorgeschlagen wird, um das Utilitätsprinzip zu ‚retten' (was in dieser Hinsicht jedoch gar nicht ‚gerettet' zu werden braucht, da z.B. die nun folgende Kalkulation bereits fester Bestandteil der Kapitaltheorie ist). D.h.: Der Erdölkonsum heute sei höher zu bewerten als der Erdölkonsum in zehn Jahren, und dieser wiederum stifte den viel höheren Nutzen als der Erdölkonsum in fünfzig Jahren. Dass aber dieser Vorschlag schwerwiegende theoretische Konsequenzen nach sich zieht, zeigt der folgende Fall. Zuerst müssen wir uns aber nochmals vergegenwärtigen, dass Nutzenmaximierung nicht nur Glück fördert (positiven Nutzen), sondern auch Leid verhindert, wobei die Nutzentheorie Schaden allerdings als negativen Nutzen behandelt. Nehmen wir an, die nicht erneuerbare Ressource heisse Boden, der, wenn er von atomarem Müll verseucht wird, für Jahrtausende,

54 Auf die problemrelevante ökonomische Literatur, die inzwischen einen beträchtlichen Umfang aufweist, kann ich nur verweisen. Z.B.: H. Siebert, Ökonomische Theorie natürlicher Ressourcen, Tübingen 1983; ders. (Hg.), Erschöpfbare Ressourcen. Schriften des Vereins für Socialpolitik, Berlin 1980; W. Krelle, Wachstum bei erschöpfbaren Ressourcen – gibt es das?, Münster (Westfalen) 1982, L. Wicke, Umweltökonomie, München 1983.

faktisch für immer, verloren ist[54a]. Atomarer Müll fällt heute an als Nebenprodukt der Elektrizitätsgewinnung aus Uran. Um diese Elektrizitätserzeugung utilitaristisch rechtfertigen zu können, müssen wir heute annehmen, dass der positive Nutzen durch den zusätzlichen Strom wesentlich über dem Schaden liegt, der möglicherweise durch das gelagerte Plutonium verursacht wird. Niemand kann aber mit Bestimmtheit sagen, dass dem für alle Zeiten so ist, denn die Zukunft verläuft kontingent. Wir müssen also ebenfalls einen Parameter miteinbeziehen, durch den unsere Kalkulation dem Kontingenzproblem gerecht wird. Wie müsste ein solcher Parameter aussehen? Er müsste berücksichtigen, dass der atomare Müll heute noch sicher gelagert ist, dass aber mit zunehmender Zeit die Lagerung unsicher erscheint. Analog zum oben definierten Parameter steigt dieser also zeitlich progressiv an, d.h. dass der negative Nutzen der Plutoniumlagerung heute verschwindend klein ist, er aber derart ansteigt, dass er sich in weit über Generationen hinausgreifender Zeitspanne 1 annähert. Fazit: Wenn wir einen Kontingenzparameter einführen, so dürfen wir nicht nur das Glück der Zukunft tiefer einschätzen als das unsere, sondern wir müssen unter Umständen umgekehrt das Leid der Zukunft auch höher als das unsere bewerten. Als genereller Schluss erschiene das merkwürdig; beim Lagerungsproblem von Atommüll liegen indes solche Umstände vor: Es handelt sich um ein Problem mit ‚Spätzündereffekt'. Damit reduziert sich die Utilitätserwägung auf die Frage: Ist der Wert des zusätzlichen Nutzens durch Atomstrom grösser als die Wertverminderung, die durch verseuchten Boden und andere Ursachen in ferner Zukunft möglicherweise eintreten wird? Die Tatsache, dass Boden lebenswichtig und nicht vermehrbar ist, heisst offensichtlich noch nicht, dass er nicht auch z.B. für Luxusbedürfnisse belegt werden darf – die Frage ist nur, wieviel Boden dafür beansprucht wird. Selbst wenn die Verseuchung in Zukunft mit einer gewissen Sicherheit einträte, so wäre sie tolerierbar, wenn das verseuchte Areal sehr klein wäre; in einer logisch schlüssigen Argumentation hängt alles davon ab, wie man die Unfallwahrscheinlichkeit und den Umfang des Schadens im Unfallsfall sowie die relevante Zeitdauer einschätzt. Hinzu kommt, dass man Aspekte solcher Technologien, die gefährlich an die Grundlagen einer gerechten Gesellschaft rühren können (vgl. Anmerkung 13), damit zusammen sehen muss, dass sich die Rentabilitätsüberlegungen z.B. der Brütertechnologie weitgehend vom Marktkalkül entfernt haben, ohne dass eine autonome Technikbewertung an dessen Stelle getreten wäre.

III. 3. *Zinsträchtige Ressourcen*

Der Schlüssel zur Verteilung der Ressourcen zwischen den Generationen liegt, wie schon erwähnt, zuerst in der Beschaffenheit der Ressourcen an sich. Nach den mengenmässig beschränkten Ressourcen müssen wir nun die Ressourcen, die sich aus sich selber regenerieren, gewissermassen Zinsen tragen, genauer betrachten. Im folgenden werden wir dem von Williams beschriebenen Walfisch-Beispiel folgen[55]; unterstellt sei ein langfristiges Gleichgewicht des Öko-Systems.

54a *Dass* allerdings durch die Lagerung atomaren Mülls Boden verseucht wird, ist eher unwahrscheinlich und zudem offenbar nicht irreversibel, wie die Entseuchung atomarer Testgelände (Bikini-Atoll) zeigt. Viel grösser als die Gefahr der Verseuchung des Bodens ist die Gefahr des Eindringens radioaktiver Stoffe in die Biosphäre.

55 Mary B. Williams, a.a.O., S. 175 ff. Würde man freilich das Beispiel innerhalb verschiedener Optimierungsmodelle genauer durchrechnen, erwiesen sich die impliziten Annahmen von Mary B. Williams als zu einfach, und die Schlüsse, die sie (und wir) zunächst einmal ziehen, als problematisch; eine kompliziertere diagrammatische Exposition des Problems wäre allerdings zu raumgreifend.

In unseren Meeren lebt eine bestimmte Anzahl von Walen. Wie sollen wir diese Walfisch-Population nutzen, damit wir dem Grundsatz des totalen Utilitarismus genügen können? Ausser Zweifel steht, dass wir sie nicht ausrotten dürfen, weil die Nachwelt die natürliche Regenerationsrate für immer verlieren würde[56]. D.h., die Handlungsalternative ‚Ausrottung' führt zu keiner Maximierung des Gesamtnutzens; dies gilt für die Zukunft ebenso wie für die Gegenwart. Solange wir also kein Ende der Menschheit vorhersehen, haben wir die utilitaristisch begründete Pflicht, die Wale vor der Ausrottung zu schützen.

Nehmen wir weiter an, die Wachstumsrate der Walpopulation zeige den Verlauf einer negativen Parabel: Bei hoher Bevölkerung negative Reproduktionsrate, bei relativer Unterbevölkerung positive; bei völliger Unterbevölkerung Aussterben, bei Überbevölkerung Wachstumsrate gleich Null (Figur 3).

56 Dass dies auch für Utilitaristen ausser Zweifel stehen kann, hat man sich eigenen Vorurteilen abzuringen. Der Interessen-Utilitarismus eines P. Singer etwa läuft in der Konsequenz auf ein Argument für Artenschutz hinaus (P. Singer, Animal Liberation, New York 1975; zur utilitarismusinternen Diskussion dieser Frage vgl. zudem sein Kapitel „Equality for animals?" in: Practical Ethics, a.a.O., S. 49 ff.). Dagegen sind im deutschsprachigen Bereich subtile utilitaristische Argumentationen selten, wie überhaupt der Utilitarismus in der Moraltheorie sich nicht gerade grosser Beliebtheit erfreut, sieht man von den einschlägigen Arbeiten von G. Patzig, N. Hoerster, D. Birnbacher, O. Höffe und W. R. Köhler ab. R. Spaemann z.B. rekurriert letztlich auf ein religiöses Naturverständnis, um den Artenschutz philosophisch begründen zu können (ders., Technische Eingriffe in die Natur als Problem der politischen Ethik, in: Ökologie und Ethik, a.a.O., S. 198); ebenso finden wir bei K. M. Meyer-Abich Rekurse auf theologische Argumentationen (ders., Welche Technik bringt die Natur zu Sprache?, in: Technikphilosophie in der Diskussion, hg. von F. Rapp, P. T. Durbin, Braunschweig/Wiesbaden 1982; sowie seine Beiträge in: Frieden mit der Natur, hg. von K. M. Meyer-Abich, Freiburg i. Br. 1979; der differenziert argumentierende, interessante Beitrag „Vom bürgerlichen Rechtsstaat zur Rechtsgemeinschaft der Natur", in: Scheidewege, Heft 3/4, 12 (1982), S. 581–605, konnte für die Überlegungen im Teil II. leider nicht mehr berücksichtigt werden). Beinahe überflüssig ist es zu sagen, dass Albert Schweitzers Ethik der Ehrfurcht vor dem Leben in dieser Diskussion eine vielberufene Rolle spielt. Zur Kritik an dieser philosophischen Positon vgl. man jedoch: D. Birnbacher, Sind wir für die Natur verantwortlich?, a.a.O., S. 127–131, sowie G. Patzig, Ökologische Ethik – innerhalb der Grenzen blosser Vernunft, a.a.O., S. 14–16, der von „romantischer Übertreibung" spricht (S. 14). Patzigs Argumentation (nicht die Wendung „romantische Übertreibung") halten wir für triftig; auf das ethische Problem der *Arterhaltung* angewandt, entspricht sie dem, was in II.8. zum Diskurs über moralische Rechte angemerkt worden ist: „Die schwächere These, von Albert Schweitzer aufgestellt, die nur alle Lebewesen in diese Existenzgarantie einschliesst, geht doch in dieselbe Richtung. Für eine solche Auffassung gibt es nun, soweit ich sehe, kein rationales Begründungsprinzip. 99% aller Arten von Lebewesen, die überhaupt jemals auf unserem Planeten existiert haben, sind, wie die Biologen uns informieren, inzwischen ausgestorben. Dem Pockenvirus, das von der Erde verschwunden sein soll, wird kaum jemand nachtrauern; den Hakenwurm, die Malariamücke und ähnliche Geisseln der Menschheit wären wir wohl alle auch gern los. Anders steht es nun freilich mit Walfischen und Leoparden, mit Seehunden und Eisvögeln. Wir finden eine artenreiche natürliche Umwelt ästhetisch erfreulich und wollen diese Vielfalt von Lebewesen als Mitbewohner der Erde nicht missen, und zwar nicht bloss im Zoo, sondern in voller Bewegungsfreiheit in ihrer natürlichen Umwelt. Deshalb sind wir auch unseren Nachkommen gegenüber verpflichtet, eine entsprechend artenreiche und erlebnisträchtige Umwelt zu erhalten. Es gibt ausserdem auch eminent praktische Gründe, Artenschutz als wichtige Aufgabe zu behandeln: Eine artenreiche Natur ist ein hochempfindliches Meldesystem für beginnende Umweltschäden, und wir haben ferner ein dringendes Interesse, die in den Genen der verschiedenen Lebewesen und Pflanzen gespeicherten Informationen zu bewahren, z.B. die in den Genen angelegten Bauvorschriften für komplexe chemische Stoffe, die einmal nützlich, ja lebenswichtig für uns werden könnten. Dies sind Gründe, die in den Bereich einer langfristigen Interessensicherung gehören, moralische Gründe werden es, wenn wir uns verpflichtet fühlen, diese Ressourcen auch unseren Nachkommen zu erhalten" (a.a.O., S. 16).

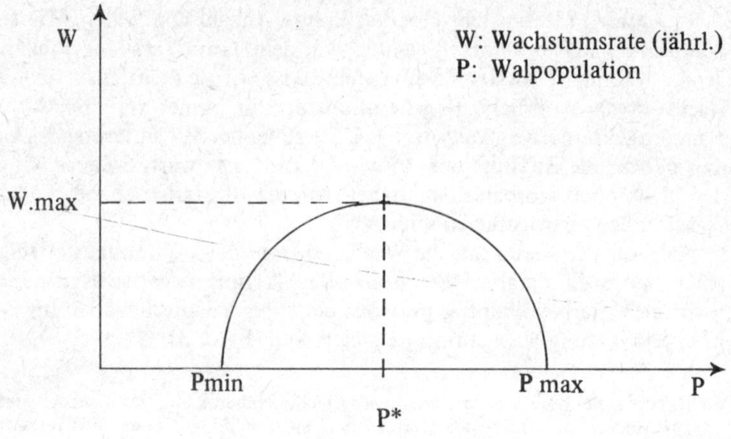

Figur 3

Welche Fangquote ist nutzenmaximierend? Kurzfristig scheint Raubbau optimal; mittelfristig wird die grösste Menge dann gefangen, wenn sie bei einer gegebenen Walpopulation gleich der Reproduktionsrate ist. Längerfristig aber maximiert die Menschheit den totalen Nutzen, wenn sie dafür sorgt, dass sich die Walpopulation im Punkt P* einpendelt, wo sie die grösste Geburtenrate aufweist und das Gleichgewicht ständig bewahrt.

Dieses Wal-Beispiel lässt sich nun logisch konsistent auf andere zinstragende Ressourcen übertragen. Reduzieren wir den Menschen auf seine biologischen Bedürfnisse des Atmens, Essens und Trinkens, so ist er zu jeder Zeit seiner geschichtlichen Entwicklung auf die Ressourcen Luft, Boden und Wasser existentiell angewiesen und wird es zweifellos auch in Zukunft immer sein. Das Problem der Kontingenz erscheint hier irrelevant, denn erst die Vernichtung der Menschheit oder die evolutionäre Veränderung der biologischen Bedürfnisstruktur des Menschen, wie wir ihn heute kennen, würden diese drei Ressourcen obsolet machen. Wir müssen also lediglich die Annahme treffen, dass es auch in Zukunft Menschen geben wird. Ebenso verhält es sich mit dem zweiten Einwand, mit der Bewertung des Nutzens: Die Nachfrage nach den Grundgütern Luft, Essen und Wasser ist (zumindest auf einem tiefen Niveau der Bedürfnisbefriedigung) unelastisch, Substitute gibt es nicht. Wie sollen wir heute diese Ressourcen aufteilen zwischen Grundbedürfnissen und zusätzlichen Bedürfnissen, um den totalen Utilitarismus zu erfüllen? Weil sie alle eine bestimmte Regenerationsrate haben, die in sehr komplexer Form vom Öko-System abhängt, liegt es nahe, nach den gleichen Grundsätzen wie beim Walfang zu handeln. Unter der Voraussetzung, dass wir eine intergenerationelle Verantwortung wahrnehmen, darf jede Generation nicht mehr von den Ressourcen Luft und Wasser verbrauchen, als die maximale Regenerationsrate beträgt, weil sonst der Zinsertrag der künftigen Generationen vermindert wird. Priorität hat die Befriedigung der Grundbedürfnisse (Atmen, Trinken, Essen), denn ihr Wert ist für den Menschen objektiv höher einzustufen als der Wert, welcher der Nutzenzuwachs durch zusätzliche Beanspruchung der Ressourcen stiftet. D.h.: Wenn wir heute die Umwelt mit Immissionen aus Industrieproduktion und Verkehr stärker belasten, als sich die Umwelt regenerieren kann, und wir damit die Befriedigung der Grundbedürfnisse künftiger Generationen gefährden, dann handeln wir – entsprechend dem utilitaristischen Prinzip – ungerecht.

III. 4. *Rawls' Gesellschaftsvertragstheorie*

Den wohl wichtigsten Beitrag zur ethischen Diskussion der Gerechtigkeit zwischen den Generationen hat John Rawls innerhalb seiner „Theorie der Gerechtigkeit" geleistet[57]. Rawls nahm das Problem der intergenerationellen Gerechtigkeit nicht nur als einer der ersten explizit auf, er baute es auch in eine hochkomplexe Theorie ein, die durch ihre Vielseitigkeit und Ausbaufähigkeit zum Dialog geradezu auffordert.

Als Ausgangspunkt für die Darstellung der Gerechtigkeit zwischen Generationen wählte Rawls allgemeine, theoretische Annahmen: Im Urzustand[58] werden die Gerechtigkeitsgrundsätze bestimmt. Es sind diejenigen Grundsätze, die freie und vernünftige Menschen in ihrem eigenen Interesse in einer anfänglichen Situation der Gleichheit zur Bestimmung der Grundverhältnisse ihrer Verbindung annehmen würden. Der Urzustand ist nicht als Versammlung aller Menschen der Vergangenheit, Gegenwart und Zukunft aufzufassen, sondern als rein theoretisch-fiktive Situation, in die jeder eintreten kann in der Absicht, moralisch gerechte, für alle Menschen einstimmig akzeptierbare Urteile zu fällen[59]. Damit solche vernünftigen Urteile überhaupt möglich sind, soll der Schleier des Nichtwissens die hypothetische Position umhüllen. Niemand in der hypothetischen Position kennt seinen Platz in der Gesellschaft, seine natürlichen Gaben (Intelligenz, Körperkraft), seine eigene Vorstellung vom Guten etc., ja nicht einmal die Verhältnisse in seiner Gesellschaft, den Entwicklungsstand von Zivilisation und Kultur oder die Zugehörigkeit zu einer bestimmten Generation[60]. Nur so weiss niemand, wie sich die verschiedenen Mög-

57 Rawls, Theorie, a.a.O., S. 319–337.

58 Hermann Vetter übersetzt „original position" mit Urzustand, was dazu verführt, an einen realen gesellschaftlichen Ursprungszustand zu denken. Die Anmerkung 5 auf S. 29 der „Theorie" deutet darauf hin, dass Rawls zu diesem Ausdruck von Kant angeregt worden ist; dort nimmt er jedenfalls Bezug auf Kants „Metaphysik der Sitten" § 47 und § 52 sowie den 2. Teil des Aufsatzes „Über den Gemeinspruch". Um historische Konnotationen zu vermeiden, gebrauchen wir im folgenden statt Urzustand die von Tugendhat vorgeschlagene Bezeichnung „hypothetische Position" (E. Tugendhat, Zur Entwicklung von moralischen Begründungsstrukturen im modernen Recht, ARSP, Beiheft Nr. 14, 1980, S. 1–20, hier S. 14). Die hypothetische Position steht für ein Verallgemeinerungsverfahren, das aus der Perspektive aller konzipiert ist. Tugendhat resümiert Rawls' Vorschlag folgendermassen: „um zu prüfen, welchen normativen Entscheidungen alle Betroffenen zustimmen können, lasse man hypothetisch alle in eine Position zurücktreten, aus der sie den Interessenkonflikt so wahrnehmen, dass sie nicht wissen, an welcher Stelle innerhalb dieses Konflikts sie selbst stehen, und nun lasse man sie diejenige Lösung wählen, die jedem im Eigeninteresse die beste scheint. Die Wahl in der hypothetischen Position ist also keine moralische, sondern eine im Eigeninteresse, und die Moralität (also die Unparteilichkeit) der Entscheidung wird dadurch erzeugt, dass aus der Position, in der die Wahl geschieht, die Wahrscheinlichkeit, dass jemand innerhalb des Konflikts an irgendeiner Stelle steht, gleich gross ist. Aus diesem Grund reicht es – wie Rawls selbst vermerkt – aus, dass die hypothetische Wahl von einem einzigen durchgeführt wird. Daran wird deutlich, dass die Entscheidung in der hypothetischen Position gar nicht, wie Rawls es hinstellt, ein Vertrag ist. Es handelt sich lediglich um eine gemeinsame Zustimmung. Wenn diese nun sogar von einem einzelnen repräsentativ durchgeführt werden kann, könnte man meinen, das Verfahren unterscheide sich nicht wesentlich von dem Kantischen. Das wäre jedoch ein Irrtum. In der Tat überlegt in beiden Fällen der einzelne, aber bei Kant überlegt er als diese bestimmte empirische Person, welcher Regelung er unter allen Lebensumständen zustimmen könnte, bei Rawls überlegt er, welcher Regelung er zustimmen könnte, wenn er – mit gleicher Wahrscheinlichkeit – irgendeine der verschiedenen Personen wäre" (a.a.O., S. 14 f.).

59 Rawls, Theorie, a.a.O., S. 29.

60 A.a.O., S. 160.

lichkeiten auf seine Interessen auswirken würden; Grundsätze müssten allein unter allgemeinen Gesichtspunkten beurteilt werden.

Rawls führt sein fiktives Verfahren für den speziellen, aber grundlegenden Fall durch, der die Gerechtigkeit der Prinzipien betrifft, die die fundamentale Struktur einer Gesellschaft, Bürgerrechte und soziale Gleichheit festlegen. In diesem grundlegenden Fall nimmt die Entscheidung die Form einer ‚ursprünglichen Übereinkunft' an. Rawls verwendet alle Mühe darauf zu zeigen, dass man sich dabei auf die beiden folgenden Prinzipien und eine Vorrangbestimmung unter ihnen einigen würde:

1. Die fundamentalen Bürgerrechte sind zu gewährleisten; in bezug auf sie gilt strikt die arithmetische Gleichheit. Dieses 1. Gerechtigkeitsprinzip hat Vorrang (vgl. die Anwendung auf die intergenerationelle Fairness am Schluss von III.5.).
2. Ökonomische und soziale Ungleichheiten sind nur dann gerechtfertigt, wenn sie auch den am wenigsten Begünstigten mehr Vorteile einbringen als strikte Gleichheit. Dies ist das 2. Gerechtigkeitsprinzip, aus dem auch folgt, dass Chancengleichheit so weit wie nur möglich zu gewährleisten ist (vgl. wiederum die Anwendung auf die intergenerationelle Fairness am Schluss von III.5.).

Beide Punkte sind vielfältiger Kritik[61] unterzogen worden, auf die wir hier im einzelnen nicht eingehen können, deren Tenor aber ist:

ad 1. Es gibt keinen einheitlichen und scharf umgrenzten Begriff der Bürgerrechte.

ad 2. Fragen der strukturell erzeugten Machtverteilung fallen aus der kritischen Betrachtung heraus, weil die Optik einseitig auf Fragen der Einkommensverteilung gerichtet ist.

Diese Kritik relativierend, möchten wir anmerken, dass zunächst einmal zwei Fragen voneinander zu unterscheiden sind:

1. Die Frage, ob man sich bei einer ursprünglichen Übereinkunft gerade auf die von Rawls genannten Prinzipien einigen würde;
2. die Frage, ob Rawls' Ansatz bei der Idee einer solchen Übereinkunft im Gefolge des aufklärerischen Kontraktualismus vertretbar ist[62].

Der Ansatz ist ein *Egalitarismus zweiter Stufe*, der real zur proportionalen Gleichheit, zur Gleichheit aus Rücksichtnahme bzw. zur Gleichbehandlung führt. Die unparteiliche Wahrnehmung, die darin impliziert ist, ist eine sinnvolle regulative Idee gemäss Kant. Es wird dabei nicht bestritten, dass wir faktisch als sozial konstituierte Identitäten keine Binde der Unwissenheit hinsichtlich unserer Stelle im sozialen Drama tragen. Das Modell dient vielmehr nur dazu, einen Massstab zur Beurteilung von Verhältnissen zu entwickeln, und ist in der Lage, auf sie ein neues Licht zu werfen.

61 Zur Rawls-Diskussion: B. Barry, The Liberal Theory of Justice, Oxford 1973, reprinted with corrections 1975; G. H. Blocker/E. H. Smith (eds.), John Rawls' Theory of Social Justice, Athens, Ohio 1980; N. Daniels (ed.), Reading Rawls, Oxford 1975; M. Ferrera/E. Gastaldo (ed.), Le Ragioni della Giustizia, in: Biblioteca della Libertà, vol. 65–66, 1977; O. Höffe (Hg.), Über John Rawls' Theorie der Gerechtigkeit, Frankfurt/M. 1977; J. P. Sterba, The Demands of Justice, Notre Dame 1980; P. R. Wolff, Understanding Rawls, Princeton 1977. Zur marxistischen Diskussion von Rawls: vgl. die nützliche Bibliographie von Kai Nielsen im Anschluss an seinen Aufsatz „Rawls and the Left", S. 93–97, in: Analyse und Kritik, Heft 1, 1980, S. 74–97.

62 Auf diese Frage geht näher ein: E. Tugendhat, Comments on some Methodological Aspects of Rawls' Theory of Justice, in: Analyse und Kritik, Heft 1, 1979, S. 77–89.

III. 5. *Das Prinzip gerechten Sparens*

Lexikalisch an dritter Stelle – nach dem Prinzip grösstmöglicher gleicher Freiheit und dem Prinzip fairer Chancengleichheit, aber noch vor dem Differenzprinzip – steht bei Rawls *das Prinzip gerechten Sparens.* Gesellschaft wird als ein System gesellschaftlicher Zusammenarbeit über Generationen hinweg begriffen, was wir in II.8. „Kooperation über die Zeiten hinweg" genannt haben.

Die Gerechtigkeitsprinzipien, welche die Beteiligten in der hypothetischen Position wählen sollen, müssen mehreren formalen Bedingungen genügen; sie müssen unter anderem allgemein sein. Allgemeinheit ist deswegen gefordert, weil die Prinzipien der zu wählenden Gerechtigkeitsvorstellung auf unbegrenzte Zeit als Richtschnur der Gestaltung einer fundamentalen gesellschaftlichen Struktur zu dienen haben. Die Formulierung der Prinzipien kann daher nicht allein – interessentheoretisch – auf die konkreten Gruppen einer bestimmten Generation Bezug nehmen. Weil das vom Ansatz dieser Gerechtigkeitstheorie her so statuiert ist, müssen die Beteiligten in der hypothetischen Situation auch festlegen, wie die Lasten der Kapitalakkumulation, die dem unmittelbaren Konsum Mittel entzieht, auf die Generationen zu verteilen sind. Die Pflicht zur Kapitalakkumulation ergibt sich zunächst aus den Gerechtigkeitsprinzipien. Sind gerechte Institutionen allmählich fest verankert, so tritt diese Pflicht zusehends in den Aufmerksamkeitshintergrund[63]. Den Beteiligten kommt es darauf an, ein Prinzip zu wählen, das alle vorangegangenen Generationen auch befolgt haben würden. Diese Überlegung revidiert die Motivationsannahme, die Rawls in „A Theory of Justice" (1971) noch unterstellt hatte. Dort ist er nämlich von der moralpsychologischen Motivation der Beteiligten ausgegangen, dass sie sich *als Vertreter ganzer Nachkommenslinien* um die späteren Generationen kümmern würden[64]. In der deutschen Ausgabe „Eine Theorie der Gerechtigkeit" (1975) stehen die *alte Motivationsannahme* und die *neue Überlegung* nebeneinander[65]. Später (1978) wird die Motivationsannahme ganz fallengelassen[66]. Auch bei Einführung der neuen Bedingung lässt sich indes das *Differenzprinzip* nicht anwenden, da spätere Generationen zur Lage der früheren nichts mehr beitragen können. Ebenso würde in der hypothetischen Position ein allein auf dem *Nutzenprinzip* beruhender Spargrundsatz verworfen, weil er den früheren Generationen keine Grenzen der Zumutung mehr setzen *könnte*[67]. Rawls selbst siedelt sein eigenes, relativ vages Sparprinzip zwischen der Bereitschaft, für die nächste Generation zu sparen, und der Erwartung gegenüber früheren Generationen auf Gespartes an[68]. Damit glaubt er, der ‚utilitaristischen Beliebigkeit', die Zukunft zu diskontieren, Einhalt gebieten zu können. Lexikalisch an vierter Stelle folgt das Differenzprinzip: Sind die Mittel, die gerechterweise für die nachfolgenden Generationen aufzusparen sind, einmal festgelegt, hat man sich den am wenigsten Begünstigten zuzuwenden[69].

63 Rawls, Theorie, a.a.O., S. 323. Ist die Gesellschaft in der Grundstruktur erst von beiden Gerechtigkeitsprinzipien bestimmt, soll sie nicht mehr endlos wachsen. Dazu: J. Rawls, Fairness to Goodness, in: The Philosophical Review 84, 1975, S. 545.

64 J. Rawls, A Theory of Justice, 1971 by the President and Fellows of Harvard College, 1971, S. 128 f., 291 f.

65 Rawls, Theorie, a.a.O., S. 151, 323.

66 J. Rawls, The Basic Structure as Subject, in: A. Goldman/J. Kim (eds.), Values and Morals. Dordrecht/Boston/London, S. 58, S. 70 f., Anm. 11.

67 Rawls, Theorie, a.a.O., S. 321.

68 A.a.O., S. 319–327.

69 Zur Definition der am wenigsten Begünstigten vgl. Rawls, Theorie, a.a.O., S. 118 f. und J.

Von dieser Ausgangslage aus müssten nun faire Aussagen über die intergenerationelle Gerechtigkeit theoretisch konsistent sein – Aussagen über eine gerechte Sparrate, weil Rawls Gerechtigkeit zwischen den Generationen auch als Verteilungsgerechtigkeit auffasst. An diesem Punkt aber wechselt Rawls die Spur seiner Argumentation: Wer immer sich die hypothetische Position zu eigen macht, um den gerechten Spargrundsatz zu bestimmen, tut dies im Bewusstsein, dass alle andern, die ebenfalls in den Urzustand eintreten, seine Zeitgenossen sind, weil ja nur die Gegenwart als Zeitpunkt des Eintritts und der Urteilsfällung denkbar ist. Dieses Faktum wird vom Schleier des Nichtwissens per definitionem nicht verdeckt. Aus der Annahme, dass Menschen frei nach den eigenen Interessen urteilen, folgt, dass alle Menschen ihre eigene Generation bevorzugen würden, d.h. sie lehnen es ab zu sparen[70].

Rawls trifft in der Folge intuitionistische Zusatzannahmen: „erstens . . . , dass die Beteiligten Vertreter von Nachkommenlinien sind, denen jedenfalls ihre näheren Nachkommen nicht gleichgültig sind; und zweitens, dass der beschlossene (Spar-) Grundsatz so beschaffen sein muss, dass sie wünschen können, alle früheren Generationen möchten ihn befolgt haben. Diese Bedingungen zusammen mit dem Schleier des Nichtwissens sollen dafür sorgen, dass sich jede Generation um alle kümmert"[71]. Die unscharf formulierte Annahme der Bindung an die Nachkommen führt nach Rawls direkt zum gerechten Spargrundsatz: Die Beteiligten in der hypothetischen Position, die ja nicht wissen, welcher Generation sie angehören, wünschen, dass alle Generationen grundsätzlich sparen (denn davon wären sie ja prinzipiell auch betroffen), und wägen zudem ab, wieviel sie für ihre näheren Nachkommen zu sparen bereit sind. Natürlich hat jedes geschichtliche Entwicklungsstadium seine eigene Sparrate. Sparen umfasst nicht nur die Menge von Realkapital, die in ‚Fabriken' erzeugt wurde, sondern auch die Menge, welche die geschichtliche Entwicklung in Form von Wissen, Fähigkeiten, Methoden, gerechten Institutionen etc. bereitgestellt hatte.

Schliesslich bringt Rawls den Grundsatz der gerechten Sparrate in Einklang mit den anderen Gerechtigkeitsgrundsätzen. Weil entsprechend dem ersten Grundsatz jeder gleiches Recht auf das umfangreichste Gesamtsystem gleicher Grundfreiheiten hat und weil das Sparen eine Bedingung für die vollständige Verwirklichung gerechter Institutionen und der gleichen Freiheiten für alle ist, dürfen die Generationen nicht bloss wegen ihrer früheren oder späteren Existenz verschieden behandelt werden. Aus dem zweiten Grundsatz (soziale und wirtschaftliche Ungleichheiten müssen so beschaffen sein, dass sie unter Einschränkung des gerechten Spargrundsatzes die am wenigsten Begünstigten am meisten bevorteilen und dass sie mit Ämtern verbunden sind, die allen gemäss fairer Chancengleichheit offenstehen) folgt, dass „in jeder Generation" die „Aussichten zu maximieren (sind), nachdem die beschlossenen Ersparnisse beiseite gelegt worden sind"[72]. Den ersten Vorrang erhält die Stärkung des Gesamtsystems der Freiheit, den zweiten Vorrang die Gleichheit: „Wenn die Bedingungen der Gerechtigkeit auf dem Gebiet des Sparens übertreten werden sollen, muss gezeigt werden, dass diejenigen, die von der Ungerechtigkeit getroffen werden, sonst noch grösseren Schaden leiden würden"[73]. Und: „Eine

Rawls, Social Unity and Primary Goods, in: A. Sen/B. Williams (eds.), Utilitarianism and Beyond, Cambridge 1982, S. 162–164.

70 Rawls, Theorie, a.a.O., S. 163.

71 A.a.O., S. 323.

72 A.a.O., S. 326.

73 A.a.O., S. 334.

besonders hohe Sparrate muss insgesamt die Last der von ihr Betroffenen mildern"[74].

III. 6. *Dichotomie in Rawls' Theorie*

Die Kritik an Rawls setzte bei seinen theoretischen Grundlagen ein und wurde zuerst von Brian Barry formuliert. Rawls habe, so schreibt Barry[75], seine Theorie aus zwei einander diametral entgegengesetzten Gerechtigkeitskonzepten konstruiert, aus Humes Bedingungen der Gerechtigkeit und Kants Gerechtigkeitsideal der hypothetischen Zustimmung; beim Versuch der Integration verstricke sich Rawls in eine Reihe von Widersprüchen, die es im folgenden genauer zu beleuchten gilt.

Versucht man, Humes Ansatz der Gerechtigkeit als vernünftige gesellschaftliche Praxis aus Rawls' Theorie herauszuschälen, so ergibt sich verkürzt eine erste Argumentationslinie[76]: Die Menschen entscheiden rational und frei in einer Situation der ungefähren Gleichheit und gegenseitigen Verwundbarkeit in der Verfolgung ihrer eigenen Interessen. Rawls selber doppelt nach: „Das bedeutet nicht, dass sie Egoisten wären ... Sie werden aber so vorgestellt, dass sie kein Interesse an den Interessen anderer nehmen"[77]. Weil nun alle Menschen sich heute als Zeitgenossen wissen, auch wenn sie sich in den fiktiven Urzustand hineindenken, so haben sie kein Interesse daran, für die nachfolgenden Generationen zu sparen. Um aber – wie es Rawls ausdrückte – „zu einem brauchbaren Ergebnis zu kommen"[78], unterstellte er, dass ihnen die näheren Nachkommen nicht gleichgültig sind. Allein: Diese Bedingung an sich ist möglicherweise zu schwach, um eine Sparpflicht abzuleiten.

Verschiedene Autoren bemühten sich darum, diese Schwachstelle abzudichten. Hubin z.B. empfahl, den Schleier des Nichtwissens ex ante auch auf das Wissen um den Zeitpunkt des Eintretens in die hypothetische Position auszudehnen, gewissermassen das Kantische Element zu Lasten des Humeschen zu stärken, so dass die Beteiligten nicht mehr mit dem Bewusstsein, Zeitgenossen zu sein, moralische Urteile fällten[79]. Als andere Möglichkeit schlug Hubin vor, die begründete Annahme zu treffen, dass es eine Eigenschaft der menschlichen Psyche sei, die Interessen der Kinder und Kindeskinder als eigene zu betrachten[80]. Diese Annahme liesse sich durchaus mit der Humeschen Bedingung der „relative selfishness" vereinbaren. Damit lassen sich jedoch Pflichten künftigen Generationen gegenüber in keiner Weise moralisch rechtfertigen. Allerhöchstens könnte Hubin fordern, ein nutzenmaximierendes Rechtssystem müsse auch diesen Teil der individuellen Interessen zugunsten der lebenden Generationen schützen. Barry löste den starren Generationenbegriff auf und erweiterte ihn dergestalt, dass einem Angehörigen einer bestimmten

74 A.a.O., S. 337.

75 Barry, Circumstances of Justice and Future Generations, a.a.O., S. 229 ff. Ausführlicher und grundsätzlicher noch: ders., The Liberal Theory of Justice, a.a.O.; Barry verfolgt allerdings einen ganz anderen als ‚fairnesstheoretischen' Ansatz, den man als ‚interessentheoretisch' bezeichnen könnte (vgl. auch ders., Political Argument, London 1965 sowie ders., Sociologists, Economists, and Democracy, Chicago ^{2}1978).

76 Vgl. Peter S. Wenz, Ethics, Energy Policy, and Future Generations, in: Environmental Ehtics, Nr. 3, 5 (1983), S. 195–209, hier S. 201 ff.

77 Rawls, Theorie, a.a.O., S. 30.

78 A.a.O., S. 323.

79 Hubin, a.a.O., S. 75.

80 A.a.O., S. 76.

Generation nunmehr nicht nur ephemere momentane Bedürfnisse zugeschrieben werden. Hat er gemäss durchschnittlicher Lebenserwartung noch Jahrzehnte zu leben, so würde er unvernünftig handeln, wenn er seine späteren Interessen seinen gegenwärtigen opfern würde: „Morality is at basis no more than mutual self-defence“[81]. Noch etwas weiter ging Edwin Delattre: Weil sich immer mindestens zwei Generationen überschneiden, müssten die Erwachsenen aus dem Grundsatz der Rechtsgleichheit heraus den Jungen den Anspruch auf Befriedigung der zukünftigen Bedürfnisse ebenfalls zugestehen[82].

Einen klaren Schluss ermöglicht diese Rawls-Hume-Diskussion aber insoweit, als der, welcher Gerechtigkeit ausschliesslich als rationale gesellschaftliche Praxis begreift, keine in einem speziellen Sinne begründeten moralischen Rechte (vgl. II.8.) für künftige Generationen, wohl aber Pflichten ihnen gegenüber beanspruchen kann. Dies gilt ebenso für alle Konzeptionen, die sich von Humes „circumstances“ gelöst haben, also sowohl für Goldings „moral community“ (soziale Ideale definieren moralische Gemeinschaft, die sich über Generationen erstreckt; soziale Ideale verursachen Pflichten der ganzen moralischen Gemeinschaft gegenüber[83]), als auch für Partridges „self-transcendence“ (alle wollen erhalten, was sie für gut befinden: die Natur, die Lebensumstände, ja die Menschheit selber; Ausnahmen sind allein pathologisch begründet[84]). Bei entsprechenden Annahmen lassen sich höchstens Pflichten zugunsten künftiger Generationen feststellen, die bloss eine Art „Abfallprodukt“ derjenigen Pflichten darstellen, welche wir begründeterweise den lebenden Individuen schulden. Von den zukünftigen Generationen her betrachtet sind damit jedoch Rechte dieser zukünftigen Generation begründet: Den Pflichten korrespondieren Rechte!

Es gilt nun die zweite, die Kantische Linie aus Rawls' Theorie herauszudifferenzieren. Barry meint dazu: „The essence of the Kantian theory is that the principles of justice are constituted by a hypothetical choice made by an individual under conditions that ensure that his choice has universal validity: . . . by a nonmental self, that is to say an individual stripped of all particular attributes“[85]. Das impliziert also, dass Rawls' Schleier des Nichtwissens auch das Wissen, Zeitgenossen zu sein, zudecken muss, was Hubin vorschlug, und dass die Bedingungen Humes, die in der hypothetischen Position herrschen sollen, aufgegeben werden müssen, weil wir nicht annehmen können, dass sie immer gelten werden. Das heisst, dass moralische Urteile nicht ihre Geltung verlieren können, wenn Humes Bedingungen nicht mehr gegeben sind: sie müssen vielmehr universal gelten. Aus dieser theoretischen Situation heraus können wir heute moralisch begründete Prinzipien aufstellen und aus ihnen Rechte und Pflichten deduzieren, so zum Beispiel: Alle Generationen haben Anrecht auf die lebenswichtigen Ressourcen Luft, Wasser und Boden; keine Generation darf deren Bestand verringern (was in dieser Rigidität jedoch als unhaltbare Forderung erscheint, die jede industrielle Produktion ausschliessen müsste, H.K.); alle Generationen haben ferner Anrecht auf die gleichen Wohlstandschancen; jede Generation, die nicht erneuerbare Ressourcen mengenmässig beansprucht,

81 B. Barry, Justice between Generations, in: Law, Morality, and Society. Essays in Honour of H. L. A. Hart, hg. von P. M. S. Hacker und J. Raz, Oxford 1977, S. 268–284.
82 Vgl. dazu Wenz, a.a.O., S. 202.
83 Golding, Obligations to Future Generations, a.a.O.
84 E. Partridge, Why Care About the Future?, in: Responsibilities to Future Generations, a.a.O.
85 Barry, Circumstances, a.a.O., S. 334.

muss mittels innovativer Technologie für die nächste Generation die gleichen Chancen wiederherstellen[86],[87].

Rawls selber benützt seine Version des ‚ursprünglichen Vertrags' lediglich, um zu Erkenntnissen über den gerechten Spargrundsatz zu kommen. Lässt sich aber Gerechtigkeit zwischen den Generationen auf eine Sparquote reduzieren? Das hängt davon ab, wie eng man Sparen definiert. Aufgrund seiner Annahme, wir seien nur an unseren näheren Nachkommen interessiert, sieht Rawls auch nur ein kurzfristiges Gerechtigkeitsverhältnis vor, denn realistischerweise kann es ein transgenerationelles Sparen gar nicht geben. Unter neoklassischen Annahmen egoistischer Individuen mit begrenzter Zeitdauer entsteht transgenerationelles Sparen über ein System sich überlappender Zukunftsmärkte. Möglicherweise lässt sich zeigen, dass Sparverhalten auch dann abgeleitet werden kann, wenn das System der Zukunftsmärkte unvollständig ist[88]. Der Einbezug intergenerationeller Interessen spiegelt sich zunächst beim Sparen und Vererben. Hierbei handelt es sich zumeist um ein Verhalten, das unmittelbar auf die Nachkommen der eigenen Familie hinzielt. Die Individualisierung solcher Vorsorge empfinden wir indessen gerade als ungerecht. Andererseits fällt das familienbezogene Vorsorgeprinzip dahin, wenn das Wohlergehen zukünftiger Individuen nur marginal von geerbten materiellen Gütern abhängt. Die Wohlfahrt zukünftiger Generation ist ein zukünftiges *öffentliches* Gut. Der Anreiz, dieses Gut heute zu produzieren, ist nicht bloss deshalb schwach, weil eine hohe Zeitpräferenzrate den Wert dieses Gutes senkt, sondern zusätzlich auch deshalb, weil es ein öffentliches Gut mit den bekannten Problemen der Produktion öffentlicher Güter ist. Die Produktion geschieht erst dann, wenn Institutionen einer gerechten Gesellschaft die Garantie übernehmen, dass persönliche Verzichte so mit anderen Verzichten kombiniert werden, dass kollektiv ein Produkt erzeugt wird, dessen Nutzen die jeweiligen persönlichen Verzichte übersteigt. Die *Verzicht-Hypothese* trifft ins Mark der strukturellen Herrschaftsproblematik (die mit den Anwendungsbedingungen der Ware ‚Arbeitskraft' zu tun hat): Wer soll auf wieviel verzichten, und wer bestimmt darüber? An diesem Punkt mündet die Theorie der gerechten Gesellschaft direkt in die gesellschafts- bzw. *ordnungspolitischen Auseinandersetzungen* ein (also Diskussionsebene (1) und (4) in die Diskussionsebene (5), womit (1) und (4) unvermeidlicherweise ihre gesellschaftspolitische Neutralität aufgeben, vgl. Teil I.).

Unterstellt man, dass jede Generation nur die Interessen ihrer noch ungeborenen eigenen Kinder in ihr eigenes Wohlergehen einbezieht, so sind – via unendlichem Regress – die Interessen *aller* künftiger Generationen in den heutigen Interessen „diskontiert". Will man die Diskontierungsrate erhöhen, um damit das Gewicht künftiger Wohlstandswerte in den heutigen politischen und ökonomischen Entscheiden zu erhöhen, müsste man wohl die politische und ökonomische Macht (bzw. Kaufkraft) derer erhöhen, deren Präferenzen in besonders starkem Mass vom Wohlergehen der noch nicht geborenen nächstfolgenden Generation bestimmt werden. Wir können zwar für die nächste Generation etwas übrig lassen, können uns hingegen keinesfalls versichern, ob die nächste Generation ebenso handle und, falls auch sie etwas übrig lässt, ob unser Erspartes im Sinne einer Investition positi-

86 Vgl. die Camping-Platz-Metapher in: Galen K. Pletcher, The Rights of Future Generations, in: Responsibilities to Future Generations, a.a.O., S. 168.

87 David A. J. Richards, Contractarian Theory, Intergenerational Justice, and Energy Policy, in: Energy and Future, hg. von D. MacLeanand und P. Brown, Totowa, N.J. 1983.

88 Zur Kapitalmarkttheorie existiert eine unübersehbare Literatur.

ve Effekte erzeugt oder ob schon die übernächste Generation mit dem von uns gesparten Realkapital nichts mehr anzufangen weiss[89]. Müssten wir uns im Sinne des theoretischen Ansatzes nicht eher darauf konzentrieren, Schaden zu verhüten? Das von Rawls postulierte Sparprinzip und die daraus ableitbare Forderung, die Nachwelt sei besser zu stellen oder könne besser gestellt werden, lässt sich aus der hypothetischen Position nicht begreifen, umso mehr hingegen das Prinzip der Schadenverhütung. Wir meinen, dass Schadenverhütung respektive Verhinderung von Ressourcenraubbau unter das von Rawls postulierte gerechte Sparen zu bringen ist. Netto-Sparen geht in der Rawlsschen Vorstellung wohl einher mit der Weitergabe intakter Kapitalbestände (im ganz weiten Sinn des Wortes). Die praktische Schwierigkeit bleibt freilich, dass Rawls keine konzeptuellen Vorschläge zu den interessierenden Problemen anbietet; daraus sollte aber nicht voreilig geschlossen werden (ebensowenig wie vorhin bei der Diskussion des Utilitarismus), dass sie innerhalb seines Ansatzes grundsätzlich nicht in den Griff zu bekommen wären (es bedürfte dazu lediglich weiterer einleuchtender Argumente und Informationen).

Aber auch bei der Verhütung von Schäden durch die lebende Generation besteht keine Gewissheit, dass die nächsten Generationen nicht zu Lasten der ganz entfernten Generationen die Umwelt verschmutzen. Doch wenn es um die Verhinderung schädlicher Technologien geht, sei – so Barry – mit einem „sleeper-effect" zu rechnen: Schädliche Technologien, die wir der nächsten Generation nicht überliefern, würden aus dem Bewusstsein der Menschen verschwinden[90]. Wie Implikationen des Sparens einerseits und die Schadenverhütung andererseits auch sein mögen, die Tatsache, dass Rawls nur vom Sparen spricht, interpretiert Hubin als grundlegenden gedanklichen Fehler, den Rawls deshalb begeht, weil er seinen Begriff der sozialen Gerechtigkeit auf die Zeitdimension ausdehnt, weil er also die Gerechtigkeit innerhalb einer Generation strukturell analog begreift wie die Gerechtigkeit zwischen den Generationen[91]. Allein, man kann sich fragen, warum das ein Fehler sein soll. Wir jedenfalls möchten zumindest den Akzent auf die Rawlssche Seite des Grundproblems legen (vgl. IV.), wohlwissend, dass damit nicht schon alle Einzelprobleme innerhalb des Grundproblems abgedeckt sind, zu deren Lösung noch weitere Argumente und Informationen hinzukommen müssen.

III. 7. *Wie rechtfertigt Rawls seine Norm des gerechten Handelns zwischen Generationen?*

Rawls' Herleitung des gerechten Spargrundsatzes kann bei näherer Betrachtung nicht recht überzeugen[92]. Warum? Zwar entwickelt Rawls den Ansatz des gerechten Spargrundsatzes aus der theoretischen Entscheidungskonstellation der hypothetischen Position: Der einzelne soll evolutionär und sozialperspektivistisch ungebunden, nach freiem Willen und als vernünftig denkender Mensch Handlungsanweisungen gewinnen, die allein durch die Bedingungen ihres Zustandekommens verallgemeinerungsfähig sind. Doch dann muss er eingestehen, dass der Schleier des Nichtwissens, sein Universalisierungsgrundsatz, zu dicht gewoben ist, als dass er

89 Barry, Justice between Generations, a.a.O., S. 276.
90 A.a.O., S. 277.
91 Hubin, a.a.O., S. 79.
92 Im folgenden beschränken wir uns auf das betreffende Kapitel in der deutschsprachigen „Theorie", a.a.O.

von allen Entscheidungswilligen durchdrungen werden könnte. Es bleibt dem Moralphilosophen vorbehalten, sich gewissermassen als Experte in die hypothetische Position hineinzudenken, aus dem Schleier des Nichtwissens alle ichbezogenen Interessen herausfiltern zu lassen und verallgemeinerungsfähige Normen zu gewinnen. Rawls sieht aber zu Recht ein, dass selbst auch solche korrekt gewonnenen Normen nicht eine soziale Geltung erlangen können. Deshalb verwirft er kurzerhand die ethische Rechtfertigung des Spargrundsatzes durch die hypothetische Position mit dem Hinweis darauf, dass die Eintrittszeit in diese Position die jeweilige Gegenwart aller sei und dass sie das Sparen zugunsten künftiger Generationen, weil alle wüssten, dass sie Zeitgenossen seien, ablehnen würden. Diesen Einwand können wir jedoch nur als Vorwand interpretieren, denn theorie-immanent spricht nichts dagegen, den Schleier des Nichtwissens auch auf das Wissen, Zeitgenosse zu sein, auszudehnen. Damit könnte Rawls seinen Ansatz retten. Allerdings bleibt zweideutig, was hier Zeitgenosse heisst: 1. Zeitgenosse in bezug auf eine Phase p oder 2. Zeitgenosse in bezug auf die anderen Vertragspartner.

Rawls beginnt nochmals von vorne, um die intergenerationelle Verteilungsgerechtigkeit zu begründen – nun aber ausserhalb des autarken moralphilosophischen Diskussionsrahmens. Er greift auf empirisch-psychologische Annahmen über menschliche Verhaltensweisen zurück, mit denen sich plausibilisieren lässt, dass der Mensch am Wohlergehen seiner näheren Nachkommen interessiert sei. Auf diese Weise kann er die künftigen Generationen wieder in die Diskussion einbeziehen; diesmal treten sie aber nicht als Subjekte mit eigenen Interessen auf, sondern als „Wunschprojektionen" der gegenwärtigen Generation: Ihre Interessen fallen nach Rawls mit denen der Lebenden zusammen. Folglich kann Gerechtigkeit künftigen Generationen gegenüber ‚nur' als Nebenprodukt eines Interessenausgleichs innerhalb der gegenwärtigen Generation gedacht werden; eine ‚autonome' moralphilosophische Begründung kann (und will) Rawls offenbar gar nicht geben. Augenfällige Widersprüche zwischen seinen Axiomen und intuitionistischen Ergänzungen – wie z.B.: die Menschen hätten kein Interesse an den Interessen anderer und seien doch am Wohl ihrer Nachkommen interessiert – scheinen ihn nicht weiter zu stören.

IV. *Schlussfolgerungen und ein Versuch, wie erweiterte Verantwortung gesellschaftliche Praxis werden könnte*

Aus den bisherigen Darlegungen ergeben sich für uns drei Schlussfolgerungen, die wir so verstehen möchten, dass sie bestimmte Spuren ziehen sollen. Die *erste Spur* kanalisiert die moralische Problemstellung auf inhaltliche Pflichten in bezug auf künftige Generationen. Probleme wie Hunger, Naturzerstörung, nukleare Macht u.a.m., die schon heute unerträglich sind, müssen politisch, d.h. schrittweise und mit langfristigen Strategien angegangen und gelöst werden: Das wäre *futurische* und zugleich *intensiviert präsentische Ethik in politischer Verantwortung*. Vordringlich ist es, solche Strategien zu entwickeln und durchzusetzen. Künftige Generationen werden daran weiterarbeiten, und das gibt den Pflichten in bezug auf sie ihr moralisches Gewicht. Wir müssen, politisch gedacht (vgl. II.8.), ihnen und uns gegenüber das Dringende vom Nötigen trennen und beide vom nur Wünschbaren scheiden.

Dies bringt uns auf eine *zweite Spur*, die zur *Theorie der gerechten Gesellschaft* führt: Beide, Utilitarismus und Rawls' Fairnesstheorie, führen hier ein Stück weit und sind für eine gerechte Praxis gleichermassen unaufgebbar[93]. Wir glauben, dass die Argumentation – will sie es vermeiden, in metaphysische Kleider zu schlüpfen – die Struktur haben muss, die zeigen kann, dass die Möglichkeiten von morgen und übermorgen mit zur Realität von heute gehören. Eine Welt, die morgen keine Zukunft mehr hat, ist schon heute unerträglich. In Analogie zur Ökonomie liesse sich sagen: Ein Aktivum, von dem bekannt wird, dass es in irgendeinem Übermorgen seinen Wert verliert, verliert von seinem Wert schon heute. Auf strukturell analoge Weise findet eine kulturelle Diskontierung von Zukunftsmöglichkeiten statt. Die Durchsetzung des Sparprinzips findet hingegen durch Selektion statt, indem Gesellschaften, die ihre Ressourcen verschleudern, weil sie den Spargrundsatz nicht internalisieren, wohl aussterben werden. Wiederum in Analogie zur Ökonomie liesse sich sagen, dass Firmen normalerweise nicht aus ethischen Gründen sparen, sondern weil andernfalls ihre Zukunftsaussichten als schlecht bewertet würden und daher der Wert ihrer Aktiven schon heute fiele.

Die gerechte Gesellschaft ist nicht nur dadurch gekennzeichnet, dass sie der Lösung der oben genannten, ja tatsächlich unerträglichen Probleme näherkommt, sondern vorgängig und vor allem auch durch Subjekte einer erweiterten gesellschaftlichen Verantwortung. Verantwortungspathetik als Indiz der realen Ohnmacht hilft an dieser Stelle jedoch ebensowenig weiter wie die blosse Rede von den Rechten künftiger Generationen. Also müssen wir noch eine *dritte Spur* verfolgen: Wie lässt sich *erweiterte Verantwortung* wahrnehmen, damit die geforderte Gerechtigkeit gesellschaftliche Realität wird?

‚In Gesellschaft leben' heisst in einer komplexen Gesellschaft vor allem, ‚in Organisationen als Mitglied handeln', daher gilt es den Funktionskontext von Organisationen genauer ins Auge zu fassen; „vor allem" – das heisst hier auch vor dem zu Recht so betonten kommunitären Leben (Brüderlichkeit, Konvivialität), das in einer hochdifferenzierten Gesellschaft nicht mehr als gesamtgesellschaftliches Bewegungsprinzip etabliert werden kann. Das Prinzip der kommunitären Selbstorganisation – ich denke an Selbstorganisation der Arbeit, Quartierdemokratie, partizipatorische Planung, autonome Zentren u.a.m. – kann indessen als Korrektiv verstanden und eingesetzt werden, was wiederum eine gelungene Aggregation der Rationalitätsgewinne insgesamt voraussetzt: Eine *gesellschaftliche* Abstimmung nicht nur zwischen den verschiedenen Interessengruppen, sondern darüber hinaus zwischen den verschiedenen Rationalitätsmodi der Vergesellschaftungsmedien ‚Staat', ‚Markt' und ‚kommunitäres Leben'. Mit der Erweiterung und Intensivierung diskursiven und partizipatorischen Handelns wäre die Basis für einen erweiterten Begriff von Verantwortung geschaffen. Gewonnen wäre indes erst dann, wenn es von da aus gelänge, in die gesellschaftsstrukturell erzeugten Arenen anonymisierter Verantwortung[94] vorzudringen. Dieser Versuch würde davon leben, dass sich die

93 Die metatheoretische Diskussion über Rawls' Utilitarismuskritik haben wir absichtlich in den Hintergrund geschoben, weil wir, unabhängig davon, wie weit Rawls gegen die Utilitaristen im Recht ist, utilitaristische Erwägungen in unserem Problemkreis für unerlässlich halten. Ebenso unerlässlich sind freilich die Restriktionen, die aus Rawls' Gerechtigkeitstheorie hervorgehen. Innerhalb dieser Restriktionen bleibt dann allerdings noch ein breites Feld für Optimierungsmöglichkeiten, die utilitaristische Positionsbezüge erlauben.

94 Der gesellschaftsstrukturell erzeugten Anonymisierung der Verantwortung korrespondiert im Verständnis der soziologischen Klassik (Durkheim, Simmel, Parsons) die chancenreiche Individualisierung, genauer: Individualisierung der Selbstdarstellung. Um anzudeuten, was wir soziologisch unter anonymisierter Verantwortung, die durch soziale Integration über Partizipation wenigstens partiell abgebaut werden könnte, verstehen, stichwortartig folgendes:

Sozialität kommunitär entfalten würde: erweitert in den gesellschaftlichen Bereich hinein und erweitert in der Lebensform des Individuums[95], womit Hinweise zu einer veränderten Lebensform insgesamt gegeben wären (vgl. Teil I, Diskussionsebene (1): Theorie der gerechten Gesellschaft, erweiterter Verantwortungsbegriff, veränderte Lebensform). Ohne Zweifel ist es so, dass in einer Organisationsgesellschaft, als die sich die komplexe, hochdifferenzierte Gesellschaft konkretisiert hat, die Ebene der Zurechenbarkeit individuellen Handelns gegenüber dem organisatorisch gesteuerten Gesamthandeln, was die Folgen betrifft, nur ein gering zu veranschlagender Ansatzpunkt ist. Wenn wir nach dem Fokus erweiterter Verantwortung suchen, so heisst das indessen nicht, dass es dabei um einen Übergang oder Überstieg vom individualistischen Konzept der Verursacherverantwortung, die ex post zugeschrieben wird, zu einem erweiterten Konzept, das prospektiv ausgerichtet ist, geht – so, als ob jene wegfallen könnte. Man darf nicht vergessen, dass die individualistische Konzeption human-entlastend auf Handlungsresultate zuge-

- Delegation der Verantwortung in Hierarchien;
- Verantwortung bleibt unbewusst, wird weder empfunden noch verdrängt, wenn soziales Handeln sich auf einer mittleren Ebene bewegt und dessen normative Strukturen nicht bewusst sind (E. Durkheims mechanische Solidarität);
- noch radikalisiert: die These von der dehumanisierten Gesellschaft, deren normfreie, über generalisierte Kommunikationsmedien gesteuerten Handlungsbereiche sich ausdehnen (Organisationsgesellschaft: N. Luhmann);
- das dominante Sozialsystem ‚Organisation' verklammert Subjekt und Sozialstruktur in einer Weise, die Bewusstsein und Konstitution der Subjekte nicht unberührt lässt. Diesseits von krisentheoretischer Fragestellung (Kolonialisierung der Lebenswelt) und systemtheoretischer Entkoppelungsthese (Interpenetration), können diese Veränderungen eruiert werden als
  - sektorielles Denken aufgrund des Durchhaltens von Rollentrennungen sowie der Scheidung in privat und öffentlich;
  - Indifferenz in Reaktion auf Umstellungsfähigkeit und Austauschbarkeit;
  - Konkurrenzstreben, welches die Systemimperative individuell wiederholt.
  - in wissenssoziologischer Perspektive lässt sich die moderne Selbstdeutung des Individuums wie folgt charakterisieren:
    - als besonders offen und wandlungsfähig;
    - als zugleich ungewiss und labil;
    - als Verdrängung des Sozialen dadurch, dass sie sich selber ins Zentrum des Erlebens und der Betrachtung rückt (T. Luckmann, Lebenswelt und Gesellschaft, Paderborn 1980, S. 123–160).
  - Baudrillard spricht vom „entfinalisierten Raum-Zeit-Gefüge des Codes", in dem es keine Intentionalität und keinen Sinn mehr geben kann, sondern nur noch die Simulation, (J. Baudrillard, Der symbolische Tausch und der Tod, München 1982, S. 10).
  - die Inter-Gruppen-Mobilität betreffend Sekundärgruppen und Mitgliedschaften (Ch. H. Cooley, H. Popitz u.a.), die Kreuzung sozialer Kreise (G. Simmel);
  - die Entfremdung von Rollen in den Interaktionsritualen (E. Goffman) sowie die facettenreiche Rollenpathologie (H. P. Dreitzel).

Marx' Tauschwertabstraktion, Durkheims mechanische Solidarität, Webers Rationalisierungstheorie, Luhmanns Theorie der dehumanisierten Gesellschaft und Baudrillards Theorie der Simulation belegen alle gleichermassen den Zusammenhang von gesellschaftlicher Systemdifferenzierung und einem Indifferenzsyndrom beim Subjekt, das im Zusammenhang mit der These von der Individualisierung der Selbstdarstellung, die dem zu widersprechen scheint, noch eingehendere Analysen erfordern würde.

95 Ein ‚dialektischer' Prozess, wozu N. Luhmann sagen würde: „ein Appell an Magie" (ders., Individuum und Gesellschaft, in: Universitas, Jan. 1984, S. 6). Wir verstehen ‚Dialektik' hier jedoch ganz pragmatisch so, dass Einzelne oder Gruppen ihre Ansprüche im Kleinen unspektakulär (unspekulativ) umsetzen, und nicht im Sinne dialektischer Gesellschaftstheorie, die den Erzeugungsprozess der Gesellschaft einem geschichtlich sich konstituierenden Gattungssubjekt zurechnet (Hegel und Varianten eines ‚hegelianischen' Marxismus); auf letztere könnte Luhmanns Einwand allenfalls zutreffen.

schnitten ist, die ‚kausal' in der Handlungsmacht des Individuums liegen. Wie man auch immer handlungs- und wissenschaftstheoretisch die ‚Kausalität' des Akteurs interpretiert[96], soziologisch-strukturtheoretisch gesehen, ist dies jedenfalls in der Regel wenig. Also soll *neben* die unaufgebbar individuelle Verantwortung eine erweiterte gesellschaftliche Verantwortung, der wir noch etwas weiter nachspüren wollen, treten. Gesellschaftliche Verantwortung ist selbstverständlich eine abgeleitete Form moralischer Verantwortung[97], doch möchten wir sie gerade nicht im Sinne einer moralischen Überforderung des Individuums, wie sie historisch vielfältig von der moralischen Verantwortung – als Culpabilisierung des Gewissens – bekannt ist, verstehen. Sie liegt zugleich ‚unterhalb' und ‚oberhalb' dessen, was normalerweise als moralische Anforderung an uns ergeht. ‚Unterhalb' insofern – und deshalb das Gegenteil von moralischer Überforderung –, als diese Erweiterung von Verantwortung in kooperative Strukturen, die ihrerseits voraussetzen, dass sich die Sozialität kommunitär entfaltet hat, förmlich eingebettet ist; die Verantwortung wird also distribuiert, so dass man in solchen Zusammenhängen auch Verantwortung für das trägt resp. einübt, was man gemäss der traditionellen Handlungsresultatsverantwortung nicht verantworten kann[98] oder wofür man – je nach dem – als einzelner die

96 Sozial relevant wird diese Frage bei der Schuldzurechnung und der moralischen Legitimation des Strafens. Vgl. G. H. von Wright, Freedom and Determination, Acta Philosophica Fennica 1980; W. Vossenkuhl, Free Agency, in: Grazer Philosophische Studien 14, 1981, S. 113–132; Schuld und Verantwortung (Hg. H. M. Baumgartner/A. Eser), Tübingen 1983.

97 Verantwortung ist ein dreistelliger Begriff: *jemand* ist *für* etwas oder jemandem *gegenüber* etwas oder jemandem verantwortlich. ‚*Rechtlich*' können wir ‚zur Verantwortung gezogen' werden. Für die *moralische* Verantwortung gelten dieselben Begriffsbestimmungen, doch ist hier nicht von vornherein klar, *wofür* und *wem gegenüber* wir verantwortlich sind. Eine weitere Schwierigkeit ergibt sich daraus, dass ebensowenig von vornherein klar ist, was *vorhersehbar*, bezogen auf Handlungsfolgen, meint. Die erweiterte gesellschaftliche Verantwortung ‚verschiebt' Verantwortung auf deren zeitlich und logisch vorausliegenden Bedingungen ihrer Möglichkeit: sie ist *reflexiv* bezogen auf Effekte von Strukturen, in denen das Handeln eingebunden ist. Strukturethik richtet sich mithin nicht nur auf Strukturen und Prozesse, sondern darüber hinaus auch auf den kontingten Zusammenhang von Strukturen und deren Effekte. Die *Instanz* der Verantwortung ist hier nicht etwas, wovor wir das Fürchten zu lernen haben, sondern die kommunitäre Selbstorganisation von Strukturen, deren Folgen wir solidarisch in den Griff bekommen möchten (wie es sich z.B. in der Frage „Arbeit ohne Umweltzerstörung?" ausdrückt).

98 Vielberufen und vieldiskutiert ist in diesem Zusammenhang das spezielle Problem der Verantwortung des Wissenschaftlers und Technikers. H. Lenk gibt folgende Rahmenempfehlungen: „Die Präventions- und Hegerverantwortlichkeit kann nicht nur einzelnen zugerechnet werden. Angesichts der Gefahren zusammenwirkender und kumulativer Effekte und technologischer Grossprojekte (an denen Tausende einzelner beteiligt sind) ist Gemeinschaftsverantwortung der kollektiv Handelnden und aller nach aussen über Eingriffsmöglichkeiten Verfügender zu übernehmen: Teamverantwortung, Verantwortung der Gesamtgeneration sowie Spezialistenverantwortung."

„Die *Verantwortung* der wissenschaftlichen und technischen Experten *an strategischen Positionen* ist Teil dieser *Präventionsverantwortung*. . . An strategischer Schaltstelle wird die Präventionsverantwortung in negativer Weise zurechenbar." „Die *Verantwortung des Forschers* in Wissenschaft und Technik ist ein Spezialfall der Verantwortung in strategischer Position. Die Berücksichtigung der präventionsorientierten und hegerischen Verantwortung ist Gebot, wo immer schädliche Effekte vorausgesehen und abgewendet werden können – z.B. bei direkt anwendungsorientierten technologischen Projekten. Eine persönliche Mitverursacherverantwortung ist fallweise gegeben. Eine allgemeine *strikte Verursacherverantwortung* der Wissenschaftler und Techniker kann angesichts der Ambivalenz und kollektiven Entstehung der Forschungsergebnisse (besonders in der Grundlagenforschung) *nicht erhoben* werden. Um so wichtiger ist die *präventive Verantwortung*" (Hervorhebungen im Text). H. Lenk, Herausforderung der Ethik durch technologische Macht: Zur moralischen Proble-

ganze Verantwortung angelastet bekommt. ‚Oberhalb' der moralischen Verantwortung liegt die gesellschaftliche Verantwortung insofern, als sie sich auf Strukturen, die strukturell bestimmte Handlungen ermöglichen resp. restringieren, bezieht. Das heisst: sie ist überhaupt nur mit anderen zusammen – also solidarisch, was die Seite der moralischen Motivation betrifft – zu realisieren.

Die Verpflichtungskraft einer solchen Weiterarbeit an der Gesellschaft scheitert nicht nur, wie oft beargwöhnt wird, am konsumzentrierten ‚Individualismus', und auch nicht in erster Linie an fehlenden Weltbildern, die ein solches ethisches Verständnis tragen würden. Zumindest zusätzlich dürfte die Verpflichtungskraft auch dadurch geschwächt werden, dass die ‚Ethisierung' im Sinne erweiterter Verantwortung nur unter Bedingungen funktionieren kann, welche es überhaupt zulassen, dass die organisatorisch eingebundenen Akteure sich in ihrem Handeln als moralisch handelnde Personen, mithin als Träger von Pflichten betätigen und Anerkennung finden können, wofür die Einübung in distributive Verantwortung gewissermassen die ‚ethische Methode' wäre. Die praktische Gültigkeit von moralischen Verpflichtungen, aus denen die erweiterte Verantwortung fliesst, hängt in starkem Masse von der Wirklichkeit resp. nur Möglichkeit transsubjektiver Einstellungen in den Arbeits- und Lebensbeziehungen ab. In welchen Bezirken der Gesellschaft kann aber diese Voraussetzung als erfüllt angesehen werden? Prozesse der technischen und organisatorischen Rationalisierung, wenn sie tayloristischen Mustern folgen, laufen eher darauf hinaus, diese Voraussetzung herauszuhalten, wenngleich die Rationalisierung der Systemfunktionalität nie durchgängig bis zur ‚Abschaffung des Menschen' gelingen kann. Ein Beispiel für die hier angesprochene Erweiterung der Verantwortung ist das ‚technological assessment'. Wie dieses, so wäre heute Ethik allgemein, will sie in der gesellschaftlichen Entwicklung Tritt fassen, um die Dimension sozialer Konflikte, um ‚social assessment' noch zu ergänzen.

Kleine Bibliographie

Einzelbeiträge

Anders, Günther, Die atomare Drohung. Radikale Überlegungen. (Zweite, durch ein Vorwort erweiterte Auflage von „Endzeit und Zeitenende"), München 1981.

Attfield, Robin, The Ethics of Environmental Concern, Oxford 1983 (bes. S. 88–114).

Bandman, Bertram, Do Future Generations Have the Right to Breathe Clean Air?, in: Political Theory, Bd. 10, Nr. 1/Feb. 1982, S. 95–102.

Barry, Brian, Justice between Generations, in: Law, Morality, and Society. Essays in Honour of H. L. A. Hart, hg. von P. M. S. Hacker und J. Raz, Oxford 1977, S. 268–284.

Birnbacher, Dieter, Rawls' „Theorie der Gerechtigkeit" und das Problem der Gerechtigkeit zwischen den Generationen, in: Zeitschrift für philosophische Forschung 31 (1977), S. 385–401.

Feinberg, Joel, Social Philosophy (Foundations of philosophy series), Englewood Cliffs, N.J. 1972.

Feinberg, Joel, Rights, Justice, and the Bounds of Liberty. Essays in Social Philosophy, Princeton, N.J. 1980.

De George, Richard T., The Environment, Rights, and Future Generations, in: Ethics and Problems of the 21st Century, hg. von K. E. Goodpaster und K. M. Sayre, Notre Dame, Indiana 1979, S. 93–105.

---

matik des technischen Fortschritts, in: ders., Zur Sozialphilosophie der Technik, Frankfurt/M. 1982, S. 198–248, hier S. 241 f.

Green, Ronald M., Intergenerational Justice and Environmental Responsibility, in: Right Conduct, hg. von Michael D. Bayles und Kenneth Henley, New York 1983, S. 334–342.
Henseler Paul, Verfassungsrechtliche Aspekte zukunftsbelastender Parlamentsentscheidungen, in: Archiv des öffentlichen Rechts, Bd. 108/1983, S. 489–560.
Hofmann, Hasso, Langzeitrisiko und Verfassung. Eine Rechtsfrage der atomaren Entsorgung, in: Scheidewege, Heft 4, 10 (1980), S. 448–479.
Hofmann, Hasso, Rechtsfragen der atomaren Entsorgung, Stuttgart 1981.
Höffe, Otfried, Naturrecht und positives Recht: Wider eine gängige Alternative, in: Merkur, Nr. 420 (Heft 6, Sept.) 37 (1983), S. 613–622.
Hubin, Clayton D., Justice and Future Generations, in: Philosophy & Public Affairs, Nr. 1, 6 (1976), S. 70–84.
Jonas, Hans, Das Prinzip Verantwortung. Versuch einer Ethik für die technologische Zivilisation, Frankfurt/M. 1979.
Kavka, Gregory S., The Paradox of Future Individuals, in: Philosophy & Public Affairs, Nr. 2, 11 (1981), S. 93–112.
Koslowski, Peter, Art. „Nebenwirkungen“, in: Historisches Wörterbuch der Philosophie, hg. von J. Ritter und K. Gründer, Bd. 6, Darmstadt 1984, S. 659 ff.
Lenk, Hans, Herausforderung der Ethik durch technologische Macht: Zur moralischen Problematik des technischen Fortschritts, in: ders., Zur Sozialphilosophie der Technik, Frankfurt/M. 1982, S. 198–248 (bes. S. 224–244).
Methe, Wolfgang, Ökologie und Marxismus. Ein Neuansatz zur Rekonstruktion der politischen Ökologie unter ökologischen Krisenbedingungen, Hannover 1981.
Parfit, Derek, Future Generations: Further Problems, in: Philosophy & Public Affairs, Nr. 2, 11 (1981), S. 113–172.
Passmore, John, Man's Responsibility for Nature. Ecological Problems and Western Traditions, London 1974.
Patzig, Günther, Ökologische Ethik – innerhalb der Grenzen blosser Vernunft (Vortragsreihe der Niedersächsischen Landesregierung zur Förderung der wissenschaftlichen Forschung, Heft 64), Göttingen 1983, S. 3–23.
Preuss, Ulrich K., Die Zukunft: Müllhalde der Gegenwart? Skizze zum Zusammenhang von Technik, Ethik und Demokratie, in: Freibeuter 9/1981, S. 83–97.
Rawls, John, Eine Theorie der Gerechtigkeit, 1971. Dt. Übersetzung: Frankfurt/M. 1975 (bes. 4., 24., 44., 45.).
Regan, Tom, The Case for Animal Rights, London, Melbourne, Henley 1984.
Schweitzer, Albert, Die Ehrfurcht vor dem Leben. Grundtexte aus fünf Jahrzehnten, hg. von Hans Walter Bähr, München 1982.
Spaemann, Robert, Nebenwirkungen als moralisches Problem, in: ders., Zur Kritik der politischen Utopie. Zehn Kapitel politischer Philosophie, Stuttgart 1977, S. 167–182.
Spaemann, Robert, Technische Eingriffe in die Natur als Problem der politischen Ethik, in: Scheidewege, Heft 4, 9 (1979), S. 476–497 (wiederabgedruckt in: Ökologie und Ethik, hg. von Dieter Birnbacher, Stuttgart 1980, S. 180–206 und unter dem Titel: Kernenergie als Problem der praktischen Philosophie, in: Atomkraft – ein Weg der Vernunft?, hg. von Philipp Kreuzer, Peter Koslowski, Reinhard Löw, München 1982, S. 353–376.
Sterba, James P., Welfare Rights of Future Generatons, in: Right Conduct, hg. von Michael D. Bayles und Kenneth Henley, New York 1983, S. 327–334.
Warren, Mary Anne, Future Generations, in: And Justice for all, hg. von T. Regan und O. Van de Veer, New Jersey 1982, S. 139–168.
Wenz, Peter S., Ethics, Energy Policy, and Future Generations, in: Environmental Ethics, Nr. 3, 5 (1983), S. 195–209.

Aufsatzsammlungen

Atomkraft – ein Weg der Vernunft? Eine kritische Einschätzung der Konsequenzen der Kernenergie, hg. von Philipp Kreuzer, Peter Koslowski, Reinhard Löw, München 1982.
Energy and Future, hg. von D. MacLeanand und P. Brown (Maryland Studies in Public Philosophy), Totowa, N.J. 1983.
Ethics and Population, hg. von Michael D. Bayles, Cambridge, Mass. 1976.
Ethics and Problems of the 21st Century, hg. von K. E. Goodpaster und K. M. Sayre, Notre Dame, Indiana 1979.

Fortschritt ohne Mass? Eine Ortsbestimmung der wissenschaftlich-technischen Zivilisation, hg. von Reinhard Löw, Peter Koslowski, Philipp Kreuzer, München 1981.
Frieden mit der Natur, hg. von Klaus M. Meyer-Abich, Freiburg i. Br. 1979.
Humanökologie und Frieden, hg. von Constanze Eisenbart, Stuttgart 1979.
Jenseits der Krise. Wider das politische Defizit der Ökologie, hg. von Alain Touraine u.a., Frankfurt/M. 1976.
Natur und Geschichte, hg. von Hubert Markl, München 1983.
Obligations to Future Generations, hg. von R. I. Sikora und Brian Barry (Philosophical Monographs), Philadelphia 1978.
Ökologie und Ethik, hg. von Dieter Birnbacher, Stuttgart 1980.
Responsibilities to Future Generations, hg. von Ernest Partridge, Buffalo, N.Y. 1981.
Technikfolgen und sozialer Wandel. Zur politischen Steuerbarkeit der Technik, hg. von Jürgen von Kruedener und Klaus von Schubert, Köln 1981.
Technikphilosophie in der Diskussion, hg. von Friedrich Rapp, Paul T. Durbin, Braunschweig/Wiesbaden 1982.
Wandlung von Verantwortung und Werten in unserer Zeit, Deutsche UNESCO-Kommission, Bonn 1983.